21世纪期货、期权及衍生品

— 新形态系列教材 —

Basic Course of
Futures and Options

期货与期权基础教程

许 可 单 磊◎主 编

王雅娴◎副主编

清华大学出版社

北 京

内容简介

本书系统地阐述了期货与期权交易的理论和运作实务。全书共分九章：第一章讲述了期货的产生、发展历程和功能，并从中寻找出期货市场的初心是服务实体经济；第二章介绍了期货交易所、期货公司、监督机构和投资者；第三章介绍了期货合约、期货交易基本制度以及开户、下单、结算等流程；第四章介绍了期货交易的理念及套期保值、套利、投机和量化交易的基本知识；第五章对期货价格基本面分析和技术分析进行了深入介绍；第六章至第八章分别对股票指数期货、国债期货、外汇期货的基本含义和其在套期保值、套利方面的具体运行进行了系统介绍；第九章介绍了期权交易的基本知识、期权的定价和期权的交易策略与运用。每章包括学习目标、关键术语、复习思考题、拓展阅读和即测即练等内容，以增强教材的实用性。

本书既可作为高等院校期货、金融等相关专业的本科生和研究生教材，也可供证券、期货从业人士学习和参考。

图书在版编目(CIP)数据

期货与期权基础教程/许可，单磊主编. —北京：清华大学出版社，2022.6（2024.1重印）
21世纪期货、期权及衍生品新形态系列教材
ISBN 978-7-302-60768-7

Ⅰ. ①期…　Ⅱ. ①许…　②单…　Ⅲ. ①期货交易－教材　②期权交易－教材　Ⅳ. ①F830.9

中国版本图书馆CIP数据核字(2022)第076083号

责任编辑：张　伟
封面设计：汉风唐韵
责任校对：王荣静
责任印制：宋　林

出版发行：清华大学出版社
网　　址：https://www.tup.com.cn，https://www.wqxuetang.com
地　　址：北京清华大学学研大厦A座　　**邮　　编**：100084
社 总 机：010-83470000　　**邮　　购**：010-62786544
投稿与读者服务：010-62776969，c-service@tup.tsinghua.edu.cn
质量反馈：010-62772015，zhiliang@tup.tsinghua.edu.cn
课件下载：https://www.tup.com.cn，010-83470332
印 装 者：大厂回族自治县彩虹印刷有限公司
经　　销：全国新华书店
开　　本：185mm×260mm　　**印　　张**：17　　**字　　数**：390千字
版　　次：2022年7月第1版　　**印　　次**：2024年1月第2次印刷
定　　价：56.00元

产品编号：092819-01

丛书专家委员会

丛书序

经过30多年的探索发展，我国期货市场经历了从商品期货到金融期货，从股票期权到商品期权，从场内交易到场外交易，从境内市场到境外市场，从期货、期权到互换和信用衍生工具等其他衍生品的不断创新过程，多层次的衍生品市场体系已经形成。特别是党的十八大以来，我国期货市场规模持续扩大，市场效率和影响力不断提升，在促进国民经济相关产业良性发展、落实金融服务实体经济方面的成效日益显著。随着期货行业基本法——《期货和衍生品法》的即将推出，我国期货和衍生品市场会迎来更加规范的大发展。

目前，我国场内期货、期权品种达94种，市场资金总量已突破1.2万亿元，越来越多的产业客户和机构投资者利用期货市场管理风险、配置资产，投资者机构化趋势明显。随着新时代国内期货市场的创新与高速发展，对期货专业人才的需求也表现出不同以往的内涵：风险对冲、市场交易、资产配置等职业岗位，不仅需要扎实的经济理论功底、高超的操作技术，还需要良好的社会主义核心职业价值观、较强的创新能力和高标准的国际化视野。因此，探索有别于金融学专业通识教育的特色教材，是行业赋予金融学人的历史使命。

近年来，随着我国期货和衍生品市场的不断创新、数字教育技术的深入发展，期货教育理论发生了很多新变化。在国家一流课程建设和课程思政建设的新要求下，可融入教学的资料和内容亟待丰富，创新和推进教材建设成为重要任务。

本系列教材就是在这一背景下产生的。本系列教材是北京物资学院与北京兆泰源信息技术有限公司合作的教育部产学合作协同育人项目“期货、期权及衍生品新形态系列教材与教学资源开发”（项目编号：202101081007）的研究成果，也是北京物资学院的国家级一流专业建设点项目指定建设教材，它定位于应用型大学人才培养，顺应期货及衍生品时代发展的行业变化。本系列教材充分吸收校内外专家和行业骨干参与编写，强调理论性与实务性、前沿性与科学性、系统性与基础性的统一，具有如下特色。

（1）专业性特色：在国内首次开展期货专业新形态系列教材建设，通过现代化信息技术，配套完整的教学资源，使系列教材能够满足国家“金课”建设要求。

（2）双主编特色：采用高校专业教师与产业界知名人士双主编模式，确保系列教材顶天立地，实现理论性与实务性统一。

（3）全体系特色：覆盖了现代期货、期权及衍生品的主要教学内容，既可以实现基础性知识的学习，又强调了实务操作能力和知识面的拓展，可以实现全方位的专业知识覆盖。

（4）多层次教育兼容特色：教材知识点反映了期货、期权及衍生品的前沿发展，既自成体系，满足本、研专业教学需要，又与国内外从业资格考试接轨，可同时满足期货从业人员职业培训需要。

(5) 课程思政特色：以扫码阅读辅助资料的形式，增设国内相关案例和资料，引导学生认识我国经济发展的成就，增强职业道德和职业素养教育，帮助学生塑造正确的人生观和价值观。

本系列教材不仅适合高校财经专业本科生和研究生教学使用，也可作为证券、期货从业人员的培训教材，同时也适合有意从事期货交易的读者自学使用。

本系列教材在北京物资学院、清华大学出版社、北京兆泰源信息技术有限公司联合支持下完成。鉴于水平有限，教材中难免存在不当之处，敬请广大读者批评指正。

丛书编委会

2022 年 4 月

前言

期货是商品经济发展的产物。期货市场特有的规避风险和价格发现功能,在市场经济中发挥着重要的作用。我国期货市场经过30多年的发展,市场规模不断扩大,品种体系日趋完善,服务实体经济的功能作用日益显现,期货市场已与中国的经济发展和金融改革紧密联系在一起,成为市场经济体系的重要组成部分。

2007年,国务院颁布了《期货交易管理条例》(2012年修订),进一步明确了期货行业的金融属性,强化了对期货市场的风险控制与管理,完善了期货市场的监管体系,奠定了期货市场稳步健康发展的基础。随着期货市场的快速发展,期货公司的业务创新和国际化进程不断加速,日益凸显出对专业人才的迫切需求。从事期货交易不仅需要扎实的经济理论功底、专业的操作技术,还需要良好的感悟能力和超前的市场意识。有鉴于此,我们必须大力创新人才培养模式,深度推进相配套的教学改革和教材更新升级。本书结合期货市场发展实际,紧扣基础专业知识与实际应用,全面系统地阐述了期货与期权的基本原理和业务流程。

本书具有以下特点:一是知识结构完整,涵盖了期货、期权及衍生品的主要内容,系统介绍了期货的发展历程和作用,期货市场的参与者和各项交易制度,套期保值、套利等交易工具的使用,以及期权、股指、国债和外汇期货及其分析;二是针对性强,适用对象明确,主要适用对象是高校经济、金融及相关专业的学生,同时适用于期货从业人员的在职培训和投资者自学;三是与期货从业资格考试接轨,全书基本覆盖了期货从业人员资格考试的知识点,在满足大学专业课学习的同时,还有助于高校学生参加期货从业资格考试。全书言简意赅、体系完整、通俗易懂、操作性强、易于应用。

本书由北京物资学院经济学院期货与证券专业许可副教授、单磊副教授担任主编,王雅娴老师担任副主编。单磊编写第一章和第四章,许可编写第二章和第三章,天津商业大学邵永同教授编写第五章,王雅娴编写第六章,中南大学经济学院杨艳军副教授编写第七章和第九章,东北财经大学金融学院阎石副教授编写第八章,全书由单磊、许可总纂定稿。

本书在编写过程中,得到了北京物资学院领导的关心和大力支持。北京物资学院经济学院张国胜院长、中国期货业协会原专职副会长兼秘书长李强、长江期货公司研发部总经理韩锦对本书编写给予了具体指导,在此表示衷心的感谢。希望本书的出版能为高等院校、实体企业、金融机构的专业人员以及广大投资者在学习研究金融衍生品(市场)知识、科学应对经济与金融风险等方面有所帮助。

本书在编写时，编者参阅了国内外许多金融衍生工具方面的研究成果与著作，特此说明并表示感谢。鉴于编者的水平有限，教材中难免存在不当之处，敬请广大读者批评指正。

编者

2022年1月

目录

第一章

期货和期货市场概述

学习目标

1. 简述国际上期货交易的产生与发展；
2. 概述我国期货市场的发展历程；
3. 掌握期货交易的概念与特点；
4. 正确理解期货市场的功能；
5. 了解期货市场对我国经济发展的影响和作用。

第一节　期货交易和期货市场的含义

一、什么是期货交易？期货交易有哪些特点？

期货交易(futures trade)是指在期货交易所内买卖标准化合约的交易。这种交易是由回避价格波动风险的生产经营者和愿意承担价格风险以获取风险利润的投资者参加并在交易所内根据公开、公平、公正的原则进行的。

期货交易在现货交易、远期交易的基础上发展而来，作为市场经济的一种高级交易形式，它与现货交易有着显著的差异。就期货交易的基本特征而言，可归纳为以下几个方面。

（一）期货交易的合约为标准化合约

以上海期货交易所上市的黄金期货合约为例，它具有标准化的条款，对交易单位、报价单位、最小变动价位、交割品级等都有明确规定，唯一的变量是价格(表 1-1)。这种标准化合约给期货交易带来极大的便利，交易双方不需要事先对交易的具体条款进行协商，只需对价格进行竞价，从而节约了交易成本、提高了交易效率和市场流动性。

表 1-1　上海期货交易所黄金期货标准合约

项　　目	合约内容
交易品种	黄金
交易单位	1 000 克/手
报价单位	元(人民币)/克
最小变动价位	0.01 元/克

续表

项　目	合约内容
每日价格最大波动限制	不超过上一交易日结算价±5%
合约交割月份	1—12月
交易时间	上午9：00—11：30；下午1：30—3：00
最后交易日	合约交割月份的15日(遇法定假日顺延)
交割日期	最后交易日后连续5个工作日
交割品级	金含量不小于99.95%的国产金锭及经交易所认可的伦敦金银市场协会(LBMA)认定的合格供货商或精炼厂生产的标准金锭
交割地点	交易所指定交割金库
最低交易保证金	合约价值的7%
交易手续费	不高于成交金额的万分之二(含风险准备金)
交割方式	实物交割
交易代码	AU
上市交易所	上海期货交易所

应当指出的是，期货合约的标的具有特殊性，不是所有的商品都适合期货市场。期货合约标的物应当具备可储存、品质可标准化、价格波动幅度大和交易量大等特点。

（二）场内集中竞价交易

期货交易是在期货场所内进行的，交易所会员直接在场内交易，其他交易者委托交易所会员代理进行期货交易(现在越来越多的交易通过计算机网络直接从客户端发起，经会员端风控检查后进入交易所系统撮合)。不同的参与者报出各自的买卖价格，然后由计算机系统进行撮合匹配，最后达成交易。期货市场的竞价交易原理与股票市场没有本质差别。在期货市场上交易的人中除了运用期货进行避险的企业和金融机构外，还有一批投机者，他们本身既非生产者也非消费者，而是希望从价格变化中利用期货交易杠杆和双向交易特点获利，他们承担了企业和机构不愿承担的风险，给期货市场提供了流动性。

（三）保证金交易

期货市场需要缴纳一定数额的履约保证金，并且在交易过程中，始终要维持一个最低保证金水平，由于保证金仅占交易额较小比例，因此期货交易具有"以小博大"的高杠杆效应，体现出高风险、高收益的特点。期货交易在合约到期之前并不需要支付货款，但为保证事前达成交易的双方能够在未来顺利地实现交割，避免中途交易方违约，期货交易采用了保证金制度。保证金制度较好平衡了期货交易效率与履约安全之间的关系。

（四）双向交易

期货交易采用双向交易方式。交易者既可以买入建仓(或称开仓)，即通过买入期货合约开始交易；也可以卖出建仓，即通过卖出期货合约开始交易，即除了可以先买后卖，也可以先卖后买。双向交易给予投资者双向的投资机会，也就是在期货价格上升时，可通过低买高卖来获利；在期货价格下降时，可通过高卖低买来获利。

（五）对冲了结

期货交易最后进行实物交割的比例很小，大部分通过“对冲”操作来解除履约的责任，因此，期货交易一般是一种见钱不见物的交易。期货市场的交易者在期货市场建仓后，大多并不是通过交割（即交收现货或到期现金结算）来结束交易，而是在合约到期前通过对冲平仓了结，特别是投机者更是如此。买入建仓后，可以通过卖出同一期货合约来解除履约责任；卖出建仓后，可以通过买入同一期货合约来解除履约责任。

（六）当日无负债结算

为了避免违约情况发生，期货交易所会在每天交易结束后计算期货参与者的保证金，如果保证金余额低于规定的标准，就会要求参与者追加额外的资金来保障未来的交割能够顺利实现。该制度称为当日无负债结算，也称为逐日盯市（marking-to-market）。交易所结算部门在每日交易结束后，按当日结算价（settlement price）对交易者结算所有合约的盈亏、交易保证金及手续费、税金等费用，对应收应付的款项实行净额划转，并相应增加或减少保证金。

二、什么是期货市场

期货市场就是期货合约交易的场所。以黄金期货的交易为例，黄金冶炼企业或黄金加工企业通常都是套保交易者，它们有现货的背景，存在实际的现货需求。套利交易者往往是一些专业的机构，这些机构没有现货交易背景，但是对期货市场有较深入的了解，一旦市场价格出现不合理的偏离，其可以通过买入黄金期货、卖出黄金现货或买卖不同月份的期货等其他策略来获得无风险的套利收益。套利交易能够及时修正市场的偏离，提高市场的定价效率。

除了套保交易者和套利交易者，前面提到的投机者也是一类重要的市场参与者。对于投机者而言，没有现货生产背景，往往根据自己的价格预期来进行买卖。从整个市场来看，投机者不像套保交易者会给实体企业直接带来好处，也不像套利交易者修正市场定价，但是投机者是市场不可或缺的主体，为市场提供流动性，扮演套保交易者和套利交易者的对手方。简单而言，如果没有投机者，套保交易和套利交易会很难完成。

（一）商品期货市场

商品期货市场是指在商品期货市场上进行商品期货合约买卖的交易场所。

商品期货市场可供交易的商品种类繁多，主要包括农副产品、金属产品、能源产品等几大类。

具体而言，农副产品约 20 种，包括玉米、大豆、小麦、稻谷、燕麦、大麦、黑麦、猪腩、活猪、活牛、小牛、大豆粉、大豆油、可可、咖啡、棉花、羊毛、糖、橙汁、菜籽油等，其中大豆、玉米、小麦被称为三大农产品期货；金属产品 9 种，包括金、银、铜、铝、铅、锌、镍、钯、铂；化工产品 5 种，有原油、取暖用油、无铅普通汽油、丙烷、天然橡胶；林业产品 2 种，有木材、夹板。

各国交易的商品期货的品种也不完全相同，这与各国的市场情况直接相关。例如，美国市场进行火鸡的期货交易，日本市场则开发了茧丝、生丝等品种。欧洲、美洲、亚洲的许多国家都先后设立了商品期货交易所。这些国家的期货商品，主要是本国生产并在世界市场上占重要地位的商品。例如，新加坡和马来西亚主要交易橡胶期货；菲律宾交易椰干期货；巴基斯坦、印度交易棉花期货；加拿大主要交易大麦、玉米期货；澳大利亚主要交易生牛、羊毛期货；巴西主要交易咖啡、可可、棉花期货。

（二）金融期货市场

金融期货市场是指交易金融期货合约的场所。

拓展阅读 1-1 丰富发展金融衍生品品种体系，促进共同富裕

金融期货市场是国际资本市场创新和发展的产物，也可以说是有比传统商品期货市场更新的交易品种的市场，它仍然保留价格发现(price discovery)、套期保值等风险转移、附加提供投机平台等有效市场功能，并继承了期货市场已有的法律监管机制。20 世纪 70 年代，由于布雷顿森林体系国际货币制度的崩溃，以及金融自由化和金融创新浪潮的冲击，国际资本市场上利率、汇率和股票价格指数波动幅度加大，市场风险急剧增加。为了规避这些风险，金融期货市场应运而生，为保证资本市场的良性运转发挥了不可替代的作用。

金融期货的种类有外汇期货、利率期货（包括中长期债券和短期利率）、股指期货(stock index futures，如英国的金融时报指数、日本的日经平均指数、中国香港的恒生指数等）和股票期货（如个股期货、25 只全球性股票期货等）。

第二节　期货市场的产生和发展

一、期货市场的产生

在人类社会发展进程中，按时间顺序先后出现了三种商品交换方式，即物物交换的交易方式、现货交易方式（含现货远期合约交易方式），以及期货交易方式。物物交换是人类最古老、最简单的商品交换方式，随着社会生产力的不断提高，这种简单的交换方式不能适应商品经济的进一步发展，于是，现货交易这种以货币为媒介的商品交换方式就产生了。现货交易的最大特点是灵活简便，与早期简单的物物交换方式相比，更适宜于规模不断扩大的商品交换的需要，所以，现货交易至今仍是一种最主要、最经常、最普遍的商品交换方式。但现货交易是由买方和卖方在分散的条件下达成价格协议的，这样形成的价格就难免在一定程度上是滞后的。尤其是那些生产周期长、投资大的大宗商品容易出现价格波动，有很大的市场风险，而现货市场又缺乏相应的转移这种价格波动风险的机制。

为了解决现货交易存在的问题，经过商品经济的长期实践，产生了现货远期合约交易(cash forward)的方式。所谓现货远期合约交易，就是指现货商品的买卖双方通过签订现货远期合约的方式把商品和货币的交换推向未来的某一个日期，所以也称作远期现货交易。而现货远期合约是由现货商品的买卖双方事先签订的未来的某一个日期交割一定数量、质量商品的合约或协议，在签订合约后，签约双方都必须承担在合约到期时按相互协

商议定的条款履行合约的义务。在签订现货远期合约时,买卖双方不仅对买卖的商品的数量、质量等级、交割日期进行协商,而且互相协商了一个交货价格。现货远期合约交易在一定程度上排除了现货交易所具有的偶然性和不确定性,使买方预先取得相对稳定的货源、卖方预先取得相对稳定的销路。同时,签约双方预先在合约中固定了交货价格,使买方放弃了当未来价格下跌时获得利益的机会,但同时也避免了未来价格上涨时遭受经济损失的风险,反之亦然,这就在一定程度上为买卖双方提供了一条缓解价格风险的渠道。此外,现货远期合约交易还比较适宜于大宗商品的交换。所以,至今为止,现货远期合约交易仍是一种应用非常广泛的商品交换方式。

但是,现货远期合约交易并未能完全弥补现货交易具有的缺陷和不足,具体来说,它还存在着以下这样一些问题。

(1) 现货远期合约交易中,合约的履约只能以签约双方的信誉作为担保,存在着一定的信用风险,经常发生违约、毁约的现象。

(2) 由于现货远期合约是由买方和卖方私下协商签订的,寻找成交对象并不容易,成交之后想把合约转手买卖也不方便。

(3) 在现货远期中预先固定成交价格的方式,虽然能在一定程度上达到为交易者转移价格风险的目的,但只不过是把价格波动的风险在买方和卖方之间转移,这种预先固定价格的方式也相应地降低了价格的灵活性,使得现货价格不能随时反映市场供求的变化。

总之,现货远期合约交易虽然弥补了即期现货交易的某些不足,但是,仍然不能为生产者、经营者以及其他现货商品的交易者提供一条转移价格波动风险的有效途径,使所有现货商品的交易者都不得不面临价格波动的风险。所以,为了弥补现货远期合约交易中的这些不足,保证商品交换顺利进行,客观上需要一种新的商品交换方式,于是,经过不断的实践和探索,在现货远期合约交易的基础上,期货交易就逐渐产生和发展起来了。

现代的期货交易的产生,可以追溯到1848年美国芝加哥期货交易所(Chicago Board of Trade,CBOT)的建立。19世纪中叶,芝加哥已发展成当时全美最大的谷物集散中心,每当收获季节,农场主都将谷物运到芝加哥,往往造成市场饱和、价格下跌。而到第二年春季,往往又出现谷物供不应求、价格昂贵,在这种情况下,储运经销商应运而生。当地经销商在收获季节从农场主那里收购谷物,存到来年春季再运到芝加哥出售。本地经销商的出现,在一定程度上稳定了同当地农场主的产销关系,但为此也面临谷物过冬期间价格波动的风险。为了回避这种风险,本地经销商在购进谷物后前往芝加哥,与那里的谷物经销商和加工商签订来年交货的远期合同,但这种合同仅以买卖双方的信用为担保,经常发生违约的现象,交易纠纷不断发生。

为了推动谷物交易的正规化,减少交易者之间的纠纷,1848年,美国的82位商人在芝加哥发起组建了世界上第一个现代意义上的期货交易所。交易所成立之初采用远期合同交易方式,交易的参与者主要是生产者、经销商和加工商,其特点是实买实卖,交易者利用交易所来寻找交易对手。后来,一些非谷物商看到转手倒卖谷物合同能够赚钱,便也进入交易所买卖远期合同赚取价差,这部分人就是早期的投机商。

随着交易量的增加和交易品种的增多,合同转卖的情况越来越多。为了进一步规范交易,芝加哥期货交易所于1865年推出了标准化期货合约,对商品的数量、质量、交货地点、交货时间都做了统一规定。标准化合约的出现，取代了原先广泛运用的远期合同，是现代意义上的期货交易产生的第一个里程碑。同年，芝加哥期货交易所又开始实行保证金制度，为交易者买卖的合约提供履约担保，保证金制度的实施，消除了交易双方不按期履约而产生的诸多矛盾，被称为期货交易产生过程中的第二个里程碑。此后，为了更有效地进行交易，专门联系买卖双方成交的经纪业务日益兴隆，发展成为经纪行。1882 年，允许以对冲方式免除履约责任。到 1883 年，为了处理日趋复杂的结算业务，交易所成立了结算协会，专门对会员的交易进行结算，结算体系的出现，使现代期货交易机制完善起来，被称作期货交易史上的第三个里程碑。在此后的时间内，随着交易所交易规则和交易制度的不断完善与发展，期货市场的功能和运作方式都发生了质的飞跃，进入现代期货市场的阶段。

二、期货市场的发展

（一）英国工业革命进程催生金属期货

金属期货交易诞生于英国。18 世纪 60 年代开始，英国棉纺织业技术开始革新，瓦特蒸汽机发明出来并得到广泛使用，历经约 100 年时间，英国大机器工业代替手工业，建立起工厂制度。对有色金属的巨大进口需求导致远期交易剧增，英国从国外大量进口有色金属工业材料，在当时条件下，穿越大洋运送矿砂货轮抵达时间没有规律，金属价格波动剧烈。1876 年，伦敦金属交易所（LME）成立，开金属期货交易先河，交易品种有铜、铝、铅、锌等。伦敦金属交易所自创建以来一直交易活跃，其价格是国际有色金属市场的晴雨表，交易的价格和库存对世界范围的有色金属和市场销售产生重要影响。LME 是英国工业革命的产物，它对欧洲工业化进程产生了重要影响。

美国金属期货的出现晚于英国，19 世纪末 20 世纪初，随着美国现代工业体系的建立，期货交易从农产品扩大到金属和其他工业品。纽约商品交易所（COMEX）成立于 1933 年，由经营皮革、生丝、橡胶和金属的交易所合并而成，交易品种扩展到铜、铝、黄金、白银等。

（二）全球三次石油危机导致能源期货的产生

能源期货是石油危机的产物。1973 年 10 月，第四次中东战争爆发，石油输出国组织（OPEC）宣布石油禁运，造成石油价格上涨，从每桶不到 3 美元涨到 13 美元。主要依靠石油进口的美国、西欧、日本经济受损严重。这是世界石油工业的转折点。此后，1978 年伊朗政局动荡以及 1980 年爆发两伊战争，1990 年又爆发了海湾战争，战争导致全球石油危机，现货贸易定价体系也不断改变。从 20 世纪 70 年代以前的垄断寡头（七姐妹）定价，到 80 年代开始的 OPEC 国家主导油价，随着石油产业结构和价格机制的不断变化，石油市场参与者增多，竞争性加强，市场对石油期货的需求与日俱增。1978 年，纽约商品交易所（New York Mercantile Exchange，NYMEX）推出了第一个成功的石油期货合约——纽约取暖油期货合约，此后汽油、柴油等期货合约相继上市，数量众多的石油企业进入期货市场，期货价格逐渐成为石油贸易的基准价格。目前全球交易量最大的石油期货合约是布伦特,纽约商品交易所的WTL次之。亚太多个国家都推出了石油期货。

（三）金融期货的产生与发展

金融期货产生于20世纪70年代。第二次世界大战之后,形成了以布雷顿森林体系为核心的国际货币体系,在这一体系下,美元成为世界中心货币,其他国家的币值与美元挂钩,美元与黄金挂钩,汇率波动限制在一定幅度内。布雷顿森林体系对第二次世界大战后稳定汇率,促进国际贸易和经济发展发挥了重大作用。在此基础上,西方金融市场得到了前所未有的发展,证券市场也迅速扩大,金融机构、工商企业以及居民个人手中都积累了巨额的金融资产和金融债务。与此同时,各国之间经济联系日益广泛和密切,国际贸易和国际投资的发展使外汇市场急剧膨胀。20世纪70年代后,随着美国经济实力的相对衰落,以及欧洲、日本经济得到恢复和实力相对增强,以固定汇率制度为核心的国际货币体系发生动摇。以德国为代表的欧洲国家积累了大量的美元外汇,由于担心美国无法实现自由互换黄金的承诺,纷纷向美国挤兑黄金,从而导致美元价格持续下跌。此后,试图重新稳定汇率的史密斯学会协议也宣布崩溃,全球各主要工业国家货币均实行自由浮动。

随着布雷顿森林体系和史密斯学会协议先后解体,国际经济形势发生了急剧变化,固定汇率制被浮动汇率制所取代,利率管制等金融管制政策逐渐被取消。汇率、利率频繁、剧烈波动,促使人们向期货市场寻求避险工具,在这种情况下,金融期货应运而生。1972年5月,芝加哥商业交易所(Chicago Mercantile Exchange,CME)设立了国际货币市场分部(IMM),首次推出包括英镑、加元、西德马克、法国法郎、日元和瑞士法郎等在内的外汇期货合约。1975年10月,芝加哥期货交易所上市的国民抵押协会债券(GNMA)期货合约是世界上第一个利率期货合约。1977年8月,美国长期国债期货合约在芝加哥期货交易所上市,是迄今为止国际期货市场上交易量最大的金融期货合约。1982年2月,美国堪萨斯期货交易所(KCBT)开发了价值线综合指数期货合约,股票价格指数也成为期货交易的对象。金融期货虽然只有40多年的历史,但发展极为迅猛,它彻底改变了期货市场的格局。目前,金融期货已经在国际期货市场上占据了主导地位,对世界经济产生了深远影响。

促使金融期货产生的直接原因是利率与汇率的市场化,其根本动力来源于经济活动中日益增长的不确定性和对风险管理的巨大需求。金融期货是20世纪最具革命性的金融创新,金融期货出现以后,管理经济金融风险的方式已经发生了革命性的变化。正是期货及其他衍生品的发展,提升了分离经济和金融风险并进行定价的能力,促进了市场经济体系的完善。目前,国际衍生品市场已经形成了远期、期货、互换、期权、资产支持证券和信用衍生工具等多类别产品相互补充的架构,形成了与商品市场、金融市场、资本市场并行的风险管理市场。包括期货在内的各类衍生产品已经成为不可或缺的重要金融工具,被广泛应用于风险管理之中。

从以上国际期货及其他衍生品市场发展历史可以看出,期货交易起源于农业,在工业革命后,随着经济的发展延伸到金属、能源等工业原料领域,而到了后工业经济时代,金融对经济的作用日益明显,当经济的货币化程度达到一定水平,如何规避金融资产价格波动的风险变得至关重要,金融期货及期权等衍生品的重要性日趋突出。

三、我国期货市场的产生、发展与现状

（一）期货市场是我国市场经济和改革开放的产物

我国期货市场产生的背景是市场经济发展与改革开放。1978 年 12 月，中国共产党十一届三中全会作出了经济体制改革的决定，拉开了中国市场化进程的序幕。20 世纪 80 年代，我国改革开放实现体制模式的转换，逐步由计划经济体制向社会主义市场经济体制过渡，企业体制、价格体制、流通体制和外贸体制发生了重大变化，从而经济发展也出现了新的格局。国家逐步放开对农产品流通和农产品价格实行多年的管制，实行价格双轨制，市场调节的范围不断扩大。随着改革的深化，农产品价格经常出现较大的波动。

一批学者开始思考并提出建立农产品期货市场的建议，国务院的领导先后作出研究期货交易的重要指示。1988 年 3 月，第七届人民代表大会第一次会议的《政府工作报告》提出：积极发展各类批发贸易市场，探索期货交易。国务院发展研究中心、国家经济体制改革委员会、商业部等部门根据中央领导的指示，组织力量开始进行期货市场研究，并成立了期货市场研究组织，考察期货市场的历史和现状；1988 年到 1990 年的近 3 年时间里，为中国建立期货市场做了先期的理论准备和可行性研究。

（二）我国内地期货市场发展的历程

1. 初创时期（1990 年底—1993 年）

1990 年 10 月 12 日，中国郑州粮食批发市场经国务院批准，以现货交易为基础，引进期货交易机制，作为内地第一个商品期货市场正式开业，迈出了中国内地期货市场发展的第一步。1992 年 9 月，内地第一家期货经纪公司——广东万通期货经纪公司成立。同年 12 月，由商务部和物资部组建的中国国际期货经纪公司成立，1992 年 10 月，深圳有色金属交易所推出了中国内地第一个标准化期货合约——特级铝期货标准合同，实现了由远期合同向期货交易的过渡。

由于没有明确的行政主管部门，期货市场的配套法律法规滞后，内地期货市场在创立初期出现了盲目发展的势头。一是各类交易所、经纪公司大量涌现。到 1993 年年底，我国内地经批准设立的期货市场（含各种交易所和批发市场）达 50 多家，期货经纪公司 300 多家，期货兼营机构近 2 000 家。二是期货风险事件频发。由于缺乏经验，法律法规和监管体系建立与完善需要时间，制度约束和监管难以及时到位，超常规的发展给我国期货市场带来了一系列问题和风险。在实际运行中出现了一些较大的市场风险事件。一些单位和个人对期货市场缺乏基本了解，盲目参与境内外的期货交易，损失严重，造成了国家外汇的流失，期货市场虚假繁荣，引发了一些经济纠纷和社会问题。

2. 治理整顿阶段（1993 年底—2003 年）

1993 年 11 月，党的十四届三中全会及时作出了“严格规范少数商品期货市场试点”的决定，通过治理整顿将期货市场引入规范发展的轨道。1993 年下半年开始，针对期货市场存在的问题，治理整顿逐步深入，一系列治理整顿措施出台：一是明确监管机构、清理参与主体。1993 年 11 月，国务院下达《国务院关于坚决制止期货市场盲目发展的通

知》，提出发展期货市场必须遵循“规范起步，加强立法，一切经过试验和严格控制”的原则，明确期货市场试点工作由国务院证券委员会负责，具体工作由中国证监会执行。由此开始了内地期货市场第一次治理整顿：先后审批15家交易所为试点市场，重新审批注册期货经纪公司，1994年初停止了期货外盘交易。二是整顿期货市场，清理期货品种。1998年8月1日，国务院下发《国务院关于进一步整顿和规范期货市场的通知》。15家期货交易所被压缩合并为3家，交易品种削减为12个。三是制定法律法规，健全相关制度。1999年，国务院颁布了《期货交易管理暂行条例》，从期货交易所、期货经纪公司、投资主体和执法监管等不同角度对不同行为主体的职责、权限及具体运作做了明确规定；中国证监会也相应地发布了《期货交易所管理办法》《期货经纪公司管理办法》《期货从业人员资格管理办法》和《期货经纪公司高级管理人员任职资格管理办法》四个具体管理规定等配套法规文件。

3. 稳步发展阶段(2004—2013年)

2004年1月31日，国务院颁布了《国务院关于推进资本市场改革开放和稳定发展的若干意见》，提出我国要“稳步发展期货市场。在严格控制风险的前提下，逐步推出为大宗商品生产者和消费者提供发现价格和套期保值功能的商品期货品种”。该意见澄清和纠正了过去针对期货市场的许多认识误区，“稳步发展期货市场”成为指导期货市场发展的方针。2004年至2013年10年间，我国期货市场稳步发展，市场规模和质量都取得了大幅度提升。一是市场规模快速增长。在沉寂多年以后，棉花、燃料油、玉米、黄大豆2号等品种先后上市交易。截至2013年底，上市期货品种总数达到了40个。其中，商品期货品种38个，覆盖了农产品、金属、能源和化工等国民经济的重要领域。金融期货也实现了权益类和利率类产品的重大突破。商品期货成交量连续多年居世界前列，国际影响力初步显现。二是期货行业整体实力明显增强。截至2013年底，行业代理客户保证金1 988亿元，期货市场成交额267.47万亿元，分别是2004年的15倍和36倍；行业集中度稳步提升，一批期货公司脱颖而出。三是进一步完善法规制度和监管框架。为适应期货市场创新发展的需要，2007年，国务院颁布了《期货交易管理条例》；2012年，修订了此条例，并积极推动期货法立法工作。在市场监管方面，逐步建立并完善了统一开户、市场监测监控、跨市场监管、稽查执法、投资者适当性管理等制度，形成了一套行之有效且富有特色的市场风险预警、监测和防范处置的机制。在中介机构监管方面，建立健全了期货保证金安全存管制度、净资本监管制度、期货投资者保障制度、期货公司分类监管制度、信息披露制度等制度，推动了期货公司规范经营水平的逐步提高。

4. 创新发展阶段(2014年至今)

2014年5月，国务院发布了《国务院关于进一步促进资本市场健康发展的若干意见》(也称新“国九条”)。相比10年前出台的老“国九条”，新“国九条”有关发展期货市场的内容更为丰富，提出“推进期货市场建设”和“提高证券期货服务业竞争力”的战略规划，标志着我国期货市场迈入新的发展阶段，对期货市场的创新发展提供了新机遇、新契机和新要求。启动了《中华人民共和国期货法》的起草工作，并列入全国人大立法规划。中国证监会出台了《期货公司监督管理办法》《关于进一步推进期货经营机构创新发展的意见》，并召开了首届期货创新大会。期货公司的风险管理、资产管理等创新业务全面展开。

《中华人民共和国期货法(草案)》(以下简称《期货法(草案)》)在经过十三届全国人民代表大会常委会第二十八次会议第一次审议后,于2021年4月29日公开向社会征求意见,这是我国首次专门立法规范和促进期货市场健康发展,《期货法(草案)》走到征求意见这一步历时8年,较《期货交易管理条例》有多方面的补充和完善。

规划设立广州期货交易所,以碳排放为首个品种,设立在广州市南沙新区。2016年,中国证监会与国家发改委达成共识,于2019年2月列入《粤港澳大湾区发展规划纲要》。2020年,《中国人民银行 中国银行保险监督管理委员会 中国证券监督管理委员会 国家外汇管理局关于金融支持粤港澳大湾区建设的意见》提出,研究设立广州期货交易所。10月9日,证监会发布消息称,广州期货交易所筹备组正式成立,这标志着广州期货交易所的创建工作进入实质阶段。2021年1月22日,证监会批准设立广州期货交易所。2021年4月19日,广州期货交易所举行揭牌仪式。

经过30多年的探索发展,我国内地期货市场已经实现了量的积累,正处于创新发展的重要战略机遇期,体现出新的时代发展特征。一是产品创新生机勃发。继2013年上市9个期货品种,2014年开始到今天又上市了聚丙烯、热轧卷板、晚籼稻、玉米淀粉、硅铁、锰硅、镍、锡、棉纱、苹果、原油、燃料油、线材、纸浆、乙二醇、红枣、尿素、20号胶、粳米、不锈钢、苯乙烯、纯碱、液化石油气、低硫燃料油、短纤、国际铜、花生、生猪等数十个品种。为配合利率市场化和人民币汇率形成机制改革,适应资本市场风险管理的需要,上市了金融期货品种,包括10年期国债期货、上证50指数期货、中证500指数期货。并配套上市了相应的期权品种。二是期货行业创新提速。2014年9月,中国证监会发布《关于进一步推进期货经营机构创新发展的意见》,对于加快推进期货经营机构的创新发展作出了具体的部署。期货投资咨询业务、资产管理业务和风险管理业务相继推出,改变了过去单一的经纪业务模式,丰富了服务手段,打开了期货经营机构创新空间。期货公司探索“走出去”,进行海外收购和设立境外子公司,提升了期货行业的国际化水平,积累了一定的跨国经营经验。三是监管转型初现成效。《期货法(草案)》的公开意见征求,标志着我国期货业走向立法规范,有利于促进期货行业健康发展。同时,积极推动行政审批制度改革,取消银行业金融机构从事保证金存管资格审批和境外期货业务持证企业年度外汇风险敞口核准两项审批事项。修改完善交易所主要业务活动准则,全部取消了缺乏法律法规依据的相关事前备案、事前征求意见事项,涵盖内容包括品种上市审批流程、交割仓库设置、保证金标准和涨跌停板幅度调整等,降低了市场运行成本。四是场外衍生品市场起步。随着期货公司风险管理子公司业务的逐步开展,场外期权、互换等个性化产品相继推出,场外业务模式开始形成。

(三)我国内地期货市场的现状

2020年,我国内地期货期权市场累计成交量为61.53亿手(单边),累计成交额为437.55万亿元(单边)。根据美国期货业协会的统计,2020年我国内地商品期货成交量占全球商品期货成交总量的63%,已连续12年位居世界第一;全球成交量排名前20的农产品和金属期货中,我国内地分别占14个和11个。截至2020年年末,我国内地期货市场共上市90个期货期权品种,包括62个商品期货、18个商品期权、6个金融期货和4个金融期权。期货公司风险管理子公司场外衍生品交易规模不断扩大。未平仓名义本金从2015年年底的17.75亿元(均为商品类场外衍生品交易)增加至2020年年末的1 565.04亿元(其中商品类场外衍生品规模占比约61%,金融类占比约39%)。同时,我国内地期货市场目前有五家期货交易所,监管体系日益完善,市场制度逐步健全。具体来看,期货市场账户管理体系不断完善。截至2020年年末,期货市场有效客户数186.3万个,其中,个人客户180.4万个,单位客户5.9万个,有效客户数较2012年账户规范工作完成后增长116.6%。市场风险管理制度不断建立健全。我国内地期货交易所制定了保证金、每日结算、涨跌停板、持仓限额和大户持仓报告、风险准备金等制度。在中央对手方建设上,2019年1月,中国证监会正式批准上海期货交易所、郑州商品交易所、大连商品交易所、中国金融期货交易所成为合格中央对手方(QCCP),并建立PFMI(金融市场基础建设原则)信息披露长期工作机制,这标志着我国内地期货市场在结算交割体系建设上已基本与国际监管标准接轨。

第三节　期货的基本经济原理

一、期货市场的基本经济功能

期货市场的基本经济功能是价格发现和规避风险,其他功能都是在这两个基本功能基础上派生出来的。

(一) 价格发现的功能

价格发现,是指期货市场能提供各种商品包括金融产品的未来价格信息。在期货市场上,各种商品的期货合约都有很多买者和卖者。这些买者和卖者之间是以集合竞价的形式进行交易的。因此,通过大量的买者和卖者竞争性的竞价后形成的市场价格,反映了市场对商品利率、汇率、股指等价格变化。这种竞争性价格一旦形成便被交易所记录下来,并通过现代化的通信手段迅速传到各地,从而形成市场价格。

期货之所以具有价格发现功能,是因为它集中了各方面机构和专业人士对市场供求关系的看法,他们的预测通过期货价格的形成反映出来,对市场极具敏感性,所形成的金融期货价格显示了大多数交易者的预测结果。期货价格给现货市场提供了重要的参考信息,期货价格是经济活动的重要依据,是市场价格的晴雨表。

拓展阅读1-2　中国农产品期货价格发现功能的评估和建议

(二) 规避风险的功能

经济生活中无时无刻不存在风险,而期货是具有风险转移机制的市场。它将现实经济生活中客观存在的风险转移出去,为实体经济提供释放风险的出口,同时将释放出来的风险变为可交易的产品,为市场参与各方提供一个高效的风险交易场所,通过交易,改变各自的风险偏好。风险转移是通过套期保值来实现的,套期保值过程就是风险转移的过程。

由于影响现货市场和期货市场价格波动的因素是相同的,所以对于同一种商品,现货市场的价格波动和期货市场的价格波动方向是一致的。涨的时候会都涨,跌的时候就都会跌。所以,通过在两个市场进行相反方向的操作,就会实现损益互相弥补的目的。当然,这种转移出去的风险必须有人来承担,这就是风险爱好者,期货参与者众多,参与目的各不相同,套保者是为了规避风险,实现稳定成本与收益,而套利者和投机者是为了追求较高投资收益。不愿承担风险的参与者通过期货转移风险,相同程度的风险,集中在某个机构和分散到若干个机构结果是不一样的,集中风险后果比分散风险严重得多。如一家大型银行发生了很大风险,不仅影响这家银行的经营,而且可能传递到与这家银行有关联关系和业务往来的其他机构与个人,甚至发生社会震荡,而分散风险有利于降低社会风险,增强经济实体抗击重大突发性事件的弹性,实现实体经济的平稳运行。

（三）资产配置的功能

随着全球化程度日益加深以及全球经济不稳定因素增多,国际大宗商品市场波动加大,各国金融市场中参与主体面临的风险增多,因此越来越多的投资者开始重视期货市场,并期望借助期货市场的独特优势来为其持有的资产进行优化配置。而期货的迅猛发展以及大宗商品交易金融化程度的提高也为越来越多的机构和个人提供了资产配置的平台,期货市场也相应地具备了资产配置的功能,从而在一定程度上满足了投资者对于规避风险以及个性化、分散化、多元化的资产配置的需求。

（四）风险投资的功能

期货除了价格发现和规避风险这两个基本功能以外,还有进行风险投资、获取投资收益的功能,这个功能主要是针对各类投资机构和投机者来说的。期货增加了金融产品的多样性,能满足多样化的投资需求,也可以促进投资策略多样化。期货是保证金交易,具有以小博大的杠杆作用,期货价格的波动会给投资者带来多于保证金数倍的盈利或损失。各类机构不仅可利用期货市场化解风险,也可设计出高风险高收益的投资产品,各类专业投资机构也可利用期货进行投资组合。各类投资者的参与,不仅使价格发现更准确,也使期货市场更富于流动性,风险转移功能更易于实现。

二、如何正确认识期货的功能

（一）期货是为了转移市场价格风险而建立的

一些不了解的人认为,期货没有货币与证券市场的融资功能,不过是一种无实际功能的“零和博弈”。事实上,在市场经济条件下,期货市场与证券市场的功能是不同的。证券市场解决的是资本集聚与集中的问题,建立在此基础上的上市公司,解决了企业无限责任有限化的问题;而期货市场作为市场经济高度发展的产物,解决的是市场价格风险的管理问题,使市场经济中的无限风险有限化。社会经济活动不仅关注财富的积累与分配,也关注风险的集聚与分散,关注经济发展的可持续性和稳定性。期货市场本身不是风险的来源,而只是集中分配风险,在风险厌恶者和风险偏好者之间转移风险。在市场风险日益加大的当今世界,不善于运用风险管理工具,是经济运行中的最大风险。

（二）期货市场套期保值功能的发挥通常是间接和隐性的

期货市场的规避风险功能往往难以直观和量化，尤其不能以从事期货交易盈亏多寡来简单评价期货市场的功能，更不能以期货市场上的亏损个案作为评价期货市场功能的依据。因为对套保者来说，在期货上有亏损，就意味着在现货市场上降低了成本或增加了盈利。对期货效应的评价，要就市场操作的具体情况进行分析。因此，期货市场套期保值功能的发挥必须从整个企业经营的总体情况出发，而不能以“期货盘面上的盈亏论成败”。

（三）期货是专业性的投资工具，不是大众化的投资产品

与股票、黄金、房地产等投资不同，应当或有条件参与期货交易的机构或个人数量是有限的。从企业风险管理的角度讲，只有那些具有一定经营规模，其生产经营与期货品种关联性强，并且确实有需求的企业才有必要参与期货交易。从机构投资者的角度讲，应当参与的是有实力和专业经验的金融机构。从个人角度来讲，那些具有专业素质和一定的经济能力且心理承受能力强的投机者才可以投资期货市场。不过，作为价格发现的重要工具，期货市场的价格信息对于政府、企业、个人有普遍的应用价值。即使不直接参与期货交易，也一样能够利用期货市场的价格信息指导生产经营和投资活动。

（四）期货市场是一把“双刃剑”，具有正向和反向功能

投机过度会出现误导性的价格信号，会酿成金融风险，这也是期货受到责难和非议的重要原因之一。但这一现象从另一方面表明，期货作为一种金融工具，其风险更多的是由于被滥用或者误用所产生的。金融衍生品确实在世界性金融危机中起到过推波助澜的作用，但究其原因是金融机构在创新和使用衍生品时，偏离了基本的经济学原理，偏离了实体经济的现实需求，推出了大量过于复杂的、高风险的、不被公众投资者所了解的产品。此外，风险问题多出在受监管较少的场外衍生品市场，而不在场内期货市场。

（五）期货市场功能发挥需要具备一定的条件

期货市场功能发挥的充分程度依赖于现货基础条件与产业发展，完善的现货市场基础设施有利于期货功能的发挥。便利的物流条件、完善的仓储设施是商品期货功能充分发挥的基础。现货市场价格的市场化程度对期货市场功能发挥也有明显影响，市场化程度越高，企业避险意愿越强，期货功能发挥越充分。此外，企业参与期货市场的意愿与产业集中度紧密相关。产业集中度过高可能会导致垄断，使企业缺乏参与期货市场的动力，这也会影响期货市场功能的发挥。

第四节 我国期货市场在服务实体经济中的作用

一、期货市场对我国宏观经济的影响

（一）期货市场促进国内国际市场接轨

随着世界经济一体化以及我国市场的不断开放，我国期货市场规模在扩大，在大宗商

品国际定价中的作用和影响力正逐步增强。我国期货市场上的期货品种正逐步受到国际市场的重视,并在国际商品定价体系中发挥着越来越大的作用。一些市场化程度较高的商品,国内、国际市场上的期货价格之间相互影响、相互作用,存在较为紧密的联系。例如,在通常情况下我国黄金白银期货价格与 COMEX 黄金白银期货价格的相关系数为 0.99,大商所铁矿石期货价格与普氏指数价格相关性为 0.98,上海期货交易所的铜、铝、铅、锌期货价格与 LME 相应期货价格的相关系数分别为 0.98、0.94、0.91 和 0.95,天然橡胶期货价格与东京商品交易所天然橡胶期货价格的相关系数为 0.90。相关期货市场的价格信息高度相关,充分反映了国内、国际供需关系的变化趋势。

(二)期货市场提升了我国商品价格的全球影响力

以有色金属为例,受工业革命影响,在过去很长的时间内,金属的传统国际贸易中心主要是位于伦敦的 LME 和位于纽约的 COMEX。而进入 20 世纪 90 年代,特别是 2001 年加入 WTO(世界贸易组织)后,随着我国经济腾飞对金属的旺盛需求,以及我国期货市场国际地位提升的影响,以上海期货交易所为代表的中国金属期货在全球有色金属市场上的价格话语权逐步增强。由"伦敦单向引导上海期铜"向"伦敦和上海互为引导关系"转变,上海期铜对伦敦期铜的引导系数从 2005 年的 23%提高到 2009 年的 49%,国际定价影响力逐步显现。全球最大铜生产商智利国营铜业公司(CODELCO)执行主席何塞·阿雷亚诺曾公开表示,"随着中国铜贸易量占 CODELCO 的铜产量份额的不断上升,我们正越来越密切地关注上海期货交易所价格所透射出的市场变化信息"。《中国证券报》曾报道伦敦一位交易员的口述,"伦敦金属交易所开市之前,从业人员都有一项必做的功课,看一看上海期货交易所以铜为主的有色金属品种的收盘价,从而作为当天开盘挂价的参考"。国际有色金属市场逐步形成了伦敦、纽约、上海三足鼎立的格局。2008 年金融危机后,中国作为世界经济增长"引擎"的作用进一步凸显,对全球经济的影响力更加显著,上海期货价格在全球有色金属市场上的影响力更加显著。而随着 COMEX 被 CME 并购,纽约价格在全球有色金属市场上的影响力日渐式微,上海价格开始与伦敦价格的影响力并驾齐驱。我国有色金属期货市场国际影响力的增强,无疑给中国企业在国际谈判中增加了重要的砝码。

(三)期货市场为资源有效配置提供有力支持

资源有效配置的核心是运用合理价格机制,引导长期和相对稳定的高效率资源流向。一个完善的期货市场是一个高度近似完全竞争的市场,标准化合约集中交易制度确保大量交易者的信息迅速、集中、公开传播,减少了人为因素的干扰,形成有效预期价格,节约现货市场成本,有利于提高竞争效率,促进资源要素的合理配置。如我国大豆系列期货品种功能的发挥使我国得以在国际市场上及时、稳定采购足够数量满足国内需求,缓解耕地资源、水资源的紧缺问题,更好实现了全球大豆资源的优化配置,如果只有美国期货市场,而没有国内期货市场,我国进口与压榨企业只能用芝加哥期货交易所进行套保,这样不但要承受汇率、运费等风险,有时升贴水波动风险企业也难以承受。

（四）期货市场提升我国资本形成能力

期货市场的发展，为实体经济提供了更多的风险管理工具，完善了资本市场的功能，提升了资本形成能力。如银行在做结构性融资时，往往会同时参考期货市场和现货市场上的商品价格来确定其给企业提供的融资额度。例如，在标准仓单质押贷款中，商业银行会根据标准仓单对应的货物的价值来确定贷款发放的数额，仓单质押担保的最终目的和最主要的功能即在于以此种担保来确保债权人的债权能够如期获得清偿，因而，在债权人的债权到期不能获得清偿时，质权人有必要实行质权以实现仓单质押担保的目的和功能。担保物能否完全覆盖债权的关键在于银行对标准仓单的估值是否正确合理，此时期货市场价格因其预见性和长期性成为商业银行的重要参考，也是商业银行在标准仓单质押贷款中进行风险管理的重要环节。结构性融资各方利用期货市场管理风险，就是利用期货市场的套期保值功能来规避市场价格波动的不确定性因素。

期货在金融机构理财产品创新中发挥着“助推器”的作用，可以帮助金融机构发行更多样化的理财产品，吸引更多的投资者购买，将储蓄转化为投资，增加资本的供给。股指期货和国债期货上市之后的数据表明，由于有良好的风险管理工具，投资者敢于坚定持有现货资产，对社会资本的形成有所促进。国债期货的推出丰富了证券公司等机构管理利率风险的手段，证券公司持有国债意愿明显增强，促进了国债发行，有利于积极财政政策的实施。

二、期货市场对我国相关产业的影响

改革开放以来，全球化产业分工使工业革命继续深化，我国依托资源要素的优势发展成为世界工厂和制造业大国。我国期货市场在服务我国相关产业、利用国际资源促进中国产业融入全球生产贸易体系过程中发挥了积极作用。

（一）推动产业变革，提升产业竞争力

以有色金属为例，经过多年的发展，我国有色金属行业已经从一个封闭、落后、参照军工企业模式管理的行业，迅速发展成为我国工业部门中市场化、国际化程度最高的行业之一，不仅有效满足了国民经济飞速发展对有色金属物资供应的需求，而且一举成为我国少数具有较强国际竞争力的特色产业之一。有色金属工业规模以上的企业数量从 1978 年的 602 家增长到 2013 年的 9 276 家；主要十种有色金属产量从 1978 年的 99.6 万吨增长到 2013 年的 4 029 万吨。有色金属行业年末资产总额从 1978 年的 116.2 亿元增长到 2013 年的 40 399 亿元；进出口贸易额从 1990 年的 17 亿美元，到 2000 年的 143 亿美元，再到 2013 年的 1 581 亿美元，增长了 90 多倍。在总量水平不断扩大的同时，有色金属产业盈利能力也大幅提升，主营业务收入、营业利润和税收额均实现较大增长。回顾有色金属产业的发展历史可以看到，中国有色金属期货市场催化了有色金属行业的巨大变革，而有色金属行业的变革同时也推动和成就了期货市场的快速发展；有色金属行业自 20 世纪 80 年代中后期开始实行价格“双轨制”，期货市场促进了有色金属行业从计划向市场的顺利过渡。1995 年，国家计划委员会规定，有色金属价格按上海期货交易所每月第一个

星期实物交割的加权平均价定价，由此开创了国家和大企业运用期货市场价格进行资源配置的先河。现在，我国期货市场上的铜、铝、铅、锌等期货价格已经成为行业监控分析、国家收储、收购兼并等环节定价基准和研判参考依据，成为我国实体产业运用期货市场的典型案例。

（二）促进小生产与大市场对接，在服务农业方面的功能与作用明显

期货市场发端于农产品期货。一个健康的期货市场对于促进主要农产品稳定生产、保持农产品的有效供给以及形成合理的市场价格都具有非常重要的作用。利用期货市场价格发现功能，有利于按市场需求调整种植结构，期货工具的应用有力地促进了"订单农业"的发展，促进了从农产品向商品的跳跃，逐步完善了价格形成机制和市场流通机制。利用期货市场套期保值功能，帮助农业生产组织做大做强，实现农业规模化经营，走向农业现代化。期货市场为我国农业生产和经营提供了一条畅通的信息和物流渠道。期货价格的即时公开性和巨大的影响力，使其成为相关农产品经营的参考价格。农产品现货市场吸收信息的效率提升，现货市场价格调整速度大大加快，全国现货市场的走势更加趋于一致。原来全国相对分割和分散的现货市场价格以期货价格为核心统一起来，促进了全国统一大市场的形成。农产品产销市场能够快速充分对接，促进了粮食流通，引导了良好市场流通秩序的形成。

（三）促进产业转型升级，服务产业链协调发展

首先，期货市场提供了满足产业上下游不同需求的避险工具。以钢铁产业为例，国内铁矿等钢铁上游企业的特点是：生产成本相对固定，但产品价格却跟随市场剧烈波动。价格的变动直接影响矿山的盈利水平，在价格过低时，矿山几乎无法正常生产。为了锁定产品的利润，保证生产平稳运行，铁矿石、焦煤期货的推出，帮助上游企业对库存和产能进行套期保值。中游企业（炼焦、钢铁企业）面临的是复杂多变的市场环境。炼焦企业的成本大部分是原材料，即焦煤的买入成本；除副产品外，其收入主要来自卖出焦炭；两者之差就是炼焦企业的利润。钢厂的情况类似，成本主要是焦炭与铁矿石，收入则来自钢材。企业得以存活的根本原因就是收入与成本之间存在利润。但是，影响中游企业利润大小的因素非常多：中游企业不能单纯锁定出售产品的价格，也要关注原材料的价格变化；中游企业还要特别关注相关商品的价格变化关系、引起价格变化的原因、同一产业链上不同商品价格变化的程度和时间。通过对比螺纹钢期货价格，铁矿石、焦炭和焦煤期货价格，国外铁矿石掉期和矿山招标价，国内铁矿石和焦炭现货价格，钢铁生产企业可以实时测算出原材料与产成品间的生产加工利润，进行套保交易锁定利润。

其次，期货市场有利于产业控制过剩产能，提高产品质量，期货市场价格可以作为"温度计"，为钢铁产业产能控制提供依据。如螺纹钢期货上市后，远月合约价格一直低于近月合约价格，呈现负向市场特征，是钢铁产能过剩的直接显示。期货价格能够反映多种生产要素在未来一定时期的变化趋势，具有前瞻性，能帮助经济主体估算商品未来的销售价格和相应的利润空间，改变经济主体的生产、投资意愿与行为，防止钢铁行业产能的盲目扩张。普通线材和螺纹钢期货的推出，也有助于国家关于钢材产业的政策落实，推进企业

的技术改造,加速质量差、规模小、污染严重的企业的淘汰,从而也可以促进企业集中度的提高。

最后,期货市场有利于产业流通领域的分化整合。钢材期货上市后,钢材的金融属性进一步增强,博取差价的钢材贸易盈利模式难以为继。钢材贸易企业的市场运作模式将回归于传统钢材流通,发挥产需衔接的重要功能。

三、期货市场服务实体经济的方式

期货市场对于实体经济的意义在于实体企业可以通过期货的套期保值规避价格波动带来的风险,稳定企业的生产利润。

(一) 套期保值

套期保值,又称对冲贸易,是指交易人在买进(或卖出) 实际货物的同时,在期货交易所卖出(或买进) 同等数量的期货交易合同作为保值。它是为避免或减少价格发生不利变动的损失,而以期货交易临时替代实物交易的一种行为,包括买入套期保值(long hedge)和卖出套期保值(short hedge)。

1. 买入套期保值

买入套期保值是指交易者先在期货市场买进期货合约,以便将来在现货市场买进现货时不致因价格上涨而招致经济损失的一种套期保值方式。一般来说,计划购进商品或担心未来价格上涨的现货商人往往采用买入套期保值策略。

例如,3 月 30 日,某不锈钢加工厂计划两个月后购进加工原料 1 000 吨镍,工厂以当前现货镍价 99 600 元/吨制定采购成本预算,不愿提前购进原料占压库存,但是又担心两个月后镍价上涨,于是,决定利用上海期货交易所金属镍合约进行买入套期保值,以 99 300 元/吨的价格买进 7 月期货合约 1 000 手(1 吨/手); 6 月 1 日,当工厂决定开始购进原镍进行加工时,现货镍价格已上涨至 116 400 元/吨,而 7 月期货合约价格也上涨至 116 100 元/吨。工厂在购进现货的同时卖出平仓期货合约,从而锁定了采购成本,成功地实现了套期保值。

由上面的分析可知,该厂选用了与现货品种相同的镍期货合约、与现货交易时间相应的 7 月期货合约、与现货数量相等的期货合约数量(1 000 手=1 000 吨),进行了与现货交易部位相反的期货交易,从而完成了一次成功的买入套期保值,用期货交易 16 800 元/吨的差价盈利弥补了现货采购 16 800 元/吨的成本亏损,规避了现货市场价格上涨的风险。

2. 卖出套期保值

卖出套期保值是指交易者先在期货市场卖出期货合约,当现货价格下跌时,用期货市场的盈利来弥补现货市场亏损,从而达到保值目的的一种套期保值方式。持有商品库存或担心未来价格下跌的现货商人往往采用卖出套期保值。

例如,5 月 2 日,现货市场上大豆销售价格为 3 900 元/吨,由于今年国家鼓励玉米改种大豆,并对大豆种植给予较大力度的补贴,预计种植面积将明显增加,东北某农场预计全年产量有可能会增长 30%,担心 9 月收割后大豆供应充足导致价格下跌影响经济收入,于是,在大连商品交易所卖出 1 万手(10 吨/手)9 月大豆期货合约,成交价格 3 850

元/吨；9月初，当农场收成已成定局，即将开镰收割，但是大豆现货价格已跌至3 650元/吨，农场在期货市场以3 600元/吨的价格卖出平仓期货合约，用期货合约250元/吨的差价盈利弥补了现货收成250元/吨的利润损失，从而锁定了价格和利润收入，成功地实现了套期保值。

（二）期货加保险

保险的赔付条件是针对自然灾害等各类“不可抗力”因素；期货则是用来“抵抗”价格波动。保险和期货都是风险管理工具，不难发现可以实现互补，“保险＋期货”应运而生。

“保险期货”，是指农业经营者或企业为规避市场价格风险向保险公司购买期货价格保险产品，保险公司通过向期货经营机构购买场外期权将风险转移，期货经营机构利用期货市场进行风险对冲的业务模式。它是基于为农业经营者提供价格避险工具发展起来的。农产品价格变动是影响农户收益的重要因素之一，农业经营者直接通过期货市场进行市场风险管理需要较强的专业知识、操作经验以及资金保障，这对于普通农户来说是一个较大的障碍。

而相对于直接参与期货市场，保险产品对农户来说要熟悉得多，且不需要考虑保证金占用、强行平仓等期货规则，更易于农户的理解和接受，加之保险公司具有更强的综合实力和更完善的基层服务基础，价格保险产品更适用于保障农户收益。

总体来看，“保险期货”为农户提供了一种操作性较强的避险工具，将农民所面临的价格风险转移至期货市场，有效地完善了农业生产经营者与期货市场之间的连接机制，是农户或企业所面临的价格风险与期货市场之间的传送带，合理地利用和发展可以更好地发挥期货市场的风险管理功能。

案例：铁岭生猪的“保险＋期货”

随着2020年生猪期货获批上市，期货市场便可利用其价格发现及风险分散的天然属性，为猪肉产业链的各环节提供风险管理服务，在一定程度上稳定猪肉市场秩序。弘业期货在生猪期货上市的第一时间便与全国各地的生猪企业取得联系，确保及时为有相关需求的企业提供针对性风险管理服务。

弘业期货携手中华联合保险辽宁分公司与铁岭连生种猪场达成合作关系，为其价值超过163万元的534头生猪提供价格保障服务。为扩大覆盖范围，提高项目影响力，保费由猪场和弘业期货各出资50%。

首先期货公司与保险公司以商品期货交易所公布的价格为基础，设计保险产品，随后投保人购入保险公司相关产品价格保险，保险公司则通过期货公司买入看跌期权，进行再保险。

当保险期内产品平均价格低于保险约定价格时，按照保险条款，期货公司对保险公司进行资金赔付，投保人则通过保险公司获得赔付。

此次在铁岭连生种猪场开展的生猪价格险项目，采用了创新的增强型亚式价差看跌期权结构，利用增强型亚式价差看跌期权的特性大大增加了项目赔付概率，并通过组合价差期权的模式降低了企业购买保险的成本，最大限度保障了企业的利益。据弘业期货介绍，目前该项目正在平稳运行，弘业期货也会加快相关项目的落地进度，为更多生猪企业及养殖户带去专业、精准、高效的服务。

四、金融期货对金融市场与行业的影响

金融期货是资本市场发展到一定阶段的必然产物，是成熟金融市场不可缺少的组成部分。金融期货为市场提供了更多的风险管理工具，提升了为实体经济服务的能力。

（一）提高金融市场信息效率

金融期货在信息揭示方面比现货市场更有效率。以国债期货为例，国债期货价格在一定程度上反映了市场对中长期利率走势的预期，能够及时、有效反映货币政策信息。相比银行间债券场外交易市场，国债期货产品标准化程度高、报价成交连续，能够为债券市场提供透明度高、连续性强的价格信息。

（二）提升金融市场价格稳定性

金融期货通过套期保值降低了市场价格的波动性，使得金融市场运行更加稳定。股指期货上市以来，较好地发挥了“减震器”的作用，股市长期波动率显著降低，股市短期大幅波动天数明显减少，股市波动极值范围大幅缩小，单边市特征改善明显，涨跌转换加快、幅度变小，股市系统风险有所下降。

（三）降低金融市场交易成本

金融期货交易能够以更低的成本调整投资组合的风险收益特征，多种不同风险收益特征的投资组合可以吸引新的参与者进入标的资产市场，增加市场流动性。

（四）提升金融机构产品创新能力，服务居民理财投资

金融期货为金融机构创新提供了新的“原料”。通过金融期货，财富管理机构可以设计出新的理财产品，实施更为灵活和丰富的投资策略，提升财富管理的业绩，使广大投资者尤其是中小投资者分享发展成果。如国债期货的上市加快了金融机构产品和业务创新，促进各行业共同发展：第一，国债期货为机构投资者提供有效的风险管理工具，丰富了金融机构的交易策略，促进基于债券市场组合和国债期货的产品创新，提升金融机构的资产管理效率，增强其服务实体经济的能力。第二，国债期货促进了商业银行、证券公司、期货公司、证券投资基金国债期货相关业务合作。一是银证之间已经开展国债借贷合作，部分商业银行已经与证券公司签订了国债借贷协议，并为此增持了可交割国债，提高了交易性国债的比重；二是商业银行可以通过取得交易所会员资格直接参与国债期货业务，或通过期货公司会员参与期货业务，目前五大国有商业银行已取得中国金融期货交易所会员资格；三是证券、期货和基金发挥各自优势，合作研发与国债期货挂钩的资产管理产品等。第三，国债期货促进了债券市场其他创新品种的发展。

（五）金融机构运用金融衍生品管理自身风险，增强金融机构综合竞争实力，从而更好地服务实体企业

金融期货能够辅助金融机构资产负债管理，保障金融行业的稳健经营。金融机构在服务实体经济和自身运营过程中也面临着各类金融市场波动风险，需要灵活运用各类利率、汇率及权益类衍生工具进行避险。机构间的利率衍生品解决了商业银行、保险公司的资产负债期限错配问题，汇率衍生品规避了商业银行等金融机构因开展外汇业务面临的多币种币值波动风险，权益衍生品提升了金融机构动态管理投资组合的效率，总体来看，金融衍生品平滑了金融机构的现金流与财务表现，增强了金融机构综合竞争实力，发挥了金融机构服务实体经济运转的支柱作用。

虽然我国期货市场在服务实体经济方面发挥了功能与作用，但由于我国期货市场发展历史还不长，市场结构仍需要进一步完善，与经济发展需求相比仍存在较大差距，主要表现在：一是期货市场结构不健全，实体企业利用期货的广度和深度不足；二是期货市场规模与实体经济不匹配，部分期货品种流动性不足，发现价格和风险管理的功能发挥不够充分，不能有效承接实体经济转移和分散的风险；三是期货及衍生品体系有待完善，金融期货和期权产品应加快发展；四是期货市场对外开放程度低，应加快国际化步伐；五是应进一步加强期货市场法制建设，完善期货立法。

关键术语

期货　期货交易　期货市场　期货市场的功能

复习思考题

1. 什么是期货市场？期货交易有哪些特点？
2. 是否所有的商品都能成为期货商品？作为期货商品一般要具备哪些特点？
3. 期货的功能有哪些？如何正确理解期货市场功能？
4. 期货市场对宏观经济的影响与作用有哪些？
5. 期货市场对我国相关产业的影响与作用有哪些？
6. 为什么我国要建立和发展期货市场？

即测即练

第二章

期货市场组织结构

学习目标

1. 熟悉期货市场组织结构；
2. 概括期货市场组成机构的种类和作用；
3. 掌握期货结算及结算机构的概念与特点；
4. 正确理解期货市场参与者的主要作用。

第一节　期货交易所

一、境内期货交易所

我国内地现有上海期货交易所、郑州商品交易所、大连商品交易所、中国金融期货交易所和广州期货交易所五家期货交易所。

（一）境内期货交易所的组织形式

按照《期货交易管理条例》的规定，期货交易所可以采取会员制或公司制的组织形式。会员制期货交易所的注册资本划分为均等份额，由会员出资认缴。公司制期货交易所采用股份有限公司的组织形式。在我国境内期货交易所中，上海期货交易所、大连商品交易所和郑州商品交易所是会员制期货交易所；中国金融期货交易所是公司制期货交易所。

《期货交易管理条例》规定，我国期货交易所不以盈利为目的，按照其章程的规定实行自律管理。期货交易所以其全部财产承担民事责任。因此，尽管境内期货交易所在组织形式上有公司制和会员制之分，但均不以盈利为目的。

（二）境内期货交易所的会员管理

在国际上，交易所会员往往有自然人会员与法人会员之分、全权会员与专业会员之分、结算会员与非结算会员之分等。欧美国家会员以自然人为主。

境内期货交易所会员应当是在中华人民共和国境内登记注册的企业法人或者其他经济组织。取得期货交易所会员资格，应当经期货交易所批准。

期货交易所对会员实行总数控制。只有成为交易所的会员，才能取得场内交易席位，在期货交易所进行交易。非会员则须通过期货公司代理交易。

会员制期货交易所会员享有的权利包括：参加会员大会，行使选举权、被选举权和表决权；在期货交易所从事规定的交易、结算和交割等业务；使用期货交易所提供的交易设施，获得有关期货交易的信息和服务；按规定转让会员资格；联名提议召开临时会员大会；按照期货交易所章程和交易规则行使申诉权；期货交易所章程规定的其他权利。会员制期货交易所会员应当履行的义务包括：遵守国家有关法律、行政法规、规章和政策；遵守期货交易所的章程、交易规则及其实施细则及有关决定；按规定缴纳各种费用；执行会员大会、理事会的决议；接受期货交易所监督管理。

公司制期货交易所会员享有的权利包括：在期货交易所从事规定的交易、结算和交割等业务；使用期货交易所提供的交易设施，获得有关期货交易的信息和服务；按照交易规则行使申诉权；期货交易所交易规则规定的其他权利。公司制期货交易所会员应当履行的义务包括：遵守国家有关法律、行政法规、规章和政策；遵守期货交易所的章程、交易规则及其实施细则和有关决定；按规定缴纳各种费用；接受期货交易所监督管理。

（三）境内期货交易所概况

拓展阅读 2-1 螺纹钢：国投安信期货品种手册

拓展阅读 2-2 短纤：国投安信期货品种手册

（1）上海期货交易所。1998 年 8 月，上海期货交易所由上海金属交易所、上海粮油商品交易所和上海商品交易所合并组建而成，于 1999 年 12 月正式营运。上海期货交易所上市交易的主要品种有铜、铝、锌、铅、螺纹钢、线材、热轧卷板、天然橡胶、黄金、白银、燃料油、石油沥青等期货。

（2）郑州商品交易所。郑州商品交易所是在郑州粮食批发市场的基础上发展起来的，成立于 1990 年 10 月 12 日。其最初开展即期现货交易，之后开展现货远期合约交易，1993 年 5 月 28 日正式推出标准化期货合约，实现由现货远期到期货的转变。郑州商品交易所上市交易的主要品种包括棉花、白糖、精对苯二甲酸(PTA)、菜籽油、小麦、早籼稻、甲醇、动力煤、玻璃、油菜籽、菜籽粕、粳稻、晚籼稻、铁合金等期货。

拓展阅读 2-3 铁矿石：国投安信期货品种手册

拓展阅读 2-4 10 年期国债期货

（3）大连商品交易所。大连商品交易所成立于 1993 年 2 月 28 日，大连商品交易所上市交易的主要品种有玉米、黄大豆、豆粕、豆油、棕榈油、线型低密度聚乙烯(LLDPE)、聚氯乙烯(PVC)、聚丙烯、焦炭、焦煤、铁矿石、鸡蛋、胶合板、玉米淀粉等期货。

（4）中国金融期货交易所。中国金融期货交易所是经国务院同意，中国证监会批准，由上海期货交易所、郑州商品交易所、大连商品交易所、上海证券交易所和深圳证券交易所共同发起设立的金融期货交易所。中国金融期货交易所于 2006 年 9 月 8 日在上海成立，注册资本为 5 亿元人民币。中国金融期货交易所上市交易的是金融期货品种，目前主要品种是沪深 300 股指期货和 5 年期国债期货等。

（5）广州期货交易所。设立广州期货交易所，是贯彻落实中共中央、国务院关于《粤港澳大湾区发展规划纲要》，国务院关于《中国(广东)自由贸易试验区总体方案》及《中国人民银行 中国银行保险监督管理委员会 中国证券监督管理委员会 国家外汇管理局关于金融支持粤港澳大湾区建设的意见》的重要举措。广州期货交易所立足服务实体经济、服务绿色发展，秉持创新型、市场化、国际化的发展定位，对完善我国资本市场体系，助力粤港澳大湾区和国家"一带一路"建设，服务经济高质量发展具有重要意义。因设立时间短，目前广州期货交易所还没有推出上市品种(本书后文所称"四家"期货交易所，不包括此交易所)。

截至2020年12月31日中国期货市场上市品种见表2-1。

表2-1　截至2020年12月31日中国期货市场上市品种

交 易 所	上 市 品 种
上海期货交易所	金属：铜、铝、锌、铅、镍、锡、黄金、白银、螺纹钢、线材、热轧卷板、不锈钢 能源化工：原油、低硫燃料油、燃料油、石油沥青、天然橡胶、20号胶、纸浆 期权：铜期权、铝期权、锌期权、黄金期权、天胶期权
郑州商品交易所	农产品：白糖、棉花、普麦、强麦、早籼稻、晚籼稻、粳稻、菜籽粕、油菜籽、菜籽油、棉纱、苹果、红枣 工业品：动力煤、精对苯二甲酸、甲醇、玻璃、硅铁、锰硅、尿素、纯碱、短纤 期权：白糖期权、棉花期权、PTA期权、甲醇期权、菜籽粕期权、动力煤期权
大连商品交易所	农产品：玉米、玉米淀粉、黄大豆1号、黄大豆2号、豆粕、豆油、棕榈油、纤维板、胶合板、鸡蛋、粳米 工业品：聚乙烯、聚氯乙烯、聚丙烯、焦炭、焦煤、铁矿石、乙二醇、苯乙烯、液化石油气 期权：豆粕期权、玉米期权、铁矿石期权、液化石油气期权、聚乙烯期权、聚氯乙烯期权、聚丙烯期权
中国金融期货交易所	权益类：沪深300股指期货、中证500股指期货、上证50股指期货、沪深300股指期权 利率类：2年期国债期货、5年期国债期货、10年期国债期货

我国衍生品除了可以在上述四家期货交易所进行交易外，还可以在其他场所上市交易。2015年2月9日，上海证券交易所上市了上证50ETF期权。

二、国外期货交易所

期货交易所在世界各地普遍存在，下面我们将介绍几种世界上最重要的期货交易所。

(一) CME集团

CME集团(CME Group)位于美国，由芝加哥期货交易所、芝加哥商业交易所和纽约商品交易所合并成立。CME集团集交易所与清算所于一身，其中CME交易所主要负责期货期权合约的设计和上市，而CME清算所主要负责为投资者的场内、场外的期权期货交易提供清算和风控服务。CME集团下各交易所主要交易品种如下。

(1) 芝加哥商业交易所：主要交易外汇期货、股指期货、短期利率期货、牲畜期货等。

（2）芝加哥期货交易所：主要交易农产品期货（如玉米、大豆、豆油、乳制品、木材、咖啡等）、长期利率期货、部分指数期货（例如房地产指数）等。

（3）纽约商品交易所：主要交易能源类期货（如WTI原油，国内原油定价的标杆）、金属期货等。

（4）纽约商品交易所（COMEX）：NYMEX的一个分支，主要交易金属期货（如黄金/白银，国内贵金属定价的标杆）等。

（二）洲际交易所

洲际交易所（Intercontinental Exchange，ICE）总部位于美国乔治亚州亚特兰大，在全球拥有23个交易所：美国、加拿大、欧洲境内的ICE期货交易所；美国、欧洲境内的LIFFE（伦敦国际金融期货交易所）；纽约股票交易所；泛欧集团股票交易所；股权期权交易所；OTC能源、信贷和股权交易市场。美国、加拿大、欧洲境内的ICE期货交易所，主要交易布伦特原油期货、大豆期货等品种。

（三）伦敦金属交易所

伦敦金属交易所是世界上最大的有色金属交易所，其交易品种有伦敦铝、伦敦铜、伦敦铅、伦敦镍、伦敦锡、伦敦锌、伦敦铝合金。LME的价格和库存对世界范围的有色金属生产和销售有着绝对重要的影响。全球铜产量的70%按照LME公布的正式牌价为基准进行贸易，全球铜合约的90%在LME交易。

（四）东京国际金融期货交易所

东京国际金融期货交易所（Tokyo International Financial Futures Exchange，TIFFE）总部位于日本东京，主要交易品种是短期利率期货。

第二节　期货结算机构与制度

一、期货结算机构及职能

（一）期货结算机构

期货结算机构是负责交易所期货交易的统一结算、保证金管理和结算风险控制的机构。期货结算机构根据与期货交易所的关系，一般分为以下两种形式。

（1）结算机构是某个交易所的内部机构，仅为该交易所提供结算服务。这种情况下，交易所可以及时掌握交易者的资金情况，有利于控制市场风险。这种结算机构的缺点在于其风险承担能力是有限的。

（2）结算机构是独立的公司。这种情况下，结算公司可以为一家或多家期货交易所提供结算服务，可以有针对性地防止某些期货交易所在利益驱动下可能出现的违法行为。这种结算机构的缺点在于，结算公司和期货交易所各为独立法人，因此存在沟通成本和协调成本。

我国四家期货交易所的结算机构均是交易所的内部机构。这意味着我国期货交易所除了具有组织和监督期货交易的职能外,还具有下述职能:组织并监督结算和交割,保证合约履行;监督会员的交易行为;监管指定交割仓库。正是从这个意义上,我国期货交易所兼具期货结算职能。

(二)期货结算职能

期货结算机构的主要职能包括担保交易履约、结算交易盈亏和控制市场风险。

1. 担保交易履约

当期货交易成交之后,买卖双方缴纳一定的保证金,结算机构就承担起保证每笔交易按期履约的责任。交易双方并不发生直接关系,只和结算机构发生关系,结算机构成为所有合约卖方的买方和所有合约买方的卖方。如果交易者一方违约,结算机构将先代替其承担履约责任,由此可大大降低交易的信用风险。

也正是由于结算机构替代了原始对手,结算会员及其客户才可以随时对冲合约而不必征得原始对手的同意,使期货交易的对冲平仓方式得以实施。

2. 结算交易盈亏

结算交易盈亏是指每一交易日结束后,期货结算结构对会员的盈亏进行计算。

3. 控制市场风险

结算机构担保履约,往往是通过对会员保证金的结算和动态监控实现的。在此过程中,尽管市场状况一直是不断变化的,但结算机构要求会员保证金一直处于规定的水平之上。当市场价格不利变动导致亏损使会员保证金不能达到规定水平时,结算机构会向会员发出追加保证金的通知。会员收到通知后必须在下一交易日规定时间内将保证金缴齐,否则结算机构有权对其持仓进行强行平仓。结算机构通过对会员保证金的管理、控制而有效控制市场风险,以保证期货市场平稳运行。

二、期货结算制度

国际上,结算机构通常采用分级结算制度,即只有结算机构的会员才能直接得到结算机构提供的结算服务,非结算会员只能由结算会员提供结算服务。这种分级结算制度实际上使得期货结算大致可分为三个层次。第一个层次是由结算机构对结算会员进行结算,结算会员是交易所会员中资金雄厚、信誉良好的期货公司或金融机构;第二个层次是结算会员与非结算会员或者结算会员与结算会员代理客户之间的结算;第三个层次是非结算会员对非结算会员代理客户的结算,如图 2-1 所示。

这种金字塔形的分级结算制度通过建立多层次的会员结构,逐级承担化解期货交易风险的作用,形成多层次的风险控制体系,提高了结算机构整体的抗风险能力。因此,这种分级结算制度有利于建立期货市场风险防范的防火墙。

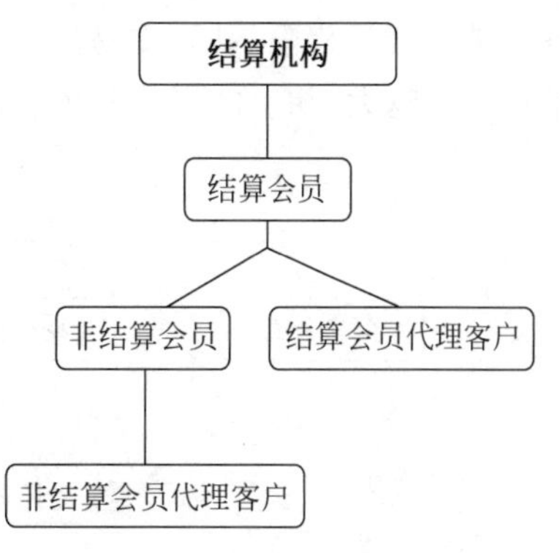

图 2-1　分级结算制度结构

自2008年美国金融危机发生后，交易所为场外衍生品交易提供结算服务，成为发展的新趋势。

我国期货结算制度分为全员结算制度和会员分级结算制度两种类型。

（一）全员结算制度

全员结算制度是指期货交易所会员均具有与期货交易所进行结算的资格，期货交易所的会员均既是交易会员，也是结算会员，不做结算会员与非结算会员之分。如图2-2所示，在全员结算制度下，期货交易所对会员进行结算，会员对其受托的客户结算。郑州商品交易所、大连商品交易所和上海期货交易所实行全员结算制度。

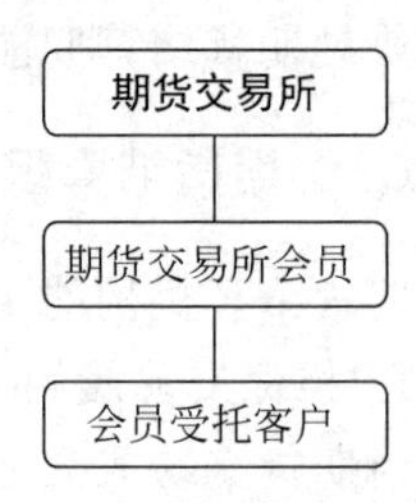

图2-2　全员结算制度结构

实行全员结算制度的期货交易所会员由期货公司会员和非期货公司会员组成。期货公司会员按照中国证监会批准的业务范围开展相关业务，可以代理客户进行期货交易；非期货公司会员不得从事《期货交易管理条例》规定的期货公司业务。

（二）会员分级结算制度

在会员分级结算制度下，期货交易所将交易所会员区分为结算会员与非结算会员。结算会员与非结算会员是根据会员能否直接与期货交易所进行结算来划分的。结算会员具有与交易所进行结算的资格；非结算会员不具有与期货交易所进行结算的资格。在会员分级结算制度下，期货交易所对结算会员结算，结算会员对非结算会员结算，非结算会员对其受托客户结算。

中国金融期货交易所采取会员分级结算制度。

在中国金融期货交易所，按照业务范围，会员分为交易会员、交易结算会员、全面结算会员和特别结算会员四种类型（图2-3）。其中，交易会员不具有与交易所进行结算的资格，它属于非结算会员。交易结算会员、全面结算会员和特别结算会员均属于结算会员。结算会员具有与交易所进行结算的资格。交易结算会员只能为其受托客户办理结算、交割业务。全面结算会员既可以为其受托客户也可以为与其签订结算协议的交易会员办理结算、交割业务。特别结算会员只能为与其签订结算协议的交易会员办理结算、交割业务。结算会员权限不同，交易所对其资本金、盈利状况、经营合法性等方面的要求不同。结算权限越大，相应的资信要求就越高。

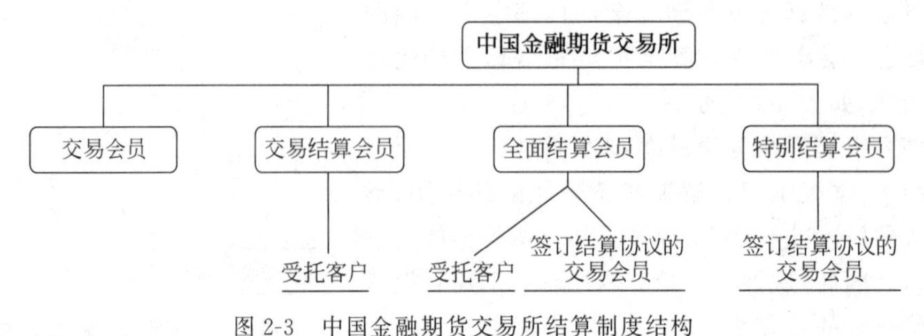

图2-3　中国金融期货交易所结算制度结构

实行会员分级结算制度的期货交易所应当配套建立结算担保金制度。结算会员通过缴纳结算担保金实行风险共担。结算担保金是指由结算会员依交易所规定缴存的,用于应对结算会员违约风险的共同担保资金。结算担保金由结算会员以自有资金向期货交易所缴纳,属于结算会员所有,用于应对结算会员违约风险。当市场出现重大风险时,所有结算会员都有义务共同承担市场风险,确保市场能够正常运行。结算担保金包括基础结算担保金和变动结算担保金。基础结算担保金是指结算会员参与交易所结算交割业务必须缴纳的最低结算担保金数额。变动结算担保金是指结算会员结算担保金中超出基础结算担保金的部分,随结算会员业务量的变化而调整。结算担保金应当以现金形式缴纳。

第三节　期货中介与服务机构

一、期货公司

(一) 期货公司的职能

期货公司是指代理客户进行期货交易并收取交易佣金的中介组织。期货公司作为场外期货交易者与期货交易所之间的桥梁和纽带,属于非银行金融服务机构。其主要职能包括:根据客户指令代理买卖期货合约、办理结算和交割手续;对客户账户进行管理,控制客户交易风险;为客户提供期货市场信息,进行期货交易咨询,充当客户的交易顾问等。

拓展阅读 2-5　中国证监会公布 2021 年期货公司分类结果

(二) 期货公司的业务管理

1. 对期货公司业务实行许可制度

在我国,期货公司业务实行许可制度,由国务院期货监督管理机构按照其商品期货、金融期货业务种类颁发许可证。期货公司除可申请经营境内期货经纪业务外,还可以申请经营境外期货经纪、期货投资咨询以及国务院期货监督管理机构规定的其他期货业务,即按照《期货公司监督管理办法》设立的期货公司,可以依法从事商品期货经纪业务;从事金融期货经纪、境外期货经纪、期货投资咨询的,应当取得相应业务资格;从事资产管理业务的,应当依法登记备案。

2. 期货公司的业务类型

我国期货公司除了可以从事传统的境内期货经纪业务外,符合条件的公司还可从事境外期货经纪业务,以及期货投资咨询、资产管理、风险管理等创新业务。

(1) 期货经纪业务是指代理客户进行期货交易并收取交易佣金的业务,分为境内期货经纪业务和境外期货经纪业务。

(2) 期货投资咨询业务是指基于客户委托,期货公司及其从业人员向客户提供风险管理顾问、研究分析、交易咨询等服务并获得合理报酬。其中,风险管理顾问包括:协助客户建立风险管理制度、操作流程,提供风险管理咨询、专项培训等;期货研究分析包括:收集整理期货市场及各类经济信息,研究分析期货市场及相关现货市场的价格及其相关影响因素，制作提供研究分析报告或者资讯信息；期货交易咨询包括：为客户设计套期保值、套利等投资方案，拟定期货交易操作策略等。期货公司从事期货投资咨询业务，应当与客户签订服务合同，明确约定服务内容、收费标准及纠纷处理方式等事项。期货公司及其从业人员从事期货投资咨询业务，不得向客户做获利保证，不得以虚假信息、市场传言或者内幕信息为依据向客户提供期货投资咨询服务，不得对价格涨跌或者市场走势作出确定性的判断，不得利用向客户提供投资建议谋取不正当利益，不得利用期货投资咨询活动传播虚假、误导性信息，不得以个人名义收取服务报酬，不得从事法律、行政法规和中国证监会规定禁止的其他行为。

(3) 资产管理业务是指期货公司可以接受客户委托，根据《期货公司监督管理办法》《私募投资基金监督管理暂行办法》规定和合同约定，运用客户资产进行投资，并按照合同约定收取费用或者报酬的业务活动。资产管理业务的投资收益由客户享有，损失由客户承担。期货公司从事资产管理业务，应当与客户签订资产管理合同，通过专门账户提供服务。期货公司可以依法为单一客户办理资产管理业务，也可依法为特定多个客户办理资产管理业务。

资产管理业务的投资范围包括：一是期货、期权及其他金融衍生品；二是股票、债券、证券投资基金、集合资产管理计划、央行票据、短期融资券、资产支持证券等；三是中国证监会认可的其他投资品种。资产管理业务的投资范围应当遵守合同约定，不得超出前款规定的范围，且应当与客户的风险认知与承受能力相匹配。

期货公司及其从业人员从事资产管理业务时，不得以欺诈手段或者其他不当方式误导、诱导客户；不得向客户作出保证其资产本金不受损失或者取得最低收益的承诺；接受客户委托的初始资产不得低于中国证监会规定的最低限额；不得占用、挪用客户委托资产；不得以转移资产管理账户收益或者亏损为目的，在不同账户之间进行买卖，损害客户利益；不得以获取佣金或者其他利益为目的，使用客户资产进行不必要的交易；不得利用管理的客户资产为第三方谋取不正当利益，进行利益输送；不得从事法律、行政法规以及中国证监会规定禁止的其他行为。

期货公司及其子公司开展资产管理业务应依法登记备案，向中国期货业协会履行登记手续，期货公司"一对多"资产管理业务还应满足《私募投资基金监督管理暂行办法》中关于投资者适当性和托管的有关要求，资产管理计划应当通过中国证券投资基金业协会私募基金登记备案系统进行备案。

(4) 风险管理业务是指期货公司通过成立风险管理公司，为商业实体、金融机构、投资机构等法人或组织、高净值自然人客户提供适当风险管理服务和产品的业务模式。作为期现结合的一种模式，该业务实行备案制并自 2012 年开始试点。试点业务类型包括基差交易、仓单服务、合作套保、定价服务、做市业务、其他与风险管理服务相关的业务。

(三) 期货公司法人结构及管理

1. 完善的期货公司法人治理结构

期货公司是现代公司的一种表现形式，其遵循《中华人民共和国公司法》(以下简称

《公司法》)关于公司治理结构的一般要求,即建立由期货公司股东会、董事会、监事会、经理层以及公司员工组成的合理的公司治理结构;明确股东会、董事会、监事会、经理层的职责权限,完善决策程序,形成协调高效、相互制衡的制度安排;确立董事、监事、高级管理人员的义务和责任。

期货公司法人治理结构的特别要求。期货市场是高风险的市场,期货公司作为专门从事风险管理的金融机构,对投资者利益保护、市场稳定有重要影响。因此,期货公司的法人治理结构能否有效发挥作用,关键在于是否适应市场和行业特点,构建行之有效的法人治理结构。

1)突出风险管理原则

《期货公司监督管理办法》明确规定,期货公司应当按照明晰职责、强化制衡、加强风险管理的原则,建立并完善公司治理。因此,风险防范成为期货公司法人治理结构建立的立足点和出发点,风险控制体系成为公司法人治理结构的核心内容。这是期货公司法人治理结构与其他形态公司法人治理结构的不同之处。

2)强调公司的独立性

期货公司与控股股东、实际控制人之间保持经营独立、管理独立和服务独立。经营独立是指期货公司与其控股股东、实际控制人在业务、人员、资产、财务等方面应当严格分开,独立经营,独立核算;管理独立是指期货公司的控股股东、实际控制人不得超越期货公司股东会或董事会任免期货公司的董事、监事、高级管理人员,或者非法干预期货公司经营管理活动;服务独立是指期货公司向股东、实际控制人及其关联人提供服务的,不得降低风险管理要求。

3)强化股东职权履行责任

第一,明确对股东会职权行使的硬性要求,即期货公司股东会应当按照《公司法》和公司章程,对职权范围内的事项进行审议和表决,一定程度上约束股东会的任意授权行为。

第二,明确股东会会议制度,要求股东会每年应当至少召开一次会议。

第三,限定股东表决权行使,规定期货公司股东应当按照出资比例或者所持股份比例行使表决权。

第四,禁止控股股东等的权力滥用。期货公司的股东、实际控制人和其他关联人不得滥用权力,不得占用期货公司资产或者挪用客户资产,不得侵害期货公司、客户的合法权益。

第五,设定股东及实际控制人在出现重大事项时的通知义务,即期货公司的股东及实际控制人出现规定情形的重大事项时,应当在规定时间内通知期货公司。

4)保障股东的知情权

当期货公司有下列情形之一时,应当立即书面通知全体股东,并向期货公司住所地的中国证监会派出机构报告:公司或其董事、监事、高级管理人员因涉嫌违法违规被有权机关立案调查或者采取强制措施;公司或者其董事、监事、高级管理人员因违法违规行为受到行政处罚或者刑事处罚;风险监管指标不符合规定标准;客户发生重大透支、穿仓,可能影响期货公司持续经营;发生突发事件,对期货公司或者客户利益产生或者可能产生重大不利影响;其他可能影响期货公司持续经营的情形。

同时，中国证监会及其派出机构对期货公司及其营业部作出整改通知、监管措施和行政处罚等，期货公司应当书面通知全体股东。

5）设立董事会和监事会（或监事）

按照《公司法》的规定设立董事会和监事会（或监事）。期货公司应当设立董事会，并按照《公司法》的规定设立监事会（或监事），切实保障监事会和监事对公司经营情况的知情权。

期货公司可以设立独立董事，期货公司的独立董事不得在期货公司担任董事会以外的职务，不得与本期货公司存在可能妨碍其作出独立、客观判断的关系。

6）设立首席风险官

期货公司应当设首席风险官，对期货公司经营管理行为的合法合规性、风险管理进行监督、检查。首席风险官发现涉嫌占用、挪用客户保证金等违法违规行为或者可能发生风险的，应当立即向住所地中国证监会派出机构和公司董事会报告。期货公司拟解聘首席风险官的，应当有正当理由，并向住所地中国证监会派出机构报告。

2. 建立有效的期货公司风险管理制度

期货公司风险管理制度的建立主要体现以下思路，一方面是满足期货市场风险管理体系要求，有效实施动态风险监控；另一方面是符合《期货交易管理条例》相关要求，切实有效保护客户资产。期货公司风险管理制度的建立，主要是按照审慎经营的原则，健全风险防范的管理制度，从而有效执行风险管理、内部控制、期货保证金存管等业务制度及相关流程，保持财务稳健，确保客户的交易安全和公司资产安全。从实践来看，我国期货公司已经建立了一套行之有效的、与期货市场风险管理体系相匹配的动态风险管理制度。

期货公司风险管理制度主要体现在以下几个方面。

（1）期货公司应当建立与风险监管指标相适应的内控制度，应当建立以净资本为核心的动态风险监控和资本补足机制，确保净资本等风险监管指标持续符合标准。

（2）期货公司应当严格执行保证金制度，客户保证金全额存放在期货保证金账户和期货交易所专用结算账户内，并按照保证金存管监控的规定，及时向中国期货保证金监控中心有限责任公司（以下简称“监控中心”）报送真实的信息。严禁给客户透支交易，客户保证金不足时，应当及时追加保证金或者自行平仓，客户未在期货公司规定时间内及时追加保证金或者自行平仓的，期货公司应当强行平仓。

（3）期货公司应当建立独立的风险管理系统，规范、完善的业务操作流程和风险管理制度。合理设置业务部门及其职能，建立岗位责任制度，不相容岗位应当分离。交易、结算、财务业务应当由不同部门和人员分开办理。期货公司应当设立风险管理部门或者岗位，管理和控制期货公司的经营风险。期货公司应当设立合规审查部门或者岗位，审查和稽核期货公司经营管理的合法合规性。

这些方面均从不同角度体现了期货公司对风险的控制能力和管理能力。

3. 期货公司对分支机构的管理

期货公司对营业部、分公司等分支机构的管理包括三个层次：一是期货公司应当对分支机构实行集中统一管理，不得与他人合资、合作经营管理分支机构，不得将分支机构承包、租赁或者委托给他人经营管理。二是分支机构经营的业务不得超出期货公司的业务范围，并应当符合中国证监会对相关业务的规定。三是期货公司对营业部实行“四统一”。“四统一”是指期货公司应当对营业部实行统一结算、统一风险管理、统一资金调拨、统一财务管理和会计核算。期货公司可根据需要设置不同规模的营业部。

二、介绍经纪商

在我国，期货投资者还可通过介绍经纪商(introducing broker，IB)协助开立期货账户。介绍经纪商这一提法源于美国，在国际上既可以是机构也可以是个人，但一般都以机构的形式存在。IB业务是指机构或个人接受期货经纪商委托，介绍客户给期货经纪商并收取一定佣金的业务模式。

在我国，为期货公司提供中间介绍业务的证券公司就是介绍经纪商。证券公司受期货公司委托，可以将客户介绍给期货公司，并为客户开展期货交易提供一定的服务，期货公司因此向证券公司支付一定的佣金。这种为期货公司提供中间介绍业务的证券公司就是券商IB。

根据《证券公司为期货公司提供中间介绍业务试行办法》，证券公司受期货公司委托从事中间介绍业务，应当提供下列服务：①协助办理开户手续；②提供期货行情信息和交易设施；③中国证监会规定的其他服务。证券公司不得代理客户进行期货交易、结算或交割，不得代期货公司、客户收付期货保证金，不得利用证券资金账户为客户存取、划转期货保证金。

证券公司从事介绍业务，应当与期货公司签订书面委托协议。委托协议应当载明下列事项：介绍业务的范围；执行期货保证金安全存管制度的措施；介绍业务对接规则；客户投诉的接待处理方式；报酬支付及相关费用的分担方式；违约责任；中国证监会规定的其他事项。

2012年10月，我国已取消了券商IB业务资格的行政审批，证券公司为期货公司提供中间介绍业务实行依法备案。《期货公司监督管理办法》提出，期货公司可以按照规定委托其他机构或者接受其他机构委托从事中间介绍业务。这不仅允许证券公司成为期货公司的IB，还允许期货公司成为证券公司的IB。

目前我国期货公司运作中，使用期货居间人进行客户开发也是一条重要的渠道。期货居间人是指独立于期货公司和客户之外，接受期货公司委托进行居间介绍，独立承担基于居间法律关系所产生的民事责任的自然人或组织。其主要职责是介绍客户，即凭借手中的客户资源和信息渠道优势为期货公司和投资者“牵线搭桥”。居间人因从事居间活动付出的劳务，有按合同约定向公司获取酬金的权利。

居间人从事居间介绍业务时，应当客观、准确地宣传期货市场，不得向客户夸大收益宣传、降低风险告知、以期货居间人的名义从事期货居间以外的经纪活动等。居间人无权代理签订《期货经纪合同》，无权代签交易账单，无权代理客户委托下达交易指令，无权代理客户委托调拨资金，不能从事投资咨询和代理交易等期货交易活动。

需要注意的是，居间人与期货公司没有隶属关系，不是期货公司订立期货经纪合同的当事人。而且，期货公司的在职人员不得成为本公司和其他期货公司的居间人。

在实际运作中，同一集团下的期货公司与证券公司或有隶属关系的期货公司和证券公司之间签订的是IB协议，例如安信证券与国投安信期货之间签署IB协议、国信证券与国信期货之间签署IB协议；而不同集团之间或无隶属关系的期货公司与其介绍人签订的是居间人协议。

三、其他期货中介与服务机构

（一）期货保证金存管银行

期货保证金存管银行（以下简称“存管银行”）属于期货服务机构，是由交易所指定，协助交易所办理期货交易结算业务的银行。经交易所同意成为存管银行后，存管银行须与交易所签订相应协议，明确双方的权利和义务，以规范相关业务行为。交易所有权对存管银行的期货结算业务进行监督。

存管银行的设立是国内期货市场保证金封闭运行的必要环节，也是保障投资者资金安全的重要组织机构。我国四家期货交易所存在全员结算制度和会员分级结算制度两种制度，存管银行享有的权利和应履行的义务在两种结算制度下略有差异。

（二）交割仓库

交割仓库是期货品种进入实物交割环节提供交割服务和生成标准仓单必经的期货服务机构。在我国，交割仓库，也称为指定交割仓库，是指由期货交易所指定的、为期货合约履行实物交割的交割地点。期货交易的交割，由期货交易所统一组织进行。期货交易所不得限制实物交割总量，并应当与交割仓库签订协议，明确双方的权利和义务。

为保障交割环节的有序运行，成为期货交易所的交割仓库，需要进行申请和审批。交割仓库享有一定的权利，并需承担相应的义务。

交割仓库的日常业务分为三个阶段：商品入库、商品保管和商品出库。交割仓库应保证期货交割商品优先办理入、出库。

交割仓库不得有下列行为：出具虚假仓单；违反期货交易所业务规则，限制交割商品的入库、出库；泄露与期货交易有关的商业秘密；违反国家有关规定参与期货交易；国务院期货监督管理机构规定的其他行为。

（三）期货信息资讯机构

期货信息资讯机构主要提供期货行情软件、交易系统及相关信息资讯服务，是投资者进行期货交易时不可或缺的环节，也是网上交易的重要工具，其系统的稳定性、价格传输的速度对于投资者获取投资收益发挥重要的作用。现在，期货信息资讯机构正通过差异化信息服务和稳定、快捷的交易系统达到吸引客户的目的。

除了上述期货中介与服务机构外，会计师事务所、律师事务所、资产评估机构等服务机构向期货交易所和期货公司等市场相关参与者提供相关服务时，应当遵守期货法律、行政法规以及国家有关规定，并按照国务院期货监督管理机构的要求提供相关资料。

第四节　期货投资者

期货投资者是期货市场的主要参与者，机构投资者因为具有较强的资金实力、风险承受能力和专业投资能力，成为该市场的重要力量。

基于不同的分类方法，期货投资者可以分为不同类型。

根据进入期货市场的目的不同，期货投资者可分为套期保值者、投机者和交易者（帽客）。套期保值者通过期货合约买卖活动以减小自身面临的、由于市场变化而带来的现货市场价格波动风险。商品期货的套期保值者通常是该商品的生产商、加工商、经营商或贸易商等，金融期货的套期保值者通常是金融市场的投资者，证券公司、银行、保险公司等金融机构或者进出口商等。投机者是指运用一定资金通过期货交易以期获取投资收益的投资者。他们通过预期某期货合约价格的未来走向，进行买卖操作以获取价格波动差额，当预期价格上涨时买入，预期价格下跌时卖出，投机者主要是趋势跟踪者，承受来自套期保值者转移的价格波动的风险。交易者（帽客）主要通过快速与对冲者进行交易，赚取买卖差价，承担流动性风险。

根据投资者是自然人还是法人，期货投资者可分为个人投资者和机构投资者。

一、个人投资者

个人投资者就是参与期货交易的自然人。为保障市场平稳、规范、健康运行，防范风险，保护投资者的合法权益，在金融期货和股票期权市场上，个人投资者参与交易均受到金融期货投资者适当性制度的制约。

根据《金融期货投资者适当性制度实施办法》，个人投资者在申请开立金融期货交易编码前，需先由期货公司会员对投资者的基础知识、财务状况、期货投资经历和诚信状况等方面进行综合评估。具体条件如下：申请开户时保证金账户可用资金余额不低于人民币 50 万元；具备金融期货基础知识，通过相关测试；具有累计 10 个交易日、20 笔以上（含 20 笔）的金融期货仿真交易成交记录，或者最近 3 年内具有 10 笔以上（含 10 笔）的期货交易成交记录；不存在严重不良诚信记录；不存在法律、行政法规、规章和交易所业务规则禁止或者限制从事金融期货交易的情形。期货公司会员除按上述标准对投资者进行审核外，还应当按照交易所制定的投资者适当性制度操作指引，对投资者进行综合评估，不得为综合评估得分低于规定标准的投资者申请开立交易编码。

根据《期货公司参与股票期权业务指南》，期货公司应严格执行股票期权投资者适当性管理制度，向客户全面介绍期权产品特征，充分揭示期权交易风险，对客户的适当性进行评估并对客户实施交易权限分级管理。期货公司不得接受不符合投资者适当性标准的客户从事股票期权交易。

个人投资者参与期权交易，也应满足资金、交易经历、风险承受能力、诚信状况等条件。具体应当符合下列条件：①申请开户时托管在其委托的期货公司的上一交易日日终的证券市值与资金可用余额，合计不低于人民币 50 万元；②在期货公司开立期货保证金账户 6 个月以上，并具备金融期货交易经历；③具备期权基础知识，通过交易所认可的相关测试；④具有交易所认可的期权模拟交易经历；⑤具有相应的风险承受能力；⑥不存在严重不良诚信记录，不存在法律、法规、规章和交易所业务规则禁止或者限制从事期权交易的情形；⑦交易所规定的其他条件。个人投资者参与期权交易，应当通过期权经营机构组织的期权投资者适当性综合评估。

在风险管理子公司提供风险管理服务或产品时，其可以选择的自然人客户也要符合条件，即可投资资产高于100万元的高净值自然人客户。

二、机构投资者

理论上讲，与自然人相对的法人投资者都可称为机构投资者，其范围涵盖生产者、加工贸易商（对于商品期货而言）以及金融机构、养老基金、对冲基金（hedge fund）、投资基金（对于金融期货而言）等多种类型。

由于期货市场是一个高风险的市场，与个人投资者相比，机构投资者一般在资金实力、风险承受能力和交易的专业能力等方面更具有优势，因此，成为稳定期货市场的重要力量。

（一）特殊单位客户和一般单位客户

在我国金融期货市场上，将机构投资者区分为特殊单位客户和一般单位客户。特殊单位客户是指证券公司、基金管理公司、信托公司、银行和其他金融机构，以及社会保障类公司、合格境外机构投资者等法律、行政法规和规章规定的需要资产分户管理的单位客户，以及交易所认定的其他单位客户；一般单位客户系指特殊单位客户以外的机构投资者。一般单位客户在金融市场开立交易编码前，也需根据金融期货投资者适当性制度的规定，由期货公司会员对一般单位客户的基本情况、相关投资经历、财务状况、诚信状况和相关制度等进行综合评估。特殊单位客户符合投资者适当性制度的有关规定，不用进行综合评估就可为其交易申请开立交易编码。

（二）专业机构投资者和普通机构投资者

在我国股票期权市场上，将机构投资者区分为专业机构投资者和普通机构投资者。除法律、法规、规章以及监管机构另有规定外，专业机构投资者参与期权交易，不对其进行适当性管理综合评估。专业机构投资者包括：一是商业银行、期权经营机构、保险机构、信托公司、基金管理公司、财务公司、合格境外机构投资者等专业机构及其分支机构；二是证券投资基金、社保基金、养老基金、企业年金、信托计划、资产管理计划、银行及保险理财产品，以及由第一项所列专业机构担任管理人的其他基金或者委托投资资产；三是监管机构及中国金融期货交易所规定的其他专业机构投资者。普通机构投资者系指专业机构投资者以外的机构客户。普通机构投资者参与股票期权交易，需要依据《期货公司参与股票期权业务指南》对其适当性进行综合评估，符合要求的普通机构投资者可以开立交易编码。

（三）产业客户机构投资者和专业机构投资者

根据机构投资者是否与期货品种的现货产业有关联，机构投资者可分为产业客户机构投资者和专业机构投资者。

（四）对冲基金和商品投资基金

在国际期货市场上，对冲基金和商品投资基金已成为非常重要的机构投资者。其中，对冲基金将期货投资作为投资组合的组成部分，而商品投资基金是以期货投资为主的基金类型。近年我国对冲基金也得到了快速发展。

1. 对冲基金

对冲基金，又称避险基金，是指“风险对冲过的基金”。最初，对冲基金的运作宗旨是利用期货、期权等金融衍生产品和对相关联的不同股票进行买空卖空以及风险对冲的操作，在一定程度上规避和化解证券投资风险。经过几十年的发展，对冲基金已转变为一种充分利用各种金融衍生品的杠杆效应，承担较高风险、追求较高收益的投资模式。

关于对冲基金没有一个统一的定义，美联储前主席格林斯潘给出了一个对冲基金的间接定义，即通过将客户限定于少数十分老练而富裕个体的组织安排（采用有限合伙的形式）以避开管制，并追求大量金融工具投资和交易运用下的高回报率的基金形式。也就是说，对冲基金通常是不受监管的组合投资，其出资人一般在100人以下，而且对投资者有很高的资金实力要求。路透金融词典将对冲基金解释为：“对冲基金是一种私人投资基金，目标往往是从市场短暂快速的波动中获取高水平的回报，常进行高杠杆比率的操作，运用如卖空、互换、金融衍生工具、程序交易和套利等交易手段。因最低投资额往往很高，对冲基金的投资者通常限于金融机构和富人。”

对冲基金是私募基金，可以通过做多、做空以及杠杆交易（融资交易）等投资于公开市场上的各种证券、货币和衍生工具等任何资产品种。因此，期货和期权市场等衍生品市场实际上是对冲基金资产组合配置中的重要组成部分。此外，对冲基金还有一个显著特征，就是经常运用对冲的方法去抵消市场风险，锁定套利机会。随着对冲基金的发展，“对冲基金的组合基金”（fund of funds，FOF）出现了。对冲基金的组合基金是将募集的资金投资于多个对冲基金，通过对对冲基金的组合投资，而不是投资于股票、债券以实现分散风险的目的。

2. 商品投资基金

商品投资基金（commodity pool）是指广大投资者将资金集中起来，委托给专业的投资机构，并通过商品交易顾问（CTA）进行期货和期权交易，投资者承担风险并享受投资收益的一种集合投资方式。

商品投资基金专注于投资期货和期权合约，既可以做多，也可以做空，可以投资于如外汇期货、利率期货、股指期货，或商品期货中的某一类市场。商品投资基金从他人手中募集资金以投资于衍生品市场获取投资收益，它使中小投资者通过专业机构参与期货和期权市场投资，获取多元化的好处。

商品投资基金在不同国家的组织结构有一定差异，现以美国为例进行介绍。

(1) 商品基金经理(CPO)。CPO是基金的主要管理人，是基金的设计者和运作的决策者，负责选择基金的发行方式、选择基金主要成员、决定基金投资方向等。

(2) 商品交易顾问(CTA)。CTA是可以向他人提供买卖期货、期权合约指导或建议，或以客户名义进行操作的自然人或法人。在商品投资基金中，CTA受聘于CPO，对商品投资基金进行具体的交易操作，决定投资期货的策略。CTA不能接受客户资金，客户资金必须以期货佣金商的名义存入客户账户。CTA必须遵守期货监管机构商品期货交易委员会(CFTC)的一系列规则。

CTA是期货投资方面的专家，不同的CTA有不同的风险偏好和工作方式。比如，CTA可以对其他人就买卖期货或期权合约的可行性或盈利性进行指导，间接地为客户期货交易的买卖提供建议，也可以通过书面出版物或其他媒介为大众提供咨询，通过建议和咨询获取报酬。

(3) 交易经理(TM)。交易经理受聘于CPO，主要负责帮助CPO挑选CTA、监视CTA的交易活动、控制风险以及在CTA之间分配基金。

(4) 期货佣金商(FCM)。FCM和我国期货公司类似，是美国主要的期货中介机构。许多FCM与商品基金经理有着紧密的联系，并为CTA提供进入各交易所进行期货交易的途径。FCM负责执行CTA发出的交易指令，管理期货头寸的保证金。实际上，许多FCM同时也是CPO或TM，向客户提供投资项目的业绩报告，同时也为客户提供投资于商品投资基金的机会。

(5) 托管人(custodian)。为了充分保障基金投资者的权益、防止基金资产被挪用，CPO通常委托一个有资格的机构负责保管基金资产和监督基金运作，托管人一般是商业银行、储蓄银行、大型投资公司等独立的金融机构。其主要职责是：记录、报告并监督基金在证券市场和期货市场上的所有交易；保管基金资产，计算财产本息，催缴现金证券的利息；办理有关交易的交割事项；签署基金决算报告等。

商品投资基金所涉及的五个主体之间的关系见图2-4。

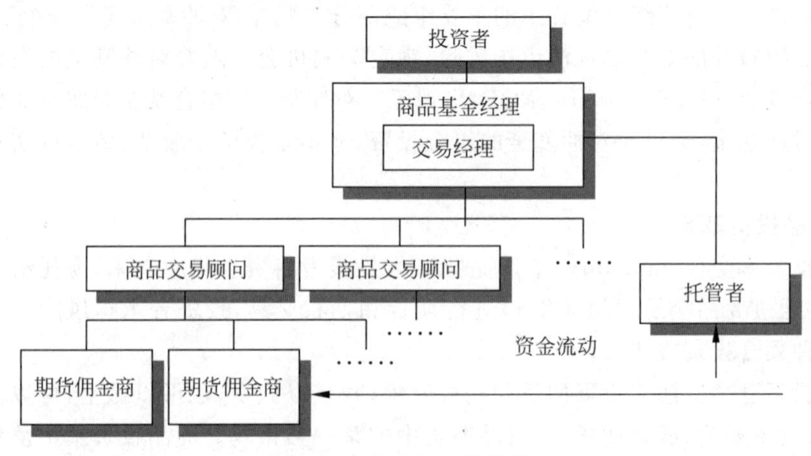

图2-4 基金组织结构图

商品投资基金和对冲基金的区别。商品投资基金同对冲基金比较类似，但也存在明显区别，主要体现在：第一，投资对象不同，商品投资基金的投资对象主要是在交易所交易的期货和期权，其业绩表现与股票和债券市场的相关度更低；而对冲基金既可以投资期货、期权，也可以投资股票、债券。第二，在组织形式上，商品投资基金运作比对冲基金规范，透明度更高，因此风险相对较小。

正是由于商品投资基金给投资者提供了一种投资传统的股票和债券所不具有的特殊的获利方式，并且其投资资产同传统资产相关度很低，因此，商品投资基金和对冲基金通常被称为另类投资工具或其他投资工具(alternative investment asset)。

第五节　期货监督管理机构与行业自律机构

在我国境内，期货市场的监管由中国证监会、中国证监会地方派出机构、期货交易所、监控中心和中国期货业协会协同进行。中国证监会对期货市场进行集中统一的监督管理。中国证监会派出机构按照《期货交易管理条例》的有关规定和中国证监会的授权，履行监督管理职责。期货交易所按照其章程的规定实行自律管理。中国期货业协会是期货业的自律性组织，发挥政府与期货业间的桥梁和纽带作用，为会员服务，维护会员的合法权益。

一、境内期货监管机构

（一）中国证券监督管理委员会（中国证监会）

中国证监会是国务院直属事业单位，依法统一监督管理我国境内的证券市场和期货市场，保证其合法进行。

（二）监控中心

监控中心经国务院批准，证监会决定设立，是在我国国家工商行政管理总局注册登记的期货保证金安全存管机构，是一家非营利性质的公司。

监控中心上级部门是证监会，直接接受证监会领导、监督和管理，其章程经证监会批准后实施。

二、行业自律机构

（一）期货交易所

期货交易所处于期货市场风险监管的第一线，遵循公开、公平、公正和诚实信用的原则组织期货交易。根据《期货交易管理条例》的规定，期货交易所应当建立健全各项规章制度，加强对交易活动的风险控制和对会员以及交易所工作人员的监督管理。

（二）中国期货业协会

中国期货业协会以贯彻执行国家法律法规和国家有关期货市场的方针政策为宗旨，

发挥行业与政府之间的桥梁和纽带作用,实行行业自律,维护会员的合法权益,维护期货市场的公开、公平、公正原则,开展对期货从业人员的职业道德教育、专业技术培训和严格管理,促进中国期货市场规范、健康、稳定发展。中国期货业协会是期货行业的自律性组织,是社会团体法人。期货公司以及其他专门从事期货经营的机构应当加入中国期货业协会,并缴纳会费。中国期货业协会的权力机构是全体会员组成的会员大会。中国期货业协会的章程由会员大会制定,并报国务院期货监督管理机构备案。

关键术语

期货交易所　期货结算所　期货公司　分级结算制度　介绍经纪商　套期保值者　投机者

复习思考题

1. 期货交易所的建立应该具备哪些条件?
2. 会员制期货交易所与公司制期货交易所的区别有哪些?
3. 期货交易所的内部组织结构是如何设置的?
4. 期货交易所在期货交易中的作用是什么?
5. 期货结算机构有哪两种类型?在期货市场上发挥着什么样的作用?
6. 什么是分级结算?结算会员和非结算会员的区别是什么?
7. 期货结算机构的管理制度有哪些?
8. 期货公司的性质及作用是什么?
9. 期货公司的管理制度有哪些?
10. 套期保值者与投机者有哪些不同?

即测即练

第三章

期货交易制度和流程

学习目标

1. 熟悉期货合约的主要内容；
2. 了解期货市场的交易流程；
3. 正确理解和掌握期货市场交易制度。

第一节　期货合约

一、期货合约的概念

期货合约是指由期货交易所统一制定的、规定在将来某一特定的时间和地点交割一定数量和质量标的物的标准化合约。期货合约是期货交易的对象，期货交易参与者正是通过在期货交易所买卖期货合约，转移价格风险，获取风险收益。期货合约的标准化便利了期货合约的连续买卖，使之具有很强的市场流动性，极大地简化了交易过程，降低了交易成本，提高了交易效率。

二、期货合约标的的选择

现货市场中的商品和金融工具不计其数，但并非都适合作为期货合约的标的。交易所为了保证期货合约上市后能有效地发挥其功能，在选择标的时，一般需要考虑以下条件。

（一）规格或质量易于量化和评级

期货合约的标准化条款之一是交割等级，这要求标的物的规格或质量能够进行量化和评级，以便确定标准品，以及标准品和其他可替代品级之间的价格差距。这一点，金融工具和大宗初级产品如小麦、大豆、金属等很容易做到，但对于工业制成品等来说，则很难，因为这类产品加工程度高，品质、属性等方面存在诸多差异，甚至不同的人对完全相同的产品可以有完全不同甚至相反的评价，如时装，这类产品不适宜作为期货合约的标的。股指期货等进行现金交割的期货是特例，其合约对应的标的具有唯一性。

（二）价格波动幅度大且频繁

期货交易者分为套期保值者和投机者。套期保值者利用期货交易规避价格风险；投机者利用价格波动赚取利润。没有价格波动，就没有价格风险，从而也就失去了现货交易者规避价格风险的需要，对投机者而言就失去了参与期货交易的动力。

（三）供应量较大，不易为少数人控制和垄断

能够作为期货品种的标的在现货市场上必须有较大的供应量，否则，其价格很容易被操纵，即通过垄断现货市场然后在期货市场进行买空交易，一直持仓到交割月，使交易对手无法获得现货进行交割，只能按高价平仓了结。如果价格过高，交易对手可能会发生巨额亏损，由此会引发违约风险，增加期货市场的不稳定性。

三、期货合约主要条款

期货合约各项条款的设计对期货交易有关各方的利益以及期货交易能否活跃至关重要。

拓展阅读 3-1
短纤期货合约及规则设计说明

（一）合约名称

合约名称注明了该合约的品种名称及其上市交易所名称。以上海期货交易所铜合约为例，合约名称为“上海期货交易所阴极铜期货合约”。

（二）交易单位/合约价值

交易单位是指在期货交易所交易的每手期货合约代表的标的物的数量。如大连商品交易所铁矿石期货合约的交易单位为“100 吨/手”。合约价值是指每手期货合约代表的标的物的价值。如沪深 300 指数期货的合约价值为“300 元×沪深 300 指数”(其中“300”元为沪深 300 指数期货的合约乘数)；如中证 500 指数期货的合约价值为“200 元×中证 500 指数”(其中“200”元为中证 500 指数期货的合约乘数)。在进行期货交易时，只能以交易单位(合约价值)的整数倍进行买卖。

对于商品期货来说，确定期货合约交易单位的大小，主要应当考虑合约标的物的市场规模、交易者的资金规模、期货交易所的会员结构、该商品的现货交易习惯等因素。一般来说，某种商品的市场规模较大，交易者的资金规模较大，期货交易所中愿意参与该期货交易的会员单位较多，则该合约的交易单位就可以设计得大一些，反之则小一些。

（三）报价单位

报价单位是指在公开竞价过程中对期货合约报价所使用的单位，即每计量单位的货币价格。例如，国内阴极铜、铝、大豆、螺纹钢等期货合约的报价单位以元(人民币)/吨表示。

（四）最小变动价位

最小变动价位是指在期货交易所的公开竞价过程中，对合约每计量单位报价的最小变动数值。在期货交易中，每次报价的最小变动数值必须是最小变动价位的整数倍。最小变动价位乘以交易单位，就是该合约价值的最小变动值。例如，上海期货交易所阴极铜期货合约的最小变动价位是10元/吨，即每手合约的最小变动值是10元/吨×5吨=50元。

商品期货合约最小变动价位的确定，通常取决于该合约标的物的种类、性质、市场价格波动情况和商业规范等。

最小变动价位的设置是为了保证市场有适度的流动性。一般而言，较小的最小变动价位有利于市场流动性的增加，但过小的最小变动价位将会增加交易协商成本；较大的最小变动价位，一般会减少交易量，影响市场的活跃程度，不利于交易者进行交易。

（五）每日价格最大波动限制

每日价格最大波动限制规定了期货合约在一个交易日中的交易价格波动不得高于或者低于规定的涨跌幅度。每日价格最大波动限制一般是以合约上一交易日的结算价为基准确定的。期货合约上一交易日的结算价加上允许的最大涨幅构成当日价格上涨的上限，称为涨停板；而该合约上一交易日的结算价减去允许的最大跌幅则构成当日价格下跌的下限，称为跌停板。在我国期货市场，每日价格最大波动限制设定为合约上一交易日结算价的一定百分比。

每日价格最大波动限制的确定主要取决于该种标的物市场价格波动的频繁程度和波幅的大小。一般来说，标的物价格波动频繁、剧烈，该商品期货合约允许的每日价格最大波动幅度就应设置得大一些。

（六）合约交割月份（或合约月份）

合约交割月份是指某种期货合约到期交割的月份。

商品期货合约交割月份的确定一般受该合约标的商品的生产、使用、储藏、流通等方面的特点影响。例如，许多农产品期货的生产与消费具有很强的季节性，因而其交割月份的规定也具有季节性特点。

（七）交易时间

期货合约的交易时间由交易所统一规定。交易者只能在规定的交易时间内进行交易。国内商品期货的交易时间一般为交易日的上午9：00—11：30，下午1：30—3：00和交易所规定的其他交易时间，交易所规定的其他交易时间是指夜盘交易时间，部分商品期货有夜盘交易。股指期货和国债期货的交易时间为交易日的上午9：30—11：30；下午1：00—3：00。

（八）最后交易日

最后交易日是指某种期货合约在合约交割月份中进行交易的最后一个交易日，过了这个期限的未平仓期货合约,必须按规定进行实物交割或现金交割。期货交易所根据不同期货合约标的物的现货交易特点等因素确定其最后交易日。

(九)交割日期

交割日期是指合约标的物所有权进行转移,以实物交割或现金交割方式了结未平仓合约的时间。

(十)交割等级

交割等级是指由期货交易所统一规定的、准许在交易所上市交易的合约标的物的质量等级。在进行期货交易时,交易双方无须对标的物的质量等级进行协商,发生实物交割时按交易所期货合约规定的质量等级进行交割。

对于商品期货来说,期货交易所在制定合约标的物的质量等级时,常常采用国内或国际贸易中最通用和交易量较大的标准品的质量等级为标准交割等级。

一般来说,为了保证期货交易顺利进行,许多期货交易所都允许在实物交割时,实际交割的标的物的质量等级与期货合约规定的标准交割等级有所差别,即允许用与标准品有一定等级差别的商品做替代交割品。期货交易所统一规定替代品的质量等级和品种。交货人用期货交易所认可的替代品代替标准品进行实物交割时,收货人不能拒收。用替代品进行实物交割时,价格需要升贴水。交易所根据市场情况统一规定和适时调整替代品与标准品之间的升贴水标准。

(十一)交割地点

交割地点是由期货交易所统一规定的进行实物交割的指定地点。

商品期货交易大多涉及大宗实物商品的买卖,因此,统一指定交割仓库可以保证卖方交付的商品符合期货合约规定的数量与质量等级,保证买方收到符合期货合约规定的商品。期货交易所在指定交割仓库时主要考虑的因素是:指定交割仓库所在地区的生产或消费集中程度,指定交割仓库的储存条件、运输条件和质检条件等。

金融期货交易不需要指定交割仓库,但交易所会指定交割银行。负责金融期货交割的指定银行,必须具有良好的金融资信、较强的进行大额资金结算的业务能力,以及先进、高效的结算手段和设备。

(十二)交易手续费

交易手续费是期货交易所按成交合约金额的一定比例或按成交合约手数收取的费用。交易手续费的高低对市场流动性有一定影响,交易手续费过高会增加期货市场的交易成本,扩大无套利区间,降低市场的交易量,不利于市场的活跃,但也可起到抑制过度投机的作用。交易所可以根据市场风险状况临时提高或降低交易手续费。

(十三)交割方式

期货交易的交割方式分为实物交割和现金交割两种。商品期货、股票期货、外汇期货、中长期利率期货通常采取实物交割方式，股票指数期货和短期利率期货通常采用现金交割方式。

（十四）交易代码

为便于交易，交易所对每一期货品种都规定了交易代码。如中国金融期货交易所沪深300指数期货的交易代码为IF，5年期国债期货的交易代码为TF；郑州商品交易所动力煤期货的交易代码为ZC；大连商品交易所铁矿石期货交易代码为I；上海期货交易所铜期货的交易代码为CU。

除了上述条款，期货合约中还规定了最低交易保证金这一重要条款，将在第二节期货交易基本制度中专门介绍。

第二节　期货交易基本制度

保证金制度、当日无负债结算制度、涨跌停板制度、持仓限额及大户报告制度、强行平仓制度、信息披露制度等是期货市场的基本制度。

一、保证金制度

（一）保证金制度的概念

期货交易实行保证金制度。在期货交易中，期货买方和卖方必须按照其所买卖期货合约价值的一定比率（通常为5%～15%）缴纳资金，用于结算和保证履约。保证金制度是期货市场风险管理的重要手段。

拓3-2

拓展阅读3-2　保证金——减少投资者风险的保护伞

（二）国际期货市场上保证金制度实施的一般性特点

在国际期货市场上，保证金制度的实施一般有如下特点。

第一，对交易者的保证金要求与其面临的风险相对应。一般来说，交易者面临的风险越大，对其要求的保证金也越多。例如，在美国期货市场，对投机者要求的保证金要大于对套期保值者和套利者要求的保证金。

第二，交易所根据合约特点设定最低保证金标准，并按照合约价值的一定比例缴纳，用于每日结算和履约保证。保证金的比率一般依据合约标的价格波动率设置，我国境内商品期货最低交易保证金比率一般为4%～8%；国债期货最低交易保证金比率一般为0.5%～2%；股指期货最低交易保证金比率一般为8%。交易所可以根据市场的风险情况临时提高交易保证金，比如，价格波动越大的合约，其投资者交易面临的风险也越大，设定的最低保证金标准也越高；当投机过度时，交易所可提高保证金，增大交易者入市成本，抑制投机行为，控制市场风险。

第三，保证金的收取是分级进行的。一般而言，交易所或结算机构只向其会员收取保证金，作为会员的期货公司则向其客户收取保证金，两者分别称为会员保证金和客户保证金。保证金的分级收取与管理,对于期货市场的风险分层次分担与管理具有重要意义。

(三)我国期货交易保证金制度的特点

我国期货交易保证金制度除了采用国际通行的一些做法外,在施行中,还形成了自身的特点。

我国交易所对商品期货交易保证金比率的规定呈现如下特点。

第一,对期货合约上市运行的不同阶段规定不同的交易保证金比率。一般来说,距交割月份越近,交易者面临到期交割的可能性就越大,为了防止实物交割中可能出现的违约风险,促使不愿进行实物交割的交易者尽快平仓了结,交易保证金比率随着交割临近而提高。

第二,随着合约持仓量的增大,交易所将逐步提高该合约交易保证金比例。一般来说,合约持仓量增加,尤其是持仓合约所代表的期货商品的数量远远超过相关商品现货数量时,往往表明期货市场投机交易过多,蕴含较大的风险。因此,随着合约持仓量的增大,交易所将逐步提高该合约的交易保证金比例,以控制市场风险。

第三,当某期货合约出现连续涨跌停板时,交易保证金比率相应提高。

第四,当某品种某月份合约按结算价计算的价格变化,连续若干个交易日的累积涨跌幅达到一定程度时,交易所有权根据市场情况,采取对部分或全部会员的单边或双边、同比例或不同比例提高交易保证金,限制部分会员或全部会员出金,暂停部分会员或全部会员开新仓,调整涨跌停板幅度,限期平仓,强行平仓等一种或多种措施,以控制风险。

第五,当某期货合约交易出现异常情况时,交易所可按规定的程序调整交易保证金的比例。

在我国,期货交易者交纳的保证金可以是资金,也可以是价值稳定、流动性强的标准仓单或者国债等有价证券。

二、当日无负债结算制度

当日无负债结算制度是指在每个交易日结束后,由期货结算机构对期货交易保证金账户当天的盈亏状况进行结算,并根据结算结果进行资金划转。当交易发生亏损,进而导致保证金账户资金不足时,则要求必须在结算机构规定的时间内向账户追加保证金,以做到"当日无负债"。

当日无负债结算制度的实施为及时调整账户资金、控制风险提供了依据,对于控制期货市场风险、维护期货市场的正常运行具有重要作用。

当日无负债结算制度的实施呈现如下特点。

第一,对所有账户的交易及头寸按不同品种、不同月份的合约分别进行结算,在此基础上汇总,使每一交易账户的盈亏都能得到及时的、具体的、真实的反映。

第二,在对交易盈亏进行结算时,不仅对平仓头寸的盈亏进行结算,而且对未平仓合约产生的浮动盈亏也进行结算。

第三,对交易头寸所占用的保证金进行逐日结算。

第四,当日无负债结算制度是通过期货交易分级结算体系实施的。由期货交易所(结算所)对会员进行结算,期货公司根据期货交易所(结算所)的结算结果对客户进行结算。期货交易所会员(客户)的保证金不足时,会被要求及时追加保证金或者自行平仓；否则,其合约将会被强行平仓。

三、涨跌停板制度

(一) 什么是涨跌停板制度

涨跌停板制度又称每日价格最大波动限制制度,即指期货合约在一个交易日中的交易价格波动不得高于或者低于规定的涨跌幅度,超过该涨跌幅度的报价将被视为无效报价,不能成交。

涨跌停板制度的实施,能够有效地减缓、抑制一些突发性事件和过度投机行为对期货价格的冲击而造成的狂涨暴跌,降低交易当日的价格波动幅度,会员和客户的当日损失也被控制在相对较小的范围内。由于涨跌停板制度能够锁定会员和客户每一交易日所持有合约的最大盈亏,因而为保证金制度和当日结算无负债制度的实施创造了有利条件。因为向会员和客户收取的保证金数额只要大于在涨跌幅度内可能发生的亏损金额,就能够保证当日期货价格波动达到涨停板或跌停板时也不会出现透支情况。

(二) 我国期货涨跌停板制度的特点

在我国期货市场,每日价格最大波动限制设定为合约上一交易日结算价的一定百分比。一般而言,对期货价格波动幅度较大的品种及合约,设定的涨跌停板幅度也相应大些。

交易所可以根据市场风险状况对涨跌停板进行调整,其一般具有以下特点。

第一,新上市的品种和新上市的期货合约,其涨跌停板幅度一般为合约规定涨跌停板幅度的两倍或三倍。如合约有成交则于下一交易日恢复到合约规定的涨跌停板幅度；如合约无成交,则下一交易日继续执行前一交易日涨跌停板幅度。

第二,在某一期货合约的交易过程中,当合约价格同方向连续涨跌停板、遇国家法定长假,或交易所认为市场风险明显变化时,交易所可以根据市场风险调整其涨跌停板幅度。

第三,对同时适用交易所规定的两种或两种以上涨跌停板情形的,其涨跌停板按照规定涨跌停板中的最高值确定。

在出现涨跌停板情形时,交易所一般将采取如下措施控制风险。

第一,当某期货合约以涨跌停板价格成交时,成交撮合实行平仓优先和时间优先的原则,但平当日新开仓位不适用平仓优先的原则。

第二,在某合约连续出现涨(跌)停板单边无连续报价时,实行强制减仓。当合约出现连续涨(跌)停板的情形时,空头(多头)交易者会因为无法平仓而出现大规模、大面积亏损,并可能因此引发整个市场的风险,实行强制减仓正是为了避免此类现象的发生。实行强制减仓时,交易所将当日以涨跌停板价格申报的未成交平仓报单,以当日涨跌停板价格与该合约净持仓盈利客户按照持仓比例自动撮合成交。其目的在于迅速、有效化解市场风险,防止会员大量违约。

涨(跌)停板单边无连续报价也称为单边市,一般是指某一期货合约在某一交易日收盘前5分钟内出现只有停板价位的买入(卖出)申报、没有停板价位的卖出(买入)申报,或者一有卖出(买入)申报就成交但未打开停板价位的情况。

四、持仓限额及大户报告制度

(一)什么是持仓限额及大户报告制度

持仓限额制度是指交易所规定会员或客户可以持有的、按单边计算的某一合约投机头寸的最大数额。大户报告制度是指当交易所会员或客户某品种某合约持仓达到交易所规定的持仓报告标准时,会员或客户应向交易所报告。

通过实施持仓限额及大户报告制度,可以使交易所对持仓量较大的会员或客户进行重点监控,了解其持仓动向、意图,有效防范操纵市场价格的行为;同时,也可以防范期货市场风险过度集中于少数投资者。

在国际期货市场,持仓限额及大户报告制度的实施呈现如下特点。

第一,交易所可以根据不同期货品种及合约的具体情况和市场风险状况制定和调整持仓限额与持仓报告标准。

第二,通常来说,一般月份合约的持仓限额及持仓报告标准高;临近交割时,持仓限额及持仓报告标准低。

第三,持仓限额通常只针对一般投机头寸,套期保值头寸、风险管理头寸及套利头寸可以向交易所申请豁免。

(二)我国期货持仓限额及大户报告制度的特点

在我国大连商品交易所、郑州商品交易所和上海期货交易所,对持仓限额及大户报告标准的设定一般有如下规定。

第一,交易所可以根据不同期货品种的具体情况,分别确定每一品种每一月份的限仓数额及大户报告标准。

第二,当会员或客户某品种持仓合约的投机头寸达到交易所对其规定的投机头寸持仓限量80%以上(含本数)时,会员或客户应向交易所报告其资金情况、头寸情况等,客户须通过期货公司会员报告。

第三,市场总持仓量不同,适用的持仓限额及持仓报告标准不同。当某合约市场总持仓量大时,持仓限额及持仓报告标准设置得高一些;相反,当某合约市场总持仓量小时,持仓限额及持仓报告标准也低一些。

第四,一般按照各合约在交易全过程中所处的不同时期,分别确定不同的限仓数额。

第五,期货公司会员、非期货公司会员、一般客户分别适用不同的持仓限额及持仓报告标准。

在具体实施中，我国还有如下规定：采用限制会员持仓和限制客户持仓相结合的办法，控制市场风险；各交易所对套期保值交易头寸实行审批制，其持仓不受限制，而在中国金融期货交易所，套期保值和套利交易的持仓均不受限制；同一客户在不同期货公司会员处开仓交易，其在某一合约的持仓合计不得超出该客户的持仓限额；会员、客户持仓达到或者超过持仓限额的，不得同方向开仓交易。

拓展阅读 3-3　保证金与强行平仓

五、强行平仓制度

我国期货交易所规定，当会员、客户出现下列情形之一时，交易所有权对其持仓进行强行平仓。

第一，会员结算准备金余额小于零，并未能在规定时限内补足的。

第二，客户、从事自营业务的交易会员持仓量超出其限仓规定的。

第三，因违规受到交易所强行平仓处罚的。

第四，根据交易所的紧急措施应予强行平仓的。

第五，其他应予强行平仓的。

强行平仓的执行过程如下。

(1) 通知。交易所以“强行平仓通知书”的形式向有关会员下达强行平仓要求。

(2) 执行及确认。

① 开市后，有关会员必须首先自行平仓，直至达到平仓要求，执行结果由交易所审核。

② 超过会员自行强行平仓时限而未执行完毕的，剩余部分由交易所直接执行强行平仓。

③ 强行平仓执行完毕后，由交易所记录执行结果并存档。

④ 强行平仓结果发送。

在我国，期货公司有专门的风险控制人员实时监督客户的持仓风险，当客户除保证金外的可用资金为负值时，期货公司会通知客户追加保证金或自行平仓，如果客户没有自己处理，而价格又朝不利于持仓的方向继续变化，各个期货公司会根据具体的强行平仓标准，对客户进行强行平仓。

六、信息披露制度

信息披露制度是指期货交易所按有关规定公布期货交易有关信息的制度。

《期货交易管理条例》规定，期货交易所应当及时公布上市品种合约的成交量、成交价、持仓量、最高价与最低价、开盘价与收盘价和其他应当公布的即时行情，并保证即时行情的真实、准确。期货交易所不得发布价格预测信息。未经期货交易所许可，任何单位和个人不得发布期货交易即时行情。

《期货交易所管理办法》规定，期货交易所应当以适当方式发布下列信息：①即时行情；②持仓量、成交量排名情况；③期货交易所交易规则及其实施细则规定的其他信息。

期货交易涉及商品实物交割的,期货交易所还应当发布标准仓单数量和可用库容情况。期货交易所应当编制交易情况周报表、月报表和年报表,并及时公布。期货交易所对期货交易、结算、交割资料的保存期限应当不少于20年。

第三节 期货交易流程

一般而言,客户进行期货交易可能涉及以下几个环节:开户、下单、竞价、结算、交割。由于在期货交易的实际操作中,大多数期货交易都是通过对冲平仓的方式了结履约责任,进入交割环节的比重非常小,所以交割环节并不是交易流程中的必经环节。

一、开户

由于能够直接进入期货交易所进行交易的只能是期货交易所的会员,所以,普通投资者在进入期货市场交易之前,应首先选择一个具备合法代理资格、信誉好、资金安全、运作规范和收费比较合理的期货公司。在我国,由监控中心负责客户开户管理的具体实施工作。期货公司为客户申请、注销各期货交易所交易编码,以及修改与交易编码相关的客户资料,应当统一通过监控中心办理。

目前,随着互联网金融的发展,投资者开立期货账户已经不需要前往期货公司的营业网点,在选定好期货公司后,可以通过手机App"期货开户云"开立期货账户。

一般来说,各期货公司会员为客户开设账户的程序及所需的文件细节虽不尽相同,但其基本程序是相同的。开户流程如图3-1所示。

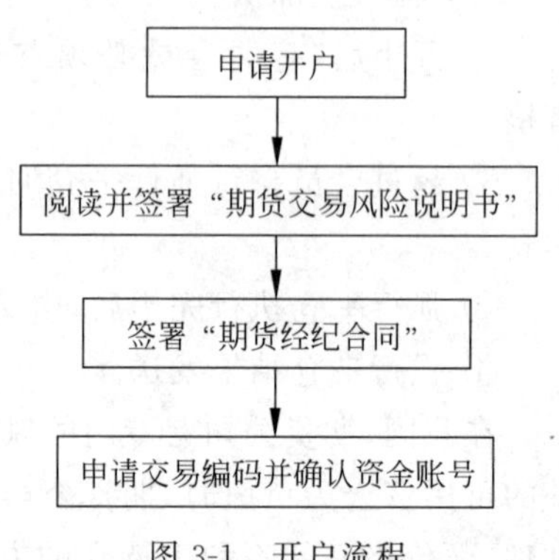

图3-1 开户流程

(一)申请开户

投资者在经过对比、判断,选定期货公司之后,即可向该期货公司提出委托申请,开立账户,成为该公司的客户。开立账户实质上是确立投资者(委托人)与期货公司(代理人)之间的一种法律关系。

客户可以分为个人客户和单位客户。单位客户中,除了一般单位客户外,还有证券公司、基金管理公司、信托公司和其他金融机构,以及社会保障类公司、合格境外机构投资者等法律、行政法规和规章规定的需要资产分户管理的特殊单位客户。

个人客户应当本人亲自办理开户手续、签署开户资料,不得委托代理人代为办理开户手续。除中国证监会另有规定外,个人客户的有效身份证明文件为中华人民共和国居民身份证;单位客户应当出具单位客户的授权委托书、代理人的身份证和其他开户证件。除中国证监会另有规定外,一般单位客户的有效身份证明文件为加载统一社会信用代码的营业执照;证券公司、基金管理公司、信托公司和其他金融机构,以及社会保障类公司、合格境外机构投资者等法律、行政法规和规章规定的需要资产分户管理的特殊单位客户,其有效身份证明文件由监控中心另行规定。期货公司应当对客户开户资料进行审核,确保开户资料的合规、真实、准确和完整。

（二）阅读并签署“期货交易风险说明书”

期货公司在接受客户开户申请时，必须向客户提供“期货交易风险说明书”。个人客户应在仔细阅读并理解后，在该“期货交易风险说明书”上签字；单位客户应在仔细阅读并理解之后，由单位法定代表人或授权他人在该“期货交易风险说明书”上签字并加盖单位公章。

（三）签署“期货经纪合同”

期货公司在接受客户开户申请时，双方必须签署“期货经纪合同”。个人客户应在该合同上签字，单位客户应由法人代表或授权他人在该合同上签字并加盖公章。

个人客户开户应提供本人身份证，留存印鉴或签名样卡。单位客户开户应提供“企业法人营业执照”影印件，并提供法定代表人及本单位期货交易业务执行人的姓名、联系电话、单位及其法定代表人或单位负责人印鉴等内容的书面材料，以及法定代表人授权期货交易业务执行人的书面授权书。

（四）申请交易编码并确认资金账号

期货公司为客户申请各期货交易所交易编码，应当统一通过监控中心办理。监控中心应当建立和维护期货市场客户统一开户系统，对期货公司提交的客户资料进行复核，并将通过复核的客户资料转发给相关期货交易所。期货交易所收到监控中心转发的客户交易编码申请资料后，根据期货交易所业务规则对客户交易编码进行分配、发放和管理，并将各类申请的处理结果通过监控中心反馈给期货公司。监控中心应当为每一个客户设立统一开户编码，并建立统一开户编码与客户在各期货交易所交易编码的对应关系。当日分配的客户交易编码，期货交易所应当于下一交易日允许客户使用。

交易编码是客户和从事自营业务的交易会员进行期货交易的专用代码。交易编码由十二位数字构成，前四位为会员号，后八位为客户号。客户在不同的会员处开户的，其交易编码中客户号相同。比如，某客户在中国金融期货研究所 0012 号会员处开户，假设其获得的交易编码为 001201005688，其中前四位 0012 为会员号，后八位 01005688 为客户号。如果该客户其后又在中国金融期货研究所 0123 号会员处开户，则其新的交易编码为 012301005688。

客户在与期货公司签署期货经纪合同之后，在下单交易之前，应按规定缴纳开户保证金。期货公司应将客户所缴纳的保证金存入期货经纪合同中指定的客户账户中，供客户进行期货交易之用。

二、下单

客户在按规定足额缴纳开户保证金后，即可开始委托下单，进行期货交易。下单是指客户在每笔交易前向期货公司业务人员下达交易指令，说明拟买卖合约的种类、数量、价格等的行为。

交易指令的内容一般包括期货交易的品种及合约月份、交易方向、数量、价格、开平仓等。通常,客户应先熟悉和掌握有关的交易指令,然后选择不同的期货合约进行具体交易。

(一) 常用交易指令

国际上期货交易的指令有很多种,具体如下。

1. 市价指令

市价指令是期货交易中常用的指令之一。它是指按当时市场价格即刻成交的指令。客户在下达这种指令时不须指明具体的价位,而是要求以当时市场上可执行的最好价格达成交易。这种指令的特点是成交速度快,一旦指令下达,则不可更改或撤销。

2. 限价指令

限价指令是指执行时必须按限定价格或更好的价格成交的指令。下达限价指令时,客户必须指明具体的价位。它的特点是可以按客户的预期价格成交,但成交速度相对较慢,有时甚至无法成交。

3. 止损指令

止损指令是指当市场价格达到客户预先设定的触发价格时,即变为市价指令予以执行的一种指令。客户利用止损指令,既可有效地锁定利润,又可将可能的损失降至最低限度,还可以相对较小的风险建立新的头寸。

4. 停止限价指令

停止限价指令是指当市场价格达到客户预先设定的触发价格时,即变为限价指令予以执行的一种指令。它的特点是可以将损失或利润锁定在预期的范围,但成交速度较止损指令慢,有时甚至无法成交。

5. 触价指令

触价指令是指在市场价格达到指定价位时,以市价指令予以执行的一种指令。

触价指令与止损指令的区别在于:其预先设定的价位不同。就卖出指令而言,卖出止损指令的止损价低于当前市场价格,而卖出触价指令的触发价格高于当前市场价格;买进指令则与此相反。此外,止损指令通常用于平仓,而触价指令一般用于开新仓。

6. 限时指令

限时指令是指要求在某一时间段内执行的指令。如果在该时间段内指令未被执行,则自动取消。

7. 长效指令

长效指令是指除非成交或由委托人取消,否则持续有效的交易指令。

8. 套利指令

套利指令是指同时买入和卖出两种或两种以上期货合约的指令。

9. 取消指令

取消指令又称为撤单,是要求将某一指定指令取消的指令。通过执行该指令,将客户以前下达的指令完全取消,并且没有新的指令取代原指令。

目前，我国各期货交易所普遍采用了限价指令。此外，郑州商品交易所还采用了市价指令、跨期套利指令和跨品种套利指令。大连商品交易所则采用了市价指令、限价指令、止损指令、停止限价指令、跨期套利指令和跨品种套利指令。我国各交易所的指令均为当日有效。在指令成交前，投资者可以提出变更和撤销。

（二）指令下达方式

客户可以通过书面、电话、互联网或者国务院期货监督管理机构规定的其他方式，向期货公司下达交易指令。目前，通过互联网下单是我国客户最主要的下单方式。

1. 书面下单

客户填写书面交易指令单，填好后签字交期货公司，再由期货公司将指令发至交易所参与交易。

2. 电话下单

客户通过电话直接将指令下达到期货公司，再由期货公司将指令发至交易所参与交易。期货公司须将客户的指令同步录音，以备查证。

3. 互联网下单

客户通过互联网或局域网，使用期货公司配置的网上下单系统进行网上下单。进入下单系统后，客户需输入自己的客户号与密码，经确认后即可输入指令。指令通过互联网或局域网传到期货公司后，通过专线传到交易所主机进行撮合成交。客户可以在期货公司的下单系统获得成交回报。期货公司应当对互联网交易风险进行特别提示；须将客户的指令以适当方式保存，以备查证。

三、竞价

拓展阅读 3-4 期货集合竞价时间与期货集合竞价规则

（一）竞价方式

竞价方式主要有公开喊价和计算机撮合成交两种。其中，公开喊价属于传统的竞价方式。21 世纪以来，随着信息技术的发展，越来越多的交易所采用了计算机撮合成交方式，而原来采用公开喊价方式的交易所也逐步引入电子交易系统。

1. 公开喊价

公开喊价又可分为两种形式：连续竞价制和一节一价制。

连续竞价制是指在交易所交易池内由交易者面对面地公开喊价，表达各自买进或卖出合约的要求。按照规则，交易者在报价时既要发出声音，又要做出手势，以保证报价的准确性。这种公开喊价有利于活跃场内气氛，维护公开、公平、公正的定价原则。这种公开喊价方式曾经在欧美期货市场较为流行。

一节一价制是指把每个交易日分为若干节，每节交易由主持人最先叫价，所有场内经纪人根据其叫价申报买卖数量，直至在某一价格上买卖双方的交易数量相等时为止。每一节交易中一种合约一个价格，没有连续不断的竞价。这种叫价方式曾经在日本较为普遍。

2. 计算机撮合成交

计算机撮合成交是根据公开喊价的原理设计而成的一种计算机自动化交易方式，是指期货交易所的计算机交易系统对交易双方的交易指令进行配对的过程。这种交易方式相对公开喊价方式来说，具有准确、连续等特点，但有时会出现交易系统故障等因素造成的风险。

国内期货交易所均采用计算机撮合成交方式。计算机交易系统一般将买卖申报单以价格优先、时间优先的原则进行排序。当买入价大于、等于卖出价时则自动撮合成交，撮合成交价等于买入价(bp)、卖出价(sp)和前一成交价(cp)三者中居中的一个价格，即

当 $bp \geqslant sp \geqslant cp$，则：最新成交价$=sp$

当 $bp \geqslant cp \geqslant sp$，则：最新成交价$=cp$

当 $cp \geqslant bp \geqslant sp$，则：最新成交价$=bp$

开盘价由集合竞价产生。开盘价集合竞价在某品种某月份合约每一交易日开市前5分钟内进行。其中，前4分钟为期货合约买、卖价格指令申报时间，后1分钟为集合竞价撮合时间，开市时产生开盘价。

交易系统自动控制集合竞价申报的开始和结束，并在计算机终端上显示。集合竞价采用最大成交量原则，即以此价格成交能够得到最大成交量。高于集合竞价产生的价格的买入申报全部成交；低于集合竞价产生的价格的卖出申报全部成交；等于集合竞价产生的价格的买入或卖出申报，根据买入申报量和卖出申报量的多少，按少的一方的申报量成交。

集合竞价产生价格的方法如下。

(1) 交易系统分别对所有有效的买入申报按申报价由高到低的顺序排列，申报价相同的按照进入系统的时间先后排列；所有有效的卖出申报按申报价由低到高的顺序排列，申报价相同的按照进入系统的时间先后排列。

(2) 交易系统逐步将排在前面的买入申报和卖出申报配对成交，直到不能成交为止。如最后一笔成交是全部成交的，取最后一笔成交的买入申报价和卖出申报价的算术平均价为集合竞价产生的价格，该价格按各期货合约的最小变动价位取整；如最后一笔成交是部分成交的，则以部分成交的申报价为集合竞价产生的价格。

开盘集合竞价中的未成交申报单自动参与开市后竞价交易。

(二) 成交回报与确认

当计算机显示指令成交后，客户可以立即在期货公司的下单系统获得成交回报。对于书面下单和电话下单的客户，期货公司应按约定方式即时予以回报。

客户对交易结算单记载事项有异议的，应当在下一交易日开市前向期货公司提出书面异议；客户对交易结算单记载事项无异议的，应当在交易结算单上签字确认或者按照期货经纪合同约定的方式确认。客户既未对交易结算单记载事项确认，也未提出异议的，视为对交易结算单的确认。对于客户有异议的，期货公司应当根据原始指令记录和交易记录予以核实。

四、结算

（一）结算的概念与结算程序

结算是指根据期货交易所公布的结算价格对交易双方的交易结果进行的资金清算和划转。

目前，我国大连商品交易所、郑州商品交易所、上海期货交易所实行全员结算制度，交易所对所有会员的账户进行结算、收取和追收保证金。中国金融期货交易所实行会员分级结算制度，其会员由结算会员和非结算会员组成，期货交易所只对结算会员结算，向结算会员收取和追收保证金；由结算会员对非结算会员进行结算、收取和追收保证金。

期货交易的结算，由期货交易所统一组织进行。但交易所并不直接对客户的账户结算、收取和追收客户保证金，而由期货公司承担该工作。期货交易所应当在当日及时将结算结果通知会员。期货公司根据期货交易所的结算结果对客户进行结算，并应当将结算结果按照与客户约定的方式及时通知客户。

在我国，会员（客户）的保证金可以分为结算准备金和交易保证金。结算准备金是交易所会员（客户）为了交易结算，在交易所（期货公司）专用结算账户预先准备的资金，是未被合约占用的保证金；而交易保证金是会员（客户）在交易所（期货公司）专用结算账户中确保合约履行的资金，是已被合约占用的保证金。在实际中，客户保证金可能有不同的说法，如结算准备金被称为可用资金，交易保证金被称为保证金占用。

下面以郑州商品交易所、大连商品交易所和上海期货交易所的结算制度为例，对具体的结算程序进行介绍。

1. 交易所对会员的结算

（1）每一交易日交易结束后，交易所对每一会员的盈亏、交易手续费、交易保证金等款项进行结算。结算完成后，交易所采用发放结算单据或电子传输等方式向会员提供当日结算数据，包括“会员当日平仓盈亏表”“会员当日成交合约表”“会员当日持仓表”和“会员资金结算表”，期货公司会员以此作为对客户结算的依据。

（2）会员每天应及时获取交易所提供的结算数据，做好核对工作，并将之妥善保存。该数据应至少保存两年，但对有关期货交易有争议的，应当保存至该争议消除时为止。

（3）会员如对结算结果有异议，应在下一交易日开市前30分钟以书面形式通知交易所。遇特殊情况，会员可在下一交易日开市后两小时内以书面形式通知交易所。如在规定时间内会员没有对结算数据提出异议，则视作会员已认可结算数据的准确性。

（4）交易所在交易结算完成后，将会员资金的划转数据传递给有关结算银行。结算银行应及时将划账结果反馈给交易所。

（5）会员资金按当日盈亏进行划转，当日盈利划入会员结算准备金，当日亏损从会员结算准备金中扣划。当日结算时的交易保证金超过昨日结算时的交易保证金部分从会员结算准备金中扣划。当日结算时的交易保证金低于昨日结算时的交易保证金部分划入会员结算准备金。手续费、税金等各项费用从会员的结算准备金中直接扣划。

（6）每日结算完毕后，会员的结算准备金低于最低余额时，该结算结果即视为交易所向会员发出的追加保证金通知。会员必须在下一交易日开市前补足至交易所规定的结算准备金最低余额。

2. 期货公司对客户的结算

(1) 期货公司每一交易日交易结束后,对每一客户的盈亏、交易手续费、交易保证金等款项进行结算。其中期货公司会员向客户收取的交易保证金不得低于交易所向会员收取的交易保证金。

(2) 期货公司将其客户的结算单及时传送给监控中心,期货投资者可以到监控中心查询有关的期货交易结算信息。结算单一般载明下列事项:账号及户名、成交日期、成交品种、合约月份、成交数量及价格、买入或者卖出、开仓或者平仓、当日结算价、保证金占用额、当日结存、客户权益、可用资金、交易手续费及其他费用等。

(3) 当每日结算后客户保证金低于期货公司规定的交易保证金水平时,期货公司按照期货经纪合同约定的方式通知客户追加保证金。

(二) 结算公式与应用

1. 结算相关术语

1) 结算价

结算价是当天交易结束后,对未平仓合约进行当日交易保证金及当日盈亏结算的基准价。

我国郑州商品交易所、大连商品交易所和上海期货交易所规定,当日结算价取某一期货合约当日成交价格按照成交量的加权平均价;当日无成交价格的,以上一交易日的结算价作为当日结算价。中国金融期货交易所规定,当日结算价是指某一期货合约最后一小时成交价格按照成交量的加权平均价。

2) 开仓、持仓、平仓

开仓也称为建仓,是指期货交易者新建期货头寸的行为,包括买入开仓和卖出开仓。交易者开仓之后手中就持有头寸,即持仓(open interest),若交易者买入开仓,则构成了买入(多头)持仓;反之,则形成了卖出(空头)持仓。平仓(offset,close out)是指交易者了结持仓的交易行为,了结的方式是针对持仓方向做相反的对冲买卖。持仓合约也称为未平仓合约。

2. 交易所对会员的结算公式及应用

1) 结算公式

(1) 结算准备金余额的计算公式。

当日结算准备金余额=上一交易日结算准备金余额+上一交易日交易保证金-当日交易保证金+当日盈亏+入金-出金-手续费(等)

(2) 当日盈亏的计算公式。

商品期货当日盈亏的计算公式:

$$当日盈亏=\sum[(卖出成交价-当日结算价)\times卖出量]+\sum[(当日结算价-买入成交价)\times买入量]+(上一交易日结算价-当日结算价)\times(上一交易日卖出持仓量-上一交易日买入持仓量)$$

股票指数期货交易当日盈亏的计算公式:

当日盈亏 $=\sum$[(卖出成交价－当日结算价)×卖出手数×合约乘数]＋$\sum$[(当日结算价－买入成交价)×买入手数×合约乘数]＋(上一交易日结算价－当日结算价)×(上一交易日卖出持仓手数－上一交易日买入持仓手数)×合约乘数

(3) 当日交易保证金计算公式。

商品期货交易当日交易保证金计算公式：

当日交易保证金＝当日结算价×当日交易结束后的持仓总量×交易保证金比例

股票指数期货交易当日交易保证金计算公式：

当日交易保证金＝当日结算价×合约乘数×当日交易结束后的持仓总量×交易保证金比例

注：股指期货交易的计算公式中，"成交价"与"结算价"均以"点数"表示。

2) 应用

【例 3-1】 某会员在 4 月 1 日开仓买入大豆期货合约 40 手(每手 10 吨)，成交价为 5 700 元/吨，同一天该会员平仓卖出 20 手大豆合约，成交价为 5 730 元/吨，当日结算价为 5 740 元/吨，交易保证金比例为 5%。该会员上一交易日结算准备金余额为 1 100 000 元，且未持有任何期货合约。则客户的当日盈亏(不含手续费、税金等费用)情况为

当日盈亏＝(5 730－5 740)×20×10＋(5 740－5 700)×40×10＝14 000(元)

当日结算准备金余额＝1 100 000－5 740×20×10×5%＋14 000＝1 056 600(元)

【例 3-2】 4 月 2 日，该会员再买入 8 手大豆合约，成交价为 5 730 元/吨，当日结算价为 5 760 元/吨，则其账户情况为

当日盈亏＝(5 760－5 730)×8×10＋(5 740－5 760)×(20－40)×10＝6 400(元)

当日结算准备金余额＝1 056 600＋5 740×20×10×5%－5 760×28×10×5%＋6 400＝1 039 760(元)

【例 3-3】 4 月 6 日，该会员将 28 手大豆合约全部平仓，成交价为 5 770 元/吨，当日结算价为 5 700 元/吨，则其账户情况为

当日盈亏＝(5 770－5 700)×28×10＋(5 760－5 700)×(0－28)×10＝2 800(元)

当日结算准备金余额＝1 039 760＋5 760×28×10×5%＋2 800＝1 123 200(元)

(1) 期货公司对客户的结算。

期货公司对其客户的交易进行结算。按照盈亏计算方式的不同，可以分为逐日盯市和逐笔对冲两种结算方式，相应地，提供给客户的也有两种可选的结算单。逐日盯市和逐笔对冲的结算公式列于表 3-1 中。

表 3-1　逐日盯市结算和逐笔对冲结算的对比

项　目	逐 日 盯 市	逐 笔 对 冲
平仓盈亏	＝平当日仓盈亏＋平历史仓盈亏 平当日仓盈亏 $=\sum$[(卖出成交价－买入成交价)×交易单位×平仓手数] 平历史仓盈亏 $=\sum$[(卖出成交价－当日结算价)×交易单位×平仓手数]＋$\sum$[(当日结算价－买入成交价)×交易单位×平仓手数]	$=\sum$[(卖出成交价－买入成交价)×交易单位×平仓手数]

续表

项　目	逐日盯市	逐笔对冲
持仓盯市盈亏	=当日持仓盈亏+历史持仓盈亏 当日持仓盈亏=$\sum$[(卖出成交价－当日结算价)×交易单位×卖出手数]+$\sum$[(当日结算价－买入成交价)×交易单位×买入手数] 历史持仓盈亏=$\sum$[(上日结算价－当日结算价)×交易单位×卖出手数]+$\sum$[(当日结算价－上日结算价)×交易单位×买入手数]	
浮动盈亏		=$\sum$[(卖出成交价－当日结算价)×交易单位×卖出手数]+$\sum$[(当日结算价－买入成交价)×交易单位×买入手数]
当日盈亏	=平仓盈亏(逐日盯市)+持仓盯市盈亏(逐日盯市)	
当日结存	=上日结存(逐日盯市)+当日盈亏+入金－出金－手续费(等)	=上日结存(逐笔对冲)+平仓盈亏(逐笔对冲)+入金－出金－手续费(等)
客户权益	=当日结存(逐日盯市)	=当日结存(逐笔对冲)+浮动盈亏

注：若是股指期货，则算式中的价格改为“点数”，“交易单位”改为“合约乘数”。

(2) 两种结算方式的比较。

两种结算方式的区别如下。

第一，逐日盯市是依据当日无负债结算制度，每日计算当日盈亏；而逐笔对冲则是每日计算自开仓之日起至当日的累计盈亏，得出的结果是最终盈亏。

第二，逐日盯市对当日盈亏计算时，未平仓合约的盈亏作为持仓盯市盈亏，累计计入当日结存；逐笔对冲对盈亏计算时，未平仓合约的盈亏作为浮动盈亏，不计入当日结存，一旦该合约平仓，其平仓时的浮动盈亏即转为平仓盈亏，结算时浮动盈亏归零。

第三，两者对历史持仓结算时，采用的价格不同。其中逐日盯市平仓盈亏计算采用上日结算价和平仓价，持仓盯市盈亏计算采用当日结算价和上日结算价。

第四，逐笔对冲的平仓盈亏计算采用开仓价和平仓价，浮动盈亏计算采用开仓价和当日结算价。

两种结算方式的共同点如下。

在两种结算方式下，保证金占用、当日出入金、当日手续费、客户权益、质押金、可用资金、追加保证金和风险度等参数的值没有差别；对于当日开仓平仓的合约，盈亏的计算也相同。

比如，保证金占用的计算：

对于商品期货，有

$$保证金占用 = \sum(当日结算价 \times 交易单位 \times 持仓手数 \times 公司的保证金比例)$$

对于股票指数期货合约，有

$$保证金占用 = \sum(当日结算价 \times 合约乘数 \times 持仓手数 \times 公司的保证金比例)$$

3）交易结算单示例

以下分别为某交易日某客户两种结算单的示例。

（1）客户逐日盯市交易结算单。

客户逐日盯市交易结算单如图 3-2 所示。在逐日盯市交易结算单中，列示的“持仓盯市盈亏”即持仓盈亏，“总盈亏”即当日盈亏。

某期货公司

交易结算单(逐日盯市)

客户号:　　　　客户名称:王二

日　期: 20110117

资金状况　　　　币种：人民币

上日结存:	1324127.65	当日结存:	1519670.29	可用资金:	69154.69
出入金:	0.00	客户权益:	1519670.29	风 险 度:	95.45%
手续费:	2877.36	保证金占用:	1450515.60	追加保证金:	0.00
平仓盈亏:	205800.00			交割保证金:	0.00
持仓盯市盈亏:	-7380.00				
可提资金:	69154.69				
总盈亏:	198420.00				

成交记录

成交日期	交易所	品种	交割期	买卖	成交价	手数	开平	成交额	手续费	投保	平仓盈亏	交易所成交号
20110117	中金所	沪深300	1101	买	2971.200	1	开	891360.00	178.27	投	0.00	
20110117	中金所	沪深300	1101	买	2971.600	3	开	2674440.00	534.89	投	0.00	
20110117	中金所	沪深300	1101	买	3000.000	5	开	4500000.00	900.00	投	0.00	
20110117	中金所	沪深300	1101	买	3010.000	7	平	6321000.00	1264.20	投	205800.00	
共 4 条						16		14386800.00	2877.36		205800.00	

持仓汇总

交易所	品种	交割期	买持	买均价	卖持	卖均价	昨结算	今结算	浮动盈亏	持仓盯市盈亏	保证金占用	投保
中金所	沪深300	1101	9	2987.333	0	0.000	3108.000	2984.600	-7380.00	-7380.00	1450515.60	投
共 1 条			9		0				-7380.00	-7380.00	1450515.60	

本公司提供数据以客户交易结算单为准，您若有异议，请在下一交易日开市前30分钟提出，否则视为对本帐单所载事项的确认。

公司盖章:　　　　客户签名（章）:

制表:结算001　　　　制表日期:

客户号:　　　　客户地址:

图 3-2　客户逐日盯市交易结算单

下面对逐日盯市结算单中的主要项目进行说明。

① 平仓盈亏(逐日盯市)=平当日仓盈亏+平历史仓盈亏

在本结算单中，仅有平历史仓盈亏。当日买入平历史仓 7 手，买入平仓价为 3 010 点，上一交易日结算价为 3 108 点，则有

$$\begin{aligned}平仓盈亏 &= (当日结算价 - 买入成交价) \times 平仓手数 \times 合约乘数 \\ &= (3\,108 - 3\,010) \times 7 \times 300 = 205\,800(元)\end{aligned}$$

② 持仓盯市盈亏(逐日盯市)=当日持仓盈亏+历史持仓盈亏

在本结算单中，仅有当日持仓盈亏。当日分 3 次买入开仓 9 手，买入平仓价分别为 2 971.2 点、2 971.6 点、3 000 点，当日结算价为 2 984.6 点，则有

$$持仓盯市盈亏 = \sum[(当日结算价 - 买入成交价) \times 买入手数 \times 合约乘数]$$

$$=(2\,984.6-2\,971.2)\times 1\times 300+(2\,984.6-2\,971.6)\times 3\times 300+(2\,984.6-3\,000)\times 5\times 300=-7\,380(\text{元})$$

③ 总盈亏=平仓盈亏+持仓盯市盈亏=205 800.00−7 380.00=198 420(元)

④ 保证金占用=$\sum$(当日结算价×合约乘数×持仓手数×公司要求的保证金比例)

在本结算单中,公司对该客户要求的保证金比例为18%,则有

$$\text{保证金占用}=\text{当日结算价}\times\text{合约乘数}\times\text{持仓手数}\times\text{公司要求的保证金比例}=2\,984.6\times 9\times 300\times 18\%=1\,450\,515.60(\text{元})$$

⑤ 上日结存:上一交易日结算后客户权益。

当日结存:当日结算后客户权益。

⑥ 客户权益=当日结存(逐日盯市)=上日结存(逐日盯市)+出入金+平仓盈亏+持仓盯市盈亏−当日手续费=1 324 127.65+205 800.00−7 380.00−2 877.36=1 519 670.29(元)

⑦ 可提资金=客户权益−保证金占用=1 519 670.29−1 450 515.60=69 154.69(元)

⑧ 可用资金=客户权益−保证金占用=1 519 670.29−1 450 515.60=69 154.69(元)

⑨ 出入金:当日入金−当日出金

⑩ 手续费:当日交易所产生的全部费用(包括交割费)。目前我国手续费的收取方式有两种:商品期货一般按每手若干元收取,金融期货一般按成交金额的一定比例收取。

若无交割,则商品期货有

$$\text{当日手续费}=\sum(\text{持仓手数}\times\text{每手手续费})$$

在本结算单中,仅有金融期货。期货公司与该客户商定的当日交易手续费率为成交金额的0.02%。则有

$$\text{手续费}=\sum[(\text{成交价}\times\text{合约乘数}\times\text{持仓手数}]\times\text{交易手续费率}=(2\,971.2\times 1+2\,971.6\times 3+3\,000\times 5+3\,010\times 7)\times 300\times 0.02\%=2\,877.36(\text{元})$$

⑪ 追加保证金:客户当保证金不足时须追加金额,追加至可用资金大于等于0。

在本结算单中,可用资金大于0,不需追加保证金。

(2) 客户逐笔对冲交易结算单。

客户逐笔对冲交易结算单如图3-3所示。

① 平仓盈亏的计算。

$$\text{平仓盈亏(逐笔对冲)}=\sum[(\text{卖出成交价}-\text{买入成交价})\times\text{合约乘数}\times\text{平仓手数}]$$

在本结算单中,客户买入平仓7手,成交价为3 010点,其历史卖出开仓价为3 087点,则有

$$\text{平仓盈亏(逐笔对冲)}=(3\,087-3\,010)\times 300\times 7=161\,700(\text{元})$$

② 浮动盈亏的计算。

$$\text{浮动盈亏}=\sum[(\text{卖出成交价}-\text{当日结算价})\times\text{合约乘数}\times\text{卖出手数}]$$

某期货公司

交易结算单(逐笔)

客户号:　　　　　　　　　　　　　　　　　　客户名称: 张三

日　期: 20110117

资金状况　　　　　　　　　　　　　　　　　　币种: 人民币

上日结存:	1368227.65	当日结存:	1527050.29	可用资金:	69154.69
出入金:	0.00	浮动盈亏:	-7380.00	风 险 度:	95.45%
手续费:	2877.36	客户权益:	1519670.29	追加保证金:	0.00
平仓盈亏:	161700.00	保证金占用:	1450515.60	交割保证金:	0.00
可提资金:	69154.69				

成交记录

成交日期	交易所	品种	交割期	买卖	成交价	手数	开平	成交额	手续费	投保	平仓盈亏	交易所成交号
20110117	中金所	沪深300	1101	买	2971.200	1	开	891360.00	178.27	投	0.00	
20110117	中金所	沪深300	1101	买	2971.600	3	开	2674440.00	534.89	投	0.00	
20110117	中金所	沪深300	1101	买	3000.000	5	开	4500000.00	900.00	投	0.00	
20110117	中金所	沪深300	1101	买	3010.000	7	平	6321000.00	1264.20	投	161700.00	
共 4 条						16		14386800.00	2877.36		161700.00	

持仓汇总

交易所	品种	交割期	买持	买均价	卖持	卖均价	昨结算	今结算	浮动盈亏	持仓盯市盈亏	保证金占用	投保
中金所	沪深300	1101	9	2987.333	0	0.000	3108.000	2984.600	-7380.00	0.00	1450515.60	投
共 1 条			9		0				-7380.00	0.00	1450515.60	

本公司提供数据以客户交易结算单为准，您若有异议，请在下一交易日开市前30分钟提出，否则视为对本帐单所载事项的确认。

公司盖章:　　　　　　　　　客户签名(章):

制表:结算001　　　　　　　　　　　　　　　制表日期:

客户号:　　　　　　　　　　　　　　　　　　客户地址:

图 3-3　客户逐笔对冲交易结算单

$$+\sum[(\text{当日结算价}-\text{买入成交价})\times\text{合约乘数}\times\text{买入手数}]$$

$$=(2\,984.6-2\,971.2)\times300\times1+(2\,984.6-2\,971.6)\times300\times3+(2\,984.6-3\,000)\times300\times5=-7\,380(\text{元})$$

③ 当日结存(逐笔对冲)=上日结存(逐笔对冲)+平仓盈亏(逐笔对冲)+入金-出金-手续费(等)=1 368 227.65+161 700-2 877.36=1 527 050.29(元)

④ 客户权益(逐笔对冲)=当日结存(逐笔对冲)+浮动盈亏=1 527 050.29-7 380.00=1 519 670.29(元)

⑤ 可用资金=可提资金=客户权益-保证金占用=1 519 670.29-1 450 515.60=69 154.69(元)

3. 风险度

风险度的计算是期货公司风险管理中的重要环节。目前各期货公司使用的系统不尽相同,因而存在几种不同的风险度算法,期货公司可以根据其管理需要选择不同的风险度计算方式。

以业界广泛应用的金仕达系统为例,系统提供的风险度计算公式有好几种,而绝大多数期货公司采取了系统默认的算法,即

$$\text{风险度}=\text{保证金占用}/\text{客户权益}\times100\%$$

该风险度越接近100%,风险越大；等于100%,则表明客户的可用资金为0。由于客户的可用资金不能为负,因此,风险度不能大于100%。当风险度大于100%时则会收到《追加保证金通知书》。

在上面的两种结算单示例中,

$$\text{风险度}=\text{保证金}/\text{客户权益}\times100\%=1\,450\,515.60/1\,519\,670.29=95.45\%$$

【例 3-4】 7月16日，某期货公司客户李先生期货账户中持有FG2109空头合约100手，合约近期出现单边市，结算时交易所提高了保证金收取比例，当日结算价为3 015元/吨，李先生客户权益为700 000元。该期货公司FG2109的保证金比例为18%。FG是郑州玻璃期货合约代码，交易单位为20吨/手。则客户李先生的保证金、可用资金、风险度分别如下。

保证金为

$$100 \times 20 \times 3\,015 \times 18\% = 1\,085\,400(\text{元})$$

可用资金为

$$\text{可用资金} = \text{客户权益} - \text{保证金占用} = 700\,000 - 1\,085\,400 = -385\,400(\text{元})$$

风险度为

$$\text{风险度} = \text{保证金占用} / \text{客户权益} \times 100\% = 1\,085\,400/700\,000 \times 100\% = 155.06\%$$

则客户李先生最少需要追加保证金385 400元。

若该期货公司已经向李先生发出了《期货经纪合同》中约定的追加保证金通知，但李先生在规定的时间内既没有追加保证金也没有自行平仓，则该期货公司可对李先生的FG2109合约执行强行平仓。该期货公司应该至少强行平仓385 400/(20×18%×3 015)手，即至少36手，才能使李先生持仓风险率降至100%以下。

五、交割

（一）什么是交割

交割是指期货合约到期时，按照期货交易所的规则和程序，交易双方通过该合约所载标的物所有权的转移，或者按照结算价进行现金差价结算，了结到期未平仓合约的过程。其中，以标的物所有权转移方式进行的交割为实物交割；按结算价进行现金差价结算的交割方式为现金交割。一般来说，商品期货以实物交割方式为主；股票指数期货、短期利率期货多采用现金交割方式。

（二）交割的作用

交割是联系期货与现货的纽带。尽管期货市场的交割量仅占总成交量的很小比例，但交割环节对期货市场的整体运行却起着十分重要的作用。

期货交割是促使期货价格和现货价格趋向一致的制度保证。当市场过分投机，发生期货价格严重偏离现货价格时，交易者就会在期货和现货两个市场间进行套利交易。当期货价格过高而现货价格过低时，交易者在期货市场上卖出期货合约，在现货市场上买进商品，这样，现货需求增多，现货价格上升，期货合约供给增多，期货价格下降，期现价差缩小；当期货价格过低而现货价格过高时，交易者在期货市场上买进期货合约，在现货市场卖出商品，这样，期货需求增多，期货价格上升，现货供给增多，现货价格下降，使期现价差趋于正常。这样，通过交割，期货、现货两个市场得以实现相互联动，期货价格最终与现货价格趋于一致，使期货市场真正发挥价格晴雨表的作用。

（三）实物交割方式与交割结算价的确定

1. 实物交割方式

实物交割是指期货合约到期时，根据交易所的规则和程序，交易双方通过该期货合约所载标的物所有权的转移，了结未平仓合约的过程。实物交割方式包括集中交割和滚动交割两种。

1）集中交割

集中交割也叫一次性交割，是指所有到期合约在交割月份最后交易日过后一次性集中交割的交割方式。

2）滚动交割

滚动交割是指在合约进入交割月以后，在交割月第一个交易日至交割月最后交易日前一交易日之间进行交割的交割方式。滚动交割使交易者在交易时间的选择上更为灵活，可减少储存时间、降低交割成本。

目前，我国上海期货交易所采用集中交割方式；郑州商品交易所采用滚动交割和集中交割相结合的方式，即在合约进入交割月后就可以申请交割，而且，最后交易日过后，对未平仓合约进行一次性集中交割；大连商品交易所对黄大豆1号、黄大豆2号、豆粕、豆油、玉米合约采用滚动交割和集中交割相结合的方式，对棕榈油、线型低密度聚乙烯和聚氯乙烯合约采用集中交割方式。

2. 实物交割结算价

实物交割结算价是指在实物交割时商品交收所依据的基准价格。交割商品计价以交割结算价为基础，再加上不同等级商品质量升贴水以及异地交割仓库与基准交割仓库的升贴水。

不同的交易所，以及不同的实物交割方式，对交割结算价的规定不尽相同。如郑州商品交易所采用滚动交割和集中交割相结合的方式（由于所有交割均在3个工作日内处理完毕，又称为“三日”交割法），交割结算价为期货合约配对日前10个交易日（含配对日）交易结算价的算术平均价。上海期货交易所铜铝采用集中交割方式，其交割结算价为期货合约最后交易日的结算价。大连商品交易所滚动交割的交割结算价为配对日结算价；集中交割的交割结算价是期货合约自交割月第一个交易日起至最后交易日所有成交价格的加权平均价。

（四）实物交割的流程

采用集中交割方式时，各期货合约最后交易日的未平仓合约必须进行交割。实物交割要求以会员名义进行。客户的实物交割必须由会员代理，并以会员名义在交易所进行。实物交割必不可少的环节包括以下几个。

第一，交易所对交割月份持仓合约进行交割配对。

第二，买卖双方通过交易所进行标准仓单与货款交换。买方通过其会员期货公司、交易所将货款交给卖方，而卖方则通过其会员期货公司、交易所将标准仓单交付给买方。

第三，增值税发票流转。交割卖方给对应的买方开具增值税发票，客户开具的增值税发票由双方会员转交、领取并协助核实，交易所负责监督。

（五）标准仓单

在实物交割的具体实施中，买卖双方并不是直接进行实物商品的交收，而是交收代表商品所有权的标准仓单，因此，标准仓单在实物交割中扮演十分重要的角色。标准仓单，是指交割仓库开具并经期货交易所认定的标准化提货凭证。标准仓单经交易所注册后生效，可用于交割、转让、提货、质押等。

标准仓单的持有形式为“标准仓单持有凭证”。“标准仓单持有凭证”是交易所开具的代表标准仓单所有权的有效凭证，是在交易所办理标准仓单交割、交易、转让、质押、注销的凭证，受法律保护。标准仓单数量因交割、交易、转让、质押、注销等业务发生变化时，交易所收回原“标准仓单持有凭证”，签发新的“标准仓单持有凭证”。

在实践中，可以有不同形式的标准仓单，其中最主要的形式是仓库标准仓单。仓库标准仓单是指依据交易所的规定，由指定交割仓库完成入库商品验收、确认合格后，在交易所标准仓单管理系统中签发给货主的用于提取商品的凭证。除此之外，还有厂库标准仓单等形式。所谓厂库，是指某品种的现货生产企业的仓库经交易所批准并指定为期货履行实物交割的地点，而厂库标准仓单则是指经过交易所批准的、指定厂库按照交易所规定的程序签发的、在交易所标准仓单管理系统生成的实物提货凭证。

在我国大连商品交易所，豆粕、豆油、棕榈油期货除了可以采用仓库标准仓单外，还可用厂库标准仓单；上海期货交易所的螺纹钢、线材期货合约也允许采用厂库标准仓单交割；郑州商品交易所的标准仓单分为通用标准仓单和非通用标准仓单，通用标准仓单是指标准仓单持有人按照交易所的规定和程序可以到仓单载明品种所在的交易所任一交割仓库选择提货的财产凭证，非通用标准仓单是指仓单持有人按照交易所的规定和程序只能到仓单载明的交割仓库提取所对应货物的财产凭证。

（六）期转现

1. 什么是期转现

期货转现货交易（简称“期转现交易”）是指持有方向相反的同一品种同一月份合约的会员（客户）协商一致并向交易所提出申请，获得交易所批准后，分别将各自持有的合约按双方商定的期货价格（该价格一般应在交易所规定的价格波动范围内）由交易所代为平仓，同时，按双方协议价格与期货合约标的物数量相当、品种相同、方向相同的仓单进行交换的行为。

期转现交易是国际期货市场中长期实行的交易方式，在商品期货、金融期货中都有着广泛应用。我国大连商品交易所、上海期货交易所和郑州商品交易所也已经推出了期转现交易。

买卖双方进行期转现有两种情况。第一种情况：在期货市场有反向持仓双方，拟用标准仓单或标准仓单以外的货物进行期转现。第二种情况：买卖双方为现货市场的贸易伙伴，有远期交货意向，并希望远期交货价格稳定。双方可以先在期货市场上选择与远期交收货物最近的合约月份建仓，建仓量和远期货物量相当，建仓时机和价格分别由双方根据市况自行决定，到希望交收货的时候，进行非标准仓单的期转现。这相当于通过期货市场签订一个远期合同，一方面实现了套期保值的目的，另一方面避免了合同违约的可能。

2. 期转现交易的优越性

期转现交易的优越性在于以下几个方面。

第一，加工企业和生产经营企业利用期转现可以节约期货交割成本，如搬运、整理和包装等交割费用；可以灵活商定交货品级、地点和方式；可以提高资金的利用效率。加工企业可以根据需要分批、分期地购回原料，减轻资金压力，减少库存量；生产经营企业也可以提前回收资金。

第二，期转现比"平仓后购销现货"更便捷。期转现使买卖双方在确定期货平仓价格的同时，确定了相应的现货买卖价格，由此可以保证期货与现货市场风险同时锁定。

第三，期转现比远期合同交易和期货实物交割更有利。远期合同交易有违约问题和被迫履约问题，期货实物交割存在交割品级、交割时间和地点的选择等缺乏灵活性问题，而且成本较高。期转现能够有效地解决上述问题。

3. 期转现交易的基本流程

(1) 寻找交易对手。拟进行期转现的一方，可自行找期转现对方，或通过交易所发布期转现意向。

(2) 交易双方商定价格。找到对方后，双方首先商定平仓价(须在审批日期货价格限制范围内)和现货交收价格。

(3) 向交易所提出申请。买卖双方到交易所申请办理期转现手续，填写交易所统一印制的期转现申请单；用非标准仓单交割的，需提供相关的现货买卖协议等证明。

(4) 交易所核准。交易所接到期转现申请和现货买卖协议等资料后进行核对，符合条件的，予以批准，并在批准当日将买卖双方期货头寸平仓。不符合条件的，通知买卖双方会员，会员要及时通知客户。

(5) 办理手续。如果用标准仓单期转现，批准日的下一日，买卖双方到交易所办理仓单过户和货款划转，并缴纳规定手续费。如果用非标准仓单进行期转现，买卖双方按照现货买卖协议自行进行现货交收。

(6) 纳税。用标准仓单期转现的，买卖双方在规定时间到税务部门办理纳税手续。买卖双方各自负担标准仓单期转现中仓单转让环节的手续费。

期转现操作中应注意的事项：用标准仓单期转现，要考虑仓单提前交收所节省的利息和储存等费用；用标准仓单以外的货物期转现，要考虑节省的交割费用、仓储费和利息以及货物的品级差价。买卖双方要先看现货，确定交收货物和期货交割标准品级之间的价差。商定平仓价和交货价的差额一般要小于节省的上述费用总和，这样期转现对双方都有利。

(七) 现金交割

现金交割是指合约到期时，交易双方按照交易所的规则、程序及其公布的交割结算价进行现金差价结算，了结到期未平仓合约的过程。

中国金融期货交易所的股指期货合约采用现金交割方式，规定股指期货合约最后交易日收市后，交易所以交割结算价为基准，划付持仓双方的盈亏，了结所有未平仓合约。其中，股指期货交割结算价为最后交易日标的指数最后2小时的算术平均价。

关键术语

期货合约　平仓　对冲　交割　风险准备金　结算担保金　涨跌停板　最小变动单位　当日无负债结算制度

复习思考题

1. 期货合约与现货远期合约有哪些区别？
2. 期货合约通常包括哪些内容？
3. 保证金分为哪些类别？
4. 什么是平仓？对冲平仓的原则有哪些？
5. 什么是持仓限额制度？
6. 什么是大户报告制度？

即测即练

第四章

期货交易理念与类型

学习目标

1. 了解期货交易前的准备；
2. 掌握期货交易理念；
3. 理解套期保值的概念、基本原理与操作原则；
4. 掌握套利交易的策略种类；
5. 理解投机交易中的仓位控制和资金管理；
6. 理解量化交易的概念和类型。

第一节　期货交易类型和交易理念概述

一、期货交易前的准备

（一）学好专业基础知识

投资者在开展期货交易前，需要学习好专业基础知识，具体包括以下方面。

1. 认真了解期货合约和期货品种相关现货知识

在开始交易一个期货品种之前，应登录相关期货交易所网站，认真阅读期货合约文本和期货合约手册。期货交易所的合约手册里都有每一个品种的详细介绍。

2. 熟悉并理解交易规则

在开始交易之前，同样要登录相关期货交易所网站，认真学习期货交易所制定的交易规则和实施细则，理解并严格遵守相关交易制度。

3. 学习交易分析方法

期货交易的分析方法包括基本面分析和技术分析，这些分析方法在本书第五章将会详细介绍，在开始期货交易前，如果不认真学习这些分析方法，就如同上战场没有带武器，盲目的交易必然会带来失败。

4. 熟悉期货交易软件

期货交易软件比股票交易软件复杂，在交易的时候需要选择开仓还是平仓，要熟悉期货交易软件的使用，避免下错单。

5. 进行模拟交易

在实盘期货交易之前，最好先进行模拟交易，在模拟交易能实现稳定盈利之后，再开始实盘交易。

（二）提高专业技能

在学习专业理论知识的基础上，需要不断提高专业技能，这需要投资者阅读一些经典的期货交易方面的书籍，特别是期货交易心理方面的书籍，并在学习的基础上，不断研究和总结自己的交易策略和交易系统，在自己的交易策略和交易系统稳定之后，再开始自己的实盘交易。

二、期货交易类型

从不同的角度可以对期货交易进行不同的分类。按照期货交易的目的的不同，期货交易可以分为套期保值交易和投机交易两大类。投机交易又可以分为广义的投机交易和狭义的投机交易，广义的投机交易包括套利交易和单边投机交易，狭义的投机交易指单边的投机交易。按照期货交易策略的来源不同，期货交易又可以分为主观交易和量化交易。

（一）套期保值交易

套期保值交易是指当实体经济部门面临原材料或产成品的价格波动风险、利率风险和汇率风险时，需要通过期货交易在期货市场建立相应头寸，利用期货市场的头寸来管理和转移价格、利率或汇率风险。因此套期保值交易是基于管理和转移风险的目的发起的交易行为，其在期货市场建立的头寸不以盈利为目的，而是以完全对冲掉现货市场风险或利率、汇率风险为目的。

（二）投机交易

投机交易是指单纯以盈利为目的在期货市场建立期货头寸的交易，这种交易以承担价格波动风险为前提，以期在期货市场获取目标收益率。根据在期货市场建立的头寸是单边头寸还是双边头寸，以及交易风险的大小，广义的投机交易又可以分为套利交易和单边投机交易。

（三）主观交易和量化交易

主观交易是传统的交易方式，主要是指交易者利用自己的经验和市场感觉主观判断交易时机，形成较为主观的交易策略。

量化交易是指利用计算机技术并采用一定的数学模型去践行交易理念、设计并实现交易策略的过程。

三、期货交易理念

期货交易的保证金制度使得期货交易具有较大的风险，因此交易者必须具有正确的交易理念，在设计期货交易理念时，应不忘期货服务实体经济的初心，从实体经济的角度设计理念，切不可将期货作为暴富的赌具。我们在期货交易中可坚持如下交易理念：期货是风险管理的工具；期货是服务于现货交易的工具；期货是理财和资产配置的工具。

（一）期货是风险管理的工具

期货是风险管理工具的交易理念体现了期货服务实体经济的初心，这一交易理念适用于套期保值交易者。对于套期保值交易者来说，在期货市场开立头寸时，应坚持期货只是风险管理的工具，根据现货市场风险敞口建立头寸，切勿使期货市场头寸超过风险敞口规模。

（二）期货是服务于现货交易的工具

期货是服务于现货交易的工具同样体现了期货服务实体经济的初心，因为期货是现货贸易的高级形式，当现货贸易不畅或难以实现时，可以利用期货交易方式来实现现货交易的目的。期货是服务于现货交易的工具的交易理念既适用于套期保值交易，也适用于投机交易。

（三）期货是理财和资产配置的工具

期货是理财和资产配置的工具也体现了期货服务实体经济的初心，这一交易理念适用于投机交易者，在期货投机交易中，应坚持期货是理财和资产配置的工具的交易理念，通过合理的仓位控制和资金管理，以追求长期、持续、合理回报为目标，切不可将期货作为获取暴利的工具。

第二节　套期保值交易

一、套期保值的基本含义

套期保值，又称避险、对冲等，是指在期货市场上买进或卖出与现货资产相同或相关的期货合约，从而在期货和现货两个市场之间建立盈亏冲抵机制，以规避价格波动风险的一种交易方式。

二、套期保值的经济原理

套期保值主要基于以下两个经济原理。

（一）期货价格和现货价格变动的同向性

对同一种商品来说，现货价格反映的是当前现货商品的供求关系，而期货价格反映的是在目前现货价格的基础上人们对未来供求关系的一种预期。因时间的长短不一，又有近期期货价格和远期期货价格之分。价格反映供求，由于某一特定商品的现货价格和期货价格受共同经济因素的影响和制约，如经济周期，该种商品的成本构成及其变化、产品的季节性变化等，两者的价格变动方向是一致的，当商品供不应求时，现货价格上涨，近期的期货价格亦会水涨船高。一般来说，近期期货价格受现货价格的影响更为直接。同时，继续受这种供求关系的影响以及经济周期和生产因素的影响，远期期货合约也将随之上涨。相反，当商品供大于求时则现货价格下跌。期货价格也受其影响随之下跌。诚然，期货价格作为对当前现货供求关系的反映和对未来供求关系的一个预测的信号,也会对现货价格产生影响,但从根本上说,是商品供求关系的变化制约了价格运动的方向。因此,期货价格走势和现货价格走势是一致的,两者具有同向性。

(二)期货价格和现货价格的趋合性

期货价格包含了时间成本和人们对于外来的预期,但随着交割日期的临近,期货价格和现货价格会趋同。一方面其包含了某一商品从现在到将来交货的持有成本。比如,某一商品的生产者生产出某种商品之后不直接到市场上去卖,而是储存起来 3 个月后再卖,他势必要负担这种商品的仓储费、保险费、损耗及损失在现货市场上卖掉商品获取资金后存到银行 3 个月所获得的银行利息,因此,期货价格应该高于现货价格。另一方面期货价格还包含了人们对未来供求关系的预期,期货价格可能上涨,也可能下跌。随着期货合约交割期的临近,期货价格不确定的因素将大大减弱,价格渐趋一致,到期日的期货价格与现货价格已大致相等,其微小的差别仅是交割成本。

而且,期货交易的交割制度也保证了现货市场与期货市场价格随期货合约到期日的临近而趋于一致。期货交易规定合约到期时,未平仓头寸必须进行实物交割。到交割时,如果期货价格和现货价格不同,例如期货价格高于现货价格,就会有套利者买入低价现货,卖出高价期货,实现无风险套利。因此,在交割制度和套利交易共同作用下,期货价格和现货价格之间存在联动性并趋向一致。

期货价格和现货价格的同向性和趋合性是套期保值的经济原理,它使交易者利用对冲的方法来抵消价格波动的风险成为可能。套期保值者利用这一经济原理,在两个市场上同时交易并且反向操作。在价格走势相同的条件下,在一个市场上买就在另外一个市场上卖,进而无论价格怎么波动,都能取得在一个市场上出现不利的同时,在另外一个市场上必定是有利的结果。由此可见,套期保值是通过现货市场与期货市场上的反向操作来实现对价格的保险作用。

三、套期保值的功能

(一)套期保值能有效地控制生产成本

例如,某大豆加工商预计在 3 个月后购进一批大豆,3 个月后若大豆价格上涨,则他的原料成本就会增加。为了回避价格可能上涨的风险,他就在期货市场上买进 3 个月后交货的大豆期货合约。如果届时大豆价格果然上涨,他就可以卖出手中的期货合约,并从中盈利,因为这时期货市场上的价格也上涨了。这样,虽然在现货市场上他因进价较高而遭受了损失,但是这个损失可以用期货市场上的盈利加以弥补。结果,大豆的成本费用就被控制了。当然,大豆加工商可以预先就买进所需的大豆,但这需要有仓储设施,还要因此增加资金占用和利息支付。

拓展阅读 4-1
一文看懂橡胶产业套期保值策略

（二）套期保值能保障生产经营者获得正常的商业利润

例如，上述大豆加工商在购进大豆后要加工成豆油在 6 个月后出售，但他担心 6 个月后豆油价格可能下跌，从而使利润减少。为此，他可以先在期货市场上卖出 6 个月后的豆油期货合约。届时，如果豆油价格真的下跌了，期货价格也会随之下跌；因此，他就可以买进先前卖出的期货合约进行平仓，并从中获利，从而弥补在豆油现货市场上因豆油价格下跌所遭受的损失，从而保障原定的销售利润。

（三）套期保值具有方便现货交易的作用

由于通过套期保值交易可以控制原料成本和保障销售利润，因此，在进行现货买卖时比较灵活方便。例如，某制造商要购买铝，3 个月后交货。若估计铝价在 3 个月后会下跌，而卖家又坚持以现价签约，这时该制造商就可以在签约的同时，预先在期货市场上卖出合约，待价格下跌再买回合约平仓获利，从而弥补合同价格偏高所受到的损失。有时预计铝价会上涨，而卖家又坚持以交货时伦敦金属交易所月平均价计算，这样，制造商就可以在期货市场上预先买入铝合约，将价格锁住，然后待交易时再卖出合约了结获利，从而避免损失。可见，利用期货市场的套期保值，有利于买卖双方交易的达成。

四、套期保值的交易原则

（一）交易方向相反原则

交易方向相反原则是指在做套期保值交易时，期货市场的头寸要和现货市场的头寸方向相反，即现货市场持有多头头寸，为防止价格下跌风险，需要在期货市场开立空头头寸；现货市场如持有空头头寸(即未来需要买进现货)，为防止价格上涨风险，需要在期货市场开立多头头寸。

（二）种类相同或相近原则

种类相同或相近原则是指在做套期保值交易时，所选择的期货品种必须和保值者将要在现货市场上买进和卖出的现货品种相同或有较强的相关性。但由于期货的品种有限，如果套期保值者找不到与其将要在现货市场上买进或卖出的同种期货合约，还可以选择一种与现货种类不同，但价格走势大致相同的相关期货合约来保值。一般地，选择作为替代物的期货品种最好是该现货或资产的替代品，相互替代性越强，套期保值交易的效果就会越好。

（三）商品数量相等或相当原则

商品数量相等或相当原则是指套期保值者在做套期保值交易时，选择的期货合约所载的商品的数量必须等于或大致等于将要在现货市场上买进(或卖出)的该商品的数量。只有保持两个市场上买卖商品的数量相等或大致相等，才能使一个市场上的盈利额与另外一个市场上的亏损额相等或相近。

(四) 月份相同或相近原则

月份相同或相近原则是指在套期保值时,所选用的期货合约的交割月份最好与交易者将来在现货市场上实际买进或卖出现货商品的时间相同或相近。例如,交易者准备在11月份收割大豆后卖出大豆现货,那么,在做套期保值交易时,最好选用11月份到期的大豆期货合约,这是因为只有选用期货合约的交割月份和交易者在现货市场上买进或卖出现货商品的时间相同或相近,才能使期货价和现货价之间的联系更加紧密,增强套期保值的效果。如果期货合约的交割月份离现货市场买进或卖出现货商品的时间太远,就会降低期货价格与现货价格之间的趋合性,影响套期保值的效果。当然由于期货交割月份是固定的,为了利用期货价格与现货价格的趋合性,交易者也可适当调整在现货市场上具体买卖的时间,使其与期货合约的交割月接近,但必须以不影响现货市场的交易为原则。

五、套期保值交易的发展

随着期货市场的发展和交易制度的逐步完善,近些年来新的期货品种的不断出现,交易范围的不断扩大,套期保值已涉及实体经济和金融领域的生产和经营,期货市场在某种程度上已成为企业或个人资产管理和风险管理的重要手段。在此基础上,套期保值者除了减少交易风险、达到保值的传统动机之外,还有一些其他目的,如由于交易风险减少而获得更多的贷款,便于交易决策,以及取得现货市场和期货市场这两个市场相配合的最大效益,由于这种动机的驱使,套期保值者的交易行为以及对套期保值的运用范围发生了如下一些变化。

(一) 套期保值者由被动保值变为主动参与保值

保值者不再单纯地进行被动保值、被动地接受市场价格变化,而是主动地参与保值活动,大量收集整个宏观经济和微观经济信息,采用科学的分析方法,以决定交易策略的选取,确定合适的套保比例,以期获得较大利润。

套期保值者可在交割期前,依据两个市场价格变动情况多次停止或恢复保值的活动。

现在保值者不一定要等到现货交割才完成保值行为,而可在交易期间根据现货、期货价格变动,进行多次停止或恢复保值的活动,不但能有效地降低风险,同时还能保证获取一定的效益(特别是避免了因两个市场价格均不利而受双重损失的可能)。

(二) 套期保值者已把期货保值当作一种风险管理工具

拓展阅读 4-2
白糖期货点价案例

套期保值者将期货保值视为风险管理工具,一方面利用卖期保值控制商品销售价格;另一方面通过买期保值锁住原材料的价格,以保持低原料成本及库存成本,通过这两方面的协调,在一定程度上可以获取较高的效益。

(三) 套期保值者将期货保值活动视为融资管理工具

进行融资时,如果以已做套期保值的商品做抵押,可提高担保商品的价值。这是因为，资产或商品的担保价值通过套期保值，可使其具有稳定价值，例如没有进行套期保值的商品其担保价值是60%，而经过套期保值后，商品的担保价值可上升到80%～90%，对提供资金者来说，套期保值者具有较高的资信水平，因而放心地提供资金，从而有利于套期保值者的业务发展。

（四）套期保值者将保值活动视为重要的营销渠道

首先，套期保值对商品经营者来说是一种安全营销保障，可有效地保证商品供应，稳定采购；同时可一定程度地消除因产品出售而发生债务互欠的可能性。其次，由于期货交易与现货交易结合，近远期交易相结合，从而可形成多种价格策略，供套期保值者选择参与市场竞争，将保值活动视为一种有效的安全营销渠道，有助于提高企业的市场竞争力，扩大市场占有份额，获得企业的长远发展。

六、套期保值的种类

（一）买入套期保值

买入套期保值是指以买入期货合约行为进入期货市场的一种保值方式。套期保值者先在期货市场上买入与其将在现货市场上买入的现货商品或资产数量相当且交割日期相同或相近的期货合约，即预先在期货市场上买进，持有多头头寸，然后，该套期保值者在现货市场上买入现货商品或资产的同时或前后，在期货市场上进行对冲，卖出原先买进的该商品的期货合约，进而为其在现货市场上买进现货商品的交易进行保值。因为套期保值者在期货市场先以买入方式建立多头的交易部位，故买入套期保值又称多头套期保值。

（二）卖出套期保值

卖出套期保值指卖出期货合约行为的保值方式。套期保值者先在期货市场上卖出与其将要在现货市场上卖出的现货商品或资产数量相等，交割日期也相同或相近的该种商品或资产的期货合约。然后，该套期保值者在现货市场上实际卖出该种现货商品或资产的同时或前后，又在期货市场上进行对冲，买进原先所卖出的期货合约，结束所做的套期保值交易，进而实现为其在现货市场上卖出的现货保值。因其在期货市场上首先建立空头的交易部位，故又称为空头保值或卖期保值。

七、套期保值交易应注意的问题

（一）遵循期货是风险管理工具的交易理念

套期保值交易体现了期货服务实体经济的初心，应遵循期货是风险管理工具的交易理念，切忌把套期保值做成了投机。

（二）商品数量相等原则应根据可以接受的风险敞口灵活运用

由于每个企业都受追逐利润的内在驱动，因此，企业参与期货交易不仅希望能够保值,而且还希望获取额外利润,正是这种心理产生了动态套期保值的理论。动态套期保值理论认为:套期保值可以在与期货商品合约相同或相关的现货与期货之间进行;套期保值的头寸数量应根据可以接受的风险敞口进行灵活的调整。

(三)选择好套期保值时机

企业在进行套期保值时,时机选择非常重要,对时机的选择可以从两个方面进行分析,一是期现货基差大小及变动趋势;二是期货价格变动趋势,对于较为确定的价格趋势,应减少逆势的套期保值交易。

第三节 套利交易

一、套利的概念和作用

(一)套利的概念

套利是指利用相关市场或者相关合约之间的价差变化,在相关市场或者相关合约上同时进行买卖交易方向相反的交易,以期价差发生有利变化而获利的交易行为。在进行套利时,交易者注意的是合约之间的相互价格关系,而不是绝对价格水平。

根据套利是否涉及现货市场,期货套利可分为价差套利(spread)和期现套利(arbitrage)。价差套利,是指利用期货市场上不同合约之间的价差进行的套利行为。价差套利也可称为价差交易、套期图利。期现套利,是指利用期货市场与现货市场之间不合理价差,通过在两个市场上进行反向交易,待价差趋于合理而获利的交易。

(二)套利的作用

期货价差套利在本质上是期货市场上针对价差的一种投机行为,但与普通期货投机交易相比,风险较低。因为期货价差套利是利用期货市场中某些期货合约价格失真的机会,并预测该价格失真会最终消失,从而获取套利利润。因此,期货价差套利在客观上有助于将扭曲的期货市场价格重新恢复到正常水平,它的存在对期货市场的健康发展起到了重要作用,主要表现在以下两个方面。

第一,期货价差套利行为有助于不同期货合约价格之间的合理价差关系的形成。期货价差套利交易的获利来自对不合理价差的发现和利用,套利者会时刻注意市场动向。如果发现相关期货合约价差存在异常,则会通过套利交易获取利润。而这种套利行为,客观上会对相关期货合约价格产生影响,促使价差趋于合理。

第二,期货价差套利行为有助于提高市场流动性。期货价差套利交易客观上能扩大期货市场的交易量,承担价格变动的风险,提高期货交易的活跃程度,并且有助于其他交易者的正常进出和套期保值操作的顺利实现,有效降低市场风险,促进交易的流畅化和价格的理性化,因而起到了市场润滑剂和减震剂的作用。

二、期货价差

（一）期货价差的定义

期货价差，是指期货市场上两个不同月份或不同品种期货合约之间的价格差。与投机交易不同，在期货价差套利中，交易者不关注某一个期货合约的价格向哪个方向变动，而是关注相关期货合约之间的价差是否在合理的区间范围内。如果价差不合理，交易者可利用这种不合理的价差对相关期货合约进行方向相反的交易，等价差趋于合理时再同时将两个合约平仓获取收益。

期货价差套利的交易者要同时在相关合约上进行方向相反的交易，即同时建立一个多头头寸和一个空头头寸，这是套利交易的基本原则，如果缺少了多头头寸或空头头寸，就像一个人缺了一条腿无法正常走路。因此，期货价差套利中建立的多头头寸和空头头寸被形象地称为套利的"腿"（legs，也可称为"边"）。

大多数期货价差套利活动都是由买入和卖出两个相关期货合约构成，因而套利交易通常具有两条"腿"。但也有例外，例如跨品种套利中，如果涉及的相关商品不止两种，比如在大豆、豆粕和豆油三个期货合约间进行的套利活动，可能包含了一个多头、两个空头或者一个空头、两个多头，在这种情况下，套利交易可能会有三条"腿"。

（二）价差扩大与缩小

计算建仓时的价差，须用价格较高的一"边"减去价格较低的一"边"。

【例 4-1】 某套利者买入 5 月份铝期货合约的同时卖出 6 月份的铝期货合约，价格分别为 13 730 元/吨和 13 830 元/吨，6 月份价格高于 5 月份价格，因此价差为 6 月份价格减去 5 月份价格，即 100 元/吨。

为保持一致性，计算平仓时的价差，也要用建仓时价格较高的合约平仓价格减去建仓时价格较低的合约平仓价格。例如，上述套利者建仓之后，5 月份铝期货价格上涨至 14 010 元/吨，6 月份涨幅相对较小，为 13 870 元/吨，如果套利者按照此价格同时将两个合约对冲了结该套利交易，则在平仓时的价差仍应该用 6 月份的价格减去 5 月份的价格，即为－140 元/吨（而不应该用 5 月份价格减去 6 月份的价格，即 140 元/吨）。因为只有计算方法一致，才能恰当地比较价差的变化。

由于期货价差套利交易是利用相关期货合约间不合理的价差来进行的，价差能否在套利建仓之后"回归"正常，会直接影响套利交易的盈亏和套利的风险。具体来说，如果套利者认为某两个相关期货合约的价差过大，会预期套利建仓后该价差将缩小（narrow）；同样地，如果套利者认为某两个相关期货合约的价差过小，会预期套利建仓后价差将扩大（widen）。

如果实时（或平仓时）价差大于建仓时价差，则价差是扩大的；相反，如果实时（或平仓时）价差小于建仓时价差，则价差是缩小的。

【例 4-2】 某套利者在 8 月 1 日买入 9 月份白糖期货合约的同时卖出 11 月份白糖期

货合约，价格分别为 5 120 元/吨和 5 220 元/吨，到 8 月 15 日，9 月份和 11 月份白糖期货价格分别变为 5 390 元/吨和 5 450 元/吨，价差变化如下。

8 月 1 日建仓时的价差：5 220－5 120＝100(元/吨)

8 月 15 日的价差：5 450－5 390＝60(元/吨)

由此可以判断，8 月 15 日的价差相对于建仓时缩小了，价差缩小 40 元/吨。

（三）价差变动与套利盈亏计算

在计算期货价差套利的盈亏时，可分别计算每个期货合约的盈亏，然后进行加总，得到整个套利交易的盈亏。

【例 4-3】 某套利者以 2 326 元/吨的价格买入 1 月的螺纹钢期货，同时以 2 570 元/吨的价格卖出 5 月的螺纹钢期货。持有一段时间后，该套利者以 2 316 元/吨的价格将 1 月合约卖出平仓，同时以 2 553 元/吨的价格将 5 月合约买入平仓。该套利交易的盈亏计算如下。

1 月份的螺纹钢期货合约：亏损＝2 326－2 316＝10(元/吨)

5 月份的螺纹钢期货合约：盈利＝2 570－2 553＝17(元/吨)

套利结果＝－10＋17＝7(元/吨)

期货价差套利交易后套利者每吨螺纹钢盈利 7 元。

（四）价差扩大与买入套利

根据套利者对相关合约中价格较高的一边的买卖方向不同，期货价差套利可分为买入套利(buy spread)和卖出套利(sell spread)。

如果套利者预期两个或两个以上期货合约的价差将扩大，则套利者将买入其中价格较高的合约，同时卖出价格较低的合约，我们称这种套利为买入套利。如果价差变动方向与套利者的预期相同，则套利者同时将两份合约平仓而获利。

【例 4-4】 1 月 4 日，某套利者以 250 元/克卖出 4 月份黄金期货，同时以 261 元/克买入 9 月份黄金。假设 2 月 4 日，4 月份价格变为 255 元/克，同时 9 月份价格变为 272 元/克，该套利者同时将两合约对冲平仓，套利结果可用两种方法来分析。

方法一：分别对两合约的盈亏进行计算，然后加总计算净盈亏，计算结果如下。

4 月份的黄金期货合约：亏损＝255－250＝5(元/克)

9 月份的黄金期货合约：盈利＝272－261＝11(元/克)

套利结果＝－5＋11＝6(元/克)

该套利交易可获得净盈利 6 元/克。

方法二：使用价差的概念来计算盈亏。

该套利者买入的 9 月份黄金的期货价格要高于 4 月份，可以判断是买入套利。价差从建仓的 11 元/克变为平仓的 17 元/克，扩大了 6 元/克，因此，可以判断该套利者的净盈利为 6 元/克。交易结果见表 4-1。

表 4-1　买入套利实例　　元/克

		1月4日	2月4日	方法一
合约月份	4月	卖：250	买：255	亏损：255－250＝5
	9月	买：261	卖：272	盈利：272－261＝11
总盈亏				－5＋11＝6
方法二	套利方式	建仓价格比较：9月份＞4月份	建仓买入9月份	买入套利
	价差变化	261－250＝11	272－255＝17	价差扩大
总盈亏				17－11＝6

（五）价差缩小与卖出套利

如果套利者预期两个或两个以上相关期货合约的价差将缩小，套利者可通过卖出其中价格较高的合约，同时买入价格较低的合约来进行套利，我们称这种套利为卖出套利。

【例 4-5】 1月4日，某套利者以250元/克买入4月份黄金期货，同时以261元/克卖出9月份黄金期货。假设2月4日，4月份价格变为256元/克，同时9月份价格变为265元/克时，该套利者同时将两合约对冲平仓，套利结果可用两种方法来分析。

方法一：分别对两合约的盈亏进行计算，然后加总计算净盈亏，计算结果如下。

4月份的黄金期货合约：盈利＝256－250＝6(元/克)

9月份的黄金期货合约：亏损＝265－261＝4(元/克)

套利结果＝6＋(－4)＝2(元/克)

该套利可以获取净盈利2元/克。

方法二：使用价差的概念来计算盈亏。从套利操作方式上，可以看到该套利者卖出的9月份黄金期货价格要高于买入的4月份黄金期货价格，因而是卖出套利。价差从建仓时的11元/克变为平仓时的9元/克，缩小了2元/克，因此，可以判断该套利者的净盈利为2元/克。交易结果见表4-2。

表 4-2　卖出套利实例　　元/克

		1月4日	2月4日	方法一
合约月份	4月	买：250	卖：256	盈利：256－250＝6
	9月	卖：261	买：265	亏损：265－261＝4
总盈亏				6＋(－4)＝2
方法二	套利方式	建仓价格比较：9月份＞4月份	建仓卖出9月份	卖出套利
	价差变化	261－250＝11	265－256＝9	价差缩小
总盈亏				11－9＝2

三、期货套利交易的基本策略

期货价差套利根据所选择的期货合约的不同，又可分为跨期套利、跨品种套利和跨市套利。

（一）跨期套利

跨期套利，是指在同一市场（交易所）同时买入、卖出同一期货品种的不同交割月份的期货合约，以期在有利时机同时将这些期货合约对冲平仓获利。跨期套利与现货市场价格无关，只与期货可能发生的升水和贴水有关。在实际操作中，根据套利者对不同合约月份中近月合约与远月合约买卖方向的不同，跨期套利可分为牛市套利（bull spread）、熊市套利（bear spread）和蝶式套利（butterfly spread）。

1. 牛市套利

当市场出现供给不足、需求旺盛或者远期供给相对旺盛的情形，较近月份合约价格上涨幅度大于较远月份合约价格的上涨幅度，或者较近月份合约价格下降幅度小于较远月份合约价格的下跌幅度，无论是正向市场还是反向市场，在这种情况下，买入较近月份的合约同时卖出较远月份的合约进行套利，盈利的可能性比较大，我们称这种套利为牛市套利。一般来说，牛市套利对可储存且作物年度相同的商品较为有效。例如，买入5月棉花期货同时卖出9月棉花期货。可以适用于牛市套利的可储存商品通常有小麦、棉花、大豆、糖、铜等。对于不可储存的商品，如活牛、生猪等，不同交割月份的商品期货价格间的相关性很低或不相关，则不适合进行牛市套利。

【例4-6】 设10月26日，次年5月份棉花合约价格为12 075元/吨，次年9月份合约价格为12 725元/吨，两者价差为650元/吨。交易者预计棉花价格将上涨，5月与9月的期货合约的价差将有可能缩小，于是买入50手5月份棉花期货合约的同时卖出50手9月份棉花期货合约。12月26日，5月和9月的棉花期货价格分别上涨为12 555元/吨和13 060元/吨，两者的价差缩小为505元/吨。交易者同时将两种期货合约平仓，完成套利交易。交易结果见表4-3。

表4-3 牛市套利策略（价格上涨） 元/吨

交易时间	5月合约	9月合约	价差
10月26日	买入50手5月份棉花期货合约，价格为12 075	卖出50手9月份棉花期货合约，价格为12 725	价差650
12月26日	卖出50手5月份棉花期货合约，价格为12 555	买入50手9月份棉花期货合约，价格为13 060	价差505
每条“腿”的盈亏状况	盈利480	亏损335	价差缩小145
最终结果	盈利145元/吨，总盈利为145元/吨×50手×5吨/手=36 250元		

注：1手=5吨。

该例中，交易者预计棉花期货价格将上涨，两个月后，棉花期货价格的走势与交易者的判断一致，最终交易结果使套利者获得36 250元的盈利。现假设，若两个月后棉花价格并没有出现交易者预期的上涨行情，而是出现一定程度的下跌，交易者的交易情况见【例4-7】。

【例4-7】 设10月26日，次年5月份棉花合约价格为12 075元/吨，次年9月份合约价格为12 725元/吨，两者价差为650元/吨。交易者预计棉花价格将上涨，5月与9月的期货合约的价差将有可能缩小。于是,交易者买入 50 手 5 月份棉花合约的同时卖出 50 手 9 月份棉花合约。12 月 26 日,5 月和 9 月的棉花期货价格不涨反跌,价格分别下跌至 11 985 元/吨和 12 480 元/吨,两者的价差缩小为 495 元/吨。交易者同时将两种期货合约平仓,从而完成套利交易。交易结果见表 4-4。

表 4-4 牛市套利策略(价格下跌) 元/吨

交易时间	5 月合约	9 月合约	价差
10 月 26 日	买入 50 手 5 月份棉花期货合约,价格为 12 075	卖出 50 手 9 月份棉花期货合约,价格为 12 725	价差 650
12 月 26 日	卖出 50 手 5 月份棉花期货合约,价格为 11 985 元/吨	买入 50 手 9 月份棉花期货合约,价格为 12 480	价差 495
每条"腿"的盈亏状况	亏损 90	盈利 245	价差缩小 155
最终结果	盈利 155,总盈利为 155 元/吨×50 手×5 吨/手=38 750 元		

注:1 手=5 吨。

该例中,交易者预计棉花期货价格将上涨,两个月后棉花期货价格不涨反跌,虽然棉花价格走势与交易者的判断相反,但最终交易结果仍然使套利者获得了 38 750 元的盈利。

从上述两个例子中可以发现,只要两个月份合约的价差趋于缩小,交易者就可以实现盈利,而与棉花期货价格的涨跌无关。同样,也可以使用买入套利或卖出套利的概念对这两个例子进行判断。该交易者进行的都是卖出套利操作,两种情况下价差分别缩小 145 元/吨和 155 元/吨。因此,可以很容易判断出这两种情况下该套利者每吨分别盈利 145 元和 155 元,250 吨总盈利分别为 36 250 元和 38 750 元。

由上述两例可以看出,该套利交易是在正向市场进行的。如果是反向市场,因为牛市套利是买入较近月份合约的同时卖出较远月份合约,在这种情况下,牛市套利可看成是买入套利,则只有在价差扩大时才能够盈利。

在进行牛市套利时,需要注意的是:在正向市场上,牛市套利的损失相对有限而获利的潜力巨大。因为在正向市场进行牛市套利,实质上是卖出套利,而卖出套利获利的条件是价差要缩小。如果价差扩大,该套利可能会亏损,但是在正向市场上价差过大、超过了持仓费,就会产生套利行为,从而限制价差扩大的幅度。而价差缩小的幅度则不受限制,在上涨行情中很有可能出现较近月份合约价格大幅度上涨远远超过较远月份合约的情况,使正向市场变为反向市场,价差可能从正值变为负值,价差会大幅度缩小,使牛市套利获利巨大。

2. 熊市套利

当市场出现供给过剩、需求相对不足时,一般来说,较近月份的合约价格下降幅度要大于较远月份合约价格的下降幅度,或者较近月份的合约价格上升幅度小于较远月份合约价格的上升幅度。无论是在正向市场还是在反向市场,在这种情况下,卖出较近月份的合约同时买入较远月份的合约进行套利,盈利的可能性比较大,我们称这种套利为熊市套利。需要注意,当较近月份合约的价格已经相当低,以至于不可能进一步偏离较远月份合约时,进行熊市套利是很难获利的。

【例 4-8】 设交易者在 7 月 8 日看到，11 月份上海期货交易所天然橡胶期货合约价格为 12 955 元/吨，次年 1 月份合约价格为 13 420 元/吨，前者比后者低 465 元/吨。交易者预计天然橡胶价格将下降，11 月与次年 1 月的期货合约的价差将有可能扩大，于是卖出 60 手(1 手为 5 吨)11 月份天然橡胶期货合约的同时买入 60 手次年 1 月份合约。到了 9 月 8 日，11 月和次年 1 月的天然橡胶期货价格分别下降为 12 215 元/吨和 12 775 元/吨，两者的价差为 560 元/吨，价差扩大。交易者同时将两种期货合约平仓，完成套利交易。交易结果见表 4-5。

表 4-5 熊市套利策略(价格下跌) 元/吨

交易时间	11 月合约	1 月合约	价差
7 月 8 日	卖出 60 手 11 月份天然橡胶期货合约，价格为 12 955	买入 60 手次年 1 月份天然橡胶期货合约，价格为 13 420	价差 465
9 月 8 日	买入 60 手 11 月份天然橡胶期货合约，价格为 12 215	卖出 60 手次年 1 月份天然橡胶期货合约，价格为 12 775	价差 560
每条“腿”的盈亏状况	盈利 740	亏损 645	价差扩大 95
最终结果	盈利 95 元/吨，总盈利为 95 元/吨×60 手×5 吨/手＝28 500 元		

注：1 手＝5 吨。

该例中，交易者预计天然橡胶期货价格将下跌，两个月后，天然橡胶期货价格的走势与交易者的判断一致，最终交易结果使套利者获得 28 500 元的盈利。现假设，若两个月后天然橡胶期货价格并没有像交易者预计的那样下跌，而是出现了上涨行情，交易情况见【例 4-9】。

【例 4-9】 设交易者在 7 月 8 日看到，11 月份上海期货交易所天然橡胶期货合约价格为 12 955 元/吨，次年 1 月份合约价格为 13 420 元/吨，前者比后者低 465 元/吨。交易者预计天然橡胶期货价格将下降，11 月与次年 1 月期货合约的价差将有可能扩大。于是，交易者卖出 60 手(1 手为 5 吨)11 月份天然橡胶期货合约的同时买入 60 手次年 1 月份合约。到了 9 月 8 日，11 月和次年 1 月的天然橡胶期货价格不降反涨，价格分别上涨至 13 075 元/吨和 13 625 元/吨，两者的价差为 550 元/吨，价差扩大。交易者同时将两种期货合约平仓，从而完成套利交易。交易结果见表 4-6。

表 4-6 熊市套利策略(价格上涨) 元/吨

交易时间	11 月合约	1 月合约	价差
7 月 8 日	卖出 60 手 11 月份天然橡胶期货合约，价格为 12 955	买入 60 手次年 1 月份天然橡胶期货合约，价格为 13 420	价差 465
9 月 8 日	买入 60 手 11 月份天然橡胶期货合约，价格为 13 075	卖出 60 手次年 1 月份天然橡胶期货合约，价格为 13 625	价差 550
每条“腿”的盈亏状况	亏损 120	盈利 205	价差扩大 85
最终结果	盈利 85 元/吨，总盈利为 85 元/吨×60 手×5 吨/手＝25 500 元		

注：1 手＝5 吨。

该例中，交易者预计天然橡胶期货价格将下跌，两个月后天然橡胶价格不跌反涨，虽然天然橡胶期货价格走势与交易者的判断相反，但最终交易结果仍然使套利者获得了25 500元的盈利。

在上述两个例子中，可以发现，只要天然橡胶两个合约月份的价差趋于扩大，交易者就可以实现盈利，而与天然橡胶期货价格的涨跌无关。因此，我们也可以使用买入套利或卖出套利的概念对这两个例子进行判断。该交易者进行的是买进套利，价差分别扩大了95元/吨和85元/吨，因此，可以判断该套利者每吨盈利分别为95元和85元，总盈利分别为28 500元和25 500元。

由上述两个例子可以判断，套利是在正向市场进行的。如果是反向市场，熊市套利交易者卖出较近月份合约的同时买入较远月份合约，属于卖出套利的情形，则只有在两个合约价差缩小时才能够盈利。

3. 蝶式套利

蝶式套利是跨期套利中的又一种常见形式。它是由共享居中交割月份一个牛市套利和一个熊市套利组合而成。由于较近月份和较远月份的期货合约分别处于居中月份的两侧，形同蝴蝶的两个翅膀，因此称之为蝶式套利。

蝶式套利的具体操作方法是：买入（或卖出）较近月份合约，同时卖出（或买入）居中月份合约，并买入（或卖出）较远月份合约，其中，居中月份合约的数量等于较近月份和较远月份合约数量之和。这相当于在较近月份合约与居中月份合约之间的牛市（或熊市）套利和在居中月份与较远月份合约之间的熊市（或牛市）套利的一种组合。例如，套利者同时买入20手5月份玉米合约、卖出60手7月份玉米合约、买入40手9月份玉米合约。

蝶式套利与普通跨期套利的相似之处在于，二者都是认为同一商品在不同交割月份之间的价差出现了不合理的情况。但不同之处在于，普通跨期套利只涉及两个交割月份合约的价差，而蝶式套利认为居中交割月份的期货合约价格与两旁交割月份合约价格之间的相关关系出现了不合理价差。

【例4-10】 2月1日，3月份、5月份、7月份的大豆期货合约价格分别为4 450元/吨、4 530元/吨和4 575元/吨，某交易者认为3月份和5月份之间的价差过大，而5月份和7月份之间的价差过小，预计3月份和5月份的价差会缩小而5月份与7月份的价差会扩大，于是该交易者以该价格同时买入150手(1手为10吨)3月份合约、卖出350手5月份合约、买入200手7月份大豆期货合约。到了2月18日，三个合约的价格均出现不同幅度的下跌，3月份、5月份和7月份的合约价格分别跌至4 250元/吨、4 310元/吨和4 370元/吨，于是该交易者同时将三个合约平仓。在该蝶式套利操作中，套利者的盈亏状况见表4-7。

表4-7　蝶式套利策略　元/吨

交易时间	3月份合约	5月份合约	7月份合约
2月1日	买入150手，价格4 450	卖出350手，价格4 530	买入200手，价格4 575
2月18日	卖出150手，价格4 250	买入350手，价格4 310	卖出200手，价格4 370

续表

交易时间	3月份合约	5月份合约	7月份合约
各合约盈亏状况	亏损200 总亏损为200×150×10=300 000元	盈利220 总盈利为220×350×10=770 000元	亏损205 总亏损为205×200×10=410 000元
净盈亏	净盈利=-300 000+770 000-410 000=60 000元		

注：1手=10吨。

可见，蝶式套利是两个跨期套利互补平衡的组合，可以说是“套利的套利”。蝶式套利与普通跨期套利相比，从理论上看风险和利润都较小。

（二）跨品种套利

跨品种套利，是指利用两种或三种不同但相互关联的商品之间的期货合约价格差异进行套利，即同时买入或卖出某一交割月份的相互关联的商品期货合约，以期在有利时机同时将这些合约对冲平仓获利。跨品种套利又可分为两种情况：一是相关商品之间的套利；二是原材料与成品之间的套利。

1. 相关商品之间的套利

一般来说，商品的价格总是围绕着内在价值上下波动，而不同的商品因其内在的某种联系，如需求替代品、需求互补品、生产替代品或生产互补品等，使得它们的价格存在着某种稳定的合理的比值关系。但由于受市场、季节、政策等因素的影响，这些相关联的商品之间的比值关系又经常偏离合理的区间，表现为一种商品被高估，另一种被低估，或相反，从而为跨品种套利带来了可能。在此情况下，交易者可以通过期货市场卖出被高估的商品合约、买入被低估的商品合约进行套利，等有利时机出现后分别平仓，从中获利。例如，铜和铝都可以用来作为电线的生产原材料，两者之间具有较强的可替代性，铜的价格上升会引起铝的需求量上升，从而导致铝价格的上涨。因此，当铜和铝的价格关系脱离了正常水平时，就可以用这两个品种进行跨品种套利。具体做法是：买入（或卖出）一定数量的铜期货合约，同时卖出（或买入）与铜期货合约交割月份相同、价值量相当的铝期货合约，待将来价差发生有利变化时再分别平仓了结，以期获得价差变化的收益。

【例4-11】 6月1日，次年3月份上海期货交易所铜期货合约价格为54 390元/吨，而次年3月该交易所铝期货合约价格为15 700元/吨，前者比后者高38 690元/吨。某套利者根据两种商品合约间的价差分析，认为价差小于合理的水平，如果市场机制运行正常，这两者之间的价差将会恢复正常，于是决定买入30手（1手为5吨）次年3月份铜期货合约的同时卖出30手次年3月份铝期货合约，以期在未来某个有利时机同时平仓获取利润。6月28日，上述铜期货合约和铝期货合约分别降至54 020元/吨和15 265元/吨，该套利者同时将两种期货合约对冲平仓。交易情况见表4-8。

表 4-8 沪铜/铝跨品种套利策略 元/吨

交易时间	铜合约	铝合约	价差
6月1日	买入30手次年3月份铜合约,价格54 390	卖出30手次年3月份铝合约,价格为15 700	价差38 690
6月28日	卖出30手次年3月份铜合约,价格为54 020	买入30手次年3月份铝合约,价格为15 265	价差38 755
套利结果	亏损370	获利435	
净获利=(435元/吨-370元/吨)×30手×5吨/手=9 750元			

注:1手=5吨。

2. 原材料与成品之间的套利

原材料与成品之间的套利是指利用原材料商品和它的制成品之间的价格关系进行套利。比较典型的是大豆与其两种制成品——豆油和豆粕之间的套利。在我国,大豆与豆油、豆粕之间一般存在着"100%大豆=18%豆油+78.5%豆粕+3.5%损耗"的关系(注:出油率的高低和损耗率的高低受大豆的品质和提取技术的影响,因而比例关系也处在变化之中)。因而,也就存在"100%大豆×购进价格+加工费用+利润=18%豆油×销售价格+78.5%豆粕×销售价格"的平衡关系。而这三种商品之间的套利又有两种做法,分别为大豆提油套利和反向大豆提油套利。

1)大豆提油套利

大豆提油套利是大豆加工商在市场价格关系基本正常时进行的,目的是防止大豆价格突然上涨,或豆油、豆粕价格突然下跌,从而产生亏损,或者将已产生的亏损降至最低。由于大豆加工商对大豆的购买和产品的销售不能够同时进行,因而存在着一定的价格变动风险。

大豆提油套利的做法是:购买大豆期货合约的同时卖出豆油和豆粕的期货合约,当在现货市场上购入大豆或将成品最终销售时再将期货合约对冲平仓。这样,大豆加工商就可以锁定产成品和原料间的价差,防止市场价格波动带来的损失。

2)反向大豆提油套利

反向大豆提油套利是大豆加工商在市场价格反常时采用的套利。当大豆价格受某些因素的影响出现大幅上涨时,大豆可能与其制成品出现价格倒挂,大豆加工商将会采取反向大豆提油套利的做法:卖出大豆期货合约,买进豆油和豆粕期货合约,同时缩减生产,减少豆粕和豆油的供给量,三者之间的价格将会趋于正常,大豆加工商在期货市场中的盈利将有助于弥补现货市场中的亏损。

(三)跨市套利

跨市套利,也称市场间套利,是指在某个交易所买入(或卖出)某一交割月份的某种商品合约的同时,在另一个交易所卖出(或买入)同一交割月份的同种商品合约,以期在有利时机分别在两个交易所同时对冲所持有的合约而获利。

在期货市场上,许多交易所都交易相同或相似的期货商品,如芝加哥期货交易所、大连商品交易所、东京谷物交易所都进行玉米、大豆期货合约交易,伦敦金属交易所、上海期货交易所、纽约商业交易所都进行铜、铝等有色金属交易。一般来说，这些品种在各交易所间的价格会有一个稳定的差额，一旦这个稳定差额发生偏离，交易者就可通过买入价格相对较低的合约、卖出价格相对较高的合约而在这两个市场间套利，以期两市场价差恢复正常时平仓，获取利润。

【例 4-12】 7月1日，堪萨斯期货交易所12月份小麦期货合约价格为730美分/蒲式耳，同日芝加哥期货交易所12月份小麦期货合约价格为740美分/蒲式耳。套利者认为，虽然堪萨斯期货交易所的合约价格较低，但和正常情况相比仍偏高，预测两交易所12月份合约的价差将扩大。据此分析，套利者决定卖出20手(1手为5 000蒲式耳)堪萨斯期货交易所12月份小麦合约，同时买入20手芝加哥期货交易所12月份小麦合约，以期在未来某个有利时机同时平仓获取利润。7月10日，上述两交易所的小麦合约分别降至720美分/蒲式耳和735美分/蒲式耳，该套利者同时将两交易所合约对冲平仓。交易情况见表4-9。

表 4-9 跨市套利策略 美分/蒲式耳

交易时间	KCBT 合约	CBOT 合约	价差
7月1日	卖出20手KCBT 12月份小麦合约，价格为730	买入20手CBOT 12月份小麦合约，价格为740	价差10
7月10日	买入20手KCBT 12月份小麦合约，价格为720	卖出20手CBOT 12月份小麦合约，价格为735	价差15
套利结果	每手获利10	每手亏损5	
净获利＝(0.10－0.05)×20×5 000＝5 000(美元)			

(四) 期现套利

期现套利是通过利用期货市场和现货市场的不合理价差进行反向交易而获利。理论上，期货价格和现货价格之间的价差主要反映持仓费的大小。但现实中，期货价格与现货价格的价差并不绝对等同于持仓费，有时高于或低于持仓费。当价差与持仓费出现较大偏差时，就会产生期现套利机会。

其具体有两种情形。如果价差远远高于持仓费，套利者就可以通过买入现货，同时卖出相关期货合约，待合约到期时，用所买入的现货进行交割。获取的价差收益扣除买入现货后所发生的持仓费用之后还有盈利，从而产生套利利润。相反，如果价差远远低于持仓费，套利者则可以通过卖出现货，同时买入相关期货合约，待合约到期时，用交割获得的现货来补充之前所卖出的现货。价差的亏损小于所节约的持仓费，因而产生盈利。

不过，对于商品期货而言，现货市场缺少做空机制，从而限制了现货市场卖出的操作，因而最常见的期现套利操作是第一种情形。

【例 4-13】 6月30日，9月份郑州商品交易所白糖期货价格为5 200元/吨，郑州现货市场白糖价格为5 100元/吨，期货价格比现货价格高100元/吨。套利者进行分析，估算出持仓费约为每吨30元，认为存在期现套利机会，按照5 100元/吨的价格买入白糖现货，同时在期货市场以5 200元/吨的价格卖出白糖期货合约。如果套利者一直持有到期并进行交割,赚取的价差为 100 元/吨(5 200－5 100＝100),扣除持有白糖所花费的持仓费 30 元/吨之后,套利者盈利 70 元/吨。

在实际操作中,也可不通过交割来完成期现套利,只要价差变化对套利者有利,可通过将期货合约和现货头寸分别了结的方式来结束期现套利操作。

此外,在商品期货市场进行期现套利操作,一般要求交易者对现货商品的贸易、运输和储存等环节比较熟悉。因此,期现套利参与者常常是有现货生产经营背景的企业。

四、套利交易应注意的问题

(1) 套利交易多数是在历史数据统计分析基础上设计的统计策略,虽然风险较小,也应注意设置止损,防止小概率事件的发生。

(2) 套利交易适合使用程序化交易,这可以提高套利交易的效率,目前大连商品交易所提供的套利交易指令也极大地方便了投资者套利交易操作,该套利交易指令一笔委托就可以实现双向交易。

第四节　投 机 交 易

一、什么是投机交易

期货投机交易是指交易者通过预测期货合约未来价格变化,以在期货市场上获取价差收益为目的的期货交易行为。

根据持有期货合约时间的长短,投机者可分为三类。

第一类是长线投机者,此类交易者在买入或卖出期货合约后,通常将合约持有几天、几周甚至几个月,待价格对其有利时才将合约对冲。

第二类是短线交易者,一般进行当日或某一交易节的期货合约买卖,其持仓不过夜。

第三类是逐小利者,又称“抢帽子者”,他们的技巧是利用价格的微小变动进行交易来获取微利,一天之内他们可以做多个回合的买卖交易。

投机者是期货市场的重要组成部分,是期货市场必不可少的润滑剂。投机交易增强了市场的流动性,承担了套期保值交易转移的风险,是期货市场正常运营的保证。

二、期货投机与套期保值的联系和区别

(一) 期货投机与套期保值的联系

1. 期货投机是套期保值业务存在的必要条件

从起源上看,期货市场产生的原因主要在于满足套期保值者转移风险、稳定收入的需要,这也是期货市场主要经济功能之一。但是,如果期货市场中只有套期保值者而没有投机者,则套期保值者所希望转移的风险就没有承担者,套期保值也不可能实现。可以说,投机的出现是套期保值业务存在的必要条件,也是套期保值业务发展的必然结果。

2. 投机者提供套期保值者所需要的风险资金

投机者用其资金参与期货交易,承担了套期保值者所希望转嫁的价格风险。投机者

的参与，增加了市场交易量，从而增加了市场流动性，便于套期保值者对冲其合约，自由进出市场。投机者的参与，使相关市场或商品的价格变化步调趋于一致，从而形成有利于套期保值者的市场态势。所以，期货投机和套期保值是期货市场的两个基本因素，共同维持期货市场的存在和发展，二者相辅相成，缺一不可。

（二）期货投机与套期保值的区别

1. 从交易目的来看

期货投机交易是以赚取价差收益为目的；而套期保值交易是利用期货市场规避现货价格波动的风险。

2. 从交易方式来看

期货投机交易是在期货市场上进行买空卖空，从而获得价差收益；套期保值交易则是在现货市场与期货市场同时操作，以期对冲现货市场的价格波动风险。

3. 从交易风险来看

期货投机者在交易中通常会为博取价差收益而主动承担相应的价格风险；套期保值者则是通过期货交易规避现货价格风险。因此，一般来说，期货投机者是价格风险偏好者，套期保值者是价格风险厌恶者。

三、期货投机与赌博的区别

在金融市场上，期货投机往往与赌博相提并论，这个观点是错误的。那投机与赌博究竟有何区别呢？

（一）风险机制

赌博是人为制造的风险。赌徒所冒的风险是由赌局的设立而产生的。如果赌局不存在，这种风险也随之消失。所以，赌博者所冒的风险是人为制造的风险。而期货市场规避的风险，本身已在现实商品生产经营活动中客观存在。即使没有期货投机活动，这种风险也不会消失。

（二）运作机制

赌博以事先建立的游戏规则为基础，该游戏规则的运行是随机的，遵循随机规律，从而对结果是无法预测的，所以，赌博者唯一能做的就是听天由命，成败完全归于运气。而期货投机依靠的是投机者的分析、判断能力和聪明才智以及对经济形势的掌握与理解。成功的投机者是那些能够根据已知的市况，运用自己的智慧去分析、判断，正确预测市场变化趋势，适时入市，适时出市的人。投机中有运气，但更多的是抓住机遇。

（三）经济职能

赌博仅仅是个人之间金钱的转移，它所耗费的时间和资源并没有创造出新的价值，对社会也没有作出特殊的贡献。期货投机则不然，投机者在期货市场承担市场价格风险的功能，是价格发现机制中不可缺少的组成部分，不仅能够提高市场流动性，而且有助于社会经济生活正常运行。

四、期货投机的经济功能

经济体制运行的本身是需要一定消耗的，即运行成本。运行成本在经济学中被称为“交易成本”，构成交易成本的一项重要内容是“风险成本”。投机行为其实质是承担风险，而投机者在市场上所充当的就是风险承担者的角色。西方经济学者为了区分现货市场和期货市场的投机，把期货市场的投机称为“市场创造行为”或“确保市场流动性因素”。期货市场的运行离不开投机这种“短期投资”行为。没有投机，就没有期货交易，因为期货市场的功能无一不需要投机而实现。

投机之所以成为市场经济的必然产物，从根本上说是由市场经济的内在规律和运行特点所决定的，同时也有赖于投机这种市场行为在市场运行过程中的重要作用。期货投机的经济功能可概括为以下几点。

（一）投机促进市场信息的流动

市场经济从某种意义上说是信息经济，但是，由于种种客观的原因，信息的流动不能总是畅通无阻和有效传播的。市场投机以其灵敏的观察力，捕捉和收集了许多被阻滞的信息，并以其活跃的沟通能力，将原来不能流动的、无效的信息迅速有效地传播开来，产生显著的效益。

（二）投机是中介买方和卖方，调节供求关系

众所周知，市场调节作用的特点在于它的灵活性、局部性和一定的自发性。在社会经济运行中往往存在这样的现象，即在一定的较长的期限内，社会总需求和总供给是相对平衡的，但在某一局部地区、某一较短时期内，需求和供给是不平衡的，或者按生产资料与消费资料的大类来分析，供需总量相对平衡，但是按消费需求的小类细分，某些产品的供求是不平衡的。在这些情况下，市场调节容易发挥其优势，作出及时有效的反应，投机往往能产生良好的效果。投机能沟通产销，中介买卖，实现成交有助于在一定社会范围内调节供求关系，调剂某些社会产品的余缺。投机可以衔接商品供求上的季节差、地区差，客观上起到平抑物价波动幅度的作用，使市场更具流动性。

（三）投机促进社会资源合理流动，有助于社会资源合理配置

市场机制的一项重要的功能是节约和配置社会资源，这种功能是通过价格、供求和竞争等要素的联动而形成的。但是，在价格、供求、竞争所形成的联动体系中，不可避免地存在着时间、空间上的差别，各要素的联动配合并不总是适当的。这种不匹配的现象，降低了联动体系的效率，造成了社会劳动的浪费。于是，市场机制要求有某种市场行为来修正由时间差、空间差所产生的不匹配，以克服和弥补所造成的损失和浪费，使社会资源向更合理的方向流动，以更合理的方式配置。投机正是适应市场机制运行需要而产生的一种市场行为，它虽然不是市场机制运作的主要方式，但是作为市场机制运作的“润滑剂”，仍然是不可或缺的。

(四) 投机有利于市场竞争

竞争是提供激励、刺激效率的有效方式，发挥着优胜劣汰的作用。市场竞争是公平、公正和公开的，因而也是无情的。为了在竞争中取胜，必须讲究竞争策略，技高一筹，才能战胜竞争对手。选择时机，是重要的竞争策略，如选择新产品投产的时机、选择投资的时机、选择改变价格策略的时机、选择广告的时机等，都是重要的竞争策略，也属于投机。投准机会，就有可能在竞争中取胜，否则可能导致失利。不会在市场投机，就是不会竞争。

(五) 投机承担和规避风险

市场机制的特征之一就是风险，市场经济是一种损益经济、风险经济。任何一种市场行为，如投资、开发新产品等都具有一定风险。于是，在市场经济的运行中，规避风险或使风险减到最小程度，就成为市场主体力求达到的具体目标之一。市场有风险存在，就要有风险的承担者。投机者并非真正市场主体，其作用是使真正的市场主体规避风险。投机总是发生在激烈竞争、经常变化的市场上，充满风险，本身就是一种风险投机。投机承担了风险，就能使风险在市场上得以转移，使规避风险成为可能，从而吸引更多的市场风险而参与市场竞争。也正因为投机承担了风险，投机一旦获得成功所得到的回报必甚丰，投机一旦失败遭到的损失也巨大——这就是承担风险的代价。

五、期货投机者的类型

根据不同的划分标准，期货投机者大致可分为以下几种类型。

(一) 按交易主体划分

按交易主体，期货投机者可分为机构投机者和个人投机者。机构投机者是指用自有资金或者从分散的公众手中筹集的资金专门进行期货投机活动的机构，主要包括各类基金、金融机构、工商企业等。个人投机者则是指以自然人身份从事期货投机交易的投机者。

(二) 按持有头寸方向划分

按持有头寸方向，期货投机者可分为多头投机者和空头投机者。在交易中，投机者预测未来价格波动方向并确定交易头寸的方向。若投机者预测价格上涨买进期货合约，持有多头头寸，被称为多头投机者；若投机者预测价格下跌卖出期货合约，持有空头头寸，则被称为空头投机者。

六、期货投机的一般策略与方法

期货投机交易的一般策略与方法就是买低卖高或卖高买低。只要认为后市价格上涨就可买进，待价格上升到一定价位后再卖出平仓；认为后市价格下跌就可卖出，待价格下跌到一定价位后再买进平仓。这是最基本的投机方法，也是投机的基本原则。

（一）开仓阶段

1. 入市时机的选择

第一步，通过基本分析法判断市场处于牛市还是处于熊市。如果是牛市，进一步利用技术分析法分析升势有多大、持续时间有多长；如果是熊市，则可进一步利用技术分析法分析跌势有多大、持续时间有多长。

第二步，权衡风险和获利前景。投机者在决定入市时，要充分考虑自身承担风险的能力，并且只有在判断获利的概率较大时，才能入市。

第三步，决定入市的具体时间。期货价格变化很快，入市时间的确定尤其重要。即使对市场发展趋势的分析准确无误，但如果入市时间不当，在预测的趋势尚未出现之前买卖合约，仍会使投机者蒙受惨重损失。技术分析法对选择入市时间有一定作用。投机者通过基本分析认为从长期来看期货价格将上涨（下跌），如果当时的市场行情却持续下滑（上升），这时可能是投机者的分析出现了偏差，过高地估计了某些供求因素，也可能是一些短期因素对行情具有决定性的影响，使价格变动方向与长期趋势出现了暂时的背离。

建仓时应注意，只有在市场趋势已明确上涨时，才买入期货合约；在市场趋势已明确下跌时，才卖出期货合约。如果趋势不明朗或不能判定市场发展趋势，不要匆忙建仓。

2. 金字塔式建仓

金字塔式建仓是一种增加合约仓位的方法，即如果建仓后市场行情走势与预期相同并已使投机者获利，可增加持仓。增仓应遵循以下两个原则：①只有在现有持仓已盈利的情况下，才能增仓；②持仓的增加应渐次递减。金字塔式建仓的特点是将不断买入（卖出）的期货合约的平均价格保持在较低（高）水平。

【例 4-14】 某投机者预计 9 月份大豆期货合约价格将上升，故买入 7 手（10 吨/手），成交价格为 4 310 元/吨，此后合约价格迅速上升到 4 350 元/吨，首次买入的 7 手合约已经为他带来浮动盈利 10×7×(4 350－4 310)＝2 800（元）。为进一步利用该价位的有利变动，该投机者再次买入 5 手 9 月份合约，持仓总数增加到 12 手，12 手合约的平均买入价为(4 310×70＋4 350×50)/(70＋50)＝4 326.7（元/吨）。当市场价格再次上升到 4 385 元/吨时，其又买入 3 手合约，持仓总计 15 手，所持仓的平均价格为 4 338.3 元/吨；当市价上升到 4 405 元/吨再买入 2 手，所持有合约总数为 17 手，平均买入价为 4 346.2 元/吨；当市价上升到 4 425 元/吨再买入 1 手，所持有合约总数为 18 手，平均买入价为 4 350.6 元/吨。操作过程见表 4-10。

表 4-10　金字塔式买入

价格/（元/吨）	持仓数/手	平均价/（元/吨）
4 425	×	4 350.6
4 405	××	4 346.2
4 385	×××	4 338.3
4 350	×××××	4 326.7
4 310	×××××××	4 310.0

这是金字塔式持仓方式和建仓策略。本例中,采取金字塔式建仓策略买入合约时持仓的平均价虽有所上升,但升幅远小于合约市场价格的升幅,市场价格回落时,持仓不至于受到严重威胁,投机者有充足的时间卖出合约并获得利润。例如,如果市场价格上升到4 425元/吨后开始回落,跌到4 370元/吨,该价格仍然高于平均价4 350.6元/吨,立即卖出18手合约仍可获利(4 370－4 350.6)×18×10＝3 492(元)。

金字塔式卖出的做法可以以此类推。

如果建仓后,市场价格变动有利,投机者增加仓位不按原则行事,每次买入或卖出的合约份数总是大于前一次的合约份数,合约的平均价就会接近最新成交价,只要价格稍有下降或上升,便会吞食所有利润,甚至亏损,因而不建议采用倒金字塔式的方法进行买入或卖出。

3. 合约交割月份的选择

建仓时除了要决定买卖何种合约及何时买卖,还必须确定合约的交割月份。

投机者在选择合约的交割月份时,通常要注意以下两个问题:一是合约的流动性;二是远月合约价格与近月合约价格之间的关系。

根据合约流动性不同,可将期货合约分为活跃月份合约和不活跃月份合约两种。一般来说,期货投机者在选择合约月份时,应选择交易活跃的合约月份,避开不活跃的合约月份。活跃的合约月份具有较高的市场流动性,方便投机者在合适的价位对所持头寸进行平仓;而如果合约月份不活跃,投机者想平仓时,经常需等较长的时间或接受不理想的价差。

在正向市场中,远月合约的价格高于近月合约的价格。对商品期货而言,一般来说,当市场行情上涨且远月合约价格相对偏高时,若远月合约价格上升,近月合约价格也会上升,以保持与远月合约间正常的持仓费用关系,且近月合约的价格上升可能更多;当市场行情下降时,远月合约的跌幅不会小于近月合约,因为远月合约对近月合约的升水通常不可能大于与近月合约间相差的持仓费。所以,多头投机者应买入近月合约;空头投机者应卖出远月合约。

在反向市场中,远月合约的价格低于近月合约的价格。对商品期货而言,一般来说,当市场行情上涨且远月合约价格相对偏低时,若近月合约价格上升,远月合约的价格也上升,且远月合约价格上升可能更多;如果市场行情下降,则近月合约受的影响较大,跌幅很可能大于远月合约。所以,做多头的投机者宜买入交割月份较远的远月合约,行情看涨时可获得较多利润;而做空头的投机者宜卖出交割月份较近的近月合约,行情下跌时可获得较多利润。不过,在因现货供应极度紧张而出现的反向市场情况下,可能会出现近月合约涨幅大于远月合约的局面,投机者对此也要多加注意,避免进入交割期发生违约风险。

(二) 平仓阶段

投机者建仓后应密切关注行情的变动,适时平仓。行情变动有利时,通过平仓获取投机利润;行情变动不利时,通过平仓可以限制损失。

投机者在交易出现损失,并且损失已经达到事先确定的数额时,应立即对冲了结,认输离场。赌博心理过重，只会造成更大损失。在行情变动有利时，不必急于平仓获利，而应尽量延长持仓时间，充分获取市场有利变动产生的利润。这就要求投机者能够灵活运用止损指令实现限制损失、累积盈利。

止损指令是实现"限制损失、累积盈利"的有力工具。只要止损单运用得当，就可以为投机者提供必要的保护。止损单中的价格一般不能太接近当时的市场价格，以免价格稍有波动就不得不平仓；但也不能离市场价格太远，否则易遭受不必要的损失。止损单中价格的选择，可以利用技术分析法来确定。下面是小麦期货交易中运用止损指令的例子。

【例 4-15】 某投机者决定做小麦期货合约的投机交易，并确定其最大损失额为 50 元/吨。其以 2 550 元/吨买入 20 手合约后，又下达一个卖出的止损指令，价格定于 2 500 元。如果市价下跌，一旦达到 2 500 元，该合约便会以止损价格或更好的价格平仓。通过该指令，投机者的交易可能会亏损，但损失额仅限于 50 元/吨左右。

止损指令下达后，如果市场行情走势符合投机者预期，价格朝有利方向变动，投机者就可继续持有多头或空头头寸，直至市场趋势出现逆转为止，如【例 4-16】所示。

【例 4-16】 某投机者决定进行小麦期货合约的投机交易，以 2 550 元/吨买入 20 手合约。成交后市价上涨到每吨 2 610 元。因预测价格仍将上涨，投机者决定继续持有该合约。为防止市价下跌侵蚀已获得的利润，投机者下达一份止损单，价格定于 2 590 元/吨。如果市价下跌，一旦达到 2 590 元/吨，该合约便会以止损价格或更好的价格平仓。通过止损，投机者的利润虽有减少，但仍然有 40 元/吨左右的利润。如果价格继续上升，该止损指令自动失效，投机者可进一步扩大利润。

以上做法，既可限制损失，又可累积盈利，以充分利用市场价格的有利变动。【例 4-17】是对前两例的综合分析。

【例 4-17】 某投机者决定做小麦期货合约的投机交易，以 2 550 元/吨买入 20 手合约；成交后立即下达一份止损单，价格定于 2 500 元/吨。此后市价下跌，可以将损失限制到每吨 50 元左右。若价格上升，在价格上升到 2 610 元/吨时，投机者可取消上一止损指令，下达一份新的止损指令，价格定于 2 590 元/吨。若市价回落，可以保证获得 40 元/吨左右的利润。若市价继续上升，当上升到 2 630 元/吨，则可再取消前一止损指令，再重新下达一份止损指令，价格定于 2 600 元/吨。此时，即便价格下跌，也可保证 50 元/吨的利润。以此类推。

同样，如果投机者做空头交易，卖出合约后可以下达买入合约的止损指令，并在市场行情有利时不断调整指令价格，下达新的止损指令，达到限制损失、累积盈利的目的。可见，止损指令是期货投机中广泛运用的工具。

（三）期货投机交易中的仓位控制与资金管理

仓位控制与资金管理可以说是期货投资中最重要的部分，也是决定一个交易者能否在期货市场上实现长期稳定盈利的决定性因素。市场上不乏很多天分和运气很好的投资者，在短期内能够实现巨大的盈利，然而可能在之后一两次的交易中就回吐了大部分利润甚至本金也大幅亏损，除去基本面分析、技术面分析、进场出场时间、情绪等因素外，主要的原因就是没有较好地控制仓位，缺乏有效的风险管理体系。

仓位控制与风险管理是指对投资资金进行配置，包括设计投资组合、计算账户的风险承受度、计划每笔交易的初始风险承受度、设定交易规模、进行仓位调整、账户的预期盈利、设定止损点等，让交易的风险处于可控制状态。比较常见的仓位控制和资金管理方法有以下几种。

(1) 期货交易的资金应该控制在合理的比例，提倡轻仓交易，避免将大量甚至全部的资金用于期货交易，否则不仅会加大账户风险，也容易给交易员带来很沉重的心理负担，加大情绪化交易的风险，甚至因为资金量大而产生赌博的心理。

(2) 在交易前，确认好自己所能承受的最大风险(每笔交易最大能亏账户的百分比)，预先设定好开仓点位、开仓数量、平仓线等。比如有100万元资金进行玉米期货交易，每笔交易最大的亏损为账户总资金的1%，止损点为20点，则最多开：(100万×1%)/(20×10)=50手。

(3) 当尝试左侧/右侧交易，开仓后市场没有朝着我们预期的方向运行，这个时候若因为想摊平成本而持续加仓，则易导致亏损面继续加大，会迅速加大账户资金的风险，相反，应该考虑降低仓位。

(4) 当亏损的时候，不要想着立即回本，继续加大资金量持续进行交易，往往会陷入情绪化的交易状态，导致更大的亏损。应该先调整好状态，严格控制资金交易规模，把新的交易当作重新开始，按照计划交易。

第五节 量化交易基础

一、量化交易的概念

量化交易是指利用计算机技术并采用一定的数学模型去践行交易理念、设计并实现交易策略的过程。量化交易是区别于传统交易方法的一种交易方式。

传统的交易方法主要有基本面分析法和技术面分析法，与它们不同的是，量化交易主要依靠数据和模型来寻找交易标的和交易策略。

二、量化交易与传统交易的比较

(一) 相同点

1. 两者追求相同的交易理念

无论是量化交易还是传统的交易，要想取得成功，都必须依靠正确的交易理念。前面学习的期货交易的三种交易理念，既适用于传统交易，也适用于量化交易。对量化交易来说，如果交易理念出了问题，设计出来的量化交易策略也很可能失败。

2. 两者都追求战胜市场，获取超额收益

无论是基于量化交易还是基于传统的交易设计的交易策略，都属于主动型投资策略，投资目标都追求战胜市场，获取超额收益。

3. 两者都使用基本面分析方法和技术面分析方法

无论是量化交易还是传统的交易，在设计交易策略时，都会用到基本面分析方法和技术面分析方法，而且两者的分析逻辑是一致的。

（二）传统交易的缺点

1. 传统交易受人类思维可以处理的信息量的限制

人类思维在任何时候都只能考虑有限数目的变量和数据，而影响期货价格走势的变量非常多，也非常复杂，数据量庞大，仅仅依靠人的大脑很难处理这么庞大的变量和数据，有时往往会形成短期记忆。

2. 传统交易容易受到认知偏差和情绪的影响，难以做到知行合一

任何人的认知偏差及根深蒂固的思维习惯都会导致决策的系统误差。大多数人都只愿意记住自己成功的喜悦而不愿记住失败的教训，所以在处理问题时一般都会表现出过度自信。投资者在基于主观判断进行交易时，很难摆脱贪婪和恐惧的情绪干扰。

3. 传统交易更强调收益率而不是风险控制

传统的主观交易方式下，投资者基于贪婪的目的往往会追求过高的收益率，而忽略了对风险的控制，或者是面对风险时犹豫不决，错失止损机会。

（三）量化交易的优势

（1）纪律性：严格执行量化交易模型给出的交易建议，而不是随着投资者情绪的变化而随意改变，这可以较好地克服贪婪、恐惧、侥幸的人性弱点，也可以克服认知偏差，而且可以做到及时的跟踪和修正。

（2）系统性：量化交易的系统性优点表现在多层次的量化模型、多角度的观察及海量数据的观察，强大的信息处理能力反映出它的优势，能捕捉更多的投资机会。

（3）及时性：量化交易可以及时、快速地跟踪市场变化。

（4）准确性：量化交易可以准确、客观地评价交易机会，克服主观情绪偏差，妥善运用套利的思想。

三、量化交易类型

（一）统计套利

统计套利策略是指利用期货价格的历史统计规律进行套利，是一种风险套利，其风险在于这种历史统计规律在未来一段时间内是否继续存在。例如，与股指期货有关的期现套利和跨期套利，由于期货的价格在到期时必须收敛于现货价格，价差必然归零，期现套利可看作无风险套利；尽管不同月份的期货合约价格也存在均衡关系，但是它们的价格在近月合约到期时并不一定收敛，因此，跨期套利实际上是一种风险套利或者统计套利。

（二）高频交易

高频交易是在非常短暂的市场变化中寻求利益的自动化程序交易，这种变化人们很难发现。高频交易是自动化交易的一种形式，其优势是速度快。

拓展阅读 4-3
当基本面量化遇见机器学习

(三)程序化交易

程序化交易是指将交易员的交易思想和交易模型转换成计算机执行程序，按照执行程序，计算机自动下单进行交易操作，通过优化程序的参数与逻辑来实现收益的最大化的过程。

关键术语

期货交易理念　套期保值　套期保值的基本原理　套期保值的操作原则　期货价差套利　期现套利　期货价差　跨期套利　跨品种套利　跨市套利　期货投机交易　量化交易

复习思考题

1. 如何理解期货交易理念？
2. 套期保值交易的操作原则有哪些？
3. 买入套期保值主要应用于哪些情况？叙述其操作方法并进行利弊分析。
4. 卖出套期保值主要应用于哪些情况？叙述其操作方法并进行利弊分析。
5. 什么是牛市套利、熊市套利和蝶式套利？
6. 投机交易中如何进行仓位控制和资金管理？

即测即练

第五章

期货价格分析

学习目标

1. 掌握基本面分析方法；
2. 掌握技术分析方法。

第一节　期货行情解读

正确解读期货行情，是对期货市场价格作出分析和预测的前提，因此是期货市场参与者开展期货交易的必修课。期货行情主要通过期货行情表和期货行情图反映出来。

一、期货行情专业术语

期货行情表提供了某一时点上某种期货合约交易的基本信息。图 5-1 是 2016 年 6 月 8 日大连商品交易所的期货行情表。期货行情表清晰地反映出一系列的价格指标和数量指标。

豆一	豆二	豆粕	豆油	玉米	玉米淀粉	棕榈油	鸡蛋	纤维板	胶合板	聚乙烯	聚氯乙烯	焦炭	焦煤	铁矿石	聚丙烯

合约	开盘价	最高价	最低价	最新价	涨跌	买价	买量	卖价	卖量	成交量	持仓量	收盘价	结算价	昨收盘	昨结算	分时图
a1607	3800	3800	3800	3800	-17	3800	1	3838	1	2	44	3800	3800	3801	3817	
a1609	3821	3840	3770	3826	6	3826	128	3827	83	343748	226418	3826	3806	3831	3820	
a1611	3794	3806	3784	3784	-34	3650	1	3993	1	32	104	3784	3794	3820	3810	
a1701	3807	3812	3769	3801	5	3801	136	3802	104	43602	111350	3801	3793	3811	3796	
a1703	--	--	--	--	--	3775	1	3978	1	--	82	3810	3810	3810	3810	
a1705	3805	3816	3778	3810	12	3807	24	3811	4	1866	5396	3810	3802	3815	3798	
a1707	--	--	--	--	--	3797	1	3986	1	--	2	3812	3812	3812	3812	
a1709	3836	3843	3810	3838	6	3812	3	3858	1	66	640	3838	3830	3843	3832	
a1711	--	--	--	--	--	3661	1	3872	1	--	2	3826	3826	3826	3826	

豆一	豆二	豆粕	豆油	玉米	玉米淀粉	棕榈油	鸡蛋	纤维板	胶合板	聚乙烯	聚氯乙烯	焦炭	焦煤	铁矿石	聚丙烯	8日总计
成交：389316	成交：2	成交：5918284	成交：643194	成交：488830	成交：239922	成交：920552	成交：114304	成交：0	成交：0	成交：462264	成交：23182	成交：144148	成交：127578	成交：1405712	成交：546626	成交：11423914
持仓：344038	持仓：96	持仓：3962484	持仓：989144	持仓：1602464	持仓：498652	持仓：595942	持仓：176666	持仓：0	持仓：12	持仓：737348	持仓：79960	持仓：182458	持仓：193448	持仓：1725192	持仓：790126	持仓：11878030

行情自动刷新时间间隔为1分钟　报价单位：元/吨 成交量、持仓量单位：手　2016年6月8日 下午 11:54:34

图 5-1　大连商品交易所期货行情表(2016 年 6 月 8 日)

(一) 合约

期货行情表最上面一栏豆一、豆二、豆粕、豆油、玉米、玉米淀粉、棕榈油、鸡蛋、纤维板、胶合板、聚乙烯、聚氯乙烯、焦炭等，表示在相应期货交易所中进行交易的期货品种。并且每一期货品种都会被赋予一个代码，作为不同期货品种的标识。

期货品种代码和合约到期月份组合在一起，便可明确指示出某一特定的期货合约。以 a1609 为例，"a"代表期货品种是黄大豆一号(简称"豆一")，"1609"代表合约到期月份是 2016 年 9 月。在图 5-1 中，"豆一"这一期货品种有 9 份不同的合约正在进行交易，分别是 a1607、a1609、a1611、a1701、a1703、a1705、a1707、a1709 和 a1711，其合约到期月份依次为 2016 年 7 月、9 月和 11 月，以及 2017 年 1 月、3 月、5 月、7 月、9 月和 11 月。

（二）开盘价

开盘价，又称开市价，是指某一期货合约每个交易日开市后的第一笔买卖成交价格。在我国，开盘价是交易开始前 5 分钟经集合竞价产生的。集合竞价未产生成交价格的，以集合竞价后的第一笔成交价为开盘价。图 5-1 中的第 2 列是不同期货合约的开盘价，其中 a1609 期货合约的开盘价为 3 821 元/吨。

（三）最高价

最高价是开盘后到行情显示时某一期货合约的最高成交价格。图 5-1 中的第 3 列是不同期货合约的最高价，其中 a1609 期货合约的最高价为 3 840 元/吨。

（四）最低价

最低价是开盘后到行情显示时某一期货合约的最低成交价格。图 5-1 中的第 4 列是不同期货合约的最低价，其中 a1609 期货合约的最低价为 3 770 元/吨。

（五）最新价

最新价是某一期货合约在最新成交的一笔交易中的成交价格。图 5-1 中的第 5 列是不同期货合约的最新价，其中 a1609 期货合约的最新价为 3 826 元/吨。

（六）涨跌

涨跌是某一期货合约在当日交易期间的最新价与上一交易日的结算价之差。图 5-1 中的第 6 列是不同期货合约的涨跌，其中 a1609 期货合约的涨跌为 6 元/吨。其含义是当日最新价(3 826 元/吨)与上一交易日结算价(3 820 元/吨)的差是 6 元/吨。

（七）买价

买价是某一期货合约当前的最高申报买入价。图 5-1 中的第 7 列是不同期货合约的买价，其中 a1609 期货合约当前的最高申报买入价为 3 826 元/吨。

（八）买量

买量是与当前的最高申报买入价对应的买入量，单位为"手"。图 5-1 中的第 8 列是不同期货合约的买量，其中 a1609 期货合约当前的最高申报买入量为 128 手。

（九）卖价

卖价是某一期货合约当前的最低申报卖出价。图 5-1 中的第 9 列是不同期货合约的卖价，其中 a1609 期货合约当前的最低申报卖出价为 3 827 元/吨。

（十）卖量

卖量是与当前的最低申报卖出价对应的卖出量，单位为“手”。图 5-1 中的第 10 列是不同期货合约的卖量，其中 a1609 期货合约当前的最低申报卖出量为 83 手。

（十一）成交量

成交量是开盘后到行情显示时某一期货合约的买卖双方达成交易的合约数量，单位为“手”。目前，我国商品期货合约的成交量采取“双边计算”。例如，买方按照成交价买入 16 张某一商品期货合约，卖方按照此成交价卖出 16 张该期货合约，则该商品期货合约的成交量为 32 手。图 5-1 中的第 11 列是不同期货合约的成交量，其中 a1609 期货合约的成交量为 343 748 手。

在期货交易中，为避免重复计算，成交量一般只计算买入合约的数量或卖出合约的数量，这种计算方式称为“单边计算”，我国金融期货合约的成交量与国际通行规则一致，采取“单边计算”。

（十二）持仓量

持仓量是到行情显示时某一期货合约交易中未平仓合约的数量，单位为“手”。目前，我国商品期货合约的持仓量采取“双边计算”。如果买卖双方均为开仓，则持仓量增加；如果买卖双方一方为开仓而另一方为平仓，则持仓量不变；如果买卖双方均为平仓，则持仓量减少。图 5-1 中的第 12 列是不同期货合约的持仓量，其中 a1609 期货合约的持仓量为 226 418 手。

在期货交易中，多头的未平仓合约数量与空头的未平仓合约数量相等。我国金融期货的持仓量与国际通行规则一致，采取“单边计算”，只计算多头的未平仓合约数量或空头的未平仓合约数量。

（十三）收盘价

收盘价是某一期货合约在当日交易中的最后一笔成交价格。图 5-1 中的第 13 列是不同期货合约的收盘价，其中 a1609 期货合约的收盘价为 3 826 元/吨。

（十四）结算价

结算价是某一期货合约当日所有成交价格的加权平均，与成交价格相对应的成交量作为权重。若当日无成交价格，则以上一交易日的结算价作为当日的结算价。图 5-1 中的第 14 列是不同期货合约的结算价，其中 a1609 期货合约的结算价为 3 806 元/吨。

（十五）昨收盘

昨收盘是某一期货合约在上一交易日的最后一笔成交价格。图 5-1 中的第 15 列是不同期货合约的昨收盘，其中 a1609 期货合约的上一交易日收盘价为 3 831 元/吨。

（十六）昨结算

昨结算是某一期货合约在上一交易日的结算价。图 5-1 中的第 16 列是不同期货合约的昨结算，其中 a1609 期货合约的上一交易日结算价为 3 820 元/吨。

在期货行情表的下方，对不同到期月份的某一期货合约的成交量和持仓量进行了加总。例如，9 种不同到期月份的黄大豆一号期货合约的成交量合计为 389 316 手，持仓量合计为 344 038 手。同时，豆一、豆二、豆粕、豆油等在大连商品交易所上市的 16 个商品期货品种，2016 年 6 月 8 日的总成交量和持仓量合计分别为 11 423 914 手和 11 878 030 手。

二、期货行情常见基本图形

期货行情图主要反映某一时段某期货合约的价格波动和成交量的走势。各种期货行情图中，较为常见的有 K 线图[又称蜡烛图(candle stick)]和条形图(bar chart，又称竹线图)。图 5-2 是大连商品交易所到期月份为 2016 年 9 月的黄大豆一号期货合约的行情图。

图 5-2　大连商品交易所黄大豆一号期货行情日 K 线图

（一）K 线图

按每根 K 线所代表的行情周期不同，K 线图又分为分钟 K 线图、小时 K 线图、日线 K 线图、周线 K 线图和月线 K 线图等。图 5-2 为日 K 线图，横轴代表时间，纵轴代表价格。日 K 线图中的每一根 K 线都显示了一个交易日当中的开盘价、收盘价、最高价和最低价。

以黄大豆一号期货合约日 K 线图为例，单根 K 线上端的线段是上影线，下端的线段是下影线，影线的最高点和最低点分别表示当日的最高价和最低价；中间的长方形柱体被称为实体，其两端表示当日的开盘价和收盘价。图 5-3(a)表示低开高收的单根 K 线，即收盘价高于开盘价，该 K 线被称为阳线。在我国的 K 线行情图中，阳线通常用红色表示。图 5-3(b)表示高开低收的单根 K 线，即开盘价高于收盘价，该 K 线被称为阴线。在我国的 K 线行情图中，阴线通常用绿色表示。观察日 K 线图，可以很明显地看出该交易日的市况是“低开高收”还是“高开低收”，亦即与前一交易日的价格相比是上涨了还是下跌了。

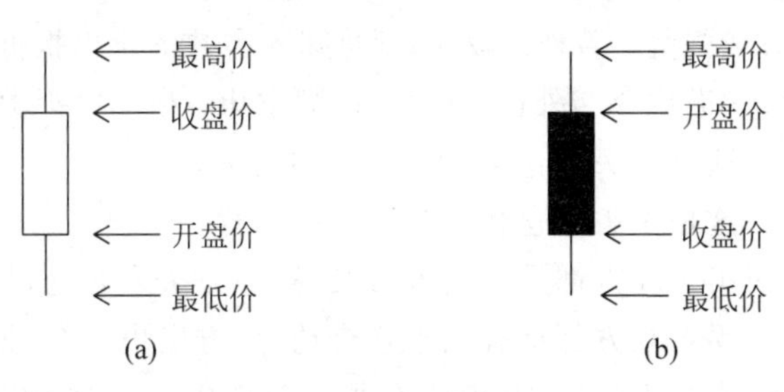

图 5-3　K 线的两种常见形状

(a) 阳线；(b) 阴线

K 线图的形状多种多样，除了上述标准形态外，还包括下列非标准形态(图 5-4)。图 5-4(a)为光头阳线，表示以最低价开盘，以最高价收盘；图 5-4(b)为光头阴线，表示以最高价开盘，以最低价收盘；图 5-4(c)为带有下影线的阳线(阳线锤子)，表示以最高价收盘；图 5-4(d)为带有下影线的阴线(阴线锤子)，表示以最高价开盘；图 5-4(e)为带有上影线的阳线(阳线带帽)，表示以最低价收盘；图 5-4(f)为带有上影线的阴线(阴线带帽)，表示最低价开盘；图 5-4(g)为十字星，表示开盘价与收盘价同价；图 5-4(h)为平盘线，表示开盘价、收盘价、最高价和最低价相同。

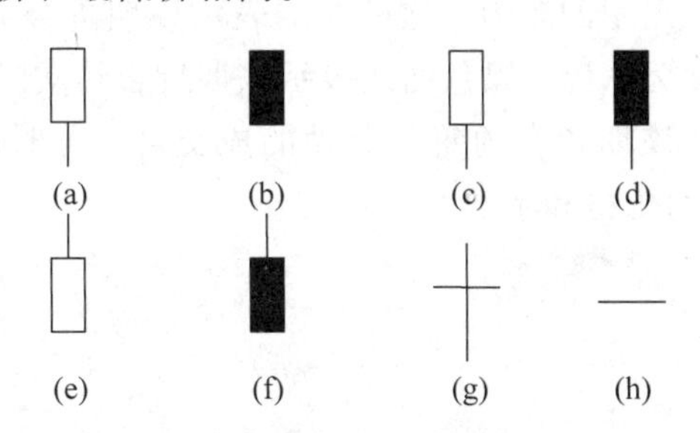

图 5-4　K 线的几种特殊形状

(a) 光头阳线；(b) 光头阴线；(c) 阳线锤子；(d) 阴线锤子；(e) 阳线带帽；(f) 阴线带帽；(g) 十字星；(h) 平盘线

在图 5-2 的右侧，给出了“a1609”期货合约的基本交易信息。

(1) 总量。这是开盘后到行情显示为止该期货合约总成交量或手数，也称总手。图 5-2 中的总手为 165 658。

(2) 现手。这是刚刚撮合成交的该期货合约数量或手数，图 5-2 中的现手为 18。一天内的现手数累计起来就是总手数。

(3) 增仓。其反映持仓量的增减变化情况，具体指目前持仓量与上一交易日收盘时持仓量的差，有时也称为仓差。若增仓为正，表示目前的持仓量增加；若增仓为负，表示目前的持仓量减少。图 5-2 中,显示为增仓－9 412,表示目前的持仓量较之上一交易日收盘时的持仓量减少 9 412 手。

(4) 外盘和内盘。这与股票交易中的外盘和内盘含义相同。以主动卖出指令成交的纳入“外盘”,以主动买入指令成交的纳入“内盘”。“外盘”＋“内盘”＝“总手”。图 5-2 中,外盘为 7.94 万手,内盘为 8.62 万手,其含义是有 7.94 万手期货合约卖出成交,有 8.62 万手期货合约买入成交。进一步,若内盘较大,则意味着多数的买入报价都得到卖方认可,显示市场中的卖方较强势;若外盘较大,则意味着多数的卖出报价都得到买方认可,显示市场中的买方较强势;若内盘与外盘大体相近,则意味着市场中买卖双方的力量相当。

(5) 多开与空开。这是多头开仓与空头开仓的简称。

(6) 多平和空平。这是多头平仓和空头平仓的简称。

(7) 双开。这表明买卖双方都是开仓入市交易,一方买入开仓,另一方卖出开仓。

(8) 双平。这表明买卖双方都持有未平仓合约,一方卖出平仓,另一方买入平仓。

(9) 多换。这是多头换手的简称,表明在买卖双方中,一方为买入开仓,另一方为卖出平仓,意味着“新的多头换出旧的多头”。

(10) 空换。这是空头换手的简称,表明在买卖双方中,一方为卖出开仓,另一方为买入平仓,意味着“新的空头换出旧的空头”。

(二) 分时图

分时图是以 1 分钟收盘价的连线作为主图,表示合约价格一整天的波动轨迹,在分时图右侧的副图上有成交量、量比等一些常用指标。量比是指每分钟的均量除以前 5 日每分钟的均量,反映了即时的量与前几天量的对比关系,是短线操作很重要的一个指标。在分时走势图中(图 5-5),主图中的较为平缓的曲线表示该期货合约即时成交的平均价格,即当天成交总金额除以成交总量。黑色曲线表示该期货合约实时成交的价格。分时图的主图左下方中的柱线表示该期货合约每一分钟的成交量。分时图右侧为成交信息及明细,可动态显示每笔成交的价格和手数。

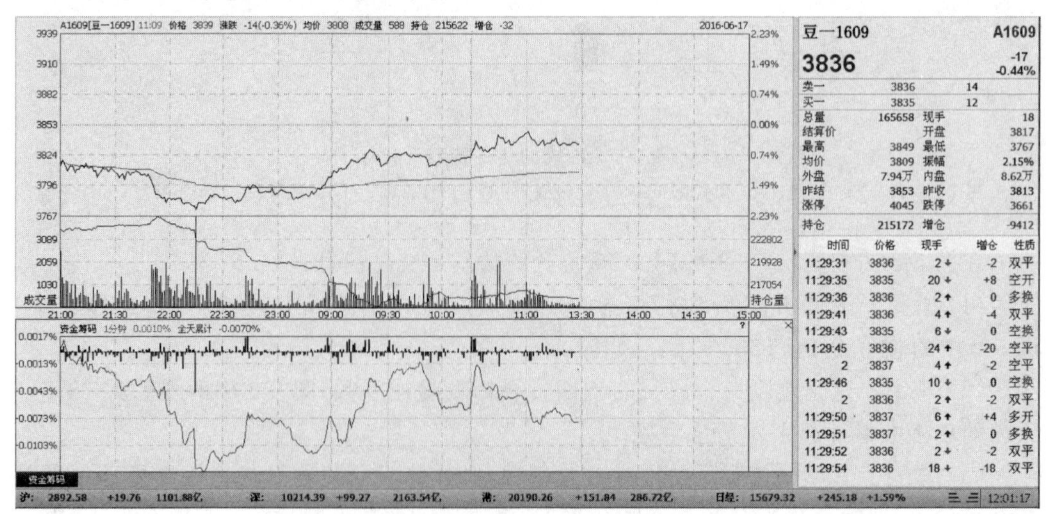

图 5-5 豆一 a1609 期货合约分时图行情

（三）Tick 图

Tick 图，也称闪电图，是按照时间顺序将期货合约的每一笔成交价格波动依次标注出来并连线形成。Tick 图可以标出该期货合约一段时间内所有成交价格及其变动幅度。图 5-6 为沪铜 cu1302 期货合约 Tick 图，其中黑色曲线即为 Tick 图走势曲线。

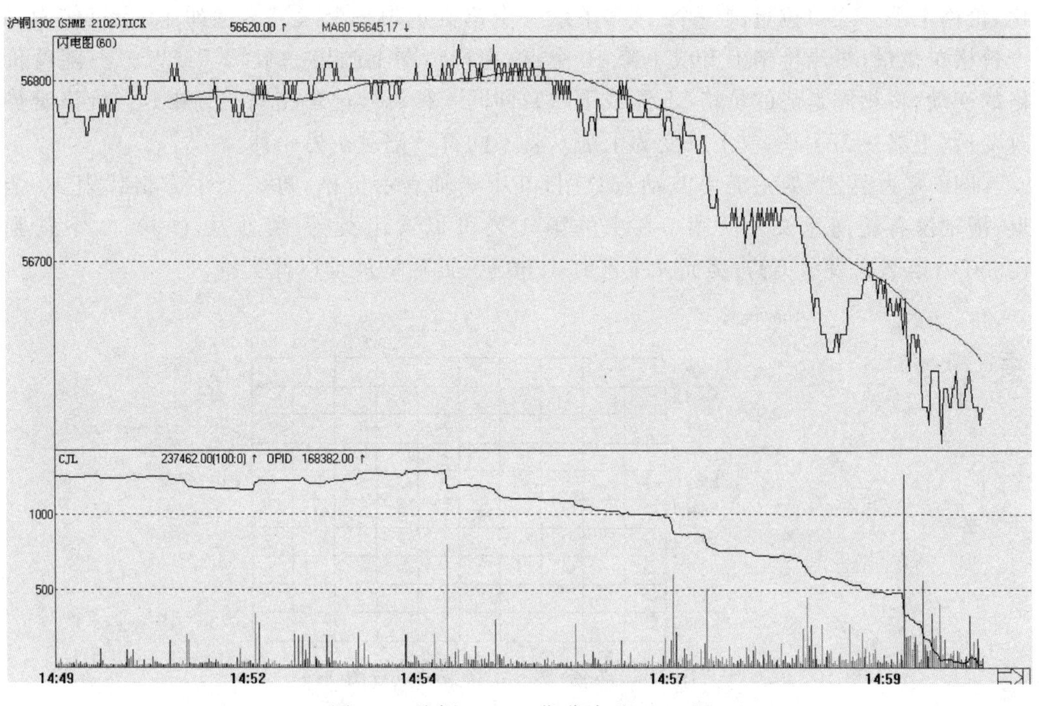

图 5-6　沪铜 cu1302 期货合约 Tick 图

（四）竹线图

竹线图与 K 线图的表示方法不同，但构成内容基本一致。图 5-7 即为日竹线图。图 5-7 中的竖线是一个交易日内的最高价和最低价的连线；一条与竖线垂直且位于竖线左侧的短横线，表示该期货合约的当日开盘价；一条与竖线垂直且位于竖线右侧的短横线，表示该期货合约当日收盘价。通常，在竹线图中并不标出开盘价。

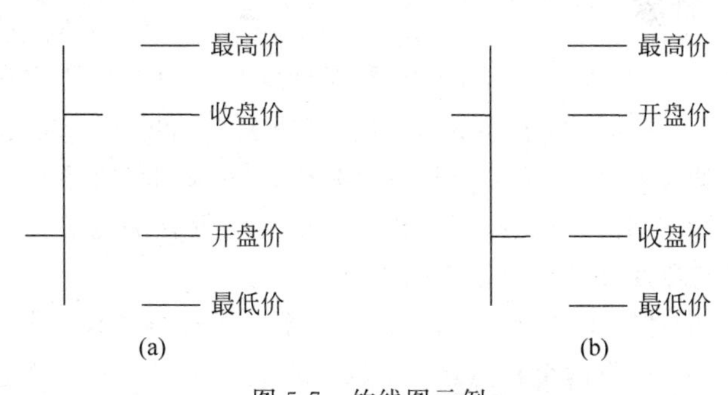

图 5-7　竹线图示例

(a) 收盘价高于开盘价；(b) 开盘价高于收盘价

（五）点数图

点数图(point and figure charts)，也称点形图、OX图、圈叉图，于1882年由查尔斯·亨利·道(Charles H. Dow)发明，是较早用于证券期货市场行情分析的工具。

点数图以“×”和“○”记录价格的变化。每个“×”或“○”代表一个标准数量的价格变化，价格上涨一个单位量画一个“×”，下跌一个单位量画一个“○”。例如10个点作为一个价格单位量，每当价格上升或下降10个点，在行情图上画出一个“×”或“○”。随着价格的变动，将相同走势的价格(上涨或下跌)，即同一种符号记录在同一列中；当价格走势改变后(上涨变为下跌，或下跌变为上涨)，将不同符号记录在另一列。

图5-8为英镑/美元汇率波动点数图，其中竖轴表示价格，每一个小方格代表10个点，横轴没有任何意义。从图5-8中的第1列可以看出英镑/美元从1.605 0下跌到1.600 0，第2列表示英镑/美元又上涨到1.605 0，此后的波动以此类推。

GBP/USD

	1	2	3	4	5	6	7	8	9	10
1.609 0										
1.608 0										×
1.607 0						×		×		×
1.606 0				×		×	○	×	○	×
1.605 0	○	×		×	○	×	○	×	○	×
1.604 0	○	×	○	×	○		○	×	○	×
1.603 0	○	×	○	×			○	×	○	
1.602 0	○	×	○				○			
1.601 0	○	×								
1.600 0	○									

图5-8 英镑/美元汇率波动点数图

第二节 期货市场基本面分析

与证券市场基本面分析不同，期货市场基本面分析更为关注那些影响期货价格变化的宏观因素、产业因素和行业因素等。下面将从商品期货基本面分析入手，介绍和解读期货市场基本面分析方法。

一、基本面分析概念

对于商品期货而言，基本面分析主要是针对期货品种对应现货市场未来供求状况及其影响因素进行分析，寻找价格运行驱动力量、逻辑关系和规律，从而解释和预测期货价格走势的方法。一般认为，期货价格及其变化是受诸多基础性因素综合作用的结果。基本面分析派认为，应重点分析宏观性因素和总量性因素等相关内容，包括政治经济事件、宏观经济政策等对宏观性和总量性因素的影响。

因此，基本面分析是基于供求理论，从供求关系出发分析和预测期货价格走势。期货价格的基本面分析具有以下两个特点：一是以供求决定价格为基本理念。期货价格由供给和需求共同决定，供给和需求的变化将引起期货价格变动。因此，只有客观分析影响供求的各种因素，才能对期货价格作出正确判断。二是分析价格变动的中长期趋势。基本面分析更注重对市场价格的基本运动方向的把握，因而更多地用于对市场价格变动的中长期趋势进行预测。

二、供给与需求分析

（一）需求分析

1. 需求及其构成

需求是指在一定的时间和地点，在各种价格水平下买方愿意并有能力购买的产品数量。当期需求量由当期国内消费量、当期出口量和当期期末结存量构成。

（1）当期国内消费量。国内消费量包括居民消费量和政府消费量，主要受消费者人数、消费者的收入水平或购买能力、消费结构、相关产品价格等因素影响。

（2）当期出口量。出口量是指本国生产的产品销往国外市场的数量。出口量主要受国际市场供求状况、内销和外销价格比、关税和非关税壁垒、汇率等因素的影响。出口是国外市场对本国产品的需求，若总产量既定，出口量增加则国内市场供给量减少，出口量减少则国内市场供给量增加。

（3）当期期末结存量。期末结存量如同蓄水池，当本期产品供大于求时，期末结存量增加；当供不应求时，期末结存量减少。期末结存量的变动，可以反映本期的产品供求状况，并对下期的产品供求状况产生影响。

2. 影响需求的因素

（1）价格。需求与价格之间的关系可以通过需求曲线来表示。图 5-9 中 DD' 表示商品的需求曲线，横轴表示数量，纵轴表示价格，需求曲线向右下方倾斜。一般来说，在其他条件不变的情况下，价格越高，需求量越小；价格越低，需求量越大。价格与需求之间这种反方向变化的关系，就是需求法则。

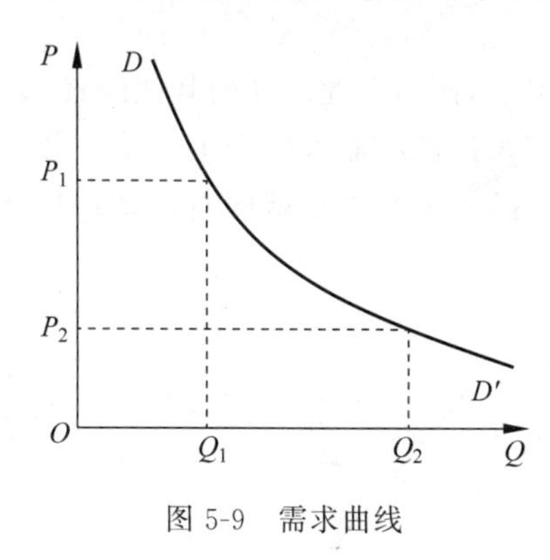

图 5-9　需求曲线

（2）收入水平。消费者的收入水平决定其支付能力或购买力。一般来说，收入增加，消费者会增加购买量；收入减少，需求会相应地降低。有些产品的需求与消费者的收入水平成反比，我们称其为劣等品。

（3）消费偏好。偏好就是偏爱和喜好。有的人不爱喝咖啡，所以不管咖啡的价格多么便宜或是自己的收入水平多高，都不去购买或只是少量购买。而有的人喜欢喝咖啡，因此可以接受较高的价格。人们对某种产品的偏好会发生变化。如果消费者由喜好喝茶转为喜欢喝咖啡，就会减少对茶的购买量而增加对咖啡的购买量。

（4）相关产品价格。相关产品包括替代品和互补品。苹果和梨，菜籽油、棕榈油和豆油，羊肉和牛肉之间存在着替代关系。如果苹果的价格不变而梨的价格降低，消费者就会增加梨的购买，而减少对苹果的需求。这就是说，梨的价格变化会影响人们对苹果的需求。汽车和汽油、床屉和床垫、眼镜架和镜片之间存在着互补关系。如果汽油的价格上涨,汽车的销量就会受到影响。由此可见,某种产品的需求不仅与自身的价格有关,还与其替代品或互补品的价格有关。

(5) 消费者的预期。消费者预期某种产品的价格将上涨时,需求一般会增加;消费者预期某种产品的价格将下跌时,需求一般会减少。

将以上影响需求的各种因素综合起来,便得到需求函数,其公式如下:

$$D=f(P,T,I,P_r,P_e)$$

其中,D 表示一定时期内某种产品的需求;P 表示该产品的价格;T 表示消费者的偏好;I 表示消费者的收入水平;P_r 表示相关产品的价格;P_e 表示消费者的预期。

3. 需求的价格弹性

需求的价格弹性表示需求量对价格变动的反应程度,或者说价格变动 1%时需求量变动的百分比。需求的价格弹性可用公式表示为

$$\text{需求的价格弹性}=\frac{\text{需求量变动}(\%)}{\text{价格变动}(\%)}=\frac{\Delta Q/Q}{\Delta P/P}$$

式中,Q 表示需求量;ΔQ 表示需求变动的绝对数量;P 表示价格;ΔP 表示价格变动的绝对数量。

需求弹性实际上是需求量对价格变动作出反应的敏感程度,不同的产品具有不同的弹性。当价格稍有升降,需求量就大幅减少或增加,称之为需求富有弹性;反之,当价格大幅升降,需求量却少有变化,则称之为需求缺乏弹性。

4. 需求量变动与需求水平变动

需求量的变动是指在影响需求的其他因素(如收入水平、偏好、相关商品价格、预期等)不变的情况下,只是由于产品本身价格的变化所引起的对该产品需求的变化。需求量的变动表现为需求曲线上的点的移动。例如,在图 5-10 中,当价格由 P_A 涨到 P_B 时,需求量由 Q_A 降至 Q_B,需求曲线上的 A 点移到 B 点。

需求水平的变动并不是由产品本身价格的变化所引起,而是由此之外的其他因素(如收入水平、偏好、相关产品价格、预期等)的变化所引起的对该产品需求的变化。需求水平的变动表现为需求曲线的整体移动。例如,人们的收入提高,需求曲线就向右移动;人们预期价格将下降,需求曲线就向左移动(图 5-11)。

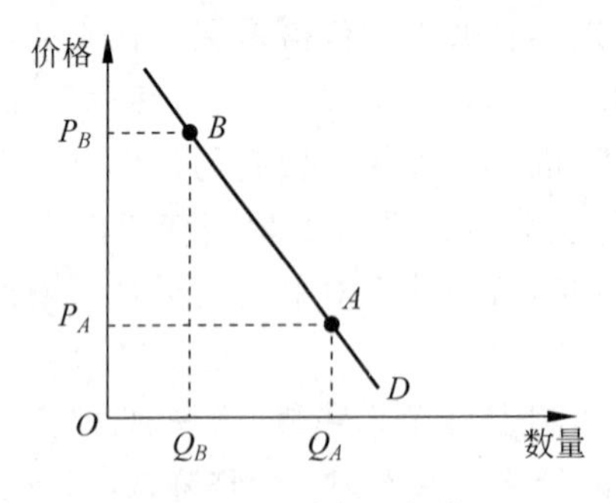

图 5-10 需求量变动

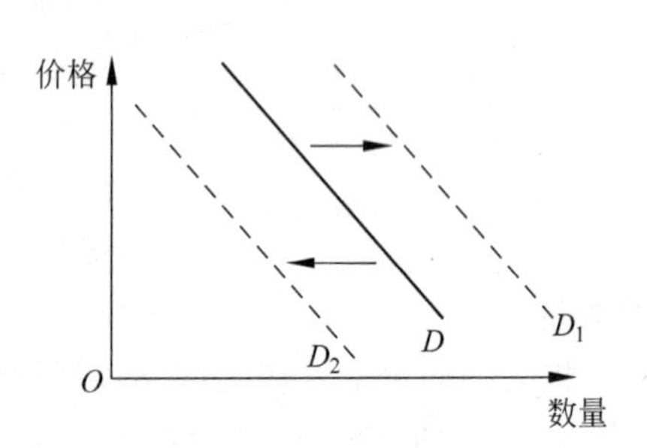

图 5-11 需求水平变动

（二）供给分析

1. 供给及其构成

供给是指在一定时间和地点，在各种价格水平下卖方愿意并能够提供的产品数量。本期供给量由期初库存量、当期国内生产量和当期进口量构成。

（1）期初库存量。期初库存量也就是上一期的期末结存量。期初库存量的多少，直接影响本期的供给。库存充裕，会制约价格的上涨；库存较少，则难以抑制价格上涨。对于耐储藏的农产品、金属产品和能源化工产品，分析期初库存量是非常必要的。

（2）当期国内生产量。不同产品的产量受到不同因素的影响。例如，农产品的产量与天气状况密切相关，矿产品的产量会因新矿的发现和开采增加而增加。因此，需要对产品产量的影响因素进行具体分析。

（3）当期进口量。进口量是本国市场销售的国外产品的进口数量。进口量主要受国内市场供求状况、内销和外销价格比、关税和非关税壁垒、汇率等因素的影响。进口是国外生产者对本国的供给，若国内需求旺盛，进口量增加；反之，则进口量减少。

2. 影响供给的因素

（1）价格。供给与价格之间的关系可以通过供给曲线来表示。图 5-12 中 SS' 表示供给曲线，横轴表示数量，纵轴表示价格，供给曲线向右上方倾斜。一般说来，在其他条件不变的情况下，价格越高，供给量越大；价格越低，供给量越小。价格与供给之间这种同方向变化的关系，就是供给法则。

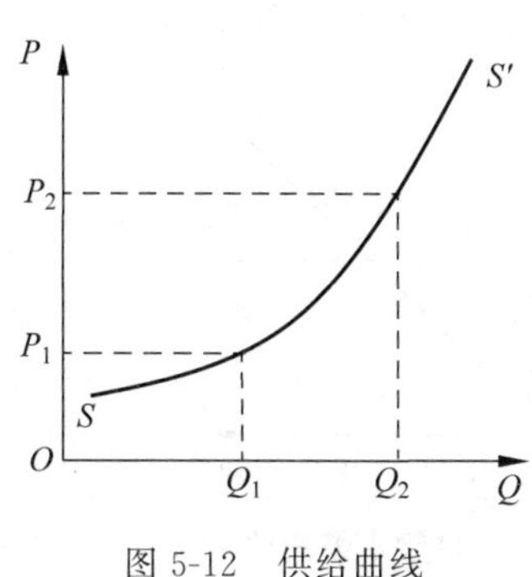

图 5-12　供给曲线

（2）生产成本。生产产品要投入各种生产要素，当要素价格上涨时，生产成本提高，利润就会降低，厂商将减少供给。反过来，当要素价格下跌导致生产成本降低时，厂商会选择增加供给，从而赚得更多的利润。

（3）技术和管理水平。产品是在一定的技术和管理水平下生产出来的。技术进步和管理水平提高，会提高生产效率，增加供给。

（4）相关产品价格。同一块土地既可以种植小麦也可以种植玉米，如果小麦价格上涨，玉米价格不变，那么农民就会增加小麦的种植而减少种植玉米。这就说明小麦价格的变化会影响玉米的供给。豆油和豆粕是同一生产过程中的两种不同产品，如果豆油价格下跌，厂商就会减少豆油的生产，豆粕的产量也会相应减少。这就说明豆油价格的变化会影响豆粕的供给。

（5）厂商的预期。厂商预期某种产品的价格将上涨，可能会把现在生产的产品储存起来，以期在未来以更高的价格卖出，从而减少了当期的供给。相反，厂商预期价格将下跌，就会将储存的产品卖出，以获取更多利润，从而增加了当期的供给。

将以上影响供给的各种因素综合起来，我们便得到供给函数，其公式如下：

$$S=g(P,M,V,P_r,P_e)$$

其中，S 表示一定时期内某种产品的供给；P 表示价格；M 表示生产成本；V 表示技术水平；P_r 表示相关产品的价格；P_e 表示厂商的预期。

3. 供给的价格弹性

供给的价格弹性表示供给量对价格变动的反应程度，或者说价格变动1%时供给量变动的百分比。供给的价格弹性可用公式表示为

$$供给的价格弹性=\frac{供给量变动(\%)}{价格变动(\%)}=\frac{\Delta S/S}{\Delta P/P}$$

式中，S 表示需求量；ΔS 表示需求变动的绝对数量；P 表示价格；ΔP 表示价格变动的绝对数量。

供给弹性实际上是供给量对价格变动作出反应的敏感程度，不同的产品具有不同的弹性。当价格稍有升降，供给量就大幅增加或减少，称之为供给富有弹性；相反，当价格大幅升降，供给量却少有变化，则称之为供给缺乏弹性。

4. 供给量变动与供给水平变动

供给量的变动是指在影响供给的其他因素（如生产成本、技术水平、相关产品价格、厂商的预期等）不变的情况下，只是由于产品本身价格的变化所引起的该产品供给的变化。供给量的变动表现为供给曲线上的点的移动。例如，在图5-13中，当价格由 P_A 涨到 P_B 时，供给由 S_A 升至 S_B，供给曲线上的 A 点移到 B 点。

供给水平的变动并不是由产品本身价格的变化所引起，而是由价格之外的其他因素（如生产成本、技术水平、相关产品价格、厂商的预期等）的变化所引起的该产品供给的变化。供给水平的变动表现为供给曲线的整体移动。例如，技术水平提高，供给曲线就向右移动；生产成本上升，供给曲线就向左移动（图5-14）。

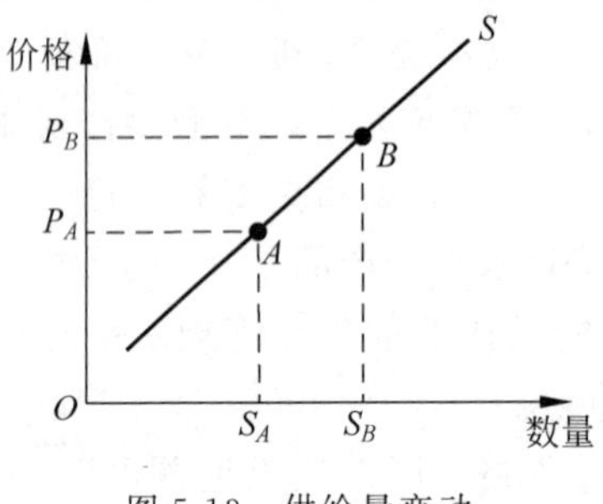

图5-13　供给量变动

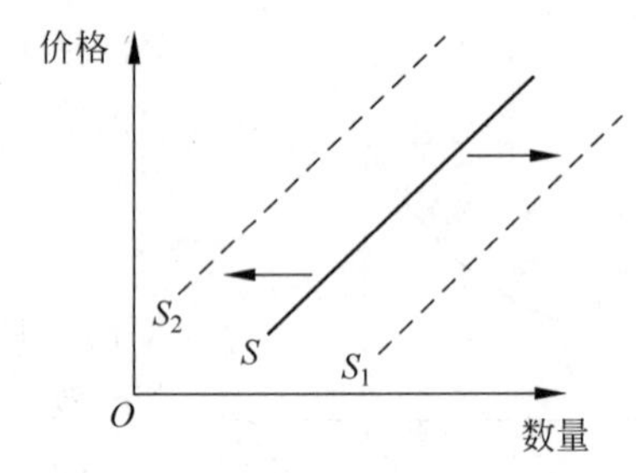

图5-14　供给水平变动

（三）供求与均衡价格

1. 均衡价格的决定

当市场供给力量与需求力量正好相等时所形成的价格便是均衡价格。图5-15表示了供求均衡和均衡价格，在图5-15中，在 P_1 的价格上，供给量大于需求量，出现过剩。过剩将使价格下跌，从而刺激需求量增加。在 P_2 的价格上，需求量大于供给量，出现短缺。短缺将使价格上涨，从而刺激供给量增加。显然，只有在供给曲线与需求曲线的交叉点上，供给和需求才停止调整，市场价格稳定在 P_0 的水平上。在均衡的价格水平上，市场不存在过剩和短缺，均衡数量为 Q_0。

2. 需求变动对均衡价格的影响

在供给曲线不变的情况下，需求曲线的右移会使均衡价格提高、均衡数量增加；需求曲线的左移会使均衡价格下降、均衡数量减少(图 5-16)。当需求曲线为 DD'时，均衡价格和均衡数量分别为 P_0 和 Q_0。如果需求水平提高，从而导致需求曲线向右移到 D_1D_1'，这时对应于价格 P_0，需求量会超过供给量，其缺口为 Q_3-Q_0。在这种情况下，价格将提高，最终稳定在 P_1 的水平上，新的均衡价格和均衡数量分别为 P_1 和 Q_1。与之相反，如果需求水平降低，需求曲线由原来的 DD'向左移到 D_2D_2'，则新的均衡价格和均衡数量分别为 P_2 和 Q_2。

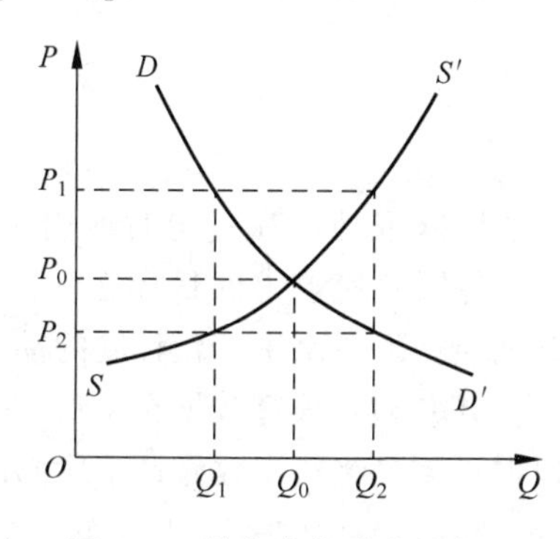

图 5-15 均衡价格形成示意图

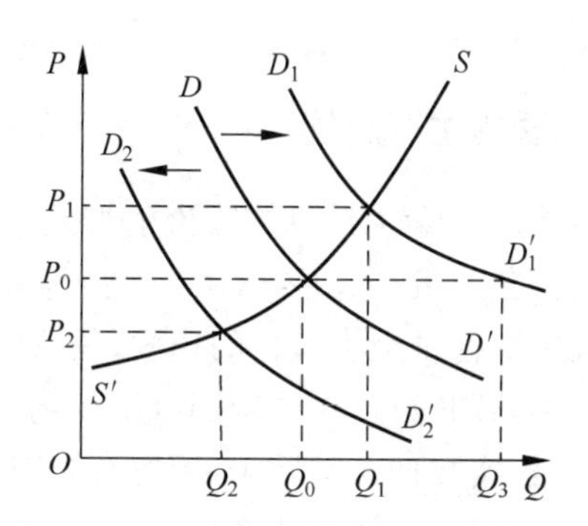

图 5-16 需求变动对均衡价格的影响

3. 供给变动对均衡价格的影响

在需求曲线不变的情况下，供求曲线的右移会使均衡价格下降、均衡数量增加；供给曲线的左移会使均衡价格提高、均衡数量减少(图 5-17)。当供给曲线为 SS'时，均衡价格和均衡数量分别为 P_0 和 Q_0。如果供给水平提高，从而导致供给曲线向右移到 S_1S_1'，这时均衡价格将由 P_0 下降为 P_1，而均衡数量则由 Q_0 增加到 Q_1。与之相反，如果供给水平降低，曲线由原来的 SS'向左移到 S_2S_2'，则均衡价格将由 P_0 上升为 P_2，而均衡数量由 Q_0 减少到 Q_2。

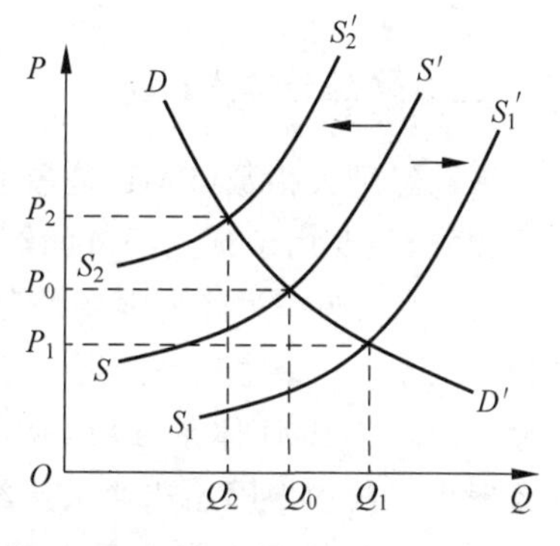

图 5-17 供给变动对均衡价格的影响

4. 供求变动对均衡价格的共同影响

以上两方面的分析可以概括为：需求水平的变动引起均衡价格与均衡数量同方向变动；供给水平的变动引起均衡价格反方向变动，引起均衡数量同方向变动。当供给曲线和需求曲线同时发生变动时，我们亦可运用这一定理对变动的总效应加以分析，具体有以下四种情况：一是当需求曲线和供给曲线同时向右移动时，均衡数量增加，均衡价格则不确定，可能提高、不变或下降；二是当需求曲线和供给曲线同时向左移动时，均衡数量减少，均衡价格则不确定；三是当需求曲线向右移动而供给曲线向左移动时，均衡价格提高，均衡数量则不确定；四是当需求曲线向左移动而供给曲线向右移动时，均衡价格降低，均衡数量则不确定。

三、宏观经济分析

宏观经济分析是以国民经济活动作为研究对象，以既定的制度结构作为前提，分析国民经济的总量指标及其变化，主要研究国民收入的变动与就业、通胀、经济周期波动和经济增长等之间的关系。宏观经济指标的数量变动及其关系，反映了国民经济的整体状况，因此宏观经济分析的核心就是宏观经济指标分析。宏观经济指标大致可分为经济总体指标、投资消费指标、货币财政指标和其他指标。

拓展阅读 5-1
预期外宏观因子对商品期货价格的冲击影响研究

（一）国内生产总值

国内生产总值(GDP)是以价值形式表示的一个国家或地区在一定时期内生产的所有产品与劳务的最终成果。GDP 的持续稳定增长是各国政府追求的目标之一。GDP 增长率一般用来衡量经济增长的速度，是反映一定时期经济发展水平变化程度的动态指标。

中国的 GDP 数据由中国国家统计局发布，季度 GDP 初步核算数据在季后 15 天左右公布，初步核实数据在季后 45 天左右公布，后续根据年度最终核实数修订季度 GDP 并对外公布。年度 GDP 初步核算数(即 1—12 月的季度核算数)在年后 20 天公布。而独立于季度核算的年度 GDP 核算初步核实数据在年后 9 个月公布，最终核实数据在年后 17 个月公布。

（二）采购经理人指数

采购经理人指数(PMI)是最重要的经济先行指标，涵盖生产与流通、制造业与非制造业等领域，主要用于预测经济的短期运动，具有很强的前瞻性。采购经理人指数以百分比表示，常以 50%作为经济强弱的分界点：当指数高于 50%时，被解释为经济扩张的讯号；当指数低于 50%，尤其是接近 40%时，则有经济萧条的倾向。目前全球已有 20 多个国家或地区建立了 PMI 体系，最具影响力的 PMI 包括美国非官方机构供应管理协会(ISM)采购经理人指数和中国制造业采购经理人指数。

ISM 采购经理人指数是由美国非官方机构供应管理协会在每月第 1 个工作日定期发布的一项经济领先指标。ISM 每个月向全美代表 20 个不同工业部门的大约 400 家公司发放问卷，要求采购经理人针对新增订货量、产量、就业、供应商配送、存货、顾客存货量、价格、积压订单量、新出口订单和进口等方面的状况进行评估。ISM 采购经理人指数则是以问卷中的前 5 项为基础，构建 5 个扩散指数加权计算得出，各指数的权重分别为：新订单 30%、生产 25%、就业 20%、供应商配送 15%、存货 10%。

中国制造业采购经理人指数由国家统计局和中国物流与采购联合会共同合作编制，在每月的第 1 个工作日定期发布。按双方协商的合作分工，国家统计局企业调查总队负责数据的调查采集和加工处理；中国物流与采购联合会和中国物流信息中心负责数据分析、商务报告的撰写以及对社会发布。最终所确立的指数系列共包括 11 个指数：新订单、生产、就业、供应商配送、存货、新出口订单、采购、产成品库存、购进价格、进口和积压订单。中国制造业采购经理人指数则是由其中5个分项指数计算而得到的综合指数。该指数自2005年发布以来日益受到市场关注。

PMI与GDP具有高度相关性,且其转折点往往领先于GDP几个月。研究表明,在过去40多年里,美国制造业PMI的峰值可领先商业周期高峰与低谷数个月。因此,PMI体系在经济预测和商业分析方面都是非常重要的。

(三)工业增加值

工业增加值是工业企业在报告期内以货币表现的工业生产活动的最终成果,是工业行业全部生产活动的总成果扣除了生产过程中消耗或转换的物质产品和劳务价值后的余额,即工业企业生产过程中新增加的价值。工业增加值是考核工业生产成果的代表性总量指标,是国内生产总值的重要组成部分。以工业增加值而不是工业总产值作为全面反映工业生产发展的规模、速度、效益和结构的总量指标,是与实施新的国民经济核算体系相适应的。更重要的是,利用工业增加值考核工业生产运行结果,不受企业生产组织结构变化的影响,使不同行业间具有可比性。

中国国家统计局发布计算的现价工业增加值和可比价增长率,比较基期为上年同期。工业包括采掘业,制造业,电力、煤气及水的生产和供应业三部分。统计的范围是境内全部国有工业企业和年产品销售收入500万元以上的非国有工业企业,数据通过全面调查获得。企业每月上报现价工业总产值和不变价格工业总产值,国家统计局将工业总产值乘以前一年的工业增加值率得到工业增加值。自2002年4月起,国家统计局在全国试行价格指数缩减法测算工业增长速度的新方法,即利用产品出厂价格指数消除产品价格变动因素,计算出与基期价格可比的工业增加值,用以计算增加值的发展速度。

美国统计的是工业生产指数数据,由美联储(Fed)一般在每个月的15日左右发布。美联储每个月收集代表制造、采掘、电力、燃气的295个工业部门的数据,以此计算工业生产指数。

(四)失业率、非农就业

失业率是反映宏观经济运行状况的重要指标,其变化反映了就业和宏观经济的波动情况。一般而言,失业率在经济衰退期间上升,在经济复苏期间下降。

根据中国国家统计局的统计标准,失业人口是指非农业人口中在一定年龄段内(16岁至法定退休年龄)有劳动能力,在报告期内无业并根据劳动部门就业登记规定在当地劳动部门进行求职登记的人口。我国统计的失业数据包括城镇登记失业率和调查失业率。

城镇登记失业率即城镇登记失业人数占城镇从业人数与城镇登记失业人数之和的百分比,是我国目前官方正式对外公布和使用的失业率指标,由人力资源和社会保障部负责收集数据。数据是以基层人力资源和社会保障部上报的社会失业保险申领人数为基础统计的,每年分别在二、三、四季度调查3次。由于统计忽略了农村人口及失业未登记人口,城镇登记失业率的调查范围仅覆盖了就业人口的一半左右。

美国的人口统计局每月都会对6万个家庭进行当期人口调查,收集计算失业率所需的信息。美国劳工部劳动统计局(BLS)根据相关信息来计算每月的失业率。除失业率数据外，劳动统计局每月发布的"非农就业"(nonfarm payrolls)数据也是重要的经济数据之一。非农就业数据和失业率数据一般在每月的第一个星期五同时发布。与失业率调查数据的来源不同，非农就业数据的来源是对机构进行调查，收集的就业市场信息直接来自企业组织，而非家庭，劳动统计局与40万企业和政府机构保持联系，这些机构雇佣人数约占全部非农人口的45%。机构调查涵盖了非农业企业、非营利性团体和三级政府部门所雇用的人员，甚至包括在美国工作的外籍人士。调查统计的目的是全面反映在美国的企业和政府部门中创造或失去的工作数量。非农就业数据来自工资记录，是反映劳动力市场状况最直接最有说服力的指标。失业率数据和非农就业数据共同反映了美国就业市场的整体状况。

（五）消费者价格指数/生产者价格指数

价格指数(price index)是衡量物价总水平在任何一个时期与基期相比相对变化的指标。物价总水平是指一个经济社会中商品和服务的价格经过加权后的平均价格，通常用价格指数来衡量。最重要的价格指数包括消费者价格指数(CPI)和生产者价格指数(PPI)。

消费者价格指数在我国称为居民消费价格指数，反映一定时期内城乡居民所购买的生活消费品价格和服务项目价格变动趋势和程度的相对数，是对城市居民消费价格指数和农村居民消费价格指数进行综合汇总计算的结果。利用居民消费价格指数，可以观察和分析消费品的零售价格和服务价格变动对城乡居民实际生活费支出的影响程度。在我国居民消费价格指数构成的八大类别中，食品比重最大，居住类比重其次，但不直接包括商品房销售价格。在美国的消费者价格指数中，住宅占42%，交通运输占17%，食品和饮料占15%，医疗、娱乐、教育和交流三项各占6%。

生产者价格指数，是工业生产产品出厂价格和购进价格在某个时期内变动的相对数，反映全部工业生产者出厂和购进价格变化趋势和变动幅度。中国生产者价格指数由工业生产者出厂价格指数和工业生产者购进价格指数两部分组成。由于种种原因，严格意义上的生产者价格指数暂时无法统计出来。目前，中国以工业品出厂价格替代生产者价格，因此，生产者价格指数也被称为工业品出厂价格指数。工业品出厂价格指数是从生产角度反映当月国内市场的工业品价格与上年同月的价格相比的价格变动。

与居民消费价格指数相比，工业品出厂价格指数只反映了工业品出厂价格的变动情况，没有包括服务价格的变动，其变动也要比居民消费价格剧烈一些。但由于它衡量的是企业生产的产品费用，PPI的变动往往预示了消费价格水平的变动趋向，是在重要性上仅次于消费者价格指数的价格指标。因为如果销售商必须为商品支付更多的话，那么他们将趋向于把更高的成本转嫁给消费者。

（六）货币供应量

货币供应量是单位和居民个人在银行的各项存款和手持现金之和，其变化反映中央银行货币政策的变化，对企业生产经营、金融市场的运行和居民个人的投资行为有着重大的影响。根据国际通用的货币度量方法，M0是银行之外流通中的现金；狭义货币M1包括在银行之外流通中的通货和活期存款；广义货币M2不仅反映现实的购买力，而且反映潜在购买力。除此之外，各国还会根据自身情况作出一些具体规定。如果在M2基础上再加上大额定期存款和一些流动性较低的金融资产，这种范围更宽的货币通常记为M3。中央银行可以通过增加或减少货币供应量调节货币市场，实现对经济的干预。中央银行可以通过对货币供应量的管理来调节信贷供应和利率。当现金货币供给量增加时，存款货币量和货币总额将相继发生变动，在货币供求失衡的情况下，信贷总额趋于增长，市场利率趋于下降，而价格水平趋于上涨。货币供应量是影响宏观经济的一个重要变量，与收入、消费、投资、价格、国际收支和汇率等都有极其重要的关系，是国家制定宏观经济政策的一个重要依据。

四、期货相关产业分析

（一）农产品期货分析

1. 农产品期货概述

农产品期货分析离不开农产品本身的生产特点、市场特点和价格形成要素。从上市品种和市场分布来看，国内农产品期货合约主要集中在大连商品交易所和郑州商品交易所，包括已经上市交易的大豆及其下游产品豆粕和豆油、玉米、小麦、棉花、早籼稻，以及属于作物种植后加工提炼出的产品——菜籽油、棕榈油、白糖等；国外农产品期货除了国内的这些上市品种之外，还有更多的农产品期货品种。国内大宗农产品期货除了受国家保护的小麦、玉米、早籼稻之外，其余品种的市场化程度较高，进出口与国际接轨程度较高，因此，表现出较强的国际关联性。

拓展阅读5-2　棉系期货投教材料

2. 农产品期货分析的共同特征

农产品价格走势分析可以根据一段时间内影响农产品行业的重大环境因素改变和供求关系转换的利多或利空的态势研判，内容包括：宏观经济、政策导向等外因作用和平衡表调整、库存需求比变化等供求态势的相对变化，判断农产品的合理价值区间和当前所处的阶段，但应用时需注意以下几点。

（1）农产品是商品，商品的价值是用货币来衡量的，故测算价值区间时不应仅参照历史数据；科技进步和金融形势直接影响农产品计价基础。

（2）农产品价格行情具有明显季节性，农产品平衡表的数据大多为官方公布，如美国农业部的月度报告、季度报告。相对于已经体现市场预估数据的即时行情和领先的价格发现机制，农产品官方报告数据具有明显的时滞性和反向性，在期货市场中有可能一个利空的报告带来的是利空出尽的上涨行情。

（3）农产品作为人类食物和生存需求的一般特征，具有明显的相关性和可替代性，不能只看一个品种的平衡表。不同品种、不同市场、不同关联农产品的期货合约之间的价格联动关系可以从相互之间的逻辑关系和比价关系计算出价格偏离程度和回归关系进行研究。

（4）受种植条件和资源禀赋的限制，农产品产量具有相对有限性，人口增长带动的需求增长具有相对无限性,因此,在一般正常的金融形势下,价格需求弹性和多头行情表现比较明显,单边投机容易导致价格向上偏离机会较多。

(二) 基本金属期货分析

1. 基本金属期货概述

基本金属是国民经济发展的基础材料,行业发展受经济进程及工业化水平影响,并受矿产资源供应状况制约,与人类的消费需求相比较,供给是有限的。金属行业发展过程中,不同国家或地区的不同行业发展状况表现为行业生命周期的不同阶段,所受到的外部经营环境影响因素大致相同,行业发展也表现出一定的共同特征。

2. 基本金属期货分析的共同特征

(1) 与经济环境高度相关,周期性较为明显。金属行业为国民经济提供基础材料,金属的消费需求与经济增长密切相关,行业发展与宏观经济周期高度一致。当经济处于上升时期,市场需求增加,产品价格趋于上涨,行业产出会紧随其扩张;当经济衰退时,市场需求萎缩,产品价格下跌,行业产出、效益也相应下滑。

(2) 产业链环节大致相同,定价能力存在差异。一般而言,金属产业链可以划分为采选、冶炼、加工、消费四个环节,对应着矿产商、冶炼企业、金属加工企业,以及建筑、电力、电子、交运设备制造、五金机械、化工等消耗或使用金属制品的企业。产业链不同环节的定价能力取决于其行业集中度,总体而言,矿产商强于冶炼企业,冶炼企业强于金属加工企业,当然品种之间、地域之间还是存在较大差异,并且一些大型企业通过收购兼并重组,积极向上下游扩张,推动产业链一体化。

(3) 价格需求弹性较大,供求变化不同步。金属需求受世界经济景气度的影响,消费需求往往可以迅速发生较大的变化。金属供给项目特别是矿山供应建设周期长,并且受到资源和勘探成果限制,短期增加新产能有困难。一旦建成开工,持续生产,不会轻易关闭,供应的变化往往会落后于经济形势变化。所以金属供给价格弹性差,而需求价格弹性相对较大,供给变化与需求变化之间存在速度差,从而导致市场出现供需失衡。

(4) 矿山资源垄断,原料供应集中。20 世纪 90 年代以来,采矿和钢铁行业是基础材料行业中整合度最高的行业,这其中又以铁矿石行业的垄断程度为最高。淡水河谷、力拓及必和必拓三大巨头垄断了全球 70%的铁矿石资源,世界前五位铜矿生产商的占比也达到 43.5%。每年的铁矿石贸易谈判、年度铜加工费谈判对于钢铁、铜价都有重要影响。

(三) 能源化工期货分析

1. 能源化工期货概述

随着期货行业的发展,我国先后推出了燃料油期货、PTA 期货、LLDPE 期货和 PVC 期货,还有与合成橡胶高度相关的天然橡胶期货,石化领域的期货品种越来越多。由于国内期货市场化工产品(除了天胶)的产业链源头都是原油,因此可以原油为主线,从产业链出发,通过成本核算和供求关系对能源化工走势进行分析。同时,鉴于经济环境对大宗商品市场的影响越来越大,整个

拓展阅读 5-3
PTA 期货投教材料

期货市场的短期共振现象越来越多，我们需要结合宏观经济形势、产业链动态、资金流向及品种特点进行能源化工品种走势的研判。

2. 能源化工期货分析

能源化工期货价格走势的分析既要分析各品种的个性，也要分析其共性。能源化工行业具有以下几个特征。

（1）受到原油走势影响。原油对化工品的影响主要有两方面，一是从成本上构成推力，二是对投资者心理产生影响。能源和化工品在走势上具有趋同性，尤其是原油在一段时间内形成明显上涨趋势时，很容易引发现货市场跟涨，期货市场上大量资金涌入炒作。但是，在油价表现温和时，主导化工品价格走势的是其自身的基本面。因此，原油对化工品到底产生多少影响力关键是看原油上涨的幅度及持续时间。

（2）价格波动具有季节性和频繁波动性。化工品在生产上并没有如农产品般有季节性的供应特点，但在其需求上存在季节性特点，使得期货价格也会呈现上涨概率较大的季节、下跌概率较大的季节和价格盘整概率较大的季节三种情况。能源化工产业链长，供求关系的变化对期货价格的影响在很大程度上受交易者心理预期变化的左右，从而导致期货价格反复频繁波动。

（3）产业链影响因素复杂多变。石化产业链较为复杂，影响因素众多，且各品种具有各自的特点。无论是分析成本还是供需，都需要对各个环节有清晰的认识，忽视了任何一个环节的客观现实都容易产生反应过度或反应滞后。如 PTA 作为上游化工和下游化纤的分水岭，一方面成本受原油波动影响，另一方面受下游纺织需求、直接原料 PX（对二甲苯）的供需影响。

（4）价格具有垄断性。分析化工产业终端产品价格不易，因为石化领域的“中间体”价格往往由生产企业根据成本加上企业的加工利润报价形成，而买方只能被动接受，所以化工品价格具有垄断性。越是靠近产业链上端的企业，其价格垄断性越强。最典型的是 LLDPE，其生产高度集中，中石化和中石油 LLDPE 产量占总产量的 86%。所以，两大集团的定价销售和挂牌销售会对市场价格产生很大的影响。

（四）贵金属期货分析

1. 贵金属期货概述

贵金属是金（Au）、银（Ag）和铂族金属钌（Ru）、铑（Rh）、钯（Pd）、锇（Os）、铱（Ir）、铂（Pt）的统称，其中金和银又称作货币金属。在国际期货市场上，贵金属品种仅为金、银、铂、钯四个品种。在人类历史的长河中，金、银的使用历史悠久，尤其是金在人类生活中扮演了至少 7 000 年的特殊角色，即使在“金本位制”退出金融货币流通后，它的作用依然不可低估，拥有黄金依然是拥有财富的象征。

拓展阅读 5-4 贵金属：2018 版期货合约交易操作手册

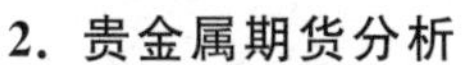

2. 贵金属期货分析

由于贵金属有着相似的物理属性和化学属性，贵金属的分析有一定的共性。下面就分别论述。

（1）供给的稀有性。贵金属的供给包括原始矿产资源和二次资源。矿产资源以各种各样的矿石矿物存在着，二次资源是矿产资源以外的各种再生资源，其来源和范围十分广泛。贵金属在地壳中的含量甚微，比较起来，金和银的选矿冶金较为容易，而铂族金属元素由于含量更低且分散，加上彼此之间的化学性质极其相似，因此从矿石中提取十分困难。贵金属的回收也是供给的另一个重要来源。贵金属的二次资源来源主要包括贵金属材料在生产和加工过程中产生的废料、丧失使用性能的各种含有贵金属的器材和材料以及含有回收价值的各种对象、物料。贵金属具有很高的化学稳定性，各种含贵金属的材料或器件经长期使用会失去原有的功能，但金属本身的价值依然存在；并且二次资源中贵金属的含量远远高于原矿中的含量。从二次资源中回收贵金属已受到高度的重视，有关资料显示，全世界使用过的贵金属 85%以上是被回收和再生利用过的。

(2) 需求的特殊性。贵金属的需求主要分为首饰需求和工业需求。第一，首饰需求。自 20 世纪 70 年代以来，首饰所用黄金和白银的量一直占据总需求量的 70%～80%，不过 2000 年后随着黄金投资需求比例增加，首饰用金占比已经降至 60%左右。早在 1992 年，中国就成为纯金首饰的最大消费国，总购买量接近 335 吨。第二，工业需求。贵金属除用作首饰外，在现代工业材料中有着重要的用途。金有抗氧化、耐腐蚀，良好的导电、导热和延展性等诸多特点，在航空、新材料、电子和信息产业中的应用日益增多。

(3) 投资属性。金的投资需求本身源于金的货币属性，即历史上金曾经是货币的载体。作为货币的金，具有价值尺度、流通手段、储藏手段、支付手段和世界货币等多种职能。与金相比，银的投资属性略有弱化，但白银在人们的投资组合中亦占有非常重要的地位。美国的个人养老金账户也将银条、银锭和银币作为投资组合的一部分。白银投资的方式也是多种多样的，几乎涵盖了所有可以想象到的投资品种。铂、钯的投资属性与金、银相比又有所下降，铂、钯作为保值工具不如金银，大量投资基金是根据重要商品指数如高盛商品指数(GSCI)和路透商品研究局指数(CRB)进行投资组合，主要包括金和银。铂、钯金属市场规模小、流动性差、易被操纵。

五、其他影响因素分析

期货市场具有不同于现货市场的特殊性，在一般的供求分析的基础上，还需要对影响期货品种供求的其他因素给予特别的关注。这些因素包括经济波动周期、金融货币、政治、政策、自然、心理因素等。

（一）经济波动周期

在开放条件下，期货市场价格波动不仅受国内经济波动和周期的影响，而且受世界经济景气状况的影响。经济周期一般由危机、萧条、复苏和高涨四个阶段构成。在经济周期性波动的不同阶段，产品的供求和价格都具有不同的特征(图 5-18)，进而影响期货市场的供求状况。

（二）金融货币因素

金融货币因素对期货市场供求的影响主要表现在利率和汇率两个方面。

货币政策是世界各国普遍采用的一项主要宏观经济政策，其核心是利用利率工具对

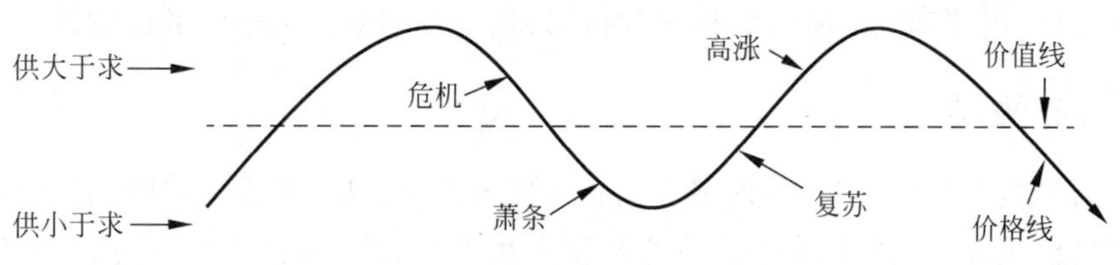

图 5-18　经济周期不同阶段的供求与价格特征

货币供应量进行管理。为了刺激经济增长、增加就业，中央银行实行宽松的货币政策，降低利率，增加流通中的货币量，一般物价水平随之上升。为了抑制通货膨胀，中央银行实行紧缩的货币政策，提高利率，减少流通中的货币量，一般物价水平随之下降。随着金融深化和虚拟经济的发展，利率在现代市场经济中的地位和作用日益重要。利率的高低不仅影响一般商品的价格水平，而且直接影响资产的定价。资产价格取决于资产的未来收益与利率之比。一般地，利率上升，资产价格降低；利率下降，资产价格提高。

随着经济全球化的发展，国际贸易和国际投资的范围和规模不断扩大。汇率对于国际贸易和国际投资有着直接影响。当本币升值时，本币的国际购买力增强，有利于对外投资。同时，以外币表示的本国商品的价格上升，以本币表示的外国商品的价格下降，这将有利于进口而不利于出口。当本币贬值时，外币的国际购买力增强，有利于吸引外商直接投资。同时，以外币表示的本国商品的价格下降，以本币表示的外国商品的价格上升，这将有利于出口而不利于进口。特别是世界主要货币汇率的变化，对期货市场有着显著的影响。例如，目前国际大宗商品大多以美元计价，美元贬值将直接导致大宗商品价格的普遍上涨。

（三）政治因素

期货市场对国家、地区和世界政治局势变化的反应非常敏感。罢工、大选、政变、内战、国际冲突等，都会导致期货市场供求状况的变化和期货价格的波动。例如，2001 年“9・11”恐怖袭击事件在美国发生后，投资者纷纷抛售美元，购入黄金保值，使得世界黄金期货市场黄金价格暴涨；同时，石油及铜、铝等重要的有色金属产品也暴涨，而美元则大幅下跌。

（四）政策因素

除了上面讨论的货币政策，一国政府还采用财政政策对宏观经济进行调控。财政政策的重要手段是增加或减少税收，这直接影响生产供给和市场需求状况。产业政策也是包括中国在内的世界一些国家采用的经济政策。产业政策往往有着特定的产业指向，即扶持或抑制什么产业发展。例如，为了应对 2008 年国际金融危机，中国出台的十大产业振兴规划，就是明确了政府鼓励发展的产业，并提出了相应的政策措施。产业政策一般主要通过财政手段和货币手段实现其政策目标。

对期货市场产生影响的政策因素，不仅来自各国政府的宏观调控政策，而且来自各国际组织的经济政策。例如，OPEC 经常根据原油市场状况，制定一系列政策，通过削减产量、协调价格等措施来控制国际市场的供求和价格。目前，国际大宗商品，包括石油、铜、糖、小麦、可可、锡、茶叶、咖啡等的供求和价格,均受到相应国际组织的影响。

(五)自然因素

自然因素主要是气候条件、地理变化和自然灾害等,具体来讲,包括地震、洪涝、干旱、严寒、虫灾、台风等方面的因素。期货交易所上市的粮食、金属、能源等商品,其生产和消费与自然条件密切相关。自然条件的变化也会对运输和仓储造成影响,从而间接影响生产和消费。尤其是自然因素对农产品的影响大、制约性强。当自然条件不利时,农作物的产量受到影响,从而使供给趋紧,刺激期货价格上涨;相反,如气候适宜,会使农作物增产,从而增加市场供给,促使期货价格下跌。例如,巴西是咖啡和可可等热带作物的主要供应国,因而巴西灾害性天气的出现,对国际上咖啡和可可的价格影响很大。

(六)心理因素

心理因素是指投机者对市场的信心。当人们对市场信心十足时,即使没有利好消息,价格也可能上涨;相反,当人们对市场失去信心时,即使没有利空因素,价格也会下跌。当市场处于牛市时,一些微不足道的利好消息都会刺激投机者的做多心理,引起价格上涨,利空消息往往无法扭转价格坚挺的走势;当市场处于熊市时,一些微不足道的利空消息都会刺激投机者的做空心理,引起价格下跌,利好消息往往无法扭转价格疲软的走势。在期货交易中,市场心理变化往往与投机行为交织在一起,相互依赖、相互制约,产生综合效应。过度投机将造成期货价格与实际的市场供求相脱节。

(七)其他因素

其他因素包括专业咨询机构的文章和观点、基金行为、多空双方资金性因素等,这些因素有时也会对期货价格的波动产生影响,需要投资者关注。

第三节　技术分析

由于期货市场在做空机制、期货合约到期日因素、持仓量指标等方面的特殊性,期货市场技术分析有别于证券市场技术分析。在应用层面,通常期货市场技术分析方法的有效性高于证券市场。

一、技术分析理论

(一)技术分析的概念

期货市场技术分析方法是通过对市场行为本身的分析来预测价格的变动方向,即主要是对期货市场的日常交易状况,包括价格、交易量与持仓量等数据,按照时间顺序绘制成图形、图表,或者形成指标系统,然后针对这些图形、图表或指标系统进行分析,预测期货价格未来走势。

（二）技术分析的三大假设

技术分析法的理论基础是以下三项市场假设：①市场行为反映一切信息。技术分析法认为，投资者的交易行为，已充分考虑了影响市场价格的各项因素。因此，只要研究期货市场交易行为及其表现，就可了解目前的市场状况，无须关心背后的影响因素。②价格呈趋势变动。"趋势"概念是技术分析的核心，趋势的运行将会继续，直到有反转的现象产生为止。事实上价格虽上下波动，但终究是朝一定的方向演进的，技术分析法借助图形或指标分析，以期确定当前价格趋势及发现反转的信号，以掌握时机进行交易并获利。③历史会重演。期货投资的目的是博弈和追求利润，不论是昨天、今天或明天，这个目的都不会改变。因此在这种心理状态下，投资者的交易行为将趋于一定的模式，从而导致历史重演，但不会简单地重复。所以过去价格的变动方式，在未来可能不断发生，值得投资者研究，并且利用统计分析的方法，从中发现一些有规律的图形，整理一套有效的操作原则。

（三）技术分析主要理论

1. 道氏理论

道氏理论是技术分析的基础，创始人是美国人查尔斯·亨利·道。为了反映市场总体趋势，他与爱德华·琼斯创立了著名的道琼斯平均指数。道氏理论的主要原理有：①市场价格指数可解释和反映市场的大部分行为。②市场波动有三种趋势。道氏理论认为价格波动尽管表现形式不同，但最终可将它们分为三种趋势，即主要趋势、次要趋势和短暂趋势。趋势的反转点是确定投资的关键。③交易量在确定趋势中的作用。交易量提供的信息有助于解决一些令人困惑的市场行为。④收盘价是最重要的价格。道氏理论认为所有价格中，收盘价最重要，甚至认为只需用收盘价，不用别的价格。

2. 波浪理论

波浪理论的全称是艾略特波浪理论，是以美国人 R. N. Elliott 的名字命名的一种技术分析理论。艾略特波浪理论以周期为基础，把价格运动分成时间长短不同的各种周期，并指出，在一个大周期中可能存在一些小周期，而小的周期又可以再细分成更小的周期。每个周期无论时间长短，都以一种模式进行。该模式共由 8 浪组成一个周期，即 5 个上升（或下降）浪和 3 个下降（或上升）浪。这 8 个浪完成之后一个周期才结束，并进入下一个周期，新的周期仍然遵循 8 浪模式，这是艾略特波浪理论最核心的内容。

艾略特发现每一个价格运动周期（无论是上升还是下降）可以分成 8 个过程（浪），这 8 个过程一结束，一次大的价格运动就结束了，紧接着将是下一波价格运动。现以上升阶段为例说明价格周期的 8 个过程。

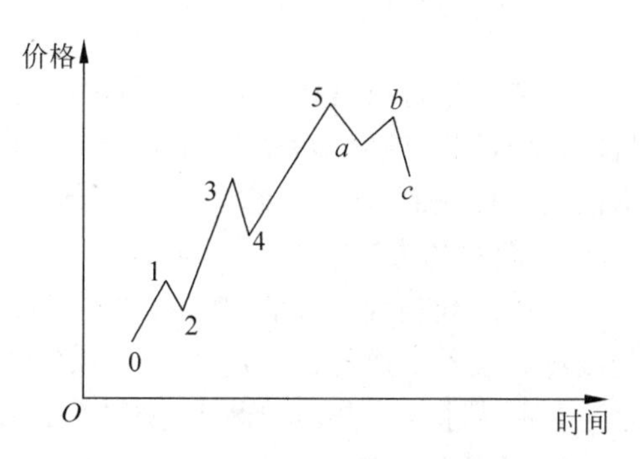

图 5-19 上升阶段的 8 浪结构基本形态图

图 5-19 是一个上升阶段的 8 浪结构基本形态，也称 8 浪过程。0—1 是第一浪，1—2 是第二浪，2—3 是第三浪，3—4 是第四浪，4—5

是第五浪。这5浪中，第一、第三和第五浪称为上升主浪，而第二和第四浪是对第一和第三浪的调整浪。5浪完成后，紧接着会出现一个3浪的向下调整，这3浪是：从5到a为a浪、从a到b为b浪、从b到c为c浪。

考虑波浪理论必须弄清一个完整周期的规模大小。因为趋势是有层次的，每个层次的不同取法，可能会导致使用波浪理论时发生混乱。但是，无论所研究的趋势是何种规模，是主要趋势还是小趋势，8浪的基本形态结构是不会变化的。

在图5-19中，从0到5可看成是一个大的上升趋势，而从5到c可看成是一个大的下降趋势。但如果认为这是2浪的话，那么c之后一定还会有上升浪，只不过时间可能要等很久，而这里的2浪是更大的8浪结构中的一部分。

3. 江恩理论

威廉·江恩（William D. Gann）是20世纪著名的投资专家，在证券和商品期货市场的投资业绩骄人，平均成功率曾经高达88%。

江恩认为证券、期货市场也存在自然规则，市场的价格运行趋势不是杂乱无章的，而是可以预测的。江恩通过对数学、几何学、宗教、天文学的综合运用建立了一套独特分析方法和预测市场的理论，包括江恩时间法则、江恩价格法则和江恩线等。

江恩构造圆形图预测价格运行的时间周期，用方形图预测具体的价格点位，用角度线预测价格的支撑位和阻挡位，而江恩轮中轮则将时间和价位相结合进行预测。

4. 循环周期理论

循环周期理论认为，无论什么样的价格波动，都不会向一个方向永远走下去。价格的波动过程必然产生局部的高点和低点，这些高点和低点的出现，在时间上有一定的规律。因而投资者利用价格波动的周期性，选择低点做多和高点做空获利。

5. 相反理论

相反理论认为，当绝大多数投资者看法一致时，他们通常是错误。那么，投资者的正确选择应当是，首先确定大多数投资者的交易行为，然后反其道而行之。

投资者若想获得较大的投资收益，一定要同大多数人的交易行为不一致。相反理论在操作上的具体体现是，在投资者爆满的时候出场，在投资者稀落的时候入场。

二、价格趋势

（一）趋势

趋势是指价格运行的方向。但价格运行轨迹一般不会朝任何方向直来直去，而是曲折的，具有明显的峰和谷。价格运行的方向，正是由这些波峰和波谷依次上升、下降或者横向延伸形成的，即上升趋势、下降趋势和水平趋势。

1. 趋势的方向

由一系列相继上升的波峰和波谷形成的价格走势称为上升趋势；由一系列相继下降的波峰和波谷形成的价格走势称为下降趋势；由一系列水平运动的波峰和波谷形成的价格走势称为水平趋势（也称“无趋势”），这三种趋势的具体图形如图5-20所示。

2. 趋势的级别

趋势按时间长短、波动大小可分为不同级别的主要趋势、次要趋势（中级趋势）和短暂趋势，如图 5-21 所示。图中，1～4 为主要上升趋势，2～3 为中级下降趋势，$A-B$ 为短期上升趋势，1～4 主要趋势同时也是下一个更大趋势的组成部分。

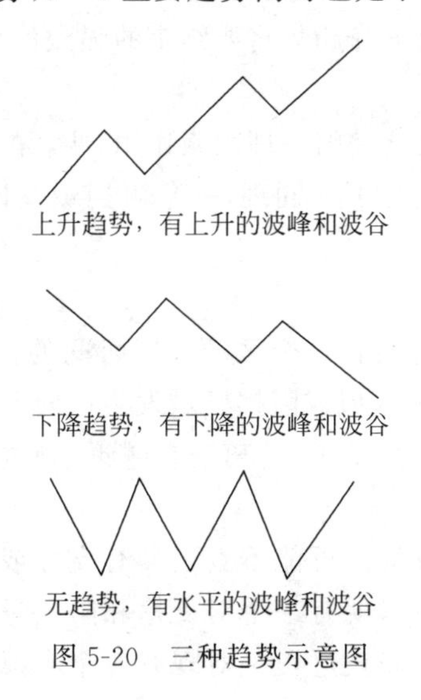

图 5-20　三种趋势示意图

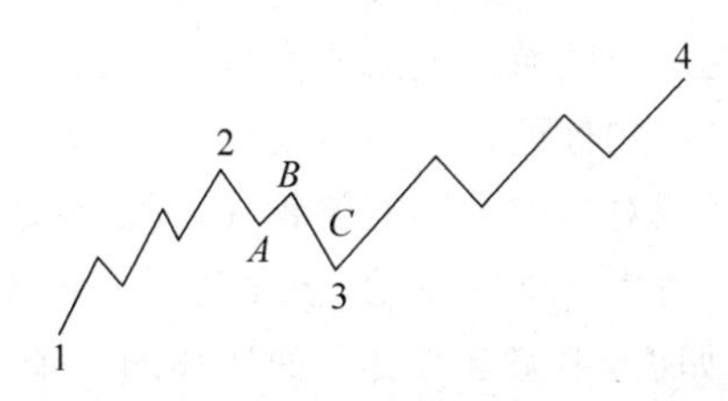

图 5-21　主要趋势、次要趋势和短暂趋势

（二）支撑和阻挡

1. 支撑和阻挡的含义

一般把价格向上反弹的低点称为支撑。当价格跌到某个价位附近时，价格停止下跌，甚至有可能还有回升，这是因为多方在此买入造成的。支撑起阻止价格继续下跌的作用。把价格向下调整的高点称为阻挡。当价格上涨到某价位附近时，价格会停止上涨，甚至回落，这是因为空方在此抛出造成的。阻挡起阻止价格继续上升的作用。

2. 支撑和阻挡的作用

支撑和阻挡的作用是阻止或暂时阻止价格向一个方向继续运动。价格的变动是有趋势的，要维持这种趋势，就必须冲破阻止其继续向前的障碍。比如，要维持下跌行情，就必须突破支撑的阻力，创造出新的低点；要维持上升行情，就必须突破阻挡的阻力，创造出新的高点。由此可见，支撑和阻挡迟早会有被突破的可能，它们不足以长久地阻止价格保持原来的变动方向，只不过是使它暂时停顿而已(图 5-22)。

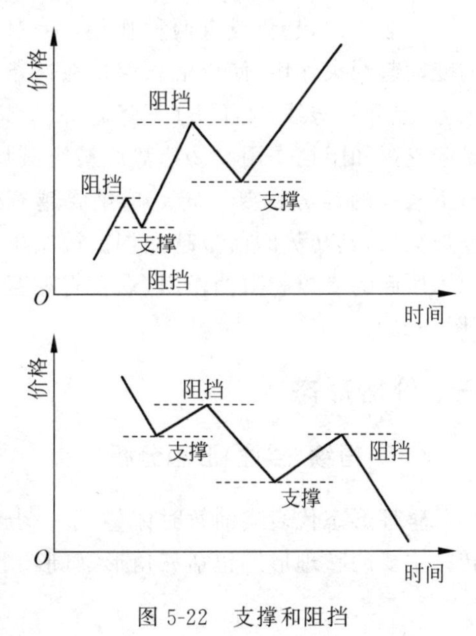

图 5-22　支撑和阻挡

同时，支撑和阻挡又有彻底阻止价格按原方向变动的可能。当一个趋势即将终结，它就不可能创出新低和新高，这时支撑和阻挡就显得异常重要。在上升趋势中，如果下一次未创新高，即未突破阻挡，这个上升趋势处在关键位

置，如果下一步价格向下突破了这次上升趋势的支撑，发出上升趋势将要结束的强烈信号；在下降趋势中，如果下一次未创新低，即未突破支撑，这个下降趋势处于关键位置，如果下一步价格向上突破了这次下降趋势的阻挡，发出下降趋势将要结束的强烈信号。

3. 支撑和阻挡的相互转化

支撑和阻挡之所以能起支撑和阻挡作用，很大程度是因心理因素作用，两者的相互转化也是如此。一旦支撑被跌破，那么这一支撑将成为阻挡；同理，一旦阻挡被突破，这个阻挡将成为支撑。

4. 支撑和阻挡的确认与修正

确认支撑或阻挡要考虑三个方面的因素，一是价格在这个区域停留时间的长短；二是价格在这个区域伴随的成交量大小；三是这个支撑区域或阻挡区域发生的时间距离当前这个时期的远近。价格停留的时间越长，伴随的成交量越大，离现在越近，则这个支撑或阻挡区域对当前的影响就越大，反之就越小。

有时由于价格的变动，会发现原来确认的支撑或阻挡可能不真正具有支撑或阻挡的作用，比如说，不完全符合上面所述的三个条件。这时，就有一个对支撑和阻挡进行调整的问题，这就是支撑和阻挡的修正。对支撑和阻挡的修正过程是对现有各个支撑和阻挡的重要性的确认。

（三）趋势线

在上升趋势中，将两个低点连成一条直线，得到上升趋势线。在下降趋势中，将两个高点连成一条直线，得到下降趋势线。趋势线至少要得到第三个点的验证才能确认，趋势线被触及的次数越多越有效，趋势线延续的时间越长越有效。

一般来说，趋势线有两种作用：①对价格今后的变动起约束作用，使价格总保持在这条趋势线的上方（上升趋势线）或下方（下降趋势线），实际上就是起支撑和阻挡作用。②趋势线被突破后，说明价格下一步的走势将要反转。越重要越有效的趋势线被突破，其转势的信号越强烈。被突破的趋势线原来所起的支撑和阻挡作用，现在将相互交换角色（图 5-23）。

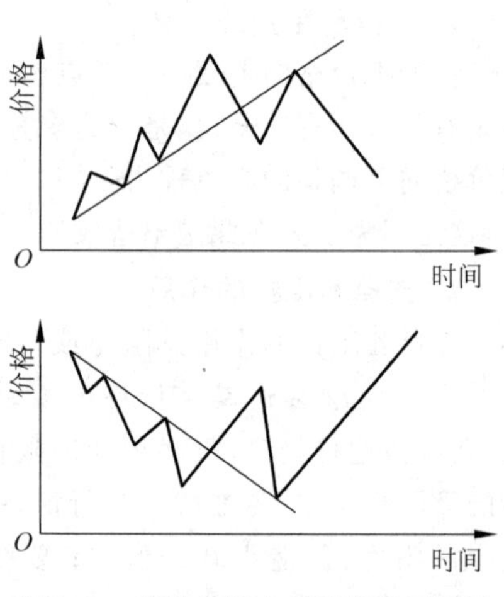

图 5-23　趋势线被突破后起相反作用

三、价格形态

（一）持续（整理）形态分析

整理形态代表当前暂时休整，下一步市场运动将与此前趋势的原方向一致，而不是反转。主要的整理形态包括三角形、旗形、矩形等。

1. 三角形

三角形的形成表示市场内买方和卖方彼此争持：买方在价格偏低时买入，价位因而上涨；卖方在价格偏高时卖出，价位因而回落。这种情况在未有大突破之前会反复出现，波幅也会越来越窄，各高点间的连线和各低点间的连线形成三角形。理论上，三角形可以向上或向下突破。三角形通常分为上升三角形、下降三角形和对称三角形。

上升三角形有一条上升的底线和一条水平的顶线(图 5-24)。上升三角形代表升市，当收市价穿过顶线时，便是突破的信号。通常，伴随着成交量放大，上升三角形的突破可认为是上升行情的开始，可以考虑买入合约。下降三角形有一条下降的顶线和一条水平的底线(图 5-25)。下降三角形代表跌市，当收市价穿过底线时，便是突破的信号。通常，伴随着成交量放大，下降三角形的突破可认为是下跌行情的开始，可以考虑卖出合约。在成交量方面，当价格移向三角形顶点时成交量缩小，当价格向上或向下突破时成交量应随之放大。若只是价格突破而成交量没有放大，通常是假突破。

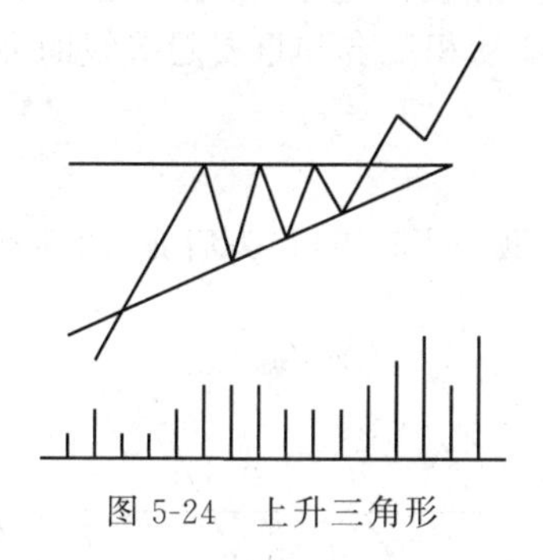

图 5-24 上升三角形

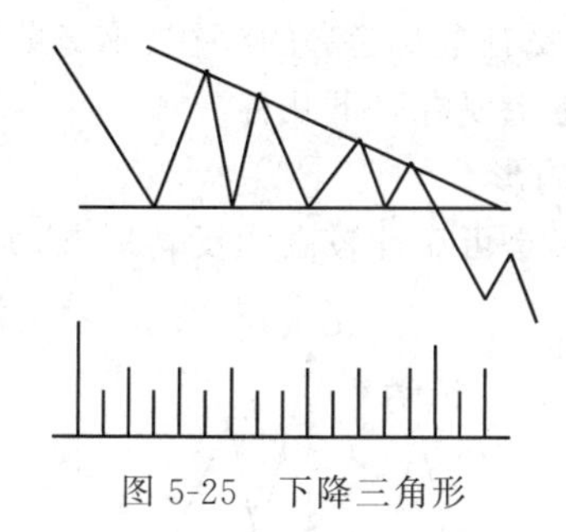

图 5-25 下降三角形

对称三角形又称敏感三角形，是近期的价格高点越来越低，近期的价格低点越来越高，将各高点和各低点连成的趋势线交于一点(图 5-26)。它表示市场中买方和卖方争持不下，价位有待突破。当供求失衡，价位向上或向下突破后，市场价格将按此突破方向前进。通常，价格在三角形内震荡趋缓时成交量会减少，当价格突破时成交量应明显放大。

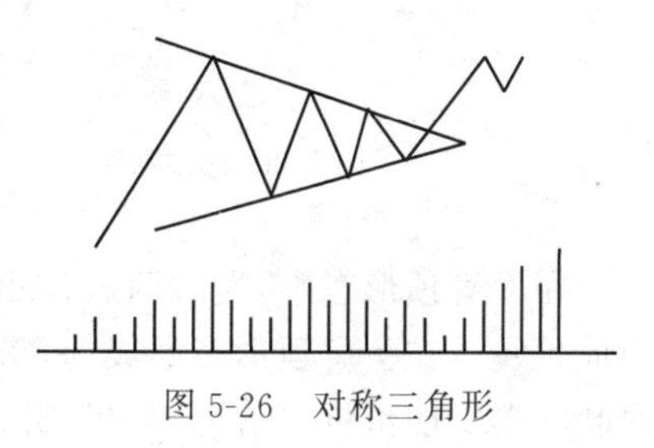

图 5-26 对称三角形

2. 旗形

旗形是伴随成交量的放大，价格出现大幅上升或下降(形成旗杆)后，进入短期整理，直到走势再次突破。旗形是由两条平行的趋势线构成，它又可分为上升旗形(图 5-27)和下降旗形两种。通常，在旗形形成时成交量较小，趋势突破后成交量剧增，表明价格趋势重新开始。

3. 矩形

矩形又称箱形，表示当前市场处于盘整阶段，价格在两条水平的平行线之间运动，突破后仍将继续原来的走势(图 5-28)。矩形走势形成时，表示买卖双方全力交战，互不退让，在高价区卖方抛空，在低价区买方购入，形成两条明显的上下界线。当一方力量增强，伴随成交量放大，收市价位突破界线后，箱形整理便告结束，而突破口则指示出价格的方向。

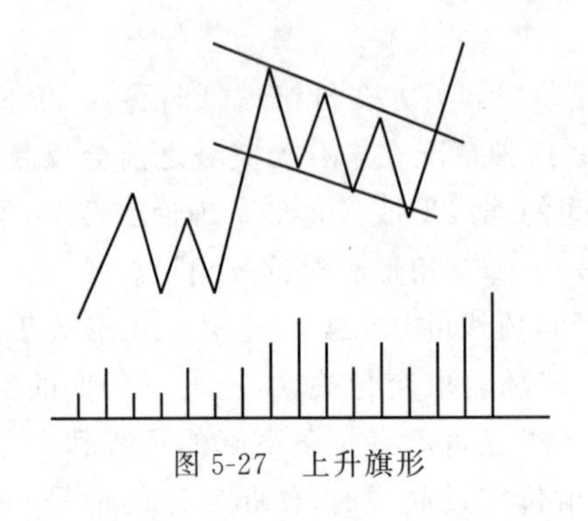

图 5-27　上升旗形

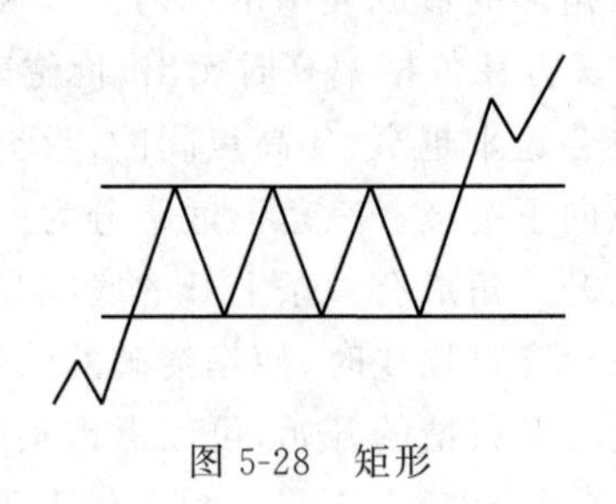

图 5-28　矩形

（二）反转（突破）形态分析

反转形态表示价格趋势将与此前趋势的原方向相反。通常，反转形态的形成要有三个因素，即要有主要趋势的存在、成交量要与价格变动相配合和重要趋势线的突破。反转（突破）形态主要有以下几种。

1. 头肩形

头肩形是可靠性较高的反转形态，通常分头肩顶（图 5-29）和头肩底（图 5-30）。

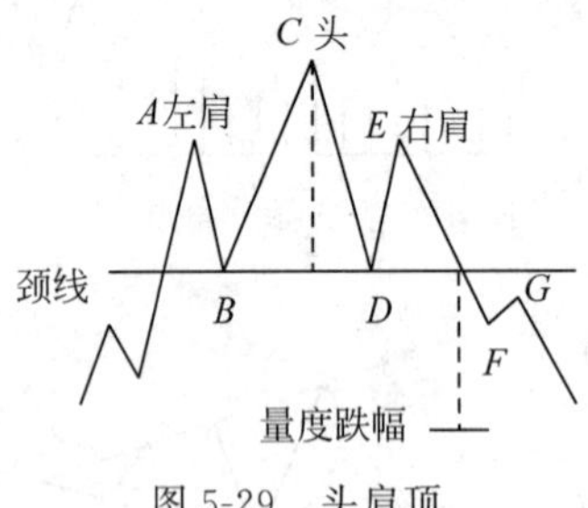

图 5-29　头肩顶

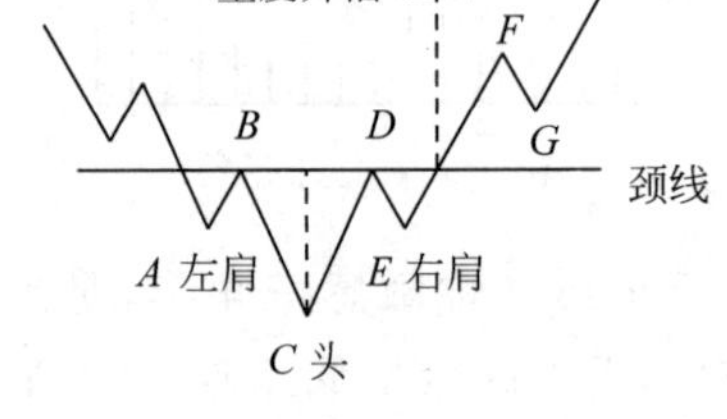

图 5-30　头肩底

在头肩顶形态中，左右两肩（A 和 E）高度相当，头（C）高于两肩，低点（B 和 D）相连而成颈线。在头肩顶形态形成前，市势处于上升，当价格升至 A 点时，成交量大增，获利回吐的卖压使价位回落至 B 点，成交量也减少，左肩形成。其后市价回升，出现新高点，但成交量未能同步放大，因而又回落至前一低点水平附近，形成头部。然后市价再次反弹，但涨势乏力，价位低于头部就回落，且成交量也较少，形成右肩。价位跌破颈线一定幅度，可以认为跌势将展开。在头肩顶形态确立后，从顶点 C 到颈线的垂直距离，可以看作突破颈线后价格最小跌幅。

相对于头肩顶，在底部形成的类似转向形态便是头肩底。其形成过程与头肩顶相似，只是将整个过程倒转过来，即在一个长期跌市中，市价再一次下跌，成交量相对减少，接着价位出现反弹，形成左肩。其后市价第二次下跌，创出新低，随成交量增加，价位逐步回升，形成头部。然后成交量继续减少，当市价第三次下跌时，没有创出新低就回升，形成右肩。右肩形成后，市价随成交量较大的上升冲破颈线，可认为升势已经展开。

2. 双重顶和双重底

双重顶和双重底通常由两个几乎等高的峰或谷组成。双重顶的顶部呈 M 形，双重底的底部呈 W 形,因而亦称之为 M 顶(图 5-31)和 W 底(图 5-32)。

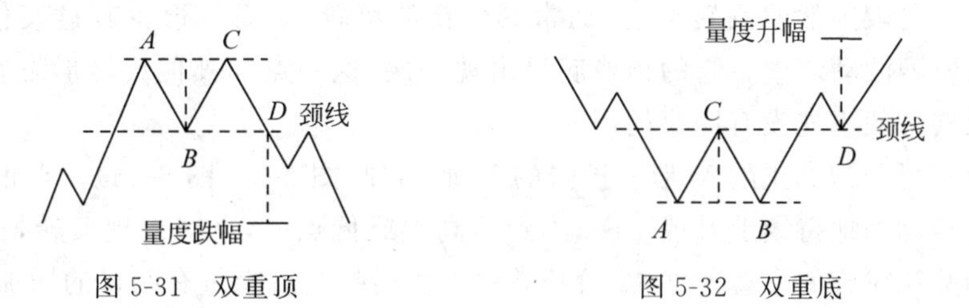

图 5-31　双重顶　　　　图 5-32　双重底

双重顶是价位急速上升至某一价格水平回跌,然后价位再次回升至前一峰顶,最后回落跌破颈线,形成双顶。同理,双重底是价位急速下跌至某一价格水平回升,然后价位再次回跌至前一谷底,最后回升突破颈线,形成双底。在双顶和双底形态中,当价格冲至第一个峰顶或谷底时,成交量通常较小,因而后劲乏力。但当价格突破颈线时,成交量开始放大,当价位突破一定幅度后,可以看作有效突破,市势由此开始反转。通常,双顶或双底后的涨跌最小变动幅度,是从顶点或底点到颈线的垂直距离。

3. 圆弧形态

将价格运行在一段时间的顶部高点连起来,有时可能得到一条类似于圆弧的弧线,盖在价格之上,形成圆弧顶;将每个底部的低点连在一起也能得到一条弧线,托在价格之下,形成圆弧底(图 5-33)。

图 5-33　圆弧形态

(a)圆弧顶;(b)圆弧底

圆弧形又称碟形、圆形、碗形等,在实际中出现的机会较少,但是一旦出现则是绝好的投资机会,它的反转深度和高度是不可预测的。

圆弧的形成过程与头肩形中的复合头肩形有相似的地方,只是圆弧形态的各种顶或底没有明显的头和肩,没有明显的主次区分。

在识别圆弧形时,成交量很重要。无论是圆弧顶还是圆弧底,在形成过程中,成交量都是两头多、中间少。越靠近顶或底成交量越少,到达顶或底时成交量达到最少(圆弧底在达到底部时,成交量可能突然放大,之后恢复正常)。在突破后,一般都有较大的成交量配合。

圆弧形态形成的时间越长,发生反转的力度越强,在时间上应该与一个头肩形的时间相当。

4. V形形态

V形形态是较突然的反转形态，通常其价格波幅较大，而且很少有过渡信号。V形出现在市场剧烈波动之中。它的顶或底只出现一次，这一点同其他反转形态有较大的区别。V形反转一般事先没有明显的征兆。

V形形态可分为真正的V形和扩张的V形两种(图5-34、图5-35)。真正的V形首先表现为价格剧烈地持续上升或下降，当到达高点或低点时，立即出现反转，价格走势又回到与原趋势相对称的形态。通常，价格趋势发生转折时成交量有明显的增加。

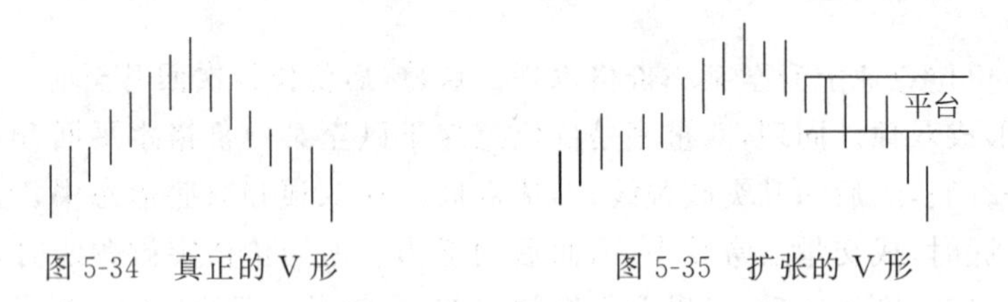

图5-34 真正的V形　　图5-35 扩张的V形

扩张的V形与真正的V形不同之处在于：价格见顶或见底反转回稳到一定水平后，出现向横的方向发展的平台。通常平台稍微倾斜，此时交易量增大，然后价格冲破平台，回到与原趋势相对称的形态。

四、技术指标

(一) 趋势类指标

1. 移动平均线

MA(moving average)，原意是移动平均，由于采用连续若干天市场价格(通常采用收盘价)的算术平均按时间进行连线来分析和预测价格走势，一般称为移动平均线，简称均线。均线指标是当今应用最普遍的技术指标之一，它帮助交易者确认现有趋势、判断未来趋势和发现趋势的反转。

MA最基本的思想是消除价格随机波动的影响，寻求价格波动的趋势。它具有以下几个特点：①趋势追逐性。MA能够表示价格的波动趋势，并追随这个趋势。如果从价格的图表中能够找出上升或下降趋势线，那么，MA的曲线一般会与趋势线方向一致，消除了价格起伏对趋势判断的影响。②滞后性。在原有价格趋势发生反转时，由于MA具有追踪趋势的特性，MA的行动往往过于迟缓，掉头速度落后于趋势，这是MA的弱点。③稳定性。从MA的计算方法可知，MA的数值较价格波动平滑，大幅波动比较少见。因MA的变动不是一天的变动，而是一段时期的变动。④助涨助跌性。当价格突破MA，无论是向上突破还是向下突破，价格有继续向突破方向再走一程的愿望，这就是MA的助涨助跌性。⑤支撑和阻挡的特性。由于MA的上述四个特性，它在价格走势中起支撑和阻挡的作用。MA被突破，实际上是支撑和阻挡被突破。

2. 平滑异同移动平均线

MACD，一般称为平滑异同移动平均线、指数平滑异同移动平均线。该指标是由杰拉尔得·阿佩尔(Gerald Appel)于1979年首先提出的。

MACD根据每日的收盘价，计算出两条不同速度的加权移动平均线，通过测量两条平均线的离差值来判断买卖时机。首先要计算出快速移动平均线（即EMA1）和慢速移动平均线（即EMA2），以这两个数值来测量两者（快慢速线）间的离差值（DIF），然后再求DIF的N周期的平滑移动平均线DEA（也叫MACD、DEM）线。

①DIF和DEA均为正值时，属多头市场；DIF和DEA均为负值时，属空头市场；DIF向上突破DEA是买入信号；DIF向下突破DEA是卖出信号。②当DIF与MACD都在零线以上，而DIF向上突破MACD时，为黄金交叉，价格将再次上涨，是买入信号。③当DIF和MACD都在零线以下，而DIF向上突破MACD时，为黄金交叉，价格跌势将止，是买入信号。④当DIF与MACD都在零线以上，而DIF却向下突破MACD时，为死亡交叉，价格将下跌，是卖出信号。⑤当DIF和MACD都在零线以上，而DIF向下突破MACD时，为死亡交叉，价格还将下跌，是卖出信号。

（二）摆动类指标

1. 威廉指标

威廉指标，又称威廉指数、威廉超买超卖指数（Williams overbought/oversold index），简记为WR%R、W%R、W&R、WR，它是由Larry Williams于1973年首创。WR能够帮助判断市场处于超买状态还是处于超卖状态，该指标最早用于期货市场。

1）WR的计算公式

$$n\text{ 日 WR}=(H_n-C_t)/(H_n-L_n)\times 100$$

其中，C_t为当天的收盘价；H_n和L_n为最近n日内（包括当天）出现的最高价和最低价。

由公式可知，WR有一个参数，那就是选择日数n。WR表示的含义是当天的收盘价在过去一段时间的全部价格范围内所处的相对位置。

2）应用法则

第一，WR的取值。①当WR高于80，即处于超卖状态，行情即将见底，应当考虑买进；②当WR低于20，即处于超买状态，行情即将见顶，应当考虑卖出。然而，80和20只是一个经验数字，不是绝对的。具体买卖区域要根据具体情况而定。

第二，WR的曲线形状。①在WR进入高位后，如果此时价格还继续上升，会产生背离，是卖出的信号；②在WR进入低位后，一般要反弹，如果此时价格还继续下降，会产生背离，是买进的信号；③WR连续几次触顶（底），局部形成双重或多重顶（底），则是卖出（买进）的信号。

2. 随机摆动指标

KDJ指标又称随机摆动指标（stochastic oscillator），最初仅用于期货市场，后被广泛用于股市的中短期趋势分析，目前是期货和证券市场上最常用的技术分析工具之一。

1）指标计算公式

K、D值的计算，是基于“未成熟随机值”（raw stochastic value，RSV）。对RSV进行指数平滑，得到K值；对K值进行指数平滑，得到D值。

J指标是D指标加上一个修正值，其实质是反映D指标和D与K的差值之间的关系。

$$n\text{ 日 RSV}=(C_n-L_n)/(H_n-L_n)\times 100$$

$$K\text{ 值}=2/3\times\text{昨日 }K\text{ 值}+1/3\times\text{RSV}$$

$$D\text{ 值}=2/3\times\text{昨日 }D\text{ 值}+1/3\times K\text{ 值}$$

$$J=3D-2K=D+2(D-K)$$

KD 是在 WR 的基础上发展起来的，具有 WR 的一些特性。在反映价格变化时，WR 最快，K 其次，D 最慢。在使用 KD 指标时，往往称 K 指标为快指标，D 指标为慢指标。K 指标反应敏捷，但容易出错；D 指标反应稍慢，但稳重可靠。

2）应用法则

KDJ 指标是三条曲线，在应用时主要从五个方面进行考虑：KD 指标的取值、KD 曲线的形态、KD 指标的交叉、KD 指标的背离和 J 指标的取值大小。

第一，取值。KD 的取值范围都是 0～100，将其划分为几个区域：超买区、超卖区、徘徊区。按一般的划分法，80 以上为超买区，20 以下为超卖区，其余为徘徊区。J 指标取值超过 100 和低于 0，都属于价格的非正常区域，大于 100 为超买，小于 0 为超卖。

第二，指标曲线的形态。当 KD 指标在较高或较低的位置形成了头肩形和多重顶（底）时，是采取行动的信号。

第三，指标的交叉。K 线上穿 D 线是金叉，为买入信号；K 线下穿 D 线，是死亡交叉，为卖出信号。

第四，指标的背离。当 KD 处在高位，并形成两个依次向下的峰，而此时价格还在不断上涨，这叫顶背离，是卖出信号；相反，KD 处在低位，并形成一底比一底高，而价格还继续下跌，构成底背离，是买入信号。

3. 相对强弱指标

相对强弱指标（relative strength index，RSI）是以某一特定时期内价格的变动情况推测价格的变动方向，并根据价格涨跌幅度显示市场的强弱。

1）计算公式

RSI 以交易日的天数作为参数，一般有 5 日、9 日、14 日等。下面以 14 日为例详细介绍 RSI(14)的计算方法，其余参数的计算方法与此相同。

先找到包括当天在内的连续 15 天的收盘价，用每一天的收盘价减去上一天的收盘价，得到 14 个数字。这 14 个数字中有正（比上一天高）、有负（比上一天低）。

$$A=14\text{ 个数字中正数之和}$$

$$B=14\text{ 个数字中负数之和}\times(-1)$$

$$\text{RSI}(14)=A/(A+B)\times 100$$

A 表示 14 天中价格向上波动的大小，B 表示向下波动的大小，$A+B$ 表示价格总的波动大小。RSI 实际上是表示向上波动的幅度占总的波动的百分比，如果占比大为强市，否则为弱市。

2）应用法则

（1）不同参数的两条或多条 RSI 曲线联合使用，天数越多 RSI 考虑的时间范围越大，结论越可靠，但速度慢；短期 RSI＞长期 RSI，则属多头市场；短期 RSI＜长期 RSI，则属空头市场。

(2) RSI取值。将100分成四个区域,根据RSI的取值落入的区域进行操作。划分区域的方法见表5-1。

表5-1 RSI不同取值对应的市场特征与操作策略

RSI值	市场特征	投资操作
80～100	极强	卖出
50～80	强	买入
20～50	弱	卖出
0～20	极弱	买入

(3) RSI曲线形状。当RSI在较高或较低的位置形成头肩形和多重顶(底),是采取行动的信号。RSI在上升和下降中,也可以画出趋势线。趋势线一旦被突破,就是采取行动的信号。

(4) RSI的背离。RSI处于高位,并形成一峰比一峰低的两个峰,此时,价格却对应的是一峰比一峰高,为顶背离,是卖出信号。RSI在低位形成两个依次上升的谷底,而价格还在下降,这是最后一跌或者说是接近最后一跌,为底背离,是买入信号。

五、图形与价量分析

期货市场技术分析一般以价格、交易量和持仓量三个变量作为分析基础。其中价格、交易量分析适用于所有金融市场,持仓量分析仅适用于期货市场。

(一) 交易量、持仓量与价格

1. 交易行为与持仓量的变化

第一,只有当新的买入者和卖出者同时入市时,持仓量增加;第二,当买卖双方有一方做平仓交易时(即换手),持仓量不变;第三,当买卖双方均为原交易者、双方均为平仓时,持仓量减少。此外,一旦交割发生,买卖双方以交割形式完成期货交易,持仓量下降。

如表5-2所示,如果买卖(多空)双方均建立了新的头寸,则持仓量增加。如果双方均是平仓了结原有头寸,则持仓量减少。如果一方开立新的交易头寸,而另一方平仓了结原有交易头寸,也就是换手,则持仓量维持不变,这包括多头换手和空头换手两种情况。通过分析持仓量的变化,可以确定资金是流入市场还是流出市场。

表5-2 交易行为与持仓量变化

序号	买方	卖方	持仓量的变化
1	多头开仓	空头开仓	增加(双开仓)
2	多头开仓	多头平仓	不变(多头换手)
3	空头平仓	空头开仓	不变(空头换手)
4	空头平仓	多头平仓	减少(双平仓)

2. 交易量、持仓量与价格的一般关系

交易量、持仓量与价格走势的关系较为复杂。一般认为,如果交易量和持仓量均增

加，则当前价格趋势很可能按照现有方向继续发展(无论是上涨还是下跌)。如果交易量和持仓量都减少，则当前价格趋势或许即将终结(表5-3)。

表5-3 期货市场量价关系

价格	交易量	持仓量	市场
上涨	增加	增加	强势特征，趋势不变
上涨	减少	减少	弱势特征，反转先兆
下跌	增加	增加	强势特征，趋势不变
下跌	减少	减少	弱势特征，反转先兆

(1) 交易量和持仓量随价格上升而增加。交易量和持仓量增加，说明新入市交易者买卖的合约数超过了原交易者平仓交易。市场价格上升又说明市场上买气压倒卖气，市场处于技术性强市，新交易者正在入市做多。

(2) 交易量和持仓量增加而价格下跌。这种情况表明不断有更多的新交易者入市，且在新交易者中卖方力量压倒买方，因此市场处于技术性强市，价格将进一步下跌。

(3) 交易量和持仓量随价格下降而减少。交易量和持仓量减少说明市场上原交易者为平仓买卖的合约超过新交易者买卖的合约。价格下跌又说明市场上原买入者在卖出平仓时其力量超过了原卖出者买入补仓的力量，即多头平仓了结离场意愿更强，而不是市场主动性地增加空头。因此未平仓量和价格下跌表明市场处于技术性弱市，多头正平仓了结。

(4) 交易量和持仓量减少而价格上升。交易量和持仓量减少说明市场上原交易者正在对冲了结其合约。价格上升又表明市场上原卖出者在买入补仓时其力量超过了原买入者卖出平仓的力量。因此这种情况说明市场处于技术性弱市，主要体现在空头回补，而不是主动性做多买盘。

(二) 持仓量分析

由于持仓量是从期货合约开始交易起计算的未平仓的合约数量。持仓量越大，说明该合约到期前平仓交易量和实物交割量就越大。因此，分析持仓量的变化可推测资金在期货市场的流向。持仓量增加，表明资金流入期货市场；反之，则说明资金正流出期货市场。

以美国为例，美国商品期货交易委员会每周五公布截至本周二的上一周的持仓结构，主要分为非商业持仓、商业持仓以及非报告持仓三部分。非商业持仓主要指的是基金等大机构的投机仓位，商业持仓主要指的是套期保值的商业仓位，而非报告持仓为散户投机力量。一般认为，基金是市场价格行情的推动力量，其净多、净空的变化对价格变化有很大的影响。当然，其净部位达到一定的极限高度时，市场可能会发生逆转。

关键术语

涨跌　买量　卖量　买价　卖价　持仓量　K线图　分时图　均衡价格　道氏理论　波浪理论　江恩理论　循环周期理论　相反理论　趋势线　头肩形　双重顶和双重

底 圆弧形 V形 移动平均线 威廉指标 随机摆动指标 相对强弱指标 价量关系 持仓量分析

复习思考题

1. 对期货投资进行宏观分析时，宏观经济指标的数量变动及其关系，反映了国民经济的整体状况，那么常用的宏观经济指标有哪些？

2. 农产品期货分析的共同特征主要有哪些？

3. 能源化工期货价格走势的分析既要分析各品种的个性，也要分析其共性，请谈谈能源化工行业分析时所具有的共性。

4. 技术分析法的理论基础是哪三项市场假设？

5. 请简要说明波浪理论的含义及其用法。

6. 请谈谈相对强弱指标的构造原理及应用法则。

7. 交易量、持仓量与价格的关系主要表现在哪些方面？

即测即练

第六章

股票指数期货及权益类衍生品

学习目标

1. 了解什么是股指期货及其他权益类衍生品，对股指期货有一个全面、清晰的认知；

2. 熟悉和掌握股指期货的交易规则、股指期货卖出套期保值、股指期货跨期套利和股指期货期现套利；

3. 理解和掌握股指期货卖出套期保值、股指期货跨期套利、股指期货期现套利、股指期货跨期套利理论价格的计算和操作。

第一节　股指期货概述

股指期货是目前全世界交易最活跃的期货品种。2010 年 4 月 16 日，我国内地第一个股指期货——沪深 300 指数期货在上海中国金融期货交易所上市交易。这一期货产品迅速获得了各经济组织和广大投资者的青睐。2012 年以后，其市场交易额一直超过国内所有商品期货的交易总额，占据我国国内期货市场交易的半壁江山。

据有关统计，截至 2015 年上半年，沪深 300 指数期货已成为全球第一大股指期货合约。这说明，我国沪深 300 指数期货取得了很大的成功，已经成为广大市场参与者配置资产和防范风险的重要金融工具。

一、股票指数

股票指数(stock index，即股票价格指数，国内多称股价指数，简称股指)，是反映和衡量所选择的一组股票的价格的平均变动的指标。不同股票市场有不同的股票指数，同一股票市场也可以有多个股票指数。不同股票指数除了其所代表的市场板块可能不同之外，另一主要区别是它们的具体编制方法可能不同，即具体的抽样和计算方法不同。一般而言，在编制股票指数时，首先需要从所有上市股票中选取一定数量的样本股票。在确定了样本股票之后，还要选择一种计算简便、易于修正并能保持统计口径一致和连续的计算公式作为编制的工具。通常的计算方法有三种：算术平均法、加权平均法和几何平均法。在此基础上，确定一个基期日，并将某一既定的整数(如 10、100、1 000 等)定为该基期的股票指数。之后，则根据各时期的股票价格和基期股票价格的对比，计算出升降百分比，即可得出该时点的股票指数。

世界最著名的股票指数包括道琼斯工业平均指数(DJIA)、标准普尔500(Standard and Poor's 500 index,S&P500)指数、纽约证券交易所综合股票指数(New York stock exchange composite index)、道琼斯欧洲STOXX50(DJ Euro STOXX 50)指数、英国的金融时报指数(FT-SE100)、日本的日经225股价指数(Nikkei225)、中国香港的恒生指数(Hang Seng index)等。在我国内地,常用的股票指数有沪深300指数、中证500指数、上证综指、上证50指数、上证180指数、科创50指数、深证成指、创业板指、深证100指数等。在这些股票指数中,道琼斯工业平均指数与日经225股价指数的编制采用算术平均法,而其他指数都采用加权平均法编制。它们各自反映不同市场板块的股票价格运动和变化趋势,成为各种经济机构和投资者了解市场和进行投资选择的重要指标与依据。

拓展阅读6-1　美国股指期货市场发展历程

二、股指期货

股指期货(即股票价格指数期货,也可称为股价指数期货),是指以股票指数为标的资产的标准化期货合约。双方约定在未来某个特定的时间,可以按照事先确定的股票指数的大小,进行标的指数的买卖。股指期货交易的标的物是股票价格指数。自1982年2月美国堪萨斯期货交易所上市价值线综合平均指数期货交易以来,股指期货日益受到各类投资者的重视,交易规模迅速扩大,交易品种不断增加。目前,股指期货交易已成为金融期货,也是所有期货交易品种中的第一大品种。

股指期货与其他期货在产品定价、交易规则等方面并无大的区别。但是,由于股指期货有着特殊的标的物,因而在某些具体的细节上,股指期货也有一定的特殊性。

第一,像股票指数现货交易一样,股指期货以指数点数报出,期货合约的价值由所报点数与每个指数点所代表的金额相乘得到。每一股指期货合约都有预先确定的每点所代表的固定金额,这一金额称为合约乘数。因此,股指期货合约的规模是不确定的,它会随着股指期货市场点数的变化而变化。

第二,指数期货没有实际交割的资产,指数是由多种股票组成的组合;合约到期时,不可能将所有标的股票拿来交割,故而只能采用现金交割。

第三,与利率期货相比,由于股价指数波动大于债券,而期货价格与标的资产价格紧密相关,因此股指期货价格波动要大于利率期货。

三、目前国内上市的股指期货

沪深300指数期货是中国内地金融期货交易所推出的第一份金融期货合约。随后,中国金融期货交易所又推出来上证50和中证500两个股指期货品种,表6-1是目前三个股指期货品种的主要条款内容。

拓展阅读6-2　《经济日报》评香港A50指数期货:将促进国际长线资金流入我国

表 6-1　中国金融期货交易所股票指数期货合约

内　　容	沪深 300 股指期货	上证 50 股指期货	中证 500 股指期货
合约标的	沪深 300 指数	上证 50 指数	中证 500 指数
合约乘数	每点 300 元		每点 200 元
报价单位	指数点		
最小变动价位	0.2 点		
合约月份	当月、下月及随后两个季月		
交易时间	上午：9：30—11：30，下午：13：00—15：00		
每日价格最大波动限制	上一个交易日结算价的±10%		
最低交易保证金	合约价值的 8%		
最后交易日	合约到期月份的第三个周五，遇国家法定假日顺延		
交割日期	同最后交易日		
交割方式	现金交割		
交易代码	IF	IH	IC
上市交易所	中国金融期货交易所		

对股指期货合约主要条款的交易规则简要说明如下。

（一）合约乘数

一张股指期货合约的合约价值用股指期货指数点乘以某一既定的货币金额表示，这一既定的货币金额称为合约乘数。股票指数点越大，或合约乘数越大，股指期货合约价值也就越大。沪深 300 指数期货和上证 50 指数期货的合约乘数均为每点人民币 300 元，而中证 500 指数期货的合约乘数为每点人民币 200 元。当沪深 300 指数期货指数点为 2 300 点时，合约价值等于 2 300 点乘以 300 元，即 69 万元；当指数点为 3 000 点时，合约价值等于 3 000 点乘以 300 元，即 90 万元。因此，与其他期货品种有着固定的合约规模不同，股指期货的规模是随着股指期货价格的变化而变化的。

（二）报价单位与最小变动价位

股指期货合约以指数点报价。国内股指期货的交易指令分为市价指令、限价指令及交易所规定的其他指令。交易指令每次最小下单数量为 1 手，市价指令每次最大下单数量为 50 手，限价指令每次最大下单数量为 100 手。报价变动的最小单位即为最小变动价位，合约交易报价指数点必须是最小变动价位的整数倍。沪深 300 指数期货和上证 50 指数期货的最小变动价位均为 0.2 点，意味着合约交易报价的指数点必须为 0.2 点的整数倍。每张合约的最小变动值为 0.2 乘以 300 元，即 60 元。中证 500 股指期货的最小变动价位也为 0.2 点，但每张合约的最小变动值为 40 元。

（三）合约月份

股指期货的合约月份是指股指期货合约到期进行交割所在的月份。不同国家和地区股指期货合约月份的设置不尽相同。在境外期货市场上，股指期货合约月份的设置主要有两种方式：一种是季月模式(季月是指3月、6月、9月和12月)。欧美市场采用的就是这种设置方式，如芝加哥商业交易所的S&P500指数期货的合约月份以3月、6月、9月、12月为循环月份，如果当前时间是2015年1月，S&P500指数期货的合约月份为2015年3月、6月、9月、12月和2016年3月、6月、9月、12月。另一种是以近期月份为主，再加上远期季月。如我国香港地区的恒生指数期货和我国台湾地区的台指期货的合约月份就是两个近月和两个季月。

我国内地指数期货合约的合约月份为当月、下月及随后两个季月，共4个月份合约。例如，当前时间是2015年1月13日，那么期货市场上指数期货同时有以下4个合约在交易：1月合约、2月合约、3月合约、6月合约。这4个合约中，1月合约和2月合约是当月和下月合约；3月合约和6月合约是随后两个季月合约。

（四）每日价格最大变动限制

为了防止价格大幅波动所引发的风险，国际上通常对股指期货交易规定每日价格最大波动限制。比如，新加坡交易的日经225指数期货规定当天的涨跌幅度不超过前一交易日结算价±2 000点。但并非所有交易所都采取每日价格波动限制，例如我国香港地区的香港恒生指数期货、英国的FT-SE100指数期货交易就没有此限制。

我国内地指数期货的每日价格波动限制为上一交易日结算价的±10%。季月合约上市首日涨跌停板幅度为挂盘基准价的±20%。上市首日有成交的，于下一交易日恢复到合约规定的涨跌停板幅度；上市首日无成交的，下一交易日继续执行前一交易日的涨跌停板幅度。指数期货合约最后交易日涨跌停板幅度为上一交易日结算价的±20%。另外，以上三种股指期货合约都实行熔断制度，都以中证指数有限公司编制和发布的沪深300指数作为基准指数，设置5%和7%两档熔断制度。

（五）合约交易保证金

合约交易保证金是指投资者进行期货交易时缴纳的用来保证履约的资金，一般占交易合约价值的一定比例。沪深300股指期货合约、上证50股指期货合约与中证500股指期货合约的最低交易保证金标准为合约价值的8%。

（六）持仓限额

国内指数期货的持仓限额是指交易所规定的会员或者客户对某一合约单边持仓的最大数量。同一客户在不同会员处开仓交易，其在某一合约单边持仓合计不得超出该客户的持仓限额。会员和客户的股指期货合约持仓限额由中国金融期货交易所出台具体规定。进行套期保值交易和套利交易的客户号的持仓按照交易所有关规定执行，不受该持仓限额限制。

（七）每日结算价

在股指期货交易中，大多数交易所采用当天期货交易的收盘价作为当天的结算价，美国芝加哥商业交易所的S&P500期指合约与中国香港的恒生指数期货合约交易都采用此法。也有一些交易所不采用此法,如西班牙股票衍生品交易所的 IBEX-35 期指合约规定为收市时最高买价和最低卖价的算术平均值。我国内地股指期货当日结算价是某一期货合约最后一小时成交价格按照成交量的加权平均价。计算结果保留至小数点后一位。最后一小时因系统故障等原因导致交易中断的,扣除中断时间后向前取满一小时视为最后一小时。合约最后一小时无成交的,以前一小时成交价格按照成交量的加权平均价作为当日结算价。该时段仍无成交的,则再往前推一小时。以此类推。合约当日最后一笔成交距开盘时间不足一小时的,则取全天成交量的加权平均价作为当日结算价。合约当日无成交的,当日结算价计算公式为:当日结算价=该合约上一交易日结算价+基准合约当日结算价-基准合约上一交易日结算价,其中,基准合约为当日有成交的离交割月最近的合约。合约为新上市合约的,取其挂盘基准价为上一交易日结算价。基准合约为当日交割合约的,取其交割结算价为基准合约当日结算价。根据该公式计算出的当日结算价超出合约涨跌停板价格的,取涨跌停板价格作为当日结算价。采用上述方法仍无法确定当日结算价或者计算出的结算价明显不合理的,交易所有权决定当日结算价。

(八) 交割方式与交割结算价

股指期货合约的交割采用现金交割方式,即按照交割结算价,计算持仓者的盈亏,按此进行资金的划拨,了结所有未平仓合约。股指期货的交割结算价通常是依据现货指数来确定的,可以有效地保证期指与现指的到期趋同。

对交割结算价的选取,不同交易所存在差异,例如美国芝加哥商业交易所的 S&P500 指数期货的交割结算价是以最后结算日(即周五上午)现指特别开盘报价(special opening quotation,SOQ)为交割结算价;中国香港的恒生指数期货采取最后交易日现指每 5 分钟报价的平均值下调至最接近的整数为交割结算价。

我国内地股指期货合约的相关规定是:股指期货合约采用现金交割方式;股指期货合约最后交易日收市后,交易所以交割结算价为基准,划付持仓双方的盈亏,了结所有未平仓合约。股指期货的交割结算价为最后交易日标的指数最后两小时的算术平均价。计算结果保留至小数点后两位。交易所有权根据市场情况对股指期货的交割结算价进行调整。

第二节 股指期货的应用

股票市场影响因素众多,价格变幻莫测。股票市场投融资和资产管理以及上市企业的经营管理都必须密切关注股票市场的变化,及时调整投融资策略和资产配置,降低风险,增加收益。相对于现货市场,股指期货具有流动性好、交易成本低、对市场冲击小等特点。可以利用股指期货与股票、股票组合等其他金融工具构建各种灵活的组合方式,以实现经营目的。股指期货的应用领域主要有套期保值、投机套利和资产管理三个方面。

拓展阅读 6-3
上证 50 股指期货套期保值效果的研究

一、股指期货套期保值交易

股指期货可用于套期保值,以降低投资组合的系统性风险。它不仅可以对现货指数进行套期保值,而且可以对单只股票或特定的股票组合进行套期保值。由于灵活的开平仓交易制度,这种套期保值操作简单、调整及时。而且,在套期保值的过程中,投资者还可以根据意愿,灵活调节整个资产组合的风险大小。

(一) 最佳套期保值比率与 β 系数

如果像我们前面在商品期货套期保值中一直假设的那样,在使用期货合约对现货交易进行套期保值时,所使用合约的标的资产与所交易的现货资产一致,而现货资产与期货合约的交易金额以及保值期限与期货的到期期限都相同,那么,就可以实现完全消除价格风险的目的,而达到完美套期保值的目的。但是,现实中往往不能实现这种完美的套期保值。例如,我们有时要为某项现货交易进行套期保值,市场上却不存在以该资产为标的的期货合约,这时,我们只能选择标的资产与这种资产高度相关的期货作为保值工具,这种套期保值称为交叉套期保值。又如,我们要保值的资产的数量或期限不能与用来套期保值的期货的数量或期限完全匹配。交叉套期保值以及套期保值数量或期限的不匹配都会影响套期保值的实现程度。这时候,为尽可能减少价格风险,就必须选择最优的期货合约,选择最合理的套期保值头寸。我们把用于套期保值的期货合约头寸与被套期保值的资产头寸的比例称为套期保值比率。而能够最有效、最大限度地消除被保值对象价格变动风险的套期保值比率称为最优套期保值比率。

用股指期货进行的套期保值多数是交叉套期保值。因为投资者只有买卖指数基金或严格按照指数的构成买卖一揽子股票,才能做到与股指期货的完全对应。事实上,对绝大多数的股市投资者而言,很少会完全按照指数成份股来构建股票组合。因此,要有效地对投资者的股票组合进行保值,需要确定一个合理买卖股指期货合约的数量,也就是说,必须确定最优套期保值比率。这需要引入 β 系数这一概念。

1. 单个股票的 β 系数

β 系数是测度股票的市场风险的传统指标。β 系数的定义是股票的收益率与整个市场组合的收益率的协方差和市场组合收益率的方差的比值,即对于股票 i,其 β 系数为

$$\beta_i = \mathrm{Cov}(R_i, R_m)/\mathrm{Var}(R_m)$$

其中,R_m 是包括所有股票的整个市场的收益率;R_i 是股票 i 的收益率。股票的 β 系数可以用线性回归的方法来得到。给定一组股票 i 与整体市场组合收益率的历史观测值 R_{it} 和 R_{mt},做回归得下式:

$$R_{it} = \alpha + \beta R_{mt} + \varepsilon_{it}$$

这里系数 β 即是对股票 i 的 β 系数的估计。

β 系数显示股票的价值相对于市场价值变化的大小,也称为股票的相对波动率。β 系数大于 1,说明股票比市场整体波动性高,因而其市场风险高于平均市场风险;β 系数小于 1,说明股票比市场整体波动性低,因而其市场风险低于平均市场风险。

2. 股票组合的 β 系数

当投资者拥有一个股票组合时,就要计算这个组合的 β 系数。假定一个组合 P 由 n

个股票组成，第 i 个股票的资金比例为 X_i，$X_1+X_2+\cdots+X_n=1$；β_i 为第 i 个股票的 β 系数。则有：$\beta=X_1\beta_1+X_2\beta_2+\cdots+X_n\beta_n$。注意，$\beta$ 系数是根据历史资料统计而得到的，在应用中，通常就用历史的 β 系数来代表未来的 β 系数。股票组合的 β 系数比单个股票的 β 系数可靠性要高，这一点对于预测应用的效果来说也是同样的。在实际应用中，为了提高预测能力，有时还会对 β 系数做进一步的修改与调整。

3. 最优套期保值比率的确定

基本的最优套期保值比率是最小方差套期保值比率，即使得整个套期保值组合（包括用于套期保值的资产部分）收益的波动最小化的套期保值比率，具体体现为整个资产组合收益的方差最小化。研究表明，当用来进行套期保值的股指期货的标的股指与整个市场组合高度相关时，股票或股票组合的 β 系数就是股指期货最小方差套期保值比率的一个良好近似。也就是说，这时，可以把 β 系数用作最优套期保值比率。比如，在美国，用S&P500 指数期货为特定股票或股票组合进行套期保值时，就可以用被保值股票或股票组合的 β 系数作为最优套期保值比率。在我国市场上，用沪深 300 指数期货进行套期保值，同样可以用被保值股票或股票组合的 β 系数作为最优套期保值比率。这样，在给定被保值股票或股票组合的 β 系数的情况下，就可以计算套期保值时所需要买入或卖出的股指期货合约的数量，即

$$\text{买卖期货合约数量}=\beta\times\text{现货总价值}/(\text{期货指数点}\times\text{每点乘数})$$

其中，公式中的“期货指数点×每点乘数”实际上就是一张期货合约的价值。从公式中不难看出：当现货总价值和期货合约的价值定下来后，所需买卖的期货合约数就与 β 系数的大小有关，β 系数越大，所需的期货合约数就越多；反之，则越少。

（二）股指期货卖出套期保值

卖出套期保值是指交易者为了回避股票市场价格下跌的风险，通过在期货市场卖出股票指数期货合约的操作，而在股票市场和期货市场上建立盈亏冲抵机制。进行卖出套期保值的情形主要是：投资者持有股票组合，担心股市大盘下跌而影响股票组合的收益。

【例 6-1】 国内某证券投资基金在某年 9 月 2 日，其收益率已达到 26%，鉴于后市不太明朗，下跌的可能性很大，为了保持这一业绩到 12 月，决定利用沪深 300 指数期货实行保值。假定其股票组合的现值为 2.24 亿元，并且其股票组合与沪深 300 指数的 β 系数为 0.9。假定 9 月 2 日的现货指数为 3 400 点，而 12 月到期的期货合约为 3 650 点。该基金要计算卖出多少期货合约才能使 2.24 亿元的股票组合得到有效保护。

$$\text{应该卖出的期货合约数}=0.9\times224\,000\,000/(3\,650\times300)\approx184(\text{张})$$

12 月 2 日，现货指数跌到 2 200 点，而期货指数跌到 2 290 点（现货指数跌 1 200 点，跌幅为 35.29%，期货指数跌 1 360 点，跌幅为 37.26%），这时该基金买进 184 张期货合约进行平仓，则该基金的损益情况为：股票组合市值缩水 35.29%×0.9=31.76%，股票价值缩水为 1.528 6 亿元，减少市值 0.711 4 亿元；期货合约上赢得 184×1 360×300÷100 000 000=0.750 72(亿元)，实现避险目的(表 6-2)。

表 6-2　股指期货卖出套期保值

日　　期	现货市场	期货市场
9月2日	股票总值2.24亿元,沪深300现指为3 400点	卖出184张12月到期的沪深300指数期货合约,期指为3 650点,合约总值为:184×3 650×300÷100 000 000=2.014 8(亿元)
12月2日	沪深300现指跌至2 200点,该基金持有的股票价值缩水为1.528 6亿元	买进184张12月到期的沪深300指数期货合约平仓,期指为2 290点,合约总值为:184×2 290×300÷100 000 000=1.264 08(亿元)
损益	−0.711 4亿元	0.750 72亿元

如果到了12月2日,股票指数和股指期货合约价格都上涨了,结果便是期货市场出现亏损,但股票组合升值,盈亏相抵之后,基本上仍能实现当初的愿望,即保持以往的收益业绩。

(三)股指期货买入套期保值

买入套期保值是指交易者为了回避股票市场价格上涨的风险,通过在期货市场买入股票指数的操作,在股票市场和期货市场上建立盈亏冲抵机制。进行买入套期保值的情形主要是:投资者在未来计划持有股票组合,担心股市大盘上涨而使购买股票组合成本上升。

【例6-2】 某机构在4月15日得到承诺,6月10日会有300万元资金到账。该机构看中A、B、C三只股票,现在价格分别为20元、25元、50元,如果现在就有资金,每个股票投入100万元就可以分别买进5万股、4万股和2万股。由于现在处于行情看涨期,机构担心资金到账时,股价已上涨,就买不到这么多股票了,于是,采取买进股指期货合约的方法锁定成本。

假定相应的6月到期的期指为2 500点,每点乘数为100元。三只股票的β系数分别为1.5、1.3和0.8,则首先得计算应该买进多少期指合约。

三只股票组合的β系数=1.5×1/3+1.3×1/3+0.8×1/3=1.2

应该买进期指合约数=1.2×3 000 000/(2 500×100)=14.4(张)≈15(张)

6月10日,该机构如期收到300万元,这时现指与期指均已涨了10%,即期指已涨至2 750点,而三只股票分别上涨至23元(上涨15%)、28.25元(上涨13%)、54元(上涨8%)。如果仍旧分别买进5万股、4万股和2万股,则共需资金:23×5+28.25×4+54×2=336(万元),显然,资金缺口为36万元。

由于机构在指数期货上做了多头保值,6月10日将期指合约卖出平仓,共计可得:15×(2 750−2 500)×100=37.5(万元),弥补资金缺口后尚有余裕。可见,通过套期保值,该机构基本上可以把一个多月后买进股票的价格锁定在4月15日的水平上。同样,如果到时股指和股票价格都跌了,实际效果仍旧如此。这时,该机构在期指合约上亏损,但由于股价低了,扣除亏损的钱后,余额仍旧可以买到足额的股票数量。表6-3仅列出价格上涨时的情况。

表 6-3　股指期货买入套期保值

日　　期	现货市场	期货市场
4 月 15 日	预计 6 月 10 日可收到 300 万元，准备购进 A、B、C 三只股票，当天三只股票的市场价为： A 股票 20 元，β 系数 1.5 B 股票 25 元，β 系数 1.3 C 股票 50 元，β 系数 0.8 按此价格，各投资 100 万元，可购买： A 股票 5 万股 B 股票 4 万股 C 股票 2 万股	买进 15 张 6 月到期的指数期货合约，期指点为 2 500 点，合约总值为 15×2 500×100÷10 000＝375(万元)
6 月 10 日	收到 300 万元，但股票价格已上涨至： A 股票 23 元(上涨 15%) B 股票 28.25 元(上涨 13%) C 股票 54 元(上涨 8%) 如仍按计划数量购买，资金缺口为 36 万元	卖出 15 张 6 月到期的指数期货合约平仓，期指为 2 750 点，合约总值为 15×2 750×100÷10 000＝412.5(万元)
损益	－36 万元	37.5 万元

二、股指期货投机与套利交易

（一）股指期货投机

股指期货市场的投机交易是指交易者根据对股指期货合约价格的变动趋势作出预测，通过看涨时买进股指期货合约、看跌时卖出股指期货合约而获取价差收益的交易行为。股指期货的投机交易在流程和形式上与商品期货的投机交易类似，第四章中已有详细介绍，此处不再赘述。但由于股指期货的标的是股票指数，其反映的信息面更为广泛，因此交易者应做好对各种经济信息的研究，综合研判股指期货的价格走势。

一般而言，分析股指期货价格走势有两种方法：基本面分析方法和技术分析方法。基本面分析方法重在分析对股指期货价格变动产生影响的基本面因素，这些因素包括国内外政治因素、经济因素、社会因素、政策因素、行业周期因素等多个方面，通过分析基本面因素的变动对股指可能产生的影响来预测和判断股指未来变动方向。技术分析方法重在分析行情的历史走势，以期通过分析当前价和量的关系，再根据历史行情走势来预测和判断股指未来变动方向。通常情况下，股指期货的成交量、持仓量和价格的关系见表 6-4。

表 6-4　股指期货量价关系

价格	交易量	持仓量	市场趋向
上涨	增加	上升	新开仓增加，多头占优
上涨	减少	上升	新开仓增加，空头占优
下跌	增加	下降	平仓增加，空头占优

续表

价格	交易量	持仓量	市场趋向
下跌	减少	下降	平仓增加，多头占优
上涨	不活跃	上升	多头占优，但优势不明显
上涨	减少	上升	空头占优，但优势不明显
下跌	不活跃	下降	空头可能被逼平仓
下跌	增加	下降	多头可能被逼平仓

基本面分析方法和技术分析方法各有优劣，一般在进行投机交易时需要将两种方法有机结合，以提高判断的准确率。

（二）股指期货期现套利

股指期货合约的理论价格由其标的股指的价格、收益率和无风险利率共同决定。在正常情况下，期货指数与现货指数维持一定的动态关系。但是，在现实中，由于各种因素的影响，股票指数与期货指数都在不断地变化，期货与现货价格关系经常偏离其应有的水平。当这种偏离超出一定的范围时，就会产生套利机会。交易者可以利用这种套利机会从事套利交易，获取无风险利润。

在判断是否存在期现套利机会时，依据现货指数来确定股指期货理论价格非常关键，只有当实际的股指期货价格高于或低于理论价格时，套利机会才有可能出现。

1. 股指期货合约的理论价格

根据期货理论，期货价格与现货价格之间的价差主要是由持仓费决定的。股指期货也不例外。假定甲拥有一笔市场流动性极好的基础资产（underlying asset），现在市场价值为 1 万元。乙想获得这份资产，与甲签订买卖协议。如果买卖是即时的，则定价问题极易解决，就是 1 万元。但如果签订的是一份 3 个月后交割的远期合约，该如何定价呢？站在甲的立场上看，1 万元肯定太低，因为还不如现在卖给他人，取得现款后将其贷出，3 个月后的本利和不止 1 万元。所以，站在甲的立场上看，远期合约价格必须考虑在资产持有期中发生的成本，即持有成本（cost of carry）。假定持有成本由资金成本和储存成本组成，当市场年利率为 6%时，按单利计算，3 个月的利率为 1.5%，相应的利息为 150 元。又假设期末应付出的储存费为 100 元，则对甲来说，10 250 元的要价是合理的。低于这个价格，甲是不会答应的。同样，站在乙的立场上考虑，如果签约价格高于 10 250 元，还不如现在贷款借入 1 万元，买下这份资产，3 个月后，还掉本利和 10 150 元（假定利率同前），再支付 100 元的储存费，总计价格也不过是 10 250 元。显然，10 250 元的签约价格对甲、乙双方而言都是可以接受的，也是公平合理的价格。这种考虑资产持有成本的远期合约价格，就是所谓远期合约的“合理价格”（fair price），也称为远期合约的理论价格（theoretical price）。

对于股票这种基础资产而言，由于它不是有形商品，故不存在储存成本。但其持有成本同样有两个组成部分：一项是资金占用成本，这可以按照市场资金利率来度量；另一项则是持有期内可能得到的股票分红红利。然而，由于这是持有资产的收入，当将其看作成本时，只能是负值成本。前项减去后项，便可得到净持有成本。当前项大于后项时，净持有成本大于零；相反，当前项小于后项时，净持有成本便小于零。平均来看，市场利率总是大于股票分红率的，故净持有成本通常是正数。但是，如果考察的时间较短，其间正好有一大笔红利收入，则在短时期中，有可能净持有成本为负。

【例 6-3】 买卖双方签订一份 3 个月后交割一揽子股票组合的远期合约，该一揽子股票组合与沪深 300 指数构成完全对应，现在市场价值为 99 万元，即对应于沪深 300 指数 3 300 点(沪深期货合约的乘数为 300 元)。假定市场年利率为 6%，且预计一个月后可收到 6 600 元现金红利，该远期合约的合理价格计算过程如下。

资金占用 99 万元，相应的利息为 990 000×6%×3÷12=14 850(元)，一个月后收到红利 6 600 元，再计剩余两个月的利息为 6 600×6%×2÷12=66(元)，本利和共计为 6 666 元；净持有成本=14 850−6 666=8 184(元)；该远期合约的合理价格应为 990 000+8 184=998 184(元)。

如果将上述金额用指数点表示，则为：99 万元相当于 3 300 指数点；3 个月的利息为 3 300×6%×3÷12=49.5(个指数点)；红利 6 600 元相当于 22 个指数点，再计剩余两个月的利息为 22×6%×2÷12=0.22(个指数点)，本利和共计为 22.22 个指数点；净持有成本为 49.5−22.22=27.28(个指数点)；该远期合约的合理价格应为 3 300+27.28=3 327.28(个指数点)。

期货合约与远期合约同样具有现时签约并在日后约定时间交割的性质。尽管两者之间有一定的区别，但从交易者可以选择最后参与交割来看，其定价机制并没有什么差别。事实上，可以用严格的数学方法来证明，在一系列合理的假设条件下，股指期货合约的理论价格与远期合约的理论价格是一致的。

股指期货理论价格的计算公式可表示为

$$\begin{aligned}F(t,T)&=S(t)+S(t)\cdot(r-d)\cdot(T-t)/365\\&=S(t)[1+(r-d)\cdot(T-t)/365]\end{aligned}$$

其中，t 为所需计算的各项内容的时间变量；T 代表交割时间；$T-t$ 就是 t 时刻至交割时的时间长度，通常以天为计算单位，而如果用 1 年的 365 天去除，$(T-t)/365$ 的单位显然就是年了；$S(t)$为 t 时刻的现货指数；$F(t,T)$表示 T 时交割的期货合约在 t 时的理论价格(以指数表示)；r 为年利息率；d 为年指数股息率。

相关的假设条件有：暂不考虑交易费用，期货交易所需占用的保证金以及可能发生的追加保证金也暂时忽略；期、现两个市场都有足够的流动性，使得交易者可以在当前价位上成交；融券以及卖空极易进行，且卖空所得资金随即可以使用。

计算公式(以指数表示)如下：

持有期利息公式为

$$S(t)\cdot r\cdot(T-t)/365$$

持有期股息收入公式为

$$S(t)\cdot d\cdot(T-t)/365$$

持有期净成本公式为

$$\begin{aligned}&S(t)\cdot r\cdot(T-t)/365-S(t)\cdot d\cdot(T-t)/365\\&=S(t)\cdot(r-d)\cdot(T-t)/365\end{aligned}$$

注意：在计算时既可以采用单利计算法，也可以采用复利计算法。但从实际效果来看，由于套利发生的时间区间通常都不长，两者之间的差别并不大。

2. 股指期货期现套利操作

股指期货合约实际价格恰好等于股指期货理论价格的情况比较少，多数情况下股指期货合约实际价格与股指期货理论价格总是存在偏离。当前者高于后者时，称为期价高估(overvalued)，当前者低于后者时称为期价低估(undervalued)。

1) 期价高估与正向套利

当存在期价高估时，交易者可通过卖出股指期货同时买入对应的现货股票进行套利交易，这种操作称为"正向套利"。假定数据同【例 6-3】，但实际沪深 300 股票指数期指为 3 347.28 点，高出理论期指 20 点。这时交易者可以通过卖出沪深 300 指数期货，同时买进对应的现货股票组合进行套利交易。步骤如下。

(1) 卖出一张沪深 300 指数期货合约，成交价位 3 347.28 点，同时以 6%的年利率贷款 99 万元，买进相应的一揽子股票组合。

(2) 一个月后，将收到的 6 600 元股息收入按 6%的年利率贷出。

(3) 再过两个月，即到交割期，将沪深 300 指数期货对冲平仓，将一揽子股票卖出，并收回贷出的 6 600 元的本利。注意，在交割时，期、现货价格是一致的。

(4) 还贷。99 万元 3 个月的利息为 14 850 元，需还贷本利和共计 1 004 850 元。

表 6-5 列出了交割时指数值在不同的 3 种情况下的盈亏状况：情况 A 的交割价高于原期货实际成交价(3 347.28 点)，情况 C 的交割价低于原期货实际成交价(3 347.28 点)，情况 B 的交割价等于原期货实际成交价(3 347.28 点)。

表 6-5 期价高估时的套利情况

盈亏计算过程	情况 A	情况 B	情况 C
交割价	3 367.28 点	3 347.28 点	3 317.28 点
现货市场收回现金(卖出股票组合获得现金＋6 600 元股息贷款收回现金)	3 367.28×300＋6 600×(1＋6%×2/12)＝1 016 850(元)	3 347.28×300＋6 600×(1＋6%×2/12)＝1 010 850(元)	3 317.28×300＋6 600×(1＋6%×2/12)＝1 001 850(元)
还贷所需现金	1 004 850 元	1 004 850 元	1 004 850 元
现货盈亏	1 016 850－1 004 850＝12 000(元)	1 010 850－1 004 850＝6 000(元)	1 001 850－1 004 850＝－3 000(元)
期货盈亏	3 347.28－3 367.28＝－20(点)，即－6 000 元	3 347.28－3 347.28＝0，即盈亏持平	3 347.28－3 317.28＝30(点)，即 9 000 元
期现盈亏合计	12 000－6 000＝6 000(元)	6 000＋0＝6 000(元)	－3 000＋9 000＝6 000(元)

从表 6-5 可以看出，无论在哪种情况下，此种操作的盈利都是固定的 6 000 元，恰是实际期价与理论期价之差(3 347.28－3 327.28)×300＝6 000(元)，实现了无风险的套利。

2）期价低估与反向套利

当存在期价低估时，交易者可通过买入股指期货的同时卖出对应的现货股票进行套利交易，这种操作称为“反向套利”。假定基本数据同【例 6-3】，实际沪深 300 股票指数期货为 3 297.28 点，比 3 327.28 点的理论指数低 30 点。这时交易者可以通过买进期货，同时卖出相应的现货股票组合来套利。具体步骤如下。

(1) 以 3 297.28 点的价位买进一张沪深 300 指数期货合约，同时借入一揽子对应的股票在股票市场按现价 3 300 点卖出，得款 99 万元，再将这 99 万元按市场年利率 6%贷出 3 个月。

(2) 3 个月后，收回贷款本利合计 1 004 850 元，然后在期货市场将沪深 300 指数期货卖出平仓，同时在现货市场上买进相应的股票组合，将这个股票组合还给原出借者，同时还必须补偿股票所有者本来应得的分红本利和 6 666 元。

(3) 与正向套利相同，不论最后的交割价为多少，最后实现的盈亏总额都是相同的。设最后交割指数为 H，则

$$
\begin{aligned}
\text{净利} &= \text{收回贷款本利和} - \text{赔偿分红本利和} + \text{期货盈亏} - \text{买回股票组合所需资金} \\
&= 1\,004\,850 - 6\,666 + (H - 3\,297.28) \times 300 - H \times 300 \\
&= 998\,184 + H \times 300 - 3\,297.28 \times 300 - H \times 300 \\
&= 998\,184 - 989\,184 = 9\,000(\text{元})
\end{aligned}
$$

这笔利润正是理论期价与实际期价之差(3 327.28－3 297.28)×300＝9 000(元)。

由于套利是在期、现两个市场同时反向操作，将利润锁定，不论价格涨跌，都不会因此而产生风险，故常将期现套利交易称为无风险套利，相应的利润称为无风险利润。从理论上讲，这种套利交易是不需资本的，因为所需资金都是借来的，所需支付的利息已经在套利过程中考虑了，故套利利润实际上是已扣除机会成本后的净利润。当然，在以上分析中，略去了一些影响因素，如交易费用以及融券问题、利率问题等与实际情况是否吻合等，这会在一定程度上影响套利操作和效果。

3. 交易成本与无套利区间

无套利区间是指考虑交易成本后，将期指理论价格分别向上移和向下移所形成的一个区间。在这个区间中，套利交易不但得不到利润，反而可能导致亏损。具体而言，将期指理论价格上移一个交易成本之后的价位称为无套利区间的上界，将期指理论价格下移一个交易成本之后的价位称为无套利区间的下界，只有当实际的期指高于上界时，正向套利才能够获利；相反，只有当实际期指低于下界时，反向套利才能够获利。

假设 TC 为所有交易成本的合计数，则无套利区间的上界应为

$$F(t,T) + \mathrm{TC} = S(t)[1 + (r - d) \times (T - t)/365] + \mathrm{TC}$$

而无套利区间的下界应为

$$F(t,T) - \mathrm{TC} = S(t)[1 + (r - d) \times (T - t)/365] - \mathrm{TC}$$

相应的无套利区间应为

$$\{S(t)[1 + (r - d) \times (T - t)/365] - \mathrm{TC}, S(t)[1 + (r - d) \times (T - t)/365] + \mathrm{TC}\}$$

【例 6-4】 设 $r=5\%$，$d=1.5\%$，6 月 30 日为 6 月期货合约的交割日，4 月 1 日、5 月 1 日、6 月 1 日及 6 月 30 日的现货指数分别为 1 400 点、1 420 点、1 465 点及 1 440 点，这几

日的期货理论价格计算如下。

(1) 4月1日至6月30日，持有期为3个月，即3/12年：

F(4月1日，6月30日)＝1 400×[1＋(5%－1.5%)×3÷12]＝1 412.25(点)

(2) 5月1日至6月30日，持有期为2个月，即2/12年：

F(5月1日，6月30日)＝1 420×[1＋(5%－1.5%)×2÷12]＝1 428.28(点)

(3) 6月1日至6月30日，持有期为1个月，即1/12年：

F(6月1日，6月30日)＝1 465×[1＋(5%－1.5%)×1÷12]＝1 469.27(点)

(4) 6月30日，期货到期，期、现价格相等，均为1 440点。

【例6-5】 基本数据如【例6-4】，又假定：①借贷利率差 $\Delta r=0.5\%$；②期货合约买卖手续费双边为0.2个指数点，同时，市场冲击成本也是0.2个指数点；③股票买卖的双边手续费及市场冲击成本各为成交金额的0.6%，即合计为成交金额的1.2%，如以指数点表示，则为 $1.2\%\times S(t)$。4月1日、6月1日的无套利区间计算如下。

① 4月1日：

股票买卖的双边手续费及市场冲击成本为1 400×1.2%＝16.8(点)；

期货合约买卖双边手续费及市场冲击成本为0.4个指数点；

借贷利率差成本为1 400×0.5%×3÷12＝1.75(点)；

三项合计，TC＝16.8＋0.4＋1.75＝18.95(点)。

无套利区间上界为1 412.25＋18.95＝1 431.2(点)；

无套利区间下界为1 412.25－18.95＝1 393.3(点)。

无套利区间为[1 393.3，1 431.2]。

上下界幅宽为1 431.2－1 393.3＝37.9(点)。

② 6月1日：

股票买卖的双边手续费及市场冲击成本为1 465×1.2%＝17.58(点)；

期货合约买卖双边手续费及市场冲击成本为0.4个指数点；

借贷利率差成本为1 465×0.5%×1÷12＝0.61(点)；

三项合计，TC＝17.58＋0.4＋0.61＝18.59(点)。

无套利区间上界为1 469.27＋18.59＝1 487.86(点)；

无套利区间下界为1 469.27－18.59＝1 450.68(点)。

无套利区间为[1 450.68，1 487.86]。

上下界幅宽为1 487.86－1 450.68＝37.18(点)。

无论是从组成TC的公式中还是从例题中都不难看出：借贷利率差成本与持有期的长度有关，它随着持有期缩短而减小，当持有期为零时(即交割日)，借贷利率差成本也为零；而交易费用和市场冲击成本却是与持有期的长短无关的，即使到交割日，它也不会减少。因而，无套利区间的上下界幅宽主要是由交易费用和市场冲击成本这两项所决定的。

4. 套利交易中的模拟误差

准确的套利交易意味着卖出或买进股指期货合约的同时，买进或卖出与其相对应的股票组合。与使用股指期货进行的套期保值通常是交叉套期保值一样，在套利交易中，实际交易的现货股票组合与指数的股票组合也很少会完全一致。这时，就可能导致两者未来的走势或回报不一致，从而导致一定的误差。这种误差，通常称为模拟误差。

模拟误差来自两方面。一方面，是因为组成指数的成份股太多，如 S&P500 指数是由 500 只股票所组成的。短时期内同时买进或卖出这么多的股票难度较大，并且准确模拟将使交易成本大大增加，因为对一些成交不活跃的股票来说，买卖的冲击成本非常大。通常，交易者会通过构造一个取样较小的股票投资组合来代替指数，这会产生模拟误差。另一方面，即使组成指数的成份股并不太多，如道琼斯工业指数仅由 30 只股票所组成，但指数大多以市值为比例构造，由于交易最小单位的限制，严格按比例复制很可能根本就难以实现。比如，如果按比例构建组合出现某些股票应买卖 100 股以下的结果，也就是股市交易规定的最小单位 1 手以下，就没办法实现。这也会产生模拟误差。

模拟误差会给套利者原先的利润预期带来一定的影响。举例来说，如果期价高出无套利区间上界 5 个指数点，交易者进行正向套利，理论上到交割期可以稳挣 5 个指数点，但是如果买进的股票组合（即模拟指数组合）到交割期落后于指数 5 个指数点，套利者将什么也挣不到。当然，如果买进的股票组合到交割期领先指数 5 个指数点，那该套利者就将挣到 10 个指数点。因此，模拟误差会增加套利结果的不确定性，在套利交易活动中，套利者应该给予足够的重视。

（三）股指期货跨期套利

拓展阅读 6-4
如何抓住股指期货跨品种套利机会

跨期套利是在同一交易所同一期货品种不同交割月份期货合约间的套利。同一般的跨期套利相同，它是利用不同月份的股指期货合约的价差关系，买进（卖出）某一月份的股指期货的同时卖出（买进）另一月份的股指期货合约，并在未来某个时间同时将两个头寸平仓了结的交易行为。

1. 不同交割月份期货合约间的价格关系

股指期货一般都有两个到期交割月份以上合约，其中交割月离当前较近的称为近期合约，交割月离当前较远的称为远期合约。当远期合约价格大于近期合约价格时，称为正常市场或正向市场；近期合约价格大于远期合约价格时，称为逆转市场或反向市场。

在正常市场中，远期合约与近期合约之间的价差主要受到持有成本的影响。股指期货的持有成本相对低于商品期货，而且收到的股利在一定程度上可以降低股指期货的持有成本。当实际价差高于或低于正常价差时，就存在套利机会。例如，假定 3 月和 2 月沪深 300 指数期货的正常价差为 100 点，当 3 月和 2 月沪深 300 指数期货的实际价差为 200 点，明显高于 100 点的水平，此时可通过买入价格低估合约、同时卖出价格高估合约的做法进行套利，以获取稳定利润。当然，价差随着套利活动的增加而逐渐减小，直至回归合理价差。

在逆转市场上，两者的价格差主要取决于近期供给相对于需求的短缺程度，以及购买者愿意花费多大代价换取近期合约。

根据以上关系，再结合具体的市场行情及对市场发展趋势的分析预测，就可以判断不同交割月份合约价格间的关系是否正常。如果不正常，无论价差过大还是过小，投资者都可以相机采取套利交易，待价格关系恢复正常时同时对冲了结，以获取套利利润。

2. 股指期货跨期套利的操作

根据期货定价理论，可以推算出不同月份股指期货之间的理论价差。现实中，两者的合理价差可能包含更多因素，但基本原理类似。

设：$F(T_1)$为近月股指期货价格；$F(T_2)$为远月股指期货价格；S为现货指数价格；r为利率；d为红利率。

则根据期、现价格理论有

$$F(T_1)=S[1+(r-d)T_1/365]$$
$$F(T_2)=S[1+(r-d)T_2/365]$$

可推出

$$\begin{aligned}F(T_2)-F(T_1)&=S[1+(r-d)T_2/365]-S[1+(r-d)T_1/365]\\&=S(r-d)T_2/365-S(r-d)T_1/365\\&=S(r-d)(T_2-T_1)/365\end{aligned}$$

此即为两个不同月份的股指期货的理论价差，当实际价差与理论价差出现明显偏离时，可以考虑进行套利交易，等到价差回归到合理水平时了结头寸结束交易。

由于股指期货的价格受众多因素的影响，实际价格可能会经常偏离理论价格，完全依据理论价格进行套利分析和交易可能会面临较大的不确定性。

股指期货跨月套利也可以完全根据价差/价比分析法进行分析和操作。通过分析两个不同月份期货合约的价差和价比数据，并观察和统计数据分布区间及其相应概率，当实际价差出现在大概率分布区间之外时，可以考虑建立套利头寸；当价差或价比重新回到大概率区间时，可以平掉套利头寸获利了结。

【例6-6】 假定利率比股票分红高3%，即$r-d=3\%$。5月1日上午10点，沪深300指数为3 000点，沪深300指数期货9月合约为3 100点，6月合约价格为3 050点，9月期货合约与6月期货合约之间的实际价差为50点，而理论价差为

$$S(r-d)(T_2-T_1)/365=3\,000\times3\%\times3/12=22.5(点)$$

因此，投资者认为价差很可能缩小，于是买入6月合约，卖出9月合约。5月1日下午2点，9月合约涨至3 150点，6月合约涨至3 120点，9月期货合约与6月期货合约之间的实际价差缩小为30点。在不考虑交易成本的情况下，投资者平仓后每手合约获利为：20×300=6 000(元)。

该跨期套利损益见表6-6。

表6-6　跨期套利损益

时　间	6月合约	9月合约	价　差
5月1日上午10：00	买入1手6月合约，价格为3 050点	卖出1手9月合约，价格为3 100点	价差50点
5月1日下午2：00	卖出1手6月合约，价格为3 120点	买入1手9月合约，价格为3 150点	价差30点
每手合约损益	+70点	−50点	价差缩小20点
最终盈亏	盈利20×300=6 000(元)		

三、股指期货在资产管理中的应用

对于机构投资者来说，股指期货是一个重要而灵活的资产配置和管理工具。机构投资者之所以使用包括股指期货在内的权益类衍生品实现各类资产组合管理策略，在于这类衍生品工具具备两个非常重要的特性：一是能够灵活改变投资组合的贝塔值；二是具备灵活的资产配置功能。这两个特性使权益类衍生品在资产配置策略、投资组合的贝塔值调整策略、指数化投资策略、阿尔法(Alpha)策略、现金资产证券化策略等方面得到广泛应用。

第三节 权益类期权

权益类期权包括股票期权、股票指数期权以及股票与股票指数的期货期权。其中，股票期权与股票指数期权发展较早，股指期货期权在国外也有很大的市场。2013 年 10 月以来，我国上海证券交易所、中国金融期货交易所、深圳证券交易所相继推出包括个股、ETF 以及股票指数期权的仿真交易。2015 年 2 月 9 日，上海证券交易所上证 50ETF 期权正式在市场上挂牌交易。至此，我国的期权市场驶入加速发展的快车道。2019 年 12 月 23 日，中国金融期货交易所、上海证券交易所和深圳证券交易所同时推出沪深 300 的相关期权，分别为沪深 300 股指期权、华泰柏瑞沪深 300ETF 期权和嘉实沪深 300ETF 期权。

一、股票期权

股票期权是以股票为标的资产的期权。股票看涨期权给予其持有者在未来确定的时间，以确定的价格买入确定数量股票的权利；股票看跌期权给予其持有者在未来确定的时间，以确定的价格卖出确定数量股票的权利。股票期权的买方在向卖方支付期权费(期权价格)后享有在合约条款规定的时间内执行期权的权利，但没有行权的义务，即当市场价格不利时，可以放弃行权。不行权时，买方的损失就是事先支付的整个期权费。而股票期权的卖方则在买方行权时负有履行合约的义务。

在国外，股票期权一般是美式期权。每份期权合约中规定的交易数量一般与股票交易中规定的一手股票的交易数量相当，多数是 100 股。而无论是执行价格还是期权费都以 1 股股票为单位给出。表 6-7 给出了芝加哥期权交易所交易的股票期权合约文本的基本条款。

表 6-7 CBOE 股票期权基本条款

项　目	条款内容
标的资产	标的股票或 ADRs
合约规模	100 股
执行类型	美式
到期月	两个近期月和两个在 1 月、2 月或 3 月的季度周期中的月份
执行价格间距	在一般情况下，当定约价在 5 美元与 25 美元之间，定约价间隔为 2.5 点；如果定约价在 25 美元与 200 美元之间，定约价间隔为 5 点；如果定约价高于 200 美元，间隔为 10 点。定约价会因为分股和重组等公司事件而调整

续表

项　　目	条款内容
最后交易日	个股期权的交易通常终止于到期日之前的那个交易日(一般是星期五)
交割方式	实物交割
交易时间	8∶30—15∶00(美国中部时间)

为举例说明报价方式，表 6-8 给出了 2015 年 1 月 21 日 CBOE 对部分通用电气股票(GE)的期权报价。

表 6-8　股票期权报价示例

GE 看涨期权 2015 年 1 月 (到期日：01/23)

行权价	最新价	变动	买入价	卖出价	成交量	未平仓合约数
GE1523A23.5-E	0.66	+0.19	0.68	0.71	41	1 533
GE1523A24-E	0.38	+0.13	0.35	0.38	1 462	6 358
GE1523A24.5-E	0.14	+0.06	0.14	0.17	560	5 436
GE1523A25-E	0.04	+0.01	0.05	0.07	362	22 422

GE 看跌期权 2015 年 1 月 (到期日：01/23)

行权价	最新价	变动	买入价	卖出价	成交量	未平仓合约数
GE1523M23.5-E	0.14	−0.04	0.13	0.15	888	3 150
GE1523M24-E	0.32	−0.21	0.30	0.33	155	38 775
GE1523M24.5-E	0.59	−0.32	0.59	0.62	11	1 081
GE1523M25-E	1.05	−0.30	0.97	1.08	20	1 543

我国现有上海证券交易所和深圳证券交易所进行的个股期权仿真交易。目前，我国设计的期权都是欧式期权。表 6-9 是上海证券交易所股票期权的基本合约条款情况。

表 6-9　上海证券交易所个股期权合约介绍

项　　目	合约内容
合约名称	上海证券交易所个股期权合约
合约标的	大盘蓝筹股或 ETF
合约类型	认购期权、认沽期权
行权方式	欧式
报价单位	元
最小变动价位	0.001 元
涨跌停板	认购期权：=Max{行权价×0.2%,Min[(2×正股价−行权价),正股价]×10%}； 认沽期权：=Max{行权价×0.2%,Min[(2×行权价−正股价),正股价]×10%}
标的合约月份	当月、下月及连续两个季月(下季与隔季)
到期月份	当月、下月及连续两个季月(下季与隔季)
行权价格数量	5 个(1 个平值合约、2 个虚值合约与 2 个实值合约)
交易时间	上午 9∶15—11∶30(9∶15—9∶25 为开盘集合竞价时间)，下午 1∶00—3∶00

续表

项　目	合约内容
最后交易日	到期月份的第4个星期三(遇法定节假日顺延)
卖方保证金	股票为标的物：认购期权保证金={前结算价+Max(25%×合约标的前收盘价－认购期权虚值,10%×合约标的前收盘价)}×合约单位；认沽期权保证金=Min{前结算价+Max[25%×合约标的前收盘价－认沽期权虚值,10%×行权价],行权价}×合约单位；认购期权虚值=Max(行权价－合约标的前收盘价,0)；认沽期权虚值=Max(合约标的前收盘价－行权价,0)；ETF为标的物：认购期权保证金={前结算价+Max(15%×合约标的前收盘价－认购期权虚值,7%×合约标的前收盘价)}×合约单位；认沽期权保证金=Min{前结算价+Max[15%×合约标的前收盘价－认沽期权虚值,7%×行权价],行权价}×合约单位；认购期权虚值=Max(行权价－合约标的前收盘价,0)；认沽期权虚值=Max(合约标的前收盘价－行权价,0)
交割方式	实物交割

表6-9中所谓认购期权和认沽期权即是通常所说的看涨期权和看跌期权。表6-10是上海证券交易所仿真交易的中国平安与上汽集团股票合约简单条款。

表6-10　中国平安与上汽集团股票期权合约

中国平安股票期权合约	
合约标的	中国平安(601318)
合约类型	认购期权、认沽期权
合约单位	1 000
最小变动价位	0.001元
申报单位	张
合约到期月份	当月、下月及随后两个季月
交易时间	开盘集合竞价时间：上午9:15—9:25；连续竞价时间：上午9:30—11:30；下午1:00—3:00
行权时间	上午9:15—9:25、9:30—11:30；下午1:00—3:30
最后交易日	到期月份的第4个星期三(遇国家法定节假日顺延)
合约到期日	同最后交易日
行权日	同最后交易日
履约方式	欧式
交割方式	实物交割(特殊情况下,可能采用现金交割)
交易经手费(虚拟资金)	2元/张
上汽集团股票期权合约	
合约标的	上汽集团(600104)
合约类型	认购期权、认沽期权
合约单位	5 000
最小变动价位	0.001元
申报单位	张
合约到期月份	当月、下月及随后两个季月

续表

上汽集团股票期权合约	
交易时间	开盘集合竞价时间：上午 9：15—9：25；连续竞价时间：上午 9：30—11：30；下午 1：00—3：00
行权时间	上午：9：15—9：25、9：30—11：30；下午：1：00—3：30
最后交易日	到期月份的第 4 个星期三(遇国家法定节假日顺延)
合约到期日	同最后交易日
行权日	同最后交易日
履约方式	欧式
交割方式	实物交割(特殊情况下,可能采用现金交割)
交易经手费(虚拟资金)	2 元/张

二、ETF 与 ETF 期权

ETF 是 exchange traded fund 的英文缩写，即交易所交易基金。ETF 是一种将跟踪指数证券化，通过复制标的指数来构建跟踪指数变化的组合证券，使得投资者可以通过买卖基金份额实现一揽子证券的交易。ETF 可以在交易所像买卖股票那样进行交易，也可以作为开放型基金，随时申购与赎回。便利的交易方式和专业化的管理，使得 ETF 成为供投资者选择的便捷而低成本的投资工具。投资者借助 ETF 可以非常方便地实现指数化投资，可以像投资于单只股票一样，投资于某个行业指数、某些特定板块，甚至某些分散化的一揽子股票。截至 2020 年，全球 ETF 产品规模接近 8 万亿美元。我国自 2004 年底推出上证 50ETF，发展至今，ETF 产品已达数百种，产品规模突破万亿元。目前，几乎所有股票市场指数都有 ETF 产品。ETF 既有以大盘指数为标的的产品，也有以相对窄盘为标的资产的产品，是构建相关期货和期权等衍生品的比较理想的标的物。我国上证 50ETF 期权首先在上海证券交易所正式挂牌交易，之后同一时间嘉实沪深 300ETF 期权和华泰柏瑞沪深 300ETF 期权分别在深圳证券交易所和上海证券交易所正式挂牌交易。上证 50ETF 期权属于窄基股票组合，因而其期权可看作股票期权。表 6-11 是上证 50ETF 期权的合约条款。

表 6-11 上证 50ETF 期权的合约条款

项 目	合约条款
合约标的	上证 50 交易型开放式指数证券投资基金(50ETF)
合约类型	认购期权和认沽期权
合约单位	10 000 份
合约到期月份	当月、下月及随后两个季月
行权价格	5 个(1 个平值合约、2 个虚值合约、2 个实值合约)
行权价格间距	3 元或以下为 0.05 元，3 元至 5 元(含)为 0.1 元，5 元至 10 元(含)为 0.25 元，10 元至 20 元(含)为 0.5 元，20 元至 50 元(含)为 1 元，50 元至 100 元(含)为 2.5 元，100 元以上为 5 元
行权方式	到期日行权(欧式)

续表

项　目	合约条款
交割方式	实物交割(业务规则另有规定的除外)
到期日	到期月份的第 4 个星期三(遇法定节假日顺延)
行权日	同合约到期日,行权指令提交时间为上午 9：15—9：25,9：30—11：30；下午 1：00—3：30
交收日	行权日次一交易日
交易时间	上午 9：15—9：25,9：30—11：30(9：15—9：25 为开盘集合竞价时间)；下午 1：00—3：00(2：57—3：00 为收盘集合竞价时间)
委托类型	普通限价委托、市价剩余转限价委托、市价剩余撤销委托、全额即时限价委托、全额即时市价委托以及业务规则规定的其他委托类型
买卖类型	买入开仓、买入平仓、卖出开仓、卖出平仓、备兑开仓、备兑平仓以及业务规则规定的其他买卖类型
最小报价单位	0.000 1 元
申报单位	1 张或其整数倍
涨跌幅限制	认购期权最大涨幅＝Max{合约标的前收盘价×0.5%,Min [(2×合约标的前收盘价－行权价格),合约标的前收盘价]×10%} 认购期权最大跌幅＝合约标的前收盘价×10% 认沽期权最大涨幅＝Max{行权价格×0.5%,Min [(2×行权价格－合约标的前收盘价),合约标的前收盘价]×10%} 认沽期权最大跌幅＝合约标的前收盘价×10%
熔断机制	连续竞价期间,期权合约盘中交易价格较最近参考价格涨跌幅度达到或者超过 50%且价格涨跌绝对值达到或者超过 5 个最小报价单位时,期权合约进入 3 分钟的集合竞价交易阶段
开仓保证金最低标准	认购期权义务仓开仓保证金＝[合约前结算价＋Max(12%×合约标的前收盘价－认购期权虚值,7%×合约标的前收盘价)] ×合约单位 认沽期权义务仓开仓保证金＝Min[合约前结算价＋Max(12%×合约标的前收盘价－认沽期权虚值,7%×行权价格),行权价格] ×合约单位
维持保证金最低标准	认购期权义务仓维持保证金＝[合约结算价＋Max(12%×合约标的收盘价－认购期权虚值,7%×合约标的收盘价)]×合约单位 认沽期权义务仓维持保证金＝Min[合约结算价 ＋Max(12%×合标的收盘价－认沽期权虚值,7%×行权价格),行权价格]×合约单位

图 6-1 是 2021 年 7 月 23 日上证 50ETF 期权行情。

三、股指期权

股指期权合约是以股票指数为标的物的期权合约。股指看涨期权给予其持有者在未来确定的时间,以确定的价格买入确定数量股指的权利(而非义务)；股指看跌期权给予其持有者在未来确定的时间,以确定的价格卖出确定数量股指的权利(而非义务)。与股指期货相似,股指期权也只能现金交割。因此,股指看涨期权和股票看涨期权的主要区别就是结算程序：处于实值状态的单只股票看涨期权或看跌期权的持有者按行权价格(strike price)支付,并获得给定数量的股票,而处于实值状态的股指看涨期权或看跌期权上交所　50ETF　2021-07　到期日：2021-07-28 （3天） 标的资产：华夏上证50ETF (3.3880 / -1.08%)

看涨合约									看跌合约							
买量	买价	最新价	卖价	卖量	持仓量	振幅	涨跌幅	行权价	买量	买价	最新价	卖价	卖量	持仓量	振幅	涨跌幅
1	0.3889	0.3939	0.3933	1	1748	7.18%	-7.73%	3.0000	16	0.0001	0.0001	0.0002	265	22432	200%	0%
1	0.2893	0.2927	0.2937	1	1688	10.45%	-10.6%	3.1000	50	0.0001	0.0001	0.0002	81	38574	100%	0%
3	0.1900	0.1903	0.1905	1	12397	19.58%	-16.09%	3.2000	1315	0.0002	0.0002	0.0003	2	86652	133.33%	-33.33%
1	0.0924	0.0925	0.0925	43	39877	31.61%	-27.45%	3.3000	273	0.0030	0.0030	0.0031	148	162492	100%	57.89%
150	0.0221	0.0222	0.0222	268	258674	57.47%	-49.77%	3.4000 主	6	0.0321	0.0321	0.0322	2	165000	98.85%	84.48%
201	0.0032	0.0032	0.0033	354	401251	71.43%	-58.44%	主 3.5000	19	0.1130	0.1130	0.1133	3	99201	47.22%	39.68%
1068	0.0006	0.0007	0.0007	767	286929	87.5%	-56.25%	3.6000	1	0.2085	0.2100	0.2101	1	36024	50.8%	20%
889	0.0003	0.0003	0.0004	333	172564	66.67%	-50%	3.7000	1	0.3069	0.3080	0.3107	1	16969	16.05%	12%
1941	0.0001	0.0002	0.0002	92	93264	66.67%	-33.33%	3.8000	1	0.4080	0.4072	0.4108	1	7403	10.96%	8.59%
901	0.0002	0.0002	0.0003	9	51639	66.67%	-33.33%	3.9000	1	0.5051	0.5066	0.5111	1	3949	7.53%	6.65%
166	0.0001	0.0001	0.0002	213	37365	200%	0%	4.0000	1	0.6057	0.6096	0.6114	1	3564	5.93%	6.02%
431	0.0001	0.0001	0.0002	143	31193	150%	0%	4.1000	1	0.7055	0.7053	0.7089	1	1969	4.99%	4.49%

红色背景为实值合约，白色背景为平值、虚值合约

图 6-1　上证 50ETF 期权行情一览(2021 年 7 月 23 日)

的持有者收到的是由股指价值和行权价格之间的差额乘以合约规模而得到的金额。

表 6-12 给出在 CBOE 交易的标准普尔 500 指数期权的合约文本。

表 6-12　CBOE 标准普尔 500 指数期权合约文本

项　　目	合 约 内 容
标的资产	标准普尔 500 指数
乘数	100 美元
行权价格间隔	5 点，远期月份为 25 点
行权价格	最初列出实值、虚值和平价状态的行权价格。当有标的资产在现行的最价或最高行权价交易时，逐渐加入新的品种序列
报价	以小数表示。1 点等于 100 美元。报价低于 3.00 点时最小变动为 0.05 点(5.00 美元)，其余序列最小变动为 0.10 点(10 美元)
行权方式	欧式期权，通常只能在终止前的最后一个交易日执行
到期日期	在 2015 年 2 月 15 日之前，期权的到期日是每个到期月的第 3 个星期五之后的那个星期六。在 2015 年 2 月 15 日之后，期权的到期日为每个到期月的第 3 个星期五
到期月份	12 个近期月，另外，交易所可能推出 10 个到期月从 12 个月到 60 个月的长期期权
交割方式	现金交割
交易时间	8：30—15：00(美国中部时间)

股指期权的报价方式与股票期权相同。在美国，股指期权有美式期权，也有欧式期权。目前，中国金融期货交易所已推出沪深 300 股指期权，其合约条款见表 6-13。

表 6-13　沪深 300 股指期权合约条款

项　　目	合 约 内 容
合约标的物	沪深 300 指数
合约乘数	每点人民币 100 元
合约类型	看涨期权、看跌期权

续表

项　目	合约内容
报价单位	指数点
最小变动价位	0.2点
每日价格最大波动限制	上一交易日沪深300指数收盘价的±10%
合约月份	当月、下两个月及随后3个季月
行权价格	行权价格覆盖沪深300指数上一交易日收盘价上下浮动10%对应的价格范围 对当月与下2个月合约：行权价格≤2 500点时，行权价格间距为25点；2 500点＜行权价格≤5 000点时，行权价格间距为50点；5 000点＜行权价格≤10 000点时，行权价格间距为100点；行权价格＞10 000点时，行权价格间距为200点 对随后3个季月合约：行权价格≤2 500点时，行权价格间距为50点；2 500点＜行权价格≤5 000点时，行权价格间距为100点；5 000点＜行权价格≤10 000点时，行权价格间距为200点；行权价格＞10 000点时，行权价格间距为400点
行权方式	欧式
交易时间	9:30—11:30,13:00—15:00
最后交易日	合约到期月份的第3个星期五，遇国家法定假日顺延
到期日	同最后交易日
交割方式	现金交割
交易代码	看涨期权：IO合约月份-C-行权价格 看跌期权：IO合约月份-P-行权价格
上市交易所	中国金融期货交易所

拓展阅读6-5
国内首个股指期权正式交易细则来啦，六大看点、十问十答带你看

四、股指期货期权

股指期货期权是以股指期货为标的资产的期权。期权持有者拥有在确定的时间以确定的价格买入（看涨期权）或卖出（看跌期权）相应股指期货合约而非标的资产本身的权利。相应地，期权出售方有义务在买方行权时持有相反的期货头寸。例如：

（1）标准普尔500指数期货看涨期权的买方有权按特定的行权价格持有标准普尔500指数期货合约多头头寸；

（2）标准普尔500指数期货看涨期权的卖方有义务以特定的行权价格持有标准普尔500指数期货合约相应的空头头寸；

（3）标准普尔500指数期货看跌期权的买方有权按特定的行权价格持有标准普尔500指数期货合约空头头寸；

（4）标准普尔500指数期货看跌期权的卖方有义务以特定的行权价格持有标准普尔500指数期货合约相应的多头头寸。

CME E-Mini标准普尔500指数期货期权合约文本见表6-14。

表 6-14　CME E-Mini 标准普尔 500 指数期货期权合约文本

项　　目	合约内容
标的资产	1 份 E-Mini 标准普尔 500 指数期货合约
乘数	50 美元
行权价格间隔	前一交易日标的期货合约结算价±50 以内，25 点；前一交易日标的期货合约结算价±20 以内，10 点；当成为第二近期合约时，为前一交易日期货结算价±10 以内，5 点
最小变动价位	0.25＝12.50 美元（期权费＞5.00 情况），0.05＝2.5 美元（期权费≤5.00 情况）
行权程序	期权可在交易期间的任何交易日 19：00 之前行权。未执行实值季度期权在最后结算价格确定日的 19：00 自动行权；未执行的实值序列月期权在到期日 19：00 自动执行
行权方式	美式期权
最后交易日	季度合约：第 3 个周五（8：30） 序列合约：第 3 个周五（15：15）
到期月份	4 个季度月加上 3 个序列
到期结算	到期——所有价内期权在最后交易日按以下方式自动行权： 实值期权在没有反向指令的情况下，在到期日 19：00 之前交割清算，行权成为将到期的（季度）或最近期（序列）的现金结算期货
交易时间	周一至周五：前一天 17：00—16：15；15：15—15：30 交易暂停（美国中部时间）

以股票和股票指数为标的资产的期权以及股指期货期权是单边投资或风险管理工具。期权的多头方的交易成本是有限的，最大损失限于开始支付的期权费，而期权费相对于整个交易标的规模是非常小的。因此，在变幻无常的股票市场上善用股权类期权进行风险管理、杠杆化投机、套利具有非常大的优势。这也是近些年来权益类期权取得了如此迅猛发展的一大原因。

我们这里只是简单介绍了几类期权的基本概念。其实，期权在所有的衍生品家族中，是品种最多、变化最多、应用最灵活的产品，因而也是最吸引人的、创新潜力最大的产品。而权益类期权更是有着无限的应用前景。随着我国逐步推出期权产品，相信读者会对这一点有更进一步的认识。

关键术语

股指期货　套期保值　投机交易　期现套利　套利区间　跨期套利
股票期权　股指期权　期货期权　上证 50ETF 期权

复习思考题

1. 简述股指期货的特殊性。
2. 股票指数期货合约之所以采用现金交割，主要有哪两个方面的原因？
3. 简述 ETF。
4. 简述股指期货套期保值交易。

5. 简述正向套利与反向套利。

6. 简述股指期货跨期套利交易。

7. 简述股指看涨期权和股票看涨期权的主要区别。

即测即练

第七章

国债期货及利率衍生品

学习目标

1. 了解什么是国债期货及利率衍生品，对国债期货有一个全面、清晰的认知；
2. 理解并掌握转换因子和最便宜可交割债券的概念和计算；
3. 理解和掌握国债期货套期保值方法和策略；
4. 理解并掌握国债期货套利策略；
5. 理解远期利率协议。

第一节 国债期货概述

一、国债期货合约

中国金融期货交易所于2012年2月13日推出了5年期国债期货，于2015年3月20日推出了10年期国债期货，于2018年8月17日推出了2年期国债期货合约，合约内容分别如表7-1～表7-3所示。

拓展阅读7-1 2年期国债期货

表7-1 中国金融期货交易所5年期国债期货合约

项目	合约内容
合约标的	面值为100万元人民币、票面利率为3%的名义中期国债
可交割国债	发行期限不高于7年、合约到期月份首日剩余期限为4～5.25年的记账式附息国债
报价方式	百元净价报价
最小变动价位	0.005元
合约月份	最近的3个季月(3月、6月、9月、12月中的最近3个月循环)
交易时间	9:30—11:30,13:00—15:15
最后交易日交易时间	9:30—11:30
每日价格最大波动限制	上一交易日结算价的±1.2%
最低交易保证金	合约价值的1%
最后交易日	合约到期月份的第二个星期五

续表

项　　目	合约内容
最后交割日	最后交易日后的第三个交易日
交割方式	实物交割
交易代码	TF
上市交易所	中国金融期货交易所

表 7-2　中国金融期货交易所 10 年期国债期货合约

项　　目	合约内容
合约标的	面值为 100 万元人民币、票面利率为 3%的名义长期国债
可交割国债	发行期限不高于 10 年、合约到期月份首日剩余期限不低于 6.5 年的记账式附息国债
报价方式	百元净价报价
最小变动价位	0.005 元
合约月份	最近的 3 个季月(3 月、6 月、9 月、12 月中的最近 3 个月循环)
交易时间	9：30—11：30,13：00—15：15
最后交易日交易时间	9：30—11：30
每日价格最大波动限制	上一交易日结算价的±2%
最低交易保证金	合约价值的 2%
最后交易日	合约到期月份的第二个星期五
最后交割日	最后交易日后的第三个交易日
交割方式	实物交割
交易代码	T
上市交易所	中国金融期货交易所

表 7-3　中国金融期货交易所 2 年期国债期货合约

项　　目	合约内容
合约标的	面值为 200 万元人民币、票面利率为 3%的名义中短期国债
可交割国债	发行期限不高于 5 年、合约到期月份首日剩余期限为 1.5～2.25 年的记账式附息国债
报价方式	百元净价报价
最小变动价位	0.005 元
合约月份	最近的 3 个季月(3 月、6 月、9 月、12 月中的最近 3 个月循环)
交易时间	9：30—11：30,13：00—15：15
最后交易日交易时间	9：30—11：30
每日价格最大波动限制	上一交易日结算价的±0.5%
最低交易保证金	合约价值的 0.5%
最后交易日	合约到期月份的第二个星期五

续表

项　目	合约内容
最后交割日	最后交易日后的第三个交易日
交割方式	实物交割
交易代码	TS
上市交易所	中国金融期货交易所

可以看出，三个合约报价方式、最小变动价位、合约月份、交易时间、最后交易日、最后交割日、最后交易日交易时间、交割方式等合约要素基本相同。

5年期、10年期、2年期国债合约的标的分别为票面利率3%的名义中期、长期、中短期国债，三者的可交割券期限范围不同，其中5年期为距离交割月首日剩余期限为4～5.25年的国债，10年期为距离交割月首日剩余期限不低于6.5年的国债，2年期为距离合约到期月份首日剩余期限为1.5～2.25年的国债。

拓展阅读7-2
5年期国债期货

三个合约的最低交易保证金比率和涨跌停幅度规定不同，其中5年期最低保证金比率和涨跌停幅度分别为1.0%和1.2%，10年期最低保证金比率和涨跌停幅度为2%，2年期最低保证金比率和涨跌停幅度为0.5%。国债期货针对不同品种设置了不同幅度的最低保证金比率和涨跌停幅度，是考虑了三个合约不同久期下单位收益率变动引致的不同价格波动幅度。

二、转换因子

中长期国债期货交易实行实物交割方式。当合约到期时，符合交割条件的国债品种有不少，这些债券的票面利率、到期时间等各不相同，因而价值也不同。因此，必须确定各种可交割国债的价值和期货标的名义国债价值之间的关系，交易所用转换因子(conversion factor)来衡量这一比价关系。

如CME集团的美国长期国债期货合约规定，空头可选择交割任何期限长于15年且在15年内不回赎的债券。其标的名义国债为每半年复利一次、息票率为6%的附息国债。则其转换因子是将面值1美元的可交割债券折成6%(每半年复利一次)的标准息票利率时的现值。例如，假设卖方以剩余期限为21年、息票率为10%的国债来交割。则该债券的转换因子可以用如下方法计算：

$$\sum_{t=1}^{42}\frac{0.10/2}{(1+3\%)^t}+\frac{1}{(1+3\%)^{42}}=1.18504+0.28896=1.474$$

即该债券的转换因子是1.474，这表明，其价值是标的券价值的1.474倍。

中国金融期货交易所推出的国债期货，其标的名义国债为每年复利一次、息票率为3%的附息国债。考虑到国债期货交割日往往处在国债两次付息日之间，规定转换因子计算公式如下：

$$\mathrm{CF}=\frac{1}{\left(1+\frac{r}{f}\right)^{\frac{xf}{12}}}\times\left[\frac{c}{f}+\frac{c}{r}+\left(1-\frac{c}{r}\right)\times\frac{1}{\left(1+\frac{r}{f}\right)^{n-1}}\right]-\frac{c}{f}\times\left(1-\frac{xf}{12}\right) \quad (7\text{-}1)$$

其中，r 为国债期货合约票面利率 3%；x 为交割月到下一付息月的月份数；n 为剩余付息次数；c 为可交割国债的票面利率；f 为可交割国债每年的付息次数。

计算结果四舍五入至小数点后 4 位。

由式(7-1)可知，CF 为到期收益率为 3%、面值为 1 元的可交割债券的价值。以 TF1512 国债期货为例，其转换因子的实质是指面值 1 元的可交割债券在其剩余期限内(2015 年 12 月 14 日[①]至债券到期日)的现金流，用 3%的标准票面利率所折算出来的值。

【例 7-1】 2005 年记账式(十二期)国债，票面利率为 3.65%，到期日为 2020 年 11 月 15 日。该国债距离 2015 年 12 月 14 日(TF1512 合约交割日)为 4 年 11 个月，符合可交割国债条件。其转换因子为

$$CF=\frac{1}{(1+y)^{\frac{d}{TS}}}\times\left(c+\frac{c}{(1+y)}+\cdots+\frac{c}{(1+y)^{n-1}}\right)-c\times\left(1-\frac{d}{TS}\right)=1.0295$$

其中，可交割国债的票面利率 $c=3.65\%$，名义标准券的票面利率 $y=3\%$，2015 年 11 月 16 日为付息日，则交割日距离下一次最近付息日的时间 $d=337$ 天，计息周期天数 TS＝365 天，$n=5$ 年。

一般来说，若可交割债券实际票面利率高于国债期货合约的票面利率，其转换因子大于 1，且剩余期限越长，转换因子越大；若可交割债券实际票面利率低于国债期货合约票面利率，其转换因子小于 1，且剩余期限越长，转换因子越小。可交割债券剩余期限越短，其转换因子就越接近于 1。

交易所将定时公布国债期货可交割债券的转换因子，投资者只需查询交易所公告即能得到每一个可交割债券的转换因子。表 7-4 显示了 2021 年 12 月(TF2112)、2022 年 3 月(TF2203)、2022 年 6 月(TF2206)到期的 5 年期国债期货的可交割国债和转换因子信息。

表 7-4 TF 合约可交割国债和转换因子

国债全称	国债代码			到期日	票面利率	转换因子		
	银行间	上交所	深交所			TF2112	TF2203	TF2206
2021 年记账式附息(二期)国债	210002	019650	102102	20260311	3.03	1.0011		
2019 年记账式附息(七期)国债	190007	019617	101907	20260606	3.25	1.0103	1.0097	
2021 年记账式附息(十一期)国债	210011	019659	102111	20260812	2.69	0.9866	0.9873	0.988
2019 年记账式附息(十六期)国债	190016	019626	101916	20261205	3.12		1.0052	1.0049

① TF1512 合约到期月份的第二个星期五为最后交易日，为 12 月 11 日；最后交易日后的第三个交易日为最后交割日，即 12 月 14 日。

三、最便宜可交割债券

（一）最便宜可交割债券的概念

转换因子公式的一个重要假设是，在交割日时市场收益率曲线呈水平状态，且收益率与期货合约名义息票利率相同。但实际情况往往不同于以上假设，通常情况下，转换因子不能准确地调整交割价格，由此造成的偏差会使得某些可交割债券的价格在交割时相对优于其他债券。

由于空头方可以选择任意符合要求的国债，理论上，空头方可从债券现货市场选购最便宜可交割债券(cheapest to deliver，CTD)用于交割。

（二）最小基差法

我国国债现货和期货交易均采用净价交易方式，成交价格不包括应付利息，应付利息需在交割时另行计算。买方收到卖方的国债，按规定给卖方的付款包括两部分，一部分为国债交易价格，一部分为国债从上次付息日至交割日之间的应付利息。

假设空头在交割当日选择一种现券用于交割。

实物交割时，空头收到的金额为

$$\text{期货价格} \times \text{转换因子} + \text{应计利息}$$

而空头从现货市场购买债券的成本为

$$\text{债券价格} + \text{应计利息}$$

因而，对于空头来说，最便宜可交割债券是以下值最小的债券：

$$\text{债券价格} - \text{期货价格} \times \text{转换因子}$$

因为“债券价格－期货价格×转换因子”是国债的基差。因此，用该方法选择最便宜可交割债券，此法也称为最小基差法。

【例 7-2】 某空头方决定实物交割，打算在三种债券中进行选择，其期货交易的成交价为 93.25。表 7-5 给出了三种债券的转换因子以及各自在现货市场的价格。那么，空头方应选择哪一种债券用于交割？

表 7-5　三种债券的市场价格与转换因子

债券	价格	转换因子
1	99.50	1.038 2
2	143.50	1.518 8
3	119.75	1.261 5

债券 1：99.50－93.25×1.038 2＝2.69

债券 2：143.50－93.25×1.518 8＝1.87

债券 3：119.75－93.25×1.261 5＝2.12

因此，在这三种债券中，债券 2 是最便宜可交割债券。

（三）最大隐含回购利率法

如果投资者在交割日之前就决定锁定一只债券并用于交割，则最便宜可交割国债是能够使投资者买入国债现货、持有到期交割并获得最高收益的国债。执行该策略的年化投资收益率一般用隐含回购利率(implied repo rate，IRR)来表示。隐含回购利率越高的国债用于期货交割对合约空头越有利。隐含回购利率最高的国债就是最便宜可交割国债。

如果购买国债后，在交割日之前没有利息支付，可交割国债的隐含回购利率计算公式为

$$隐含回购利率=(发票价格-国债价格)/国债价格\times(365/n)$$

式中，发票价格为"期货交割结算价×转换因子＋交割日应计利息"；国债价格为全价，即"国债净价＋应计利息"；n 为当日至交割日的天数。

【例 7-3】 2013 年记账式附息(三期)国债，票面利率为 3.42%，到期日为 2020 年 1 月 24 日。对应于 TF1509 合约的转换因子为 1.016 7。2015 年 4 月 3 日，该国债现货报价为 99.640 元，上次付息日 1 月 24 日至计算日 4 月 3 日，应计利息天数是 69 天，应计利息为 0.646 5 元，期货结算价格为 97.525 元。TF1509 合约最后交割日为 2015 年 9 月 16 日，4 月 3 日到最后交割日计 166 天，上一付息日至交割日的期限为 166＋69＝235 天。该国债的隐含回购利率为多少？

$$国债价格=99.640+0.6465=100.2865(元)$$

$$应计利息=235\times3.42/365=2.2019(元)$$

$$发票价格=97.525\times1.0167+2.2019=101.3556(元)$$

因为在交割日之前没有利息支付，所以 2013 年记账式附息(三期)国债的隐含回购利率为

$$IRR=(101.3556-100.2865)\div100.2865\times(365\div166)=2.34\%$$

通过计算，可以得到一篮子可交割国债的隐含回购利率，隐含回购利率最高的可交割国债就是最便宜可交割国债。

第二节　国债期货套期保值

一、基本套期保值策略

国债期货为利率工具投资者及各类公司提供了回避利率风险的保值工具。一般而言，固定收益证券的价格与市场利率呈反方向变动。而利率的上升(下降)将导致期货市场价格的下降(上升)。因此，当交易者预期市场利率将下降并会对自己的现货头寸产生不利影响时，将采用多头套期保值的策略；反之，将采用空头套期保值的策略。以下分别举例说明。

（一）多头套期保值

利率期货多头套期保值是通过期货市场开仓买入利率期货合约，以期在现货和期货

两个市场建立盈亏冲抵机制，规避市场利率下降的风险。其适用的情形主要有以下几种。

(1) 计划买入固定收益债券，担心利率下降，导致债券价格上升。

(2) 承担按固定利率计息的借款人，担心利率下降，导致资金成本相对增加。

(3) 资金的贷方，担心利率下降，导致贷款利率和收益下降。

【例 7-4】 8 月 5 日，某公司预计 11 月份将有 10 000 000 元收入，打算到时买入 5 年期国债。为避免未来 3 个月因利率下降引起债券价格上升，该公司决定买入 12 月 5 年期国债期货合约 10 手保值，其成交价为 98.500；11 月 5 日，该公司在买入国债的同时，将所持的期货合约平仓，成交价为 99.540。其保值情形可分析如表 7-6 所示。

表 7-6 国债期货多头套期保值分析

日 期	现 货 市 场	期 货 市 场
8 月 5 日	(5 年期国债价格 97.25)	买入 10 份 12 月 5 年期合约，成交价 98.500
11 月 5 日	买入 5 年期国债，价格 98.25	卖出 10 份 12 月 5 年期合约，成交价 99.540
结果	多支出 100 000 元①	盈利 104 000 元②

表格中的结论计算如下。

① (98.25－97.25)÷100×10 000 000＝100 000(元)

② (99.540－98.500)÷100×10 000 000＝104 000(元)

因此，投资者通过套期保值，成功地以期货市场的盈利弥补了现货市场的损失。

（二）空头套期保值

利率期货卖出套期保值是通过期货市场开仓卖出利率期货合约，以期在现货和期货两个市场建立盈亏冲抵机制，规避市场利率上升的风险。其适用的情形主要有以下几种。

(1) 持有固定收益债券，担心利率上升，其债券价格下跌或者收益率相对下降。

(2) 利用债券融资的筹资人，担心利率上升，导致融资成本上升。

(3) 资金的借方，担心利率上升，导致借入成本增加。

【例 7-5】 某投资基金持有一批面值为 10 000 000 元的中期国债，由于预计未来一段时间市场利率会上升，这将给其债券投资组合带来损失，于是，基金经理决定利用 10 年期国债期货套期保值。3 月 1 日，他卖出 10 份 12 月 10 年期国债期货合约，成交价 97.500，12 月 1 日，将所持期货合约以 96.300 的价格平仓。其保值情形可分析如表 7-7 所示。

表 7-7 国债期货空头套期保值分析

日 期	现 货 市 场	期 货 市 场
3 月 1 日	10 年期国债现货价格 99.90	卖出 10 份 12 月 10 年期国债期货合约，成交价 97.500
12 月 1 日	10 年期国债现货价格 98.90	买进 10 份 12 月 10 年期国债期货合约平仓，成交价 96.300
结果	价值减少 100 000 元①	盈利 120 000 元②

表格中的部分计算如下。

① (99.90－98.90)÷100×10 000 000＝100 000(元)

② (97.50－96.30)÷100×10 000 000＝120 000(元)

二、国债期货的套期保值比率

选取最佳套期保值比率的目的是尽量降低基差风险，以取得更好的保值效果。由于需保值的现货债券在票面利率、剩余期限等方面可能与所选期货合约的标的不同，因此，两者对利率变化的敏感程度也不同，最佳的套期保值比率往往并不是1。

若将保值者的现货与期货头寸视为一个组合，此时，组合的价值变动应为零，则可以达到完美的保值效果，有

$$\Delta s N_s + \Delta f N_f = 0 \tag{7-2}$$

式中，Δs 和 Δf 分别表示保值期间现货价格和期货价格的变化；N_s 和 N_f 分别为现货和期货合约的数量。而套期保值比率为$\frac{N_f}{N_s}$。

现货头寸与期货头寸的价格敏感性越接近，套期保值比率越近似于1。否则，不能取1。例如，若现货价格下降10%，期货价格相应下降5%，则国债现货价格敏感性是国债期货的两倍，套期保值比率为2，即投资组合中每一单位的现货债券需要两倍金额的期货合约来为其保值。

在进行利率期货套期保值时，套期保值比率的计算方法主要有转换因子法、基点价值法和久期法三种。

三、基于转换因子法的套期保值策略

（一）转换因子法

转换因子使国债现货与期货的价格敏感性接近相等，可以作为衡量套期保值比率的近似方法。例如，某国债现货的转换因子为1.643 2，表示现货价格敏感性约为期货价格敏感性的164.32%。

转换因子法存在的局限性是：由于期货价格紧随着最便宜可交割债券的价格而变动，如果保值者的现货并不是最便宜可交割债券，则当期货价格变动时，会造成期货头寸的价值变动不能与保值者现货头寸的价值变动保持一致。

（二）优化后的套期保值策略

【例7-6】 某投资者持有面值为500万美元的美国长期国债，且该债券是目前期货市场上的最便宜可交割债券。该投资者预期未来一段时间内市场利率将上升，担心会因此造成所持债券价格下降，于是，该投资者决定卖出美国长期国债期货，以避免可能遭受的损失。有关数据如表7-8所示。

表7-8 【例7-6】中的相关数据

项　　目	第一天	第三十一天
投资者持有的债券的价格	131-02	130-05
息票利率	12%	

续表

项　　目	第一天	第三十一天
转换因子	1.378 2	
美国长期国债期货价格	94-22	94-03
短期借款年利率	8%	

注：美国中长期国债期货的最小报价单位为1/32，如表中131-02表示131又2/32。

由于该投资者持有的是当时的最便宜可交割债券，因此，可用转换因子法计算套期保值所需的合约数。

所需期货合约数＝投资者所持债券的面值÷长期国债期货合约面值×转换因子

＝5 000 000÷100 000×1.378 2＝69(张)

因此，该投资者于保值开始的第一天以94-22的价格卖出69张期货合约，并于一个月后以94-03的价格将期货合约全部平仓。其套期保值的操作结果分析如表7-9所示。

表7-9　套期保值结果分析　　美元

项　　目	第一天	第三十一天
投资者所持债券的价格	6 553 125①	6 507 812.50②
投资者所持债券的应计利息		50 000.00③
期货市场的盈利		40 968.75④
债券的价值		6 598 781.25⑤
持有30天的投资报酬率		8.48%⑥

数据的具体计算过程如下：

① (131＋2/32)×1 000×(5 000 000÷100 000)＝6 553 125(美元)

② (130＋5/32)×1 000×(5 000 000÷100 000)＝6 507 812.50(美元)

③ 12%×1/12×5 000 000＝50 000.00(美元)

④ [(94＋22/32)－(94＋3/32)]×1 000×69＝40 968.75(美元)

⑤ 6 507 812.50＋50 000.00＋40 968.75＝6 598 781.25(美元)

⑥ (6 598 781.25－6 553 125)÷6 553 125×365/30×100%＝8.48%

若不进行套期保值，则投资者所持债券的价值为

6 507 812.50＋50 000.00＝6 557 812.50(美元)

投资者持有债券30天的投资收益率为

(6 557 812.50－6 553 125)÷6 553 125×365/30×100%＝0.87%

因此，若不进行套期保值，投资者的投资收益率仅为0.87%。

可见，通过套期保值操作，投资者有效地回避了利率变化带来的风险。

四、基于基点价值法的套期保值策略

（一）基点价值法

基点价值(basis point value，BPV)是指债券收益率变化一个基点(0.01%)所引起的

该债券价格的变化。即

基点价值=债券价格变化/债券收益率变化

例如,久期为21年的债券,其收益率由5%上升至5.01%,导致该债券价格下跌了42.31美元,则在当时的久期及收益率下,该债券的基点价值为42.31美元。当收益率变动时,将基点价值乘以收益率变动的基点数,就可得出相应的债券价格变动值。当利率(收益率)发生变动时,由于现货债券与期货债券的基点价值可能不同,两者的价格变动不一致。因此,可以据此对套期保值比率进行估算,有

套期保值比率=现货价格变化/期货价格变化

=(现货基点价值×收益率变化)/(期货基点价值×收益率变化)

=现货基点价值/期货基点价值

由于利率期货价格随着最便宜可交割债券的价格而变化,因此有

期货价格变化=最便宜可交割债券的价格变化/转换因子

期货基点价值=期货价格变化/收益率变化

=(最便宜可交割债券的价格变化/转换因子)/收益率变化

=(最便宜可交割债券的价格变化/收益率变化)/转换因子

=最便宜可交割债券的基点价值/转换因子

对于美国长期国债期货而言,如果其最便宜可交割债券的收益率从5.50%上升到5.51%,导致每100 000美元面值债券的价格下降116.83美元。该最便宜可交割债券的转换因子为1.085 8,则该最便宜可交割债券的基点价值为116.83美元。长期国债期货合约的基点价值为107.60美元(即116.83美元/1.085 8)。

基点价值法隐含的基本假设是:收益率的变化会同时影响现货与期货价格,且价格变化是唯一的变量。该方法是计算套期保值比率的有效方法,因为基点价值的绝对金额表示期货及现货头寸对收益率改变的价格敏感性。

(二)优化后的套期保值策略

【例7-7】 假设某投资组合包含5个面值为100 000美元且基点价值为80美元的债券,其总面值为400 000美元,总基点价值为400美元。最便宜可交割债券每100 000美元的基点价值为60美元,转换因子为1.2,则期货合约的基点价值为:60美元/1.2=50美元。为了完全对冲该投资组合的风险,期货头寸与现货头寸的基点价值必须匹配。将投资组合的基点价值除以期货的基点价值,可以得到所需的期货合约数为400/50=8。

【例7-8】 某公司预计3个月后将有1 000多万美元的收入,到时准备用来购买美国长期国债,并且该债券是目前的最便宜可交割债券。由于预期未来几个月市场利率很有可能下降,这将导致国债价格上升,从而使债券购买成本升高。于是,该公司财务主管决定买进利率期货进行套期保值,以提前锁定债券购买成本。有关数据如表7-10所示。

表7-10 某公司套期保值相关数据

项　目	第一天	第九十一天
该公司3个月后将购买的债券的价格	126-00	127-04
息票利率	12%	

续表

项　　目	第一天	第九十一天
债券每10万美元面值的基点价值(BPV)	121.72	
转换因子	1.446 5	
美国长期国债期货价格	86-25	87-28
短期借款利率	8%	

进行套期保值时，首先要确定套期保值所需的合约数。尽管公司将购买的债券在当时是最便宜可交割债券，但是，3个月后不一定还是最便宜可交割债券。因此，可用基点价值法求得所需的期货合约数。

美国长期国债期货合约的基点价值为

期货基点价值＝最便宜可交割债券的基点价值÷转换因子
＝121.72÷1.446 5＝84.15(美元)

则所需的期货合约数为

所需期货合约数＝需保值现货债券的总基点价值÷期货合约的基点价值
＝(121.72×100)÷84.15＝145(张)

于是，该公司于第一天以86-25的价格买入145张长期国债期货合约；3个月后，在债券市场购入现货债券的同时，以87-28的价格将期货合约卖出平仓。

其套期保值的结果分析如表7-11所示。

表7-11　某公司套期保值结果分析　　美元

项　　目	现货市场	期货市场
第一天	公司计划购买的债券的总金额12 600 000①	买入145张长期国债期货合约，成交价86-25
第九十一天期货市场的盈利	公司实际购买债券的总金额12 712 500②	卖出145张长期国债期货合约平仓，成交价87-28
结果	购入成本增加112 500③	盈利158 593.75④
	净购入成本12 553 906.25⑤	

表中各个数据的计算如下。

① 126×1 000×(10 000 000÷100 000)＝12 600 000(美元)

② (127＋4/32)×1 000×(10 000 000÷100 000)＝12 712 500(美元)

③ 12 712 500－12 600 000＝112 500(美元)

④ [(87＋28/32)－(86＋25/32)] ×1 000×145＝158 593.75(美元)

⑤ 12 712 500－158 593.75＝12 553 906.25(美元)

五、基于久期法的套期保值策略

(一) 久期法

债券的久期(duration)用来衡量债券的持有者在收到现金付款之前平均需要等待的

时间。也可以理解为债券在存续期间内现金流量的加权平均期间,其权重为债券现金流量的现值。期限为 n 年的零息票债券的久期为 n 年;期限为 n 年的附息票债券的久期小于 n 年(n 年以前已收到了一些利息)。

当利率上升时,债券本身的价格下降,但债券利息收入再投资的价值将增加;相反,当利率下降时,债券本身的价格上升,但债券利息收入再投资的价值将减少。久期正是这样一个时点,在这个时点上,利息收入再投资的收益(损失)正好可以弥补债券投资组合因利率变动而产生的损失(收益)。

久期这一概念是 F. R. Macaulay 于 1938 年提出的,该概念基于以下假设:收益率曲线是平坦的,因此贴现率保持不变。则久期可表示如下:

$$D=\frac{\sum_{t=1}^{T}\frac{C_t}{(1+R)^t}\times t}{\sum_{t=1}^{T}\frac{C_t}{(1+R)^t}} \tag{7-3}$$

式中,D 为久期;C_t 为 t 时的现金流量;R 为贴现率,也是债券的到期收益率;t 为收到现金流量的时刻,T 为剩余期限,t 从 1 到 T。式(8-3)所示的久期被称为麦考利久期(Macaulay duration)。

债券的久期与到期时间、票面利率、付息频率、到期收益率存在如下关系:①零息债券的久期等于到它的到期时间;②债券的久期与票面利率呈负相关关系;③债券的久期与到期时间呈正相关关系;④债券的付息频率与久期呈负相关关系;⑤债券的到期收益率与久期呈负相关关系。

麦考利久期公式的分母为债券在剩余期间内的现金流量现值的总和,即债券的价值(均衡价格)P。

$$P=\sum_{t=1}^{T}\frac{C_t}{(1+R)^t} \tag{7-4}$$

将上式的等号左右两边对利率 R 求导,可得到如下公式:

$$\frac{\mathrm{d}P}{\mathrm{d}R}=\frac{-1}{1+R}\left[\frac{C_1}{1+R}+\frac{2C_2}{(1+R)^2}+\cdots+\frac{NC_T}{(1+R)^T}\right] \tag{7-5}$$

式(7-5)反映了当利率发生很小变动时债券价值发生的变动,实际上就是基点价值。将公式两边同时除以债券价格,可得到利率百分比变动一个单位时债券价格变动的百分比。

$$\frac{\mathrm{d}P}{\mathrm{d}R}\times\frac{1}{P}=\frac{-1}{1+R}\left[\frac{C_1}{1+R}+\frac{2C_2}{(1+R)^2}+\cdots+\frac{NC_T}{(1+R)^T}\right]\times\frac{1}{P} \tag{7-6}$$

式(7-6)是修正久期(modified duration)的表达式。中括号中的项是麦考利久期公式的分子项。修正久期显示了收益率的微小变动引起的债券价格变动百分比。

在使用久期估算套期保值比率时,可以先将其转换为基点价值。债券基点价值与修正久期存在如下关系:

$$\mathrm{BPV}=D_m\times P\times 0.0001 \tag{7-7}$$

式中,BPV 为债券的基点价值;P 为债券价格;D_m 为修正久期。

【例 7-9】 假设某债券的市场价格为 166.211 9 美元，每百元面值债券的应计利息为 2.445 7 美元，修正久期 9.24。则该债券的基点价值为

$$9.24 \times (166.2119 + 2.4457) \times 0.0001 = 0.1558$$

（二）优化后的套期保值策略

为了对冲利率变化给债券组合带来的风险，套期保值合约数量为

$$\text{卖出期货合约数量} = \text{国债组合价值} / \text{期货合约价值}$$

基于久期的套期保值合约数量的计算如下：

$$\text{卖出期货合约的数量} = \frac{\text{组合的久期} \times \text{组合的市场价值}}{\text{期货久期} \times (\text{期货价格} \div 100) \times \text{每张合约的面值}}$$

【例 7-10】 假设投资者希望对冲 1 亿元的 120010 债券的利率风险，选择 TF1209 的最便宜可交割债券 090016。TF1209 的市场价格为 98.828 元。有关数据如表 7-12 所示。

表 7-12 【例 7-10】中的相关数据

项目	120010	090016
债券净价/元	99.392 6	101.768 5
全价/元	101.158 2	102.175 1
修正久期	5.955 6	5.975 6
基点价值/元	0.059 6	0.061 1

则基于久期的套期保值合约数量计算如下。

(1) 计算出债券组合的久期。

$$120010\ \text{的久期} \times 100\% = 5.9556$$

(2) 计算国债期货 TF1209 的久期。

当前 TF1209 的最便宜可交割债券为 090016。

$$\text{最便宜可交割债券 090016 的久期} = 5.9756$$

(3) 套期保值需要的 TF1209 合约的数量为

$$100\,000\,000 \times 5.9556 / (5.9756 \times 98.828 / 100 \times 1\,000\,000) = 100.84(\text{手})$$

六、基于 β 系数的交叉套期保值策略

（一）利用 β 系数调整套期保值比率

运用国债期货不仅可以为标的相同的利率工具进行保值，也可以为标的不同的利率工具如公司债券、抵押债券、其他国家的债券等进行保值，这种保值就是利率期货的交叉保值(cross hedge)。

在进行交叉保值时，由于政府债券与公司债券等的信用风险不同，套期保值比率还必须根据债券信用风险等其他因素进行调整。

常用 β 系数对套期保值比率进行调整，其目的是消除因信用风险所带来的需保值合约和期货合约之间的收益率变动差异。以期货合约的最便宜可交割债券收益率的变动率为自变量，以需保值的现货债券的收益率的变动率为因变量，进行回归分析，得出的相关

系数即为β系数。例如,某公司债券的β系数大于1,这表明,当市场收益率变化时,该公司债券的收益率变化幅度大于国债期货的收益率变化幅度。由于β系数大于1,再乘以由基点价值或久期算出的套期保值比率,得出修正后的套期保值比率要大于修正前的套期保值比率。这表明,为了达到完全避险的目的,需运用更多的期货合约。

(二) 利用β系数调整套期保值比率的交叉套期保值策略

投资者进行交叉套期保值时,最好选择与需保值债券价格相关性强的国债合约,此外,还必须确定该国债合约在保值期间能保持较好的流动性。

【例 7-11】 某美国投资者持有面值1 000万美元的欧洲债券组合,他预期市场利率将上升,会导致所持债券价格下降,决定利用期货市场来回避价格风险。因为当时美国期货市场上没有欧洲债券期货可以选择,该投资者决定选用与欧洲债券的价格相关性较强且流动性很好的美国国债期货合约来进行保值。相关数据如表7-13所示。

表 7-13 【例 7-11】中的相关数据 美元

项目		第一天	第九十一天
欧洲债券组合	现在的价值	9 825 000	9 628 500
	平均票面利率	8.25%	
欧洲债券组合	基点价值	3 890.70	
	收益率β系数	0.886	
美国5年期国债	价格	100-00	
	每10万美元的基点价值	39.10	
	转换因子	1.058 1	
美国10年期国债	价格	97-03	
	每10万美元的基点价值	62.50	
	转换因子	1.067 5	
美国长期国债的价格	价格	97-09	
	每10万美元的基点价值	99.47	
	转换因子	1.098 6	
美国5年期国债期货价格		94-07	92-04
美国10年期国债期货价格		90-20	
美国长期国债期货价格		88-06	

首先,对美国5年期、10年期和长期国债进行比较,从中选出最合适的期货合约来进行套期保值。方法是先求出三种期货合约的基点价值,然后将欧洲债券组合的基点价值分别与之对比,选择与欧洲债券组合的基点价值最接近的期货合约进行保值。

美国5年期国债期货的基点价值=39.10÷1.058 1=36.95(美元)

美国10年期国债期货的基点价值=62.50÷1.067 5=58.55(美元)

美国长期国债期货的基点价值=99.47÷1.098 6=90.54(美元)

对于5年期国债期货来说,其每1 000万美元面值的基点价值为3 695美元,与该投资者需保值的欧洲债券组合的基点价值3 890.70美元最接近,所以,可选择5年期国债期货合约进行保值。

可算出保值所需要的合约数为

$$3\,890.70 \div 36.95 = 105(张)$$

由于是交叉保值，还须考虑债券间价格变动的相关性，即应根据收益率 β 系数调整上述合约数量：

$$105 \times 0.886 = 93(张)$$

于是，该投资者第一天以市价 100-00 卖出 93 张美国 5 年期国债期货合约，在 3 个月后以 97-16 的价格将期货合约买入平仓。其保值操作结果分析如表 7-14 所示。

表 7-14　【例 7-11】的套期保值结果分析　美元

项　　目	第一天	第九十一天
欧洲债券组合总值	9 825 000	9 628 500
应计利息		218 750①
期货盈利		194 718.75②
净值		10 041 968.75③
年报酬率		9.0%④

表中数据计算如下。

① 10 000 000×8.75%×3/12=218 750(美元)

② [(94+7/32)-(92+4/32)]×1 000×93=194 718.75(美元)

③ 9 628 500+194 718.75+218 750=10 041 968.75(美元)

④ (10 041 968.75-9 825 000)÷9 825 000×365/90×100%=9.0%

相比之下，若该投资者不利用期货进行套期保值，则在第 91 天，其债券组合的总值为 9 628 500 美元，加上应计利息 218 750 美元，其净值仅为 9 847 250 美元，相当于年报酬率为 0.92%。计算如下：

$$(9\,847\,250 - 9\,825\,000) \div 9\,825\,000 \times 365/90 \times 100\% = 0.92\%$$

可见，通过交叉套期保值，投资者成功地以国债期货市场的盈利弥补了欧洲债券现货市场的亏损。

【例 7-12】　某公司计划在 3 个月后发行总额为 2 500 万美元、期限为 10 年的公司债券。根据分析，在债券发行时，市场利率极有可能上升，到时，公司为了顺利发行债券只能提高利率或降低债券售价，这会造成公司融资成本增加或融资总额减少。该公司认为，以当前的利率水平筹资较为合适。为了将债券的价格和利率锁定在当前的水平上，该公司决定用芝加哥期货交易所的 10 年期国债期货进行交叉套期保值。有关数据如表 7-15 所示。

表 7-15　【例 7-12】中的相关数据

项　　目	第一天	第九十一天
公司债券的基点价值	14 377.50	
美国 10 年期国债每 10 万美元的基点价值	57.13	
转换因子	1.056 2	

续表

项　目	第一天	第九十一天
美国10年期国债期货价格	91-28	89-15
市场基准利率	8%	9.5%
公司债券发行利率	10.5%	11%

首先需计算套期保值所需的期货合约数。

10年期国债期货的基点价值为

$$57.13\div1.056\,2=54.09(\text{美元})$$

所需的期货合约数为

$$14\,377.50\div54.09=265(\text{张})$$

于是,该公司于第一天以91-28的价格卖出265张期货合约,并于第九十一天以89-15的价格平仓。

其套期保值的操作情形可分析如表7-16所示。

表7-16 【例7-12】的套期保值结果分析

	现 货 市 场	期 货 市 场
第一天	公司债券发行利率10.5%	卖出265张10年期国债期货合约,价格91-28
第九十一天	市场利率11%	买进265张10年期国债期货合约平仓,价格89-15
结果	实际发行利率约为10.74%	盈利637 656.25

表7-16中数据计算如下。

① $\left[\left(91\frac{28}{32}-89\frac{15}{32}\right)\right]\times100\,000\times\frac{1}{100}\times265=637\,656.25(\text{美元})$

② $637\,656.25\div25\,000\,000\div10\times100\%=0.255\,1\%$

$11\%-0.255\,1\%=10.74\%$

第三节　国债期货套利交易

国债期货的套利分为期现套利与期货合约间套利。

一、国债期现套利

国债期现套利是指投资者基于国债期货和现货价格的偏离,同时买入(或卖出)现货国债并卖出(或买入)国债期货,以期获得套利收益的交易策略。因该交易方式和基差交易较为一致,通常也称国债基差交易。

如前所述,国债基差是指国债现货价格和可交割国债对应期货价格之差,用公式表示为

$$\text{国债基差}=\text{国债现货价格}-\text{国债期货价格}\times\text{转换因子}$$

（一）买入基差策略

当投资者认为目前基差偏小时（此时期货价格被高估），他预测基差将会上涨，国债现货价格的上涨（下跌）幅度会高于（低于）期货价格乘以转换因子上涨（下跌）的幅度，则买入国债现货，卖出国债期货，待基差上涨后分别平仓获利。这被称为买入基差策略，也称为基差多头策略。

（二）卖出基差策略

当投资者认为目前基差偏大时（此时期货价格被低估），他预测基差将会下跌，国债现货价格的上涨（下跌）幅度会低于（高于）期货价格乘以转换因子上涨（下跌）的幅度，则卖出国债现货，买入国债期货，待基差下跌后分别获利。这被称为卖出基差策略，也称为基差空头策略。

二、国债期货合约间套利

国债期货合约间套利方式主要有跨期套利和跨品种套利。在国债期货交易中，由于不同期限及不同品种国债期货合约对利率变化的敏感程度不同，合约间价差会经常发生波动，因此，在市场上存在着大量的套利机会。国债期货的定价机制较为复杂，国债期货套利交易的技巧性和复杂程度也较高。

（一）跨期套利

1. 国债期货跨期套利的基本原理

跨期套利（calendar spread）是针对同一品种但不同交割月份的期货合约间的价差进行交易，可分为买入跨期套利交易（long or buy calendar spread）和卖出跨期套利交易（short or bull calendar spread）。买入跨期套利交易是指买入一个近期月份期货合约的同时卖出一个远期月份期货合约；而卖出跨期套利交易是指买入一个远期月份期货合约的同时卖出一个近期月份期货合约。当近期月份合约与远期月份合约的价差变大时，买入跨期套利交易将会有盈利，且价差越大，买入跨期套利交易的盈利越大；相反，当近期月份合约与远期月份合约的价差变小时，卖出跨期套利交易将会有盈利，且价差越小，卖出跨期套利交易的盈利越大。

造成不同交割月份合约间价格差异的主要原因是其对应的不同月份的现货债券的持有成本不同。在持有成本为正、收益率曲线向上倾斜时，利率期货合约的交割期限越长，其价格越低；相反，在持有成本为负、收益率曲线向下倾斜时，利率期货合约的交割期限越长，其价格越高。市场短期利率水平的改变通常会影响到最便宜可交割债券的持有成本，进而影响到不同交割月份的利率期货合约之间的价差变化。投资者可以据此来进行交易。

跨期套利的实质是对收益率曲线形状的变化进行投机。当市场利率发生变动时，不同期限的利率水平的变化通常不同，收益率曲线的形状会发生变化，这时就会产生跨期套利的机会。当交易者预测收益率曲线变得更陡峭时，意味着两合约间价差变大，交易者将进行买入跨期套利交易,待将来收益率曲线变得更陡后,再将两合约反向对冲获利。当市场有如下预期时,收益率曲线将变得更陡峭:市场预期长期利率比短期利率上升得快;市场预期长期利率保持稳定,而短期利率下降。相反,当交易者预测收益率曲线变得更平坦时,意味着两合约间价差变小,交易者将进行卖出跨期套利交易。

目前,不少期货交易所都对跨期套利交易的最小变动价位和最小变动值、保证金要求等提出了不同于一般投机交易的要求,以方便套利交易的进行。其中最小变动价位和最小变动值通常都比一般投机交易要小;而保证金和手续费等一般远低于一买一卖两笔单向交易。跨期套利交易的报价为两个不同月份期货合约间的价差,用近期月份合约价格减去远期月份合约价格。一般来说,合约间的价差波动远小于合约本身的价格波动,因此,跨期套利交易者面临的风险也比单向投机小得多。

2. 国债期货跨期套利的实例分析

【例 7-13】 某投资者预期中央银行可能会降低利率,而利率下调将会引起长期债券价格的大幅度变动。该投资者认为近期月份国债期货合约的价格上涨幅度将大于远期月份期货合约的价格上涨幅度,于是,他决定利用中国金融期货交易所 9 月份与 12 月份的 5 年期国债期货进行买入跨期套利交易。他于 6 月 11 日下达买入套利指令,买入 10 手 9 月合约,同时卖出 10 手 12 月合约;7 月 3 日,他又下达一卖出套利指令,将上述合约全部平仓。有关交易数据及结果分析如表 7-17 所示。

表 7-17 【例 7-13】的有关交易数据及结果分析

时　　间	9 月 5 年期国债期货	12 月 5 年期国债期货	价差
6 月 11 日	95.150	95.100	0.05
7 月 3 日	96.220	96.090	0.13
盈亏			0.08

可见,投资者每一面值为 100 元的跨期套利交易可盈利 0.08 元,因为长期国债期货的合约规模为 1 000 000 元,则该投资者总共盈利为

$$0.08 \times 1\,000\,000 \times 10 \div 100 = 8\,000(\text{元})$$

(二) 跨品种套利交易

1. 国债期货跨品种套利的基本原理

跨品种套利交易是指在同一交易所买进(或卖出)某一品种国债期货的同时,卖出(或买进)另一个与其价格有较强相关性的品种的国债期货合约,在两合约到期之前将合约同时平仓,希望利用合约间的价差变动获利。值得注意的是,国债期货跨品种套利所涉及的国债期货合约的到期日相同。

某些固定收益证券之间存在着特定的价差关系,随着市场条件的变化,两合约间价差也会不断变动,使得合约间存在套利机会。在我国期货市场,投资者可以在 5 年期国债和 10 年期国债之间进行套利。在芝加哥期货交易所,跨品种套利交易非常普遍。交易所也对相关品种间的套利交易的交易保证金等进行了专门规定,并有专门的报价。以 CBOT 为例,常见的跨品种套利为 10 年期/长期国债期货套利交易(T-notes over T-bonds spread,NOB)、5 年期/长期国债期货套利交易(five-year T-notes over T-bonds spread,FOB)、5 年期/10 年期国债期货套利交易(five-year T-notes over ten-year T-notes spread,FITE)等。其中 10 年期/长期国债期货套利交易最为活跃。

跨品种套利交易可以分为买入套利交易和卖出套利交易两类。其中买入套利交易是指买入期限较短债券的期货合约,同时卖出期限较长债券的期货合约;而卖出套利交易则是指卖出期限较短债券的期货合约,同时买入期限较长债券的期货合约。例如,买入 10 年期/长期国债期货套利交易(买入 NOB)指的是买入该 10 年期国债期货合约,同时卖出长期国债期货合约;相反,卖出 10 年期/长期国债期货套利交易(卖出 NOB)指的是卖出该 10 年期国债期货合约,同时买入长期国债期货合约。

由于影响债券价格敏感性的最重要的因素是债券的剩余期限,在其他条件不变的情况下,剩余期限越长,收益率变动对债券价格变化的影响越大。当市场收益率发生变化时,长期债券的价格变动幅度要大于短期债券。利率期货的跨品种套利交易,就是利用不同到期期限的债券价格对收益率变动的敏感性不同来进行的。当投资者预期收益率将上升时,可以买入套利交易,如果预期正确,则两个期货合约的价格将同时下跌,而其中期限较长合约的跌幅更大一些,导致两者的价差变大,此时,买入套利交易就会产生盈利。相反,当投资者预期收益率将下降时,可以卖出套利交易,如果预期正确,则两个期货合约的价格将同时上升,而其中期限较长合约的涨幅更大一些,导致两者的价差变小,卖出套利交易就会产生盈利。

2. 国债期货跨品种套利的实例分析

【例 7-14】 某投资者估计未来一段时间内市场利率可能下降,他认为,由于长期国债期货的价格敏感性较高,所以其价格上涨幅度应较短期国债期货大,于是,他决定在芝加哥期货交易所卖出 NOB。他于 7 月 2 日卖出 10 手 9 月交割的 10 年期国债期货合约,同时买入 10 手 9 月交割的 30 年期国债期货合约;于 7 月 31 日将上述合约全部平仓。有关交易数据及结果分析如表 7-18 所示。

表 7-18 【例 7-14】相关数据

项　　目	10 年期国债期货	30 年期国债期货	NOB 价差
7 月 2 日的现券收益率	6.08%	6.26%	
7 月 2 日的期货价格	98-19	97-29	22
7 月 31 日的现券收益率	5.98%	6.16%	
7 月 31 日的期货价格	99-20	99-18	2
盈亏			20

该投资者卖出跨品种套利交易的盈亏结果为:每一面值为 100 美元的套利交易可盈利 20/32 美元,而 10 年期与 30 年期国债期货的合约规模为 100 000 美元,则该投资者总共可盈利为

$$\frac{20}{32}\times 100\,000\times\frac{1}{100}\times 10=6\,250(\text{美元})$$

在以上的分析中,隐含了不同期限债券的收益率同步变动的假设。实际上,现实中不

同期限债券的收益率极少有同步变化的情形，在绝大多数情况下收益率曲线不是平行移动的。因此，在实际操作中，收益率变动对利率期货跨品种套利交易的影响是非常具体而复杂的。同时，在进行利率期货跨品种套利时，还须考虑到，价差还受许多其他因素的共同作用，如市场供求关系、季节性的信用需求与新债发行计划等。

3. 套利系数

在实际操作中，不同期限收益率的非同步变动可能会使理论上能够盈利的套利交易盈利水平降低甚至产生亏损。例如，当市场利率上升时，若 10 年期与 30 年期债券的收益率同步变动，则 NOB 的价差数值通常会变大，但是，如果 10 年期利率的上涨幅度大于 30 年期利率的上涨幅度，使原来的正向收益率曲线的斜率减小，收益率曲线变得平直，那么 NOB 的价差变化将取决于 10 年期利率的相对上涨幅度与 30 年期债券较高的价格敏感性二者相互抵消的程度。在某些情况下，由于收益率曲线形状的改变，NOB 价差反而会缩小。

由此可见，当进行利率期货的跨品种套利交易时，一定要考虑收益率曲线形状变化可能产生的影响。投资者若要从收益率曲线的形状改变中获利，那么在进行套利交易时，就应该使两种债券间的相对价格敏感性保持不变，这可以通过设定一定的套利系数来实现。套利系数可以由两种期货合约各自所对应的最便宜可交割债券的基点价值及其转换因子计算。以 NOB 套利交易为例，10 年期国债期货合约对 30 年期国债期货合约的套利系数计算公式为

套利系数＝30 年期国债期货的基点价值/10 年期国债期货的基点价值＝(30 年期国债期货价格 CTD 的基点价值/30 年期国债期货 CTD 的转换因子)/(10 年期国债期货价格 CTD 的基点价值/10 年期国债期货 CTD 的转换因子)＝(30 年期国债期货价格 CTD 的基点价值/10 年期国债期货价格 CTD 的基点价值)(10 年期国债期货 CTD 的转换因子/30 年期国债期货 CTD 的转换因子)

当各种期限的收益率发生不同步的变化时，收益率曲线的形状会发生变化。如果预期收益率曲线变得更为陡峭，投资者应按照套利系数买入套利交易；如果预期收益率曲线变得更为平坦，投资者应按照套利系数卖出套利交易。

【例 7-15】 某投资者预期，未来一定时间内，收益率的水平将会下降，但不同期限的收益率下降的幅度可能不一致。他估计 10 年期国债的收益率下降幅度会大于长期国债收益率的下降幅度，收益率曲线因此将变得更为陡峭。于是，他决定买入 NOB 套利交易，又出于保险起见，决定按照一定的套利系数进行交易，使 10 年期国债期货与 30 年期国债期货的基点价值相等，以抵消 30 年期国债期货所具有的较高的价格敏感性。有关交易数据及结果分析如表 7-19 所示。

表 7-19 【例 7-15】相关数据

项　　目	10 年期国债期货	30 年期国债期货	NOB 价差
6 月 4 日 CTD 收益率	10.38%	10.63%	
6 月份交割的期货价格	86-06	80-06	192
6 月 4 日 CTD 基点价值	60.80 美元	91.12 美元	

续表

项　目	10年期国债期货	30年期国债期货	NOB价差
6月4日转换因子(CF)	1.150 1	1.435 8	
6月19日CTD收益率	9.88%	10.22%	
6月份交割的期货价格	88-31	82-31	192

根据30年期国债期货CTD与10年期国债期货CTD的基点价值和转换因子，可计算出能使30年期国债期货与10年期国债期货的价格敏感性相等的套利系数：

$$\frac{91.12}{60.80} \times \frac{1.150\,1}{1.435\,8} = 1.2$$

该投资者根据套利系数，于6月4日买入6月份交割的10年期国债期货合约12手，同时卖出6月份交割的30年期国债期货合约10手。6月19日，该投资者将所持合约全部平仓。

结果，10年期国债期货合约平仓后，每手盈利2-25，12手合约共盈利：

$$(32 \times 2 + 25) \times 31.25 \times 12 = 33\,375(\text{美元})$$

30年期国债合约平仓后，每手亏损2-25，10手合约共亏损：

$$(32 \times 2 + 25) \times 31.25 \times 10 = 27\,812.5(\text{美元})$$

该投资者共盈利：

$$33\,375 - 27\,812.5 = 5\,562.5(\text{美元})$$

第四节　其他利率类衍生品

一、短期利率期货

（一）短期利率期货的标的

短期利率期货的标的是货币市场的各类债务凭证，其期限在一年以内，包括银行间拆借的货币资金、短期存单、短期国库券等。

1. 欧洲美元存单

欧洲美元(Eurodollar)是指美国境外的金融机构或美国金融机构设在境外的分支机构的美元存款和美元贷款。欧洲美元出现于20世纪50年代初，曾因其具有供应充裕、运用灵活、存贷不受任何国家管汇法令的干预和限制等特点，成为国际金融市场上最重要的融资工具之一。欧洲美元存单是一种大额定期存单，期限一般为3个月或6个月，利率往往高于美国国内存单。

欧洲美元伦敦同业银行拆借利率(London Interbank Offered Rate，LIBOR)反映了新发行的欧洲美元定期存单的利率行情。伦敦是欧洲美元的交易中心。LIBOR拆借期分为日、周、1～6个月期等，英国银行家协会(British Banker Association，BBA)负责按照一定的规则进行统计并对外发布。目前LIBOR已经成为国际性同业贷款利率的基础和利率变动的风向标。

2. 欧洲银行间欧元同业拆借利率

欧洲银行间欧元同业拆借利率(European Interbank Offered Rate，EURIBOR)是指

在欧元区资信较高的银行间欧元资金的拆放利率，自 1999 年 1 月开始使用。EURIBOR 有隔夜、1 周、2 周、3 周、1～12 个月等各种不同期限的利率，最长的 EURIBLOR 期限为 1 年，利率确定方法类似伦敦同业银行拆借利率。EURIBOR 是欧洲市场欧元短期利率的风向标。

3. 美国短期国债

美国短期国债是美国货币市场的主要工具，美联储通过它进行公开市场业务的操作，即通过买卖短期国债调节短期贴现率影响市场基准利率。其期限分为 3 个月(13 周或 91 天)、6 个月(26 周或 182 天)或 1 年不等，通常采用贴现方式发行，到期按照面值进行兑付。比如，1 000 000 美元面值的 13 周(91 天)国债，按照 4%的年贴现率发行，则其发行价为 990 000 美元，到期兑付 1 000 000 美元，因此 10 000 美元的差价相当于是利息，其年贴现率为 10 000÷1 000 000×4＝4%。但该国债的年收益率为 10 000÷990 000×4＝4.04%，要大于其年贴现率。

（二）CME 的 3 月期欧洲美元期货合约

1981 年 12 月 9 日，CME 推出 3 月期欧洲美元期货合约，其交易量很快超过了短期国债期货，成为利率期货中交易最活跃的品种。

当初在进行合约设计时，需要解决两个方面的难题：一是欧洲美元存单不能转让与流通；二是各银行间信用风险的不一致性会影响期货合约的同质性。CME 引入了现金交割方式，获得了巨大的成功。该设计一方面克服了存单不能转让带来的交割困难；另一方面，其现金结算价的特有设计也有效地保护了期货合约免受信用风险的危害。

欧洲美元期货诞生，正值利率互换和抵押证券等市场迅猛发展之时。作为利率风险管理工具，欧洲美元期货和利率互换具有一定的替代性，但两者又具有互补性。由于利率互换是一系列远期交易的组合，因而各个期间的远期利率的变动幅度以及变动方向都将对互换价值的变动产生不同影响。因此，在实际操作中，互换市场的做市商通常是利用欧洲美元期货串(bundle)进行套期保值，这使得成“串”的欧洲美元期货合约的交易非常活跃。此外，由于欧洲美元期货更具流动性，利率互换的定价是以欧洲美元期货隐含的利率为基准进行的。欧洲美元期货合约还可与欧洲美元期权合约结合起来应用，产生更为复杂与有效的保值与套利工具。

目前，CME 3 月欧洲美元期货在 CME 的场内交易池和电子交易系统都进行交易，并且也在新加坡交易所(SGX)交易，但不同交易系统的交易内容规定不尽相同。CME 3 月期欧洲美元期货合约的主要内容如表 7-20 所示。

表 7-20 CME 集团欧洲美元期货合约(摘要)

项　目	合约内容
合约单位	本金为 1 000 000 美元，期限为 3 个月期的欧洲美元定期存单
报价方式	IMM3 个月欧洲美元伦敦拆放利率指数，或 100 减去按 360 天计算的不带百分号的年利率(比如年利率为 2.5%，报价为 97.500)
最小变动价位	最近到期合约为 1/4 个基点，即 0.002 5(合约的变动值为 6.25 美元)；其他合约为 1/2 个基点，即 0.005(合约的变动值为 12.5 美元) (注：1 个基点为报价的 0.01，代表 1 000 000×0.01%×3/12＝25 美元)

续表

项　目	合约内容	
合约月份	最近到期的4个连续月，随后延伸10年的40个循环季月(3月、6月、9月、12月)	
交易时间	公开喊价	周一至周五 上午7：20—下午2：00
	GLBOEX电子交易	周日至下周五 下午5：00—下午4：00
最后交易日	合约到期月份第三个星期三之前的第二个伦敦银行营业日，交易于伦敦时间上午11：00收盘	
交割方式	现金交割。交割结算价以最后交易日伦敦时间上午11：00的LIBOR抽样平均利率为基准，用100减去该抽样平均利率(不带%)便得到最后交割结算价	

CME欧洲美元期货合约是同时挂牌交易合约数量最多的期货品种，一般有44个合约在同时挂牌，到期日跨度长达10年。

(三) Euronext的欧元利率(EURIBOR)期货合约

3个月欧元利率期货合约(three-month Euro interest rate futures contract)，全称为3个月欧洲银行间同业拆借利率期货合约，最早在1998年由LIFFE推出，目前交易量排在全球短期利率期货交易的前列，见表7-21。

表7-21 Euronext. Liffe 3个月欧元利率(EURIBOR)期货合约

项　目	合约内容
交易品种	本金1 000 000欧元的3个月欧元定期存款
报价方式	指数式，指数＝100－年利率(不带%)
合约月份	最近到期的6个连续月，随后的连续循环季月(3、6、9、12月)，共有28个合约
最小变动价位	0.005，即1/2个基本点，每张合约12.5欧元
交易时间(伦敦时间)	1：00—6：00，7：00—21：00(伦敦时间)
最后交易日	合约月份第三个星期三往回数的第二个交易日，终止交易时间为上午10：00(伦敦时间)
交割日	最后交易日后的第一个交易日
交割方式	现金交割
最终结算价	根据最后交易日布鲁塞尔时间11：00(伦敦时间10：00)欧洲银行家协会(EBF)公布的3月期欧元存款利率计算，计算方法是100－EBF公布的欧元同业拆借利率(不带%)，四舍五入到小数点后3位

(四) 短期利率期货的报价

短期利率期货的报价方式为“100－年贴现率(不带%)”，有别于其对应的现货市场以利率(贴现率)报价的方式。以美国短期国债为例，若期货价格为97.75，则对应的年贴现率则为2.25%，表示面值1 000 000美元的国债期货的对应价格为1 000 000×(1－2.25%÷4)，即994 375美元。

短期利率期货采用这一报价方式，比用贴现率报价更符合期货交易者的习惯。比如，当期货报价由 94.00 上升到 96.00，即上升了 200 个基点时，多头交易者将获利 200×25＝5 000 美元。

（五）短期利率期货的应用举例

1. 套期保值

【例 7-16】 8 月 5 日，某公司财务主管预计公司 11 月份将有 10 000 000 美元收入，打算到时以 LIBOR 利率存入银行。8 月份时 LIBOR 利率水平较高，为避免未来 3 个月因利率下降引起利息收入损失，该公司决定利用 CME 3 月欧洲美元期货合约进行套期保值，该公司于是买入 10 手期货合约，成交指数值为 91.00；11 月 5 日，该公司在收入的美元到账的同时，将所持的欧洲美元期货合约平仓，成交指数值为 91.50。其保值情形可分析如表 7-22 所示。

表 7-22 【例 7-16】的套期保值结果分析

时　间	现货市场	期货市场
8 月 5 日	3 月 LIBOR 利率 8%	买入 10 份 3 月欧洲美元合约，成交价 91.00
11 月 5 日	3 月 LIBOR 利率 7.5%	卖出 10 份 3 月欧洲美元合约，成交价 91.50
结果	损失利息收入 12 500 美元①	盈利 12 500 美元②

表格中的结论计算如下。

① (8%－7.5%)×10 000 000×1/4＝12 500(美元)

② (91.50－91.00)×100×10×25＝12 500(美元)

因此，投资者通过套期保值，成功地以期货市场的盈利弥补了现货市场的利息损失，使实际收益率达到了 8%。

【例 7-17】 5 月 20 日，公司的财务主管得知将于 8 月 5 日收到 3 300 000 美元，计划于下一年 2 月份用于一项重要的资本投资项目。财务主管打算在收到款项时就将它投资于 6 个月期的短期国债。5 月 20 日，6 个月期短期国债收益率为 11.20%，每半年复利一次。该财务主管担心在 5 月 20 日到 8 月 5 日之间短期国债的收益率可能会下降，于是决定买入 CME 3 月欧洲美元期货合约进行套期保值。公司选择了 9 月份到期的期货，该期货合约在 5 月 20 日的指数值为 89.44，求基于久期套期保值所需要购买的期货合约数量。

首先要计算期货合约的合约价格，1 份欧洲美元期货代表的合约规模为面值 1 000 000 美元，因此，其合约价格为

$$1\,000\,000 \times [1-(100\%-89.44\%)\div 4]=973\,600(\text{美元})$$

期货合约的久期为 3 个月，即 0.25 年；现货的久期为 6 个月，即 0.5 年，所以，应购买的合约数为

$$N=\frac{3\,300\,000\times 0.5}{973\,600\times 0.25}=6.78(\text{手})$$

2. 期货套利

【例 7-18】 由于经济持续低迷，美联储可能还将降低利率。交易者预期长期利率将保持稳定，短期利率将下降，收益率曲线将因此变得更陡峭，而这在欧洲美元期货市场，意

味着远期合约与近期合约间的价差将变大。于是交易者决定利用CME 3月欧洲美元期货合约进行跨期套利。他买入1手2018年12月到期的欧洲美元期货合约，成交指数值为95.57，同时卖出1手2020年12月到期的欧洲美元期货合约，成交指数值为95.47，价差10个基点，当合约间价差变为18时，交易者将两个合约同时对冲，获利(18－10)×25＝200美元。其交易情形分析如表7-23所示。

表7-23　【例7-18】交易情形分析

时　间	2018年12月到期的欧洲美元期货	2020年12月到期的欧洲美元期货	价　差
10月5日	买入1手，成交价95.57	卖出1手95.47	0.10
10月30日	卖出1手平仓，成交价95.66	买入1手平仓，成交价95.48	0.18
结果	赚8个基点，获利(18－10)×25＝200美元		

在CME 3月欧洲美元期货市场，跨期套利非常普遍，当投资者预测收益率曲线变得更陡峭时，就可以采用上述的买入跨期套利交易策略。

【例7-19】　市场预期经济将继续走强，美联储可能提高短期利率以控制潜在的通货膨胀。交易者预测收益率曲线将因此变得更平坦，而这在欧洲美元期货市场，意味着远期合约与近期合约间的价差将变小。于是交易者决定利用CME 3月欧洲美元期货合约进行跨期套利。他卖出1手2016年3月到期的欧洲美元期货合约，成交指数值为95.58，同时买入1手2019年3月到期的欧洲美元期货合约，成交指数值为95.36，价差22个基点，当合约间价差变为12时，交易者将两个合约同时对冲，获利(22－12)×25＝250美元。其交易情形分析如表7-24所示。

表7-24　【例7-19】交易情形分析

时　间	2016年3月到期的欧洲美元期货	2019年3月到期的欧洲美元期货	价　差
1月20日	卖出1手，成交价95.58	买入1手95.36	0.22
2月11日	买入1手平仓，成交价95.47	卖出1手平仓，成交价95.35	0.12
结果	赚10个基点，获利(22－12)×25＝250美元		

在CME 3月欧洲美元期货市场，当投资者预测收益率曲线变得更平坦时，就可以采用上述的卖出跨期套利交易策略。

二、远期利率协议

（一）远期利率协议的定义与特点

远期利率协议(forward rate agreement，FRA)是协议双方约定在名义本金的基础上进行协议利率与参照利率差额支付的远期合约。远期利率协议的协议利率为双方在合同中约定的固定利率，是对名义本金额的计息基础。

FRA是防范将来利率变动风险的一种金融工具，其特点是预先锁定将来的利率。在FRA市场中，FRA的买方是为了防止利率上升引起筹资成本上升的风险，实质上是用FRA市场的盈亏抵补现货资金市场的风险，因此FRA具有预先决定筹资成本或预先决定投资报酬率的功能。

远期利率协议交易具有以下几个特点：一是具有极大的灵活性。作为一种场外交易工具，远期利率协议的合同条款可以根据客户的要求“量身定做”，以满足个性化需求。二是并不进行资金的实际借贷，尽管名义本金额可能很大，但由于只是对以名义本金计算的利息的差额进行支付，因此实际结算量可能很小，为银行提供了一种管理利率风险而又无须改变资产负债结构的有效工具。三是在结算日前不必事先支付任何费用，只在结算日发生一次利息差额的支付。

（二）远期利率协议的报价

FRA 的价格是指从利息起算日开始的一定期限的协议利率，FRA 的报价方式和货币市场拆出拆入利率表达方式类似，但 FRA 报价多了合约指定的协议利率期限（表 7-25）。FRA 市场定价是每天随着市场变化而变化的，实际交易的价格要由每个报价银行来决定。

表 7-25 FRA 市场报价

期　限	报　价
3×6	8.08%～8.14%
2×8	8.16%～8.22%
6×9	8.03%～8.09%
6×12	8.17%～8.23%

表 7-25 报价第三行的市场术语解释为：“6×9”表示期限，指“6 个月对 9 个月”，即从交易日后的 6 个月末为起息日，而交易日后的 9 个月末为到期日，协议利率的期限为 3 个月期；“8.03%～8.09%”为报价方报出的 FRA 买卖价，其中前者是报价银行的买价，若与询价方成交，则意味着报价银行（买方）在结算日支付 8.03%利率给询价方（卖方），并从询价方处收取参照利率。后者是报价银行的卖价，若与询价方成交，则意味着报价银行（卖方）在结算日从询价方（买方）处收取 8.09%利率，并支付参照利率给询价方。

（三）远期利率协议的利息计算

首先，计算 FRA 期限内利息差。该利息差就是根据当天参照利率（通常是在结算日前两个营业日使用 SHIBOR 来决定结算日的参照利率）与协议利率结算利息差，其计算方法与货币市场计算利息的惯例相同，等于本金额×利率差×期限（年）。

其次，要注意的是，按惯例，FRA 差额的支付是在协议期限的期初（即利息起算日），而不是协议利率到期日的最后一日，因此利息起算日所交付的差额要按参照利率贴现方式计算。

最后，计算的差额值有正有负，为正时，由 FRA 的卖方将利息差贴现值付给 FRA 的买方；为负时，则由 FRA 的买方将利息差贴现值付给 FRA 的卖方。

（四）远期利率协议与利率期货的比较

从形式上看，FRA 具有利率期货类似的优点，即避免利率变动风险，但它们之间也有区别，归纳如表 7-26 所示。

表 7-26　远期利率协议与利率期货的区别

项　目	FRA	利率期货
交易形态	场外市场，交易金额和交割日期都不受限制，灵活简便	交易所内标准化合约交易
信用风险	双方均存在信用风险	不存在交易对手方信用风险
交割前的现金流	不发生现金流	每笔交易需要有保证金
适用货币	一切可兑换货币	交易所规定的货币

三、利率互换

（一）利率互换的定义与特点

利率互换(interest rate swap)，也称利率掉期，是在对未来利率预期的基础上，交易双方签订一个合约，规定在未来一定的时间内，双方定期交换以一个名义本金为基础，按不同形式利率计算出来的利息。

利率互换的特点如下。

(1) 利率互换不交换本金，只是用它来计算互换的利息额，所以称为名义本金。

(2) 双方通过互换，将原有利率形式转换为对己有利的形式，从而达到规避利率风险、降低负债成本、增加资产收益的目的。

（二）利率互换的分类

利率互换可以分为息票利率互换和基础利率互换。

息票利率互换是同种货币的固定利率与浮动利率之间的互换，是指两笔货币相同、债务额相同(本金相同)、期限相同的资金，但交易双方分别以固定利率和浮动利率借款，交易双方同意在未来的某一特定日期以未偿还贷款本金为基础，相互交换利息支付。

在利率互换交易中，支付固定利率并接受浮动利率的一方称为支付方，是互换的买方(多头方)。支付方是债券市场空头，对长期固定利率负债与浮动利率资产价格敏感。支付浮动利率并接受固定利率的一方称为接受方，是互换卖出方(空头方)。接受方是债券市场多头，对长期浮动利率负债与固定利率资产价格敏感。

基础利率互换是同种货币不同参考基础的浮动利率与浮动利率之间的互换。

（三）利率互换交易的报价

在互换市场上，固定利率水平通常参考同期限的政府债券的收益率；浮动利率通常以同业拆放利率为基准。

例如，10 年期国债收益率为 6.2%，10 年期利率互换的利差是 68 个基本点，那么这个 10 年期利率互换的价格就是 6.88%。国债的收益率是利率互换交易价格的最基本组成部分，而利差的大小主要取决于互换市场的供需状况和竞争程度，利率互换交易中的价格利差是支付浮动利率的交易方需要用来抵补风险的一种费用。

（四）利率互换案例

甲公司借入固定利率资金的成本是10%，浮动利率资金的成本是LIBOR＋0.25%；乙公司借入固定利率资金的成本是12%，浮动利率资金的成本是LIBOR＋0.75%。甲乙两公司的融资相对比较优势见表7-27。假定甲公司希望借入浮动利率资金，乙公司希望借入固定利率资金。

表7-27 甲乙两公司的融资相对比较优势

项　目	甲公司	乙公司	两公司的利差
固定利率筹资成本	10%	12%	2%
浮动利率筹资成本	LIBOR＋0.25%	LIBOR＋0.75%	0.5%
融资相对比较优势	固定利率	浮动利率	

如果甲公司借入固定利率资金，乙公司借入浮动利率资金，则二者借入资金的总成本为LIBOR＋10.75%。如果甲公司借入浮动利率资金，乙公司借入固定利率资金，则二者借入资金的总成本为LIBOR＋12.25%；由此可知，第一种筹资方式组合发挥了各自的优势，能降低筹资总成本，共节约1.5%。但这一组合不符合二者的需求，因此，应进行利率互换。

互换过程为：甲公司借入固定利率资金，乙公司借入浮动利率资金，并进行利率互换，甲公司替乙公司支付浮动利率，乙公司替甲公司支付固定利率。假定甲乙双方经协商，均分互换节约的资金成本，利率互换结果如图7-1所示。

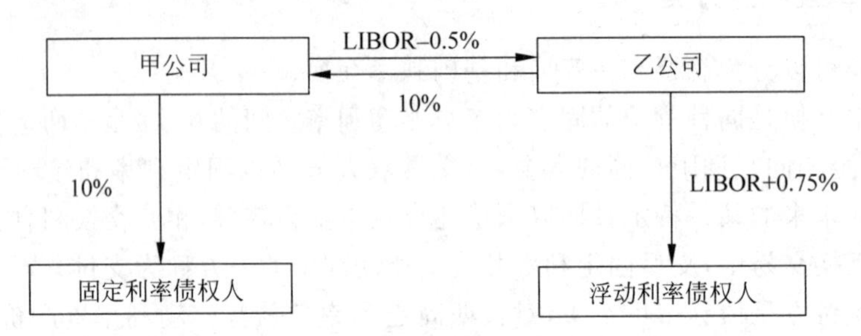

图7-1 利率互换

在这一过程中，甲公司需要向固定利率债权人支付10%的固定利率，向乙公司支付LIBOR－0.5%的浮动利率，并从乙公司收到10%的固定利率，因此，甲公司所需支付的融资总成本为

10%＋LIBOR－0.5%－10%＝LIBOR－0.5%，比它以浮动利率方式直接筹资节约0.75%。乙公司需要向浮动利率债权人支付LIBOR＋0.75%的浮动利率，向甲公司支付10%的固定利率，并从甲公司收到LIBOR－0.5%的浮动利率，因此，乙公司所需支付的融资总成本为：LIBOR＋0.75%＋10%－(LIBOR－0.5%)＝11.25%，比它以固定利率方式直接筹资节约0.75%。乙公司应该向甲公司净支付：10%－(LIBOR－0.5%)＝10.5%－LIBOR。

在实际中，互换可以通过中介(如商业银行)进行。上例中，假定三方经协商均分所节约的成本，则利率互换结果如图7-2所示。

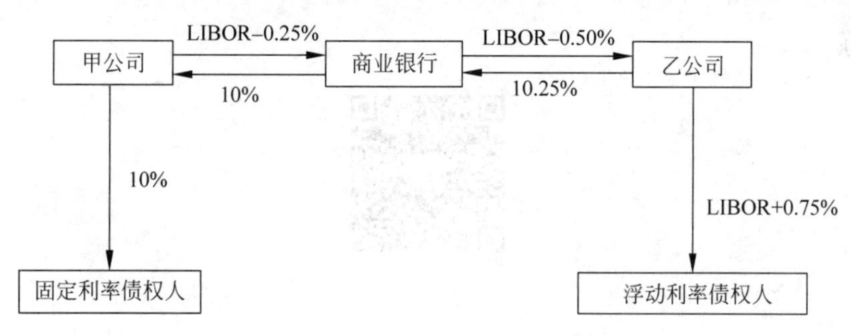

图 7-2　以商业银行为中介的利率互换

在这一过程中，甲公司需要向固定利率债权人支付10%的固定利率，向商业银行支付LIBOR−0.25%的浮动利率，并从商业银行收到10%的固定利率，因此，甲公司所需支付的融资总成本为：10%+LIBOR−0.25%−10%=LIBOR−0.25%，比它以浮动利率方式直接筹资节约0.50%。

乙公司需要向浮动利率债权人支付LIBOR+0.75%的浮动利率，向商业银行支付10.25%的固定利率，并从商业银行收到LIBOR−0.50%的浮动利率，因此，乙公司所需支付的融资总成本为：LIBOR+0.75%+10.25%−(LIBOR−0.50%)=11.50%，比它以固定利率方式直接筹资节约0.50%。

商业银行从甲公司收到LIBOR−0.25%，从乙公司收到10.25%，向乙公司支付LIBOR−0.50%，向甲公司支付10%，因此，商业银行实现收入为：LIBOR−0.25%+10.25%−(LIBOR−0.50%)−10%=0.50%。

在上述互换交易中，各方所节约的成本(获取的收益)源自甲公司出售了自身信用。实际中，在各方协商确定互换条款时，信用级别高(出售信用)的一方具有较大的话语权，往往可以获得相对较大的分成比例；商业银行一般向双方收取固定的交易佣金或费用。有时，商业银行会以自己的名义与互换的一方先进行交易，然后再慢慢寻找交易对手，将风险转移出去。

关键术语

利率期货　欧洲美元　转换因子　最便宜可交割债券　基点价值　久期　远期利率协议利率互换

复习思考题

1. 常见的国债期货合约有哪些？
2. 什么是转换因子？如何计算？
3. 什么是最便宜可交割债券？如何选择？
4. 利率变化对国债期货的价格有什么影响？
5. 运用国债期货进行套期保值的常见情形有哪些？

即测即练

第八章

外汇期货及汇率类衍生品

学习目标

1. 掌握汇率标价方法；
2. 理解汇率决定理论；
3. 理解汇率风险；
4. 掌握外汇期货在套期保值、投机和套利上的应用；
5. 理解外汇掉期的概念和应用；
6. 理解货币互换的概念和应用；
7. 掌握外汇期权在套期保值上的应用。

第一节　外汇及外汇市场

一、外汇与汇率

（一）外汇的概念

一般而言，外汇是指以外币表示的可用于国际结算的支付手段。《中华人民共和国外汇管理条例》从广义上界定了外汇，即下列以外币表示的可以用作国际清偿的支付手段和资产：①外币现钞，包括纸币、铸币；②外币支付凭证或者支付工具，包括票据、银行存款凭证、银行卡等；③外币有价证券，包括债券、股票等；④特别提款权；⑤其他外汇资产。由此可见，广义上外汇是指一切用外币表示的资产。同时外汇具有相对概念，如欧元在欧元区以外的其他国家是外汇，但在欧元区则不是。

（二）汇率的标价

外汇的价格一般用汇率表示。汇率是指一个国家（或地区）的货币与另一个国家（或地区）的货币的比价，即用一国货币表示的另一国货币的价格，也称汇价、外汇牌价或外汇行市。一般汇率的标价方法可分为直接标价法和间接标价法。

1. 直接标价法

直接标价法是包括中国在内的世界上绝大多数国家目前都采用的汇率标价方法。直接标价法是指以本币表示外币的价格，即以一定单位（1、100 或 1 000 个单位）的外国货币作为标准，折算为一定数额本国货币的标价方法。例如，2020 年 12 月 31 日，中国国家外汇管理局公布的外汇牌价为 100 美元兑人民币 652.49，表示 100 美元可以兑换 652.49

元人民币；100 欧元兑人民币 802.50，表示 100 欧元可以兑换 802.50 元人民币等，采用的就是直接标价法。

在直接标价法下，汇率值升降与本币升贬值反向，与外币升贬值同向，即汇率值上涨表示外国货币升值，本国货币贬值；汇率值下跌表示外国货币贬值，本国货币升值。例如，中国外汇交易中心的汇率标价 100 美元兑人民币由 652.49 变为 684.26，表明外币美元升值，本币人民币贬值。

2. 间接标价法

英国、美国和欧元区均采用间接标价法。间接标价法是以外币表示本币的价格，即以一定单位(1、100 或 1 000 个单位)的本国货币作为标准，折算为一定数额外国货币的标价方法。例如，某日纽约外汇市场的汇率标价为 1 美元兑日元 110.46，在纽约，美元是本国货币，日元是外国货币；某日伦敦外汇市场的汇率标价为 1 英镑兑美元 1.357 2，在伦敦，英镑是本国货币，美元是外国货币，所以这两个市场采用的就是间接标价法。在间接标价法下，汇率值升降与本币升贬值同向，与外币升贬值反向，即汇率值上涨表示本国货币升值，外国货币贬值；汇率值下降表示本国货币贬值，外国货币升值。例如，伦敦外汇市场的汇率标价 1 英镑兑美元由 1.357 2 变为 1.454 4，表明本币英镑升值，外币美元贬值。

直接标价法和间接标价法都是针对本国货币和外国货币之间的关系而言的，在两种货币当中有一种是本国货币，而另一种是外国货币。因此，对于某个国家或某个外汇市场来说，本币以外其他各种货币之间的比价无法用直接标价法或间接标价法来判断。实际上非本币货币之间的汇价往往是以一种国际上的主要货币为标准的。第二次世界大战以后，特别是欧洲货币市场兴起以来，国际金融市场之间的外汇交易量迅速增长，为便于在国际进行外汇业务交易，银行间的报价都以美元为标准来表示各国货币的价格，这就是"美元标价法"，各国货币与美元之间的汇率也称为基本汇率。其他货币两两间的汇率则通过基本汇率套算而得，也被称为套算汇率。

（三）即期汇率和远期汇率

外汇现汇交易中使用的汇率是即期汇率，即交易双方在交易后两个营业日以内办理交割所使用的汇率；而外汇远期交易中使用的汇率是远期汇率，即交易双方事先约定的，在未来一定日期进行外汇交割的汇率。远期汇率的标价方法有两种。一种是将远期汇率的数字直接标出。这种标价方法比较简单，适用于经营外汇业务的银行向其客户报价。另一种是只表明远期汇率与即期汇率的差额。而差额又有三种表示方法：升水、贴水和平价。其中升水表示远期汇率高于即期汇率，贴水表示相反，平价则表明远期汇率与即期汇率相等。这种以差额表示远期汇率的方法，适用于经营外汇业务的银行之间的外汇交易。

例如，英镑兑美元的即期汇率为 1.357 2，30 天远期汇率为 1.348 2。这表明，30 天远期英镑贴水，贴水 90 点，点值为 0.009 0 美元。欧元兑美元的即期汇率为 1.159 9，30 天远期汇率为 1.160 8。这表明，30 天远期欧元升水，升水 9 点，点值为 0.000 9 美元。

二、外汇市场

（一）外汇市场的概念

外汇市场，是指专门从事外汇交易的市场，包括金融机构之间的同业外汇买卖市场（或称批发市场）和金融机构与顾客之间的外汇零售市场，参与主体包括各国的中央银行、外汇银行、外汇经纪人和客户。

（二）全球主要外汇市场

各国国际金融中心的外汇市场构成了全球外汇市场，整个体系庞大。目前全球有30多个市场，其中最重要的有伦敦、纽约、东京、中国香港、新加坡等。根据国际清算银行2019年发布的调查（每3年发布一次），外汇交易仍然集中在主要的金融中心，英国、美国、中国香港、新加坡和日本五个金融中心的交易量占全球外汇交易的79.4%。其中，英国的外汇交易占比上升了6个百分点，占全球外汇交易的43.1%，美国的交易量占比从2016年的19.5%降到16.5%，中国香港的交易量增速高于全球外汇市场的增速，而新加坡和东京的交易量增长相对缓慢。此外，中国内地外汇市场交易量大幅增长至月均1 360.2亿美元，较2016年增长86.8%，成为全球第八大外汇交易中心（2016年排名第13位）。另外，由于各国时区和时差的不同，全球市场几乎是接连开市闭市，构成了一个24小时循环的外汇交易市场（表8-1）。

表8-1　主要外汇市场开闭市时间（北京时间）

外汇市场	时　间
新西兰惠灵顿	4：00—12：00
澳大利亚	6：00—14：00
日本东京	8：00—14：30
新加坡	9：00—16：00
英国伦敦	15：30—次日0：30
德国法兰克福	15：30—次日0：30
美国纽约	21：00—次日4：00

伦敦外汇市场由英格兰银行指定的外汇银行和外汇经纪人组成，外汇银行和外汇经纪人分别组成了行业自律组织，即伦敦外汇银行家委员会和外汇经纪人协会。伦敦外汇市场历史悠久，交易量较大，利用先进的现代化电子通信网络进行交易。此外，大量外国银行在伦敦设立分支机构并从事外汇买卖，目前已经有200多家银行进行外汇买卖。

纽约外汇市场无固定场所，主要通过电话、电报、电传等通信设备进行交易。纽约外汇市场建立的电子计算机系统，将外汇交易和信贷控制的程序纳入计算机系统与监视系统，客户通过电子设备可以随时了解世界主要货币相关的汇率资讯，也可以与从事相关业务的银行保持联系。

东京外汇市场随着1980年外汇管制的取消而迅速发展，由银行间市场和顾客市场组成。东京外汇市场的核心是银行间市场，成员有外汇经营行、经纪行和日本银行（日本的中央银行)。1985 年前,日元美元交换必须通过指定经纪行,取消这一规定后,银行间外汇交易半数都是直接进行的。

(三)外汇市场主要外汇品种

外汇市场主要的外汇品种有美元、欧元、日元、英镑等。根据国际清算银行 2019 年发布的调查,美元、欧元和日元的交易量仍保持在前列。就特定货币而言,美元仍然是全球最主要货币,在外汇交易中占比 88.3%,处于主导地位。欧元占比在 3 年内有所提高,从 2016 年的 31.4%升至 2019 年的 32.3%。日元虽然是交易活跃度排名前三的货币,但是日元的占比下降了将近 5 个百分点。此外,新兴市场经济体货币(EME)和人民币的份额也较 2016 年有所上升,分别达到 24.5%和 4.3%。其中,人民币的交易量为 2 840 亿美元,是交易量第八的货币(图 8-1)。

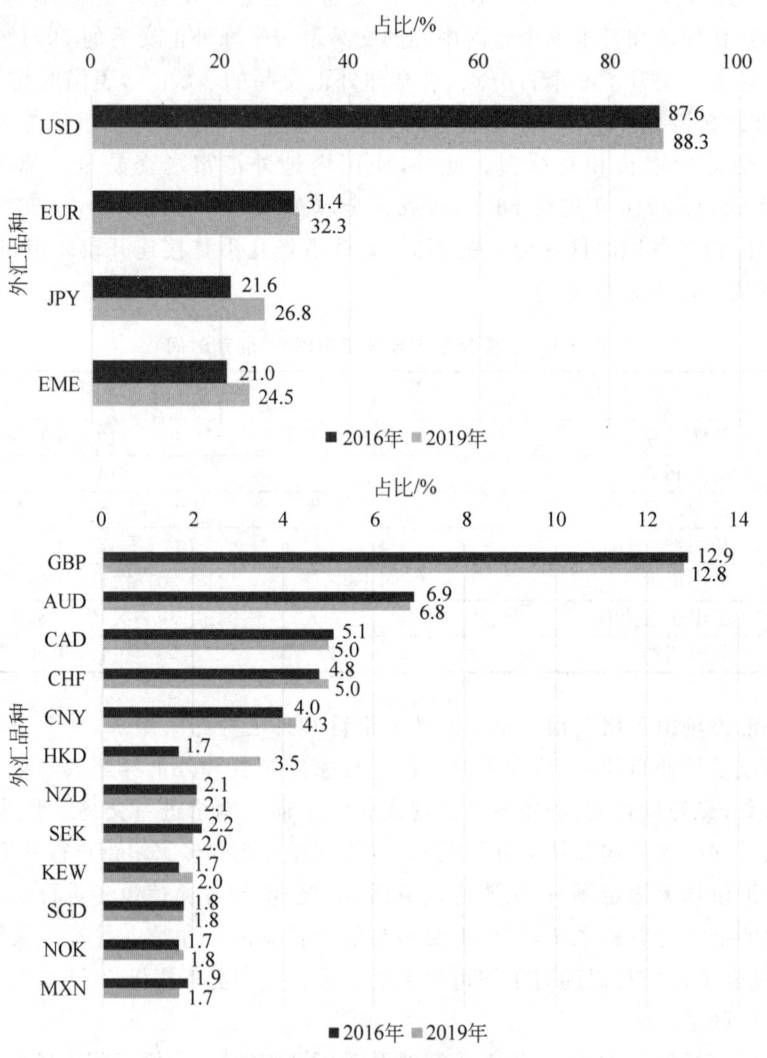

图 8-1 2016 年和 2019 年外汇市场主要货币交易占比

资料来源:国际清算银行官网。

（四）外汇市场参与主体及交易方式

外汇市场的参与者包括外汇银行、外汇经纪商、中央银行及外汇银行的客户。

（1）外汇银行。外汇银行是指由中央银行授权经营外汇业务的本国银行、在本国的外国银行分行以及其他从事外汇经营的有关金融机构。外汇银行主要采用买卖点差的形式为客户提供换汇服务，并从中赚取利润。其客户主要包括有外汇需要的各类企业和有零星外汇需求的个人。

（2）外汇经纪商。外汇经纪商自己一般不从事外汇买卖，而是通过与外汇银行的密切联系和掌握的供求信息，促进买卖双方交易，并赚取手续费，是专门从事介绍外汇买卖成交的人。正因为外汇经纪商汇聚了买卖双方的信息，所以，经纪商一般能很快找到相应的交易对象，提高交易效率。

（3）中央银行。中央银行进行外汇交易不以盈利为目的，主要是通过干预外汇市场来防止国际短期资金大量流动所带来的冲击，即在外汇短缺时大量抛售外汇，在外汇过多时大量收购，以维持汇率的稳定。

（4）外汇银行的客户。在外汇市场中，凡与外汇银行有外汇交易关系的公司与个人，都是外汇银行的客户，包括进口商、出口商和投机者。外汇投机者利用外汇市场的波动可以直接获益，同时他们也是外汇风险的承担者，保证了外汇市场的流动性，通过套利使价格保持在合理区间，从而有效配置资源。

由它们构成的外汇市场交易层次如图 8-2 所示。

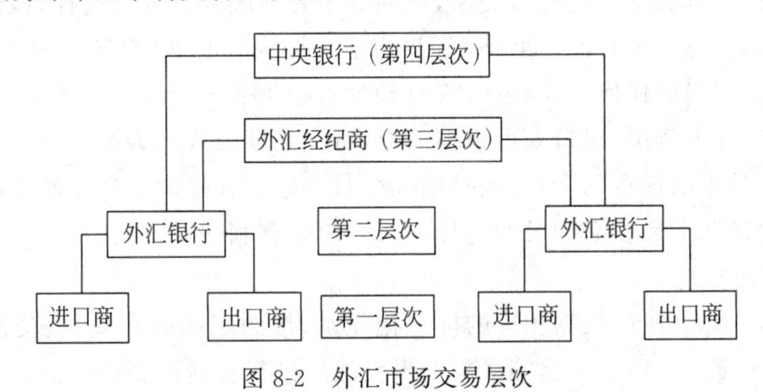

图 8-2　外汇市场交易层次

外汇市场主要有四种业务。

1. 即期外汇交易

即期外汇交易，又称现货交易。其交易方式主要分为电汇、信汇和票汇。

1）电汇

电汇是指汇款人用本国货币向外汇银行购买外汇时，外汇银行用电报或电传通知国外分行或代理行付出外汇。这种方式下，收取本国货币和付出外汇之间的时间差为一两天。因为国际电报费贵且银行不能利用顾客的汇款，所以其汇率最高。

2）信汇

信汇是指汇款人用本国货币向外汇银行购汇时，银行会开具付款委托书，用航邮的方式通知国外分行或代理行付出外汇。由于时间长且银行能够利用这部分汇款获利，所以其汇率比电汇汇率低。

3）票汇

票汇是指外汇银行开立由国外分行或代理行付款的汇票交给购买外汇的客户，由其自带或寄给国外收款人办理结算的方式，银行也可以利用这部分资金，所以其汇率也比电汇汇率低。

2. 远期外汇交易

远期外汇交易产生远期外汇汇率，与即期汇率有所不同。交易者进行远期外汇交易时持有不同的目的，如进出口商买卖远期外汇是为了规避汇率风险；资金借贷者进行远期交易的目的是防止其投资或债务到期因汇率变动而导致损失；为了平衡外汇头寸，外汇银行会进行远期外汇交易；投机者为了赚取利润也会进行投机性远期交易。其交易方式主要有两种。

1）固定交割日的远期交易

这是一种交易双方约定好在未来的某个日期办理货币收付的远期交易，虽然在生活中这种方式较为常用，但是不具有灵活性和机动性。

2）选择交割日的远期交易

这是一种主动请求交易的一方可在成交日的第三天起至约定的期限内的任何一个营业日，要求交易的另一方按照双方实现约定的远期汇率办理货币收付的远期外汇交易。

确定交割日的方式有两种：一是在两个具体日期间确定交割期限。如某一个出口商在2020年5月25日成交一笔出口交易，预期3个月内收到货款。这样，该出口商马上在外汇市场上卖出一笔3个月的远期外汇，并约定择期为5月29日至7月29日。则该出口商可在这段时间内的任何一天，随时将收到的外汇卖给银行。二是在不同月份之间确定交割期限。如在上例中，出口商可根据需要，将交割期限规定为第一个月、第二个月、第三个月，或3个月中的任意两个月，或择期3个月。银行在择期交易中使用的是对顾客不利的汇率，因为择期汇率在交割日的选择上对客户是有利的。

3. 外汇期货交易

交易在有形市场进行，根据相应的标准化原则，按约定的成交单位、交割时间和价格进行远期外汇买卖。这项业务是第二次世界大战后进行金融创新产生的。

4. 外汇衍生工具交易

外汇衍生工具交易主要有外汇期权交易、外汇互换业务等。

第二节　外汇期货合约及定价

一、外汇期货

外汇期货又称货币期货或汇率期货，是交易双方约定在未来某一时间，依据现在约定的汇率，以一种货币交换另一种货币的标准化合约。它以汇率为标的物，不仅为广大投资者和金融机构等经济主体提供了有效的套期保值的工具，而且也为套利者和投机者提供了新的获利手段。

二、外汇期货合约

外汇期货是金融期货中最早出现的品种,也是第二次世界大战后世界经济格局发生变化的产物。自1972年5月芝加哥商业交易所的国际货币市场分部推出第一张外汇期货合约以来,随着国际贸易的发展和世界经济一体化进程的加快,外汇期货交易一直保持着旺盛的发展势头。

不同期货交易所制定的外汇期货合约的主要内容是基本相同的。芝加哥商业交易所是最早开设外汇期货交易的场所,也是美国乃至世界上最重要的外汇期货交易场所。活跃的外汇交易品种有欧元、日元、加拿大元、瑞士法郎、英镑、墨西哥比索及澳元。表8-2是欧元兑美元(EC)期货合约细则,其他货币期货合约条款基本与之相近。

表8-2　欧元兑美元(EC)期货合约

项　目	合约内容
合约规模	125 000欧元
挂牌合约	3月季度周期(3月、6月、9月、12月)的20个月
最小价格增幅	每个欧元增量单位0.000 1美元(每份合约12.50美元)以电子方式执行的欧元/美元期货内部货币价差为每个欧元增量单位0.000 05美元(每份合约6.25美元)
交易时间	CME Globex:星期日:美中时间下午5:00时至次日下午4:00。星期一至星期五:美中时间下午5:00至次日下午4:00,周五除外,下午4:00关门,星期日美中时间下午5:00重新开门 CME ClearPort:周日至周五芝加哥时间下午5:00至次日下午4:15,从下午4:15开始,每天有45分钟的休市时间
最后交易日/时间	合约月份第三个星期之前的第二个营业日(通常是星期一)美中时间上午9:16
结算流程	实物交割
交割地点	结算所指定的各货币发行国银行
行情代码	CME Globex:6E CME ClearPort:EC 清算所:EC

为满足市场的避险和投资需求,2011年,CME推出了全新的人民币期货合约,如表8-3所示。尽管人民币期货在CME Globex平台上的交易量并不理想,但CME这一举措充分体现出国际资本市场对于人民币汇率衍生产品的高度重视。

表8-3　人民币兑美元(RMB)期货合约

项　目	合约内容
合约规模	1 000 000人民币
交易时间	CME Globex:周日:下午5:00至次日下午4:00(美中时间)。周一至周五:下午5:00至次日下午4:00(美中时间)。周五下午4:00收市并于周日下午5:00开市。 CME ClearPort:周日至周五:下午5:00至次日下午4:00(美中时间),其间每天自下午4:00(美中时间)起休市45分钟

续表

项　　目	合约内容
最小价格波动	0.000 01 美元每人民币(10.00 美元/合约)。0.000 005 美元对人民币增量(5.00 美元/合约)用于人民币对美元期货的货币间价差电子执行
产品代码	CME Globex：RMB CME ClearPort：RMB Clearing：RMB
月份	13 个连续日历月(1 月、2 月、3 月、4 月、5 月、6 月、7 月、8 月、9 月、10 月、11 月、12 月)，另加 8 个季度月(即 3 月、6 月、9 月、12 月)
最后交易时间	紧接在合约月份第三个星期三之前的第二个北京交易日上午 9：00 交易终止(冬令时周日晚上 7：00(美中时间)和夏令时周日晚上 8：00(美中时间)

2012 年 9 月 17 日，香港交易所推出了全球首个可交割的人民币期货。香港交易所推出的美元兑人民币期货合约规模为 10 万美元，合约的保证金、结算交易费用均以人民币计价，每张合约最低保证金为 7 930 元，交易手续费为每手 8 元。合约采用银行同业外汇报价标准，并采用现货交割的形式进行结算。

香港交易所推出的人民币期货合约基本上符合国内外投资者的需求，具有以下特点：它是全球首个能够进行现货交割的人民币期货合约；杠杆比率高达 80 倍；在衍生产品市场电子交易平台上交易，透明度高；由香港交易所下属的香港期货结算有限公司作为每笔交易的中央对手方；选定星展、美林国际和汇丰三家银行为做市商以提供足够的流动性。香港交易所的人民币期货合约与 CME 的美元/人民币期货合约相比，最小变动单位更小，合约期更短，杠杆率更高，并可以进行现货交割，更加贴近市场需求(表 8-4、表 8-5)。

表 8-4　香港交易所人民币兑美元期货合约

项　　目	合约细则
合约	人民币(香港)兑美元期货
交易代码	UCN
合约月份	即月、下 3 个历月及之后的 4 个季月
合约金额	人民币 300 000 元
报价单位	每 10 元人民币兑美元(如 10 元人民币兑 1.528 8 美元)
最低波幅	0.000 1 美元(小数点后第 4 个位)
交易时间	上午 9：00 至下午 4：15(不设午休)及下午 5：00 至晚上 11：45($T+1$ 时段)(到期合约月份在最后交易日收市时间为上午 11：00)
最后结算日	最后交易日之后一个香港营业日
最后交易日	合约月份的第三个星期三之前两个香港营业日
最后结算价	香港财资市场公会美元兑人民币(香港)即期汇率定盘倒的倒数乘以 10
结算方式	以美元现金结算
交易费用	0.60 美元，2016 年 5 月 30 日至 11 月 30 日期间豁免(不包括 11 月 30 日收市后期货交易时段)

表 8-5　香港交易所美元兑人民币期货合约细则

项　目	合约细则
合约	美元兑人民币(香港)期货
交易代码	CUS
合约月份	即月、下 3 个历月及之后的 4 个季度月
合约金额	100 000 美元
报价单位	每美元兑人民币(如 1 美元兑人民币 6.248 6 元)
最低波幅	0.000 1 元人民币(小数点后第 4 个位)
交易时间	上午 9：00 至下午 4：15(不设午休)及下午 5：00 至晚上 11：45($T+1$ 时段)(到期合约月份在最后交易日收市时间为上午 11：00)
最后结算日	合约月份的第三个星期三
最后交易日	最后结算日之前两个营业日
最后结算价	香港财资市场公会在最后交易日上午 11：15 公布的美元兑人民币(香港)即期汇率定盘价
结算方式	由卖方缴付合约指定的美元金额，而买方则缴付以最后结算价计算的人民币金额
交易费用	人民币 8.00 元

三、外汇期货定价

投资者在利用外汇期货对冲风险或投机套利时，要考虑外汇期货的理论价格。影响外汇期货价格的因素众多，但理论上，外汇期货的价格可以通过机会成本和套利理论来解释。假设某一份投资资产 S 在时间 0 的价格是 S_0，而投资者恰好有 S_0 的现金，则在时间 0 到时间 T 内，投资者有两种投资选择机会：把 S_0 投入无风险资产，获得无风险利率 r 回报，在 T 时刻拥有资产为 S_0e^{rT}(假设连续复利)；或者购入该投资资产，在时间 T 时刻，拥有的资产为 S_T，即资产 S 在时间 T 的远期价格是 S_T。对于一个风险中性的投资者，两种投资方法在时间 T 所得到资产价值应该具有相同的吸引力，即投资者对两者并没有特别的偏好。换而言之，两种投资方法在时间 T 的资产价值应该是相等的，即 $S_T=S_0e^{rT}$。

但是在时间 0 时刻，S_T 的价格是未知的，在风险中性的假设下，任意风险资产的期望值应等于无风险资产的期望值，上式应该更准确地表示为：$E(S_T)=S_0e^{rT}$，即 S_T 的期望值等于 S_0 投入无风险资产后在 T 时刻的价格。

理论上，外汇市场同样适用上述价格决定机制。考虑一种本币，它的外汇标价采用直接标价法，在时间 0 报价为 S_0，即 1 外币 $=S_0$ 本币。假设时间 0，投资者持有 1 000 单位的外币，则面临两种投资方法：第一种是在时间 0 换成本币，投资于本国无风险市场；第二种是在时间 0 以价格 F_0 买入期货合约，并同时把 1 000 单位外币投资于外国无风险市场，时间 T 时交割期货合约换成本币。假定本国无风险利率为 r，外国无风险利率为 r_f，如图 8-3 所示。

根据无套利假设，两者在时间 T 得到的资金应该是相等的，因此有

$$1\,000e^{r_fT}F_0=1\,000S_0e^{rT}$$

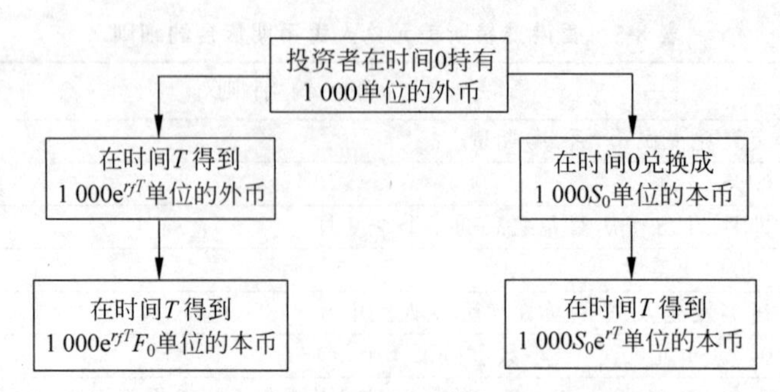

图 8-3 外汇市场中两种不同的投资组合

即 $F_0=S_0e^{(r-r_f)T}$

在外汇交易中，汇率是两种货币之间交换的比率，其本身并不会产生价值，因此未来汇率的期望值与即期汇率是相等的，即 $E(S_T)$。而根据利率平价理论，两国利率水平对外汇期货的价格影响较大(表 8-6)。

表 8-6 外汇期货价格与即期汇率

两国无风险利率的关系	外汇期货价格与即期汇率的关系
$r_f=r$	$F_0=S_0$
$r_f>r$	$F_0<S_0$
$r_f<r$	$F_0>S_0$

【例 8-1】 假定英镑和美元 2 年期的无风险利率分别是 2% 和 3%，英镑兑美元的即期汇率为 1.566 9，则 2 年后到期的英镑兑美元期货合约的理论价格 F_0 为

$$F_0=S_0e^{(r-r_f)T}=1.566\,9e^{(0.03-0.02)\times 2}=1.598\,5$$

同理，假定澳元和美元 3 年期的无风险利率分别是 4% 和 3.5%，澳元兑美元的即期汇率为 1.032 5，则 3 年后到期的澳元兑美元期货合约的理论价格 F_0 为

$$F_0=S_0e^{(r-r_f)T}=1.032\,5e^{(0.035-0.04)\times 3}=1.017\,1$$

上述公式表明，外汇期货的价格等于即期价格加上持有本国货币的收益(即通过本国的无风险利率计算的收益)，减去持有本国货币的成本(不换成外币的机会成本，即通过外币的无风险利率计算的机会成本)。事实上，所有的期货合约价格都适用于这种价格决定机制，即期货价格等于标的现货的即期价格加上持有现金的收益减去持有现货的收益(即持有现金的成本)。若用公式表示，假定无风险利率为 r，现货资产回报率是 q，则期货价格 F_0 为

$$F_0=S_0e^{(r-q)T}$$

同时，从上述公式可以看出，随着期货到期日的临近，期货价格会与现货价格趋于一致，这是由于期货的交割制度所决定的(图 8-4)。

因此，在期货合约接近到期日时，期货合约的价格波动率会变小。同时，因为大部分交易者都通过对冲平仓来了结仓位，因此期货合约的持仓量会变小，流动性也会降低，市场焦点转向远月份合约。

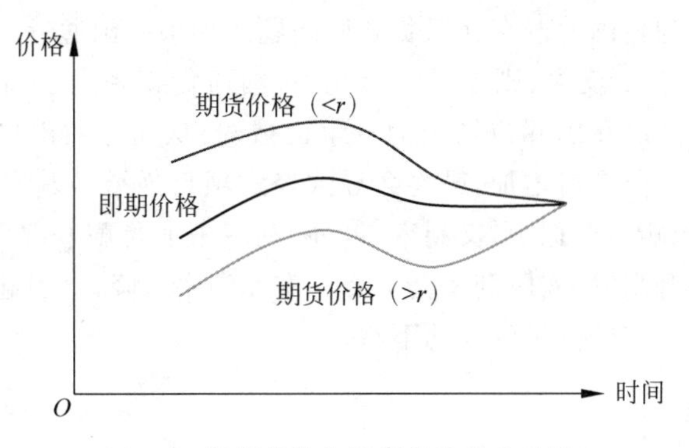

图 8-4　期货价格与即期价格的收敛性

第三节　汇率影响因素

一、影响汇率变动的因素

（一）国民经济发展状况

国民经济发展状况对一国国际收支、该国货币汇率都有重要影响。国民经济发展状况主要有劳动生产率、经济增长率和经济结构三个方面。

1. 劳动生产率

如果在较长时间内，一国的劳动生产率增长率持续高于其他国家，那么该国货币所包含的价值量会相对增加，则本国货币对外价值上升。但由于劳动生产率对汇率的变动不容易快速察觉，所以其对汇率的影响是缓慢的、长期的。

2. 经济增长率

经济增长率的差异对汇率变动的影响十分复杂。首先，如果经济增长率高，则收入会上升，进而造成进口增加，从而导致经常项目逆差。其次，如果经济增长率高，还能说明生产率提高，进而造成成本降低，从而导致本国产品竞争力提高，抑制进口。

3. 经济结构

经济结构主要指产业结构和产品结构，主要是通过影响经常项目而对汇率产生影响。如果一国经济结构合理，能够适应市场需求且随市场环境不断调整，则经常项目收支能够处于平衡状态。如果一国经济结构不合理，不能适应市场需求或随变化而调整，则经常项目收支难以保持平衡。

综上所述，国民经济发展对汇率的影响具有长期性，因为其对国际收支的影响是长期的、持久的。

（二）相对通货膨胀率

国内外通货膨胀率是影响汇率变动的长期因素。在纸币流通时，一国货币的对内价值表现为物价水平，对外价值表现为汇率。通货膨胀发生，则一国货币所具有的价值量下降，货币对内贬值，同时也会引起对外贬值，即汇率下跌。将通货膨胀作为考察汇率变动的影响因素，正是因为各国普遍存在通货膨胀问题。如果一国通货膨胀率超过其他国家，则该国货币的汇率下跌；反之，则上升。首先，一国通货膨胀处于高水平时，会引起该国商品价格上升，国内产品在国际市场上的竞争力减弱，从而导致出口减少；同时，外国商品竞争力增强，从而引起进口增加，最终会导致经常项目逆差。其次，实际利率水平也会受到通货膨胀率的影响。根据"名义利率＝实际利率＋通货膨胀率"可以知道，当名义利率不变、通货膨胀率升高时，实际利率会下降。实际利率下降，会引起资本外逃，可能导致资本项目的逆差，导致该国货币汇率的下跌。

（三）相对利率

利率被称为资金的价格，利率的变动会引起资金的输出与输入，从而影响一国的汇率。如果一国利率水平较高，投资者更倾向于在此投资，会刺激国外资金流入，本国资金流出减少，可能导致资本项目顺差，提高本国货币的汇率；反之，则会降低本国货币的汇率。

（四）宏观经济政策

宏观经济政策是指一国实施的财政政策和货币政策，其目的是实现充分就业、物价稳定、国际收支平衡和经济增长四个目标。在执行层面，经济政策又分为紧缩性的经济政策和扩张性的货币政策，它们对一国汇率的影响具有相反的作用结果，主要通过调整税率、政府支出方式执行的政策是财政政策，货币政策则主要是调整再贴现率、存款准备率和货币供应量。扩张性的政策会刺激投资和消费，促进经济发展，从而引起进口增加，使该国贸易收支发生不利变化，由此导致汇率下降。其中，扩张性的货币政策会降低利率，引起国际短期资本的流出，进而可能影响资本项目的逆差，增加汇率下跌的压力。扩张性的财政政策可能引起巨额财政赤字，从而导致通货膨胀率进一步增加，国际收支进一步恶化，使汇率下跌。

（五）国际储备

国际储备增加可以加强外汇市场对本国货币的信心，表明政府干预外汇市场、稳定汇率的能力较强，这也有助于本国货币汇率的上升。

此外，其他非经济因素同样会对汇率的变动产生影响，如军事、政治及心理等因素，其中各个因素之间也可能有极强的关联性。各国货币汇率频繁波动的重要原因是国际市场上存在着巨额的短期资金，其对世界各国可能导致汇率变动的因素极其敏感，给外汇市场带来不小的冲击。短期内，汇率的变动最主要的因素是预期因素。只要市场上预期某国货币汇率会下跌，市场上立刻就会对其作出反应，即抛售该国货币，从而导致该国货币汇率下降。

拓展阅读 8-1 人民币汇率为何异常强势？

二、汇率决定理论

在不同汇率制度下，汇率的决定基础有所不同，汇率的决定基础是两国货币本身所具有的或所代表的价值之比。金本位下，两国货币的价值量之比表现为含金量的比，被称为铸币平价；当纸币开始流通时，纸币所代表的实际价值量之比决定了两国间的汇率。

各国经济学家对此都进行过研究和探讨，产生了各种各样的汇率理论。下面对其中几种较有影响力的理论进行介绍。

（一）购买力平价假说

购买力平价假说的理论可以追溯到16世纪，瑞典学者卡塞尔(G·Cassel)于1922年完成了其系统的阐述。其理论的基本思想是：货币的价值在于其购买力，因此不同货币之间的兑换比率取决于它们各自购买力的对比，也就是说，汇率与各国的价格水平之间具有直接的联系。

一般认为，经济活动中存在这样一类商品：首先，无论处于何处，该商品都是同质的，即不存在任何商品质量及其他方面的差别；其次，该商品的价格能够灵活地进行调整，套利活动会使商品在两地的价差趋近于零。这种商品称为可贸易商品。一般来说，工业产品和不易变质的农业产品都属于可贸易商品。例如，当同一品牌的桌子在北京的价格是长春的两倍时，商人会把桌子从长春贩卖到北京获利，低价市场上的大量买进使得市场上的价格上升，高价市场上的大量卖出又使得市场上的价格下降，最终使得两地的价格趋同。套利活动使市场更为有效，使货物和资产从低回报率的市场向高回报率的市场转移。

同时，经济活动中还存在另一类商品：随着商品所处地区的不同，其性质也有所变化，或者虽然商品在各地是同质的，但商品从一地转移到另一地极其困难或所需的成本较高，从而无法进行套利活动，商品在两地间的价格差异无法消除。这样的商品称为不可贸易商品。一般来说，房地产和服务产品都属于不可贸易商品。例如，万达在北京和长春建筑的房子在格局和建材上是完全相同的，但因位置不同，尽管北京的房价比长春的房价高，但却无法移动，无法通过套利消除差价。

对于可贸易商品来说，如果假定其运输和交易成本为零，则同种可贸易商品在各个地区的价格应该是一致的，这种关系被称为“一价定律”。在开放经济条件下，一价定律体现为同一货币衡量的不同国家的某种可贸易商品的价格相同，即

$$P_i = EP_i^*$$

其中，E 表示直接标价的汇率，P_i 和 P_i^* 是本国和外国第 i 种可贸易品的标价。一价定律描述的可贸易品价格和汇率的关系构成了购买力平价说的基础。套利活动提供了观察一价定律的另一个角度。即使用交易成本和运输成本调整以后，同一种商品必然只有一种价格。例如，全世界一盎司黄金的价格都是伦敦定价，即使是远在非洲，也知道当日的黄金价格。

1. 绝对购买力平价

绝对购买力平价假说的前提条件：第一，对于任何一种可贸易商品，一价定律都成立；第二，在两国物价指数的编制中，各种可贸易商品所占的权重相等。那么，如果将两国一般物价水平直接用 P_d 和 P_f 分别来表示，则绝对购买力平价可以表示为 $P_d = EP_f$。

这个式子的含义是：不同国家的物价水平在换算成同一货币计量时是一样的。将上式变形可以得到 $E = \frac{P_d}{P_f}$。

这就是绝对购买力平价的一般形式。它意味着汇率取决于不同货币衡量的可贸易商品的价格水平之比，即取决于不同货币对可贸易商品的购买力之比。

也有学者认为一国的不可贸易商品与可贸易商品之间存在着种种联系，从而一价定律对不可贸易商品也成立。因此，上式中的物价指数应包括一国经济中的所有商品，也就是所有国家的一般物价水平以同一种货币计算时是相等的，汇率取决于货币的价值(一般物价水平的倒数)之比。这种观点由于比较符合汇率是不同货币之间的价格的这一性质，因此运用得更加广泛。

2. 相对购买力平价

相对购买力平价是对绝对购买力平价假定的放松而得出的。它认为交易成本的存在使一价定律并不能完全成立，同时各国一般价格水平的计算中商品及其相应的权重存在差异，因此，各国一般价格水平以同一种货币计算时并不完全相等，而是存在一定的较为稳定的偏差(只要这些因素不发生变动)，即 $E=\frac{\theta P_d}{P_f}$，θ 为常数。

将上式写成对数形式，再取变动率，即得下式：$\Delta E=\Delta P_d-\Delta P_f$。

此式即为相对购买力平价的一般形式，式中变量均为其对数形式。相对购买力平价意味着汇率的升值与贬值是由两国的通货膨胀率的差异决定的；如果本国通货膨胀率超过外国，本币将贬值。与绝对购买力平价研究某一具体时间点上的汇率水平相比，相对购买力平价研究一个阶段内汇率的变化率；另外，绝对购买力平价涉及的是价格的绝对水平，相对购买力平价涉及的是价格的变化率。

【例 8-2】 2××4 年 12 月 31 日，一篮子商品在中国的价格是 1 000 元人民币，在美国的价格是 100 美元；2××5 年中国的通货膨胀率是 8%，美国的通货膨胀率是 3%，那么 2××5 年 12 月 31 日，一篮子商品的价格分别是[1 000×(1+8%)=1 080]人民币和[100×(1+3%)=103]美元。根据绝对购买力平价理论，2××4 年美元兑人民币的汇率是 100 美元兑 1 000 元人民币，2××5 年的汇率是 103 美元兑 1 080 元人民币，和 2××4 年相比，汇率的变动率为：(1 080/103−1 000/100)/(1 000/100)×100%=4.85%。

遗憾的是购买力平价一般并不能得到实证检验的支持。首先，购买力平价在计量检验中存在技术上的困难。其次，短期看，汇率会因为各种原因暂时偏离购买力平价。但是在所有的汇率理论中，购买力平价是最有影响力的。因为它从货币的基本功能(具有购买力)角度分析货币的交换问题，符合逻辑，易于理解，表达形式最为简单，对汇率决定这样一个复杂问题给出了最简洁的描述。

（二）利率平价假说

购买力平价假说揭示了汇率与物价之间的密切关系，利率平价假说则说明了汇率与利率之间的关系。汇率与物价之间的关系通过国家商品套购来实现，反映了国际贸易对于汇率决定的作用；而汇率与利率的关系则通过国际资金套利来实现，反映了国际资本流动对汇率决定的作用。凯恩斯最初提出利率平价假说时，主要用以说明远期差价的决定。后来，艾因齐格又补充提出了利率平价假说的“交互原理”，揭示了即期汇率、远期汇率、利率、国际资本流动之间的相互影响。随着外汇市场投机行为的日趋活跃，非抛补利率平价说被提出，用以说明汇率预期、即期汇率、利率、国际资本流动之间的关系。到了20世纪70年代，随着浮动汇率制的实施，利率平价假说又被进一步应用于分析汇率行为。

1. 抛补利率平价

抛补利率平价是交易者进行抵补套利所形成的利率与汇率间的等式关系。在抵补套利中，投资者按即期汇率把利率较低的货币兑换成利率较高的货币存在利率较高国家的银行或购买该国债券的同时，还按远期汇率把利率较高的货币兑换成利率较低的货币，从而通过远期交易消除了汇率风险。

举例说明，假设资金在国际移动不存在任何限制与交易成本，本国投资者可以选择在本国或外国金融市场投资一年期存款，利率分别为 i_d 和 i_f，即期汇率为 S_0（直接标价法），远期汇率为 F_0，则投资于本国金融市场，每单位本国货币到期本利和为：$1+i_d$。投资于外国金融市场，每单位本国货币到期时的本利和为(以本币表示)：$\frac{1}{S_0}\times(1+i_f)\times F_0$。

由于一年后的即期汇率 F_0 是不确定的，这种投资方式的最终收益很难确定，具有较大的汇率风险。为了消除不确定性，投资者可以购买一年期远期合约，假设远期汇率为 f，则一年后投资于国外的本利和为：$\frac{1}{S_0}\times(1+i_f)\times f$。显然，投资者选择哪种方式投资，取决于二者的收益率大小，如果 $1+i_d<\frac{1}{S_0}\times(1+i_f)\times f$，则众多投资者将资金投入外国金融市场，导致外汇市场上即期购买外币、远期卖出外币，从而本币即期贬值(S_0 增大)，远期升值(f 减小)，投资于外国的收益率下降。只有当这两种投资方式的收益率完全相同时(套利的结果)，市场上处于平衡，利率和汇率间形成下列关系：

$$1+i_d=\frac{1}{S_0}\times(1+i_f)\times f$$

整理得

$$\frac{f}{S_0}=\frac{1+i_d}{1+i_f}$$

假设即期汇率与远期汇率之间的升(贴)水率为 ρ，即

$$\rho=\frac{f-S_0}{S_0}$$

将 ρ 代入上式得

$$\rho+\rho i_f=i_d-i_f$$

由于 ρ 及 i_f 均是很小的数值，所以它们的积 ρi_f 可以省略，得到

$$\rho=i_d-i_f$$

这就是抛补利率平价的一般形式。它的经济含义是：汇率的远期升贴水率等于两国货币利率差。如果本国利率高于外国利率，本币在远期贬值；本国利率低于外国利率，本币在远期将升值，即远期差价是由各国利率差异决定的，并且高利率货币在外汇市场上表现为贴水，低利率货币在外汇市场上表现为升水。也就是说，汇率的变动会抵消两国间的利率差异，从而使金融市场处于平衡状态。

抛补利率平价具有很高的实践价值。根据对市场交易者的实际调查,抛补利率平价作为指导公式广泛运用于交易之中。在外汇市场中做市商基本上是根据各国间的利率差异来确定远期汇率的升贴水额。在实证检验中,除了外汇市场剧烈动荡时期,抛补利率平价基本能较好成立。当实际的汇率变动与抛补的利率平价之间存在着一定的偏离时,偏离常被认为反映了交易成本、外汇管制以及风险等因素。

【例 8-3】 如果汇率的远期贴水没有被利率差异所抵消,就仍然存在通过套利获取利润的可能,见表 8-7。

表 8-7 【例 8-3】的套利相关计算

操　　作	现金流量
拥有 100 万元人民币	+100 万元人民币
即期卖出人民币	−100 万元人民币
将人民币兑换成美元(即期汇价 6.3)	+15.873 万美元
远期卖出美元	16.746 万美元
美元存款一年的利息为(美元一年定期存款利率为 5.5%)	+0.873 万美元
交割远期美元	−16.746 万美元
收回人民币(美元一年远期汇价为 6.2)	+103.825 万元人民币
将人民币存在中国的本利之和	103.5 万元人民币
套利净获利	0.325 万元人民币

在这个例子中,中美的利率差异大于远期美元的贴水。因此,可以通过套利获得微小的套利收益。然而,要是套利活动真的有利可图,一个完整的套利周期必须能够套补所有的交易费用。

2. 非抛补利率平价

在抛补利率平价推导过程中,假定投资者进行了远期交易以规避风险。实际上,还存在着另外一种投资策略,即仅仅利用两种不同的货币所带来的不同的利息的差价,而将利率较低的货币换成利率较高的货币以赚取利润,根据自己对未来汇率变动的预期而计算预期的收益,不进行远期交易,在承担一定风险的情况下进行投资活动。

在不进行远期交易时,投资者计算国外投资的收益时不但要考虑外国的利率,还要考虑投资到期时的即期利率。如果投资者预期一年后的即期汇率为 E_0,则投资者对国外投资所收回的本币资金的预期就是 $\frac{1+i_f}{S_0}E_0$。E 为期望值。如果这一预期的收入与投资本国金融市场的预期收入存在差异,则投资者就会选择在预期收入较高的投资市场投资,其投资活动会带来本国利率、即期汇率的变动,直至市场处于平衡状态,使汇率与利率形成下列关系:

$$1+i_d=\frac{E_0}{S_0}(1+i_f)$$

将上式进行整理,可得

$$E_\rho=i_d-i_f$$

其中,E_ρ 表示预期的远期汇率变动率。

上式即为非抛补利率平价的一般形式，它的经济含义是：预期的汇率远期变动率等于两国货币利率之差。在非抛补利率平价成立时，如果本国利率高于外国利率，则意味着市场预期本币在远期将贬值；如果本国政府提高利率，则当市场预期未来的即期汇率不变时，本币的即期汇率将升值。

【例 8-4】 如果汇率的预期贴水没有完全被利率差异所抵消，或者利率远期汇率会升水，就可以通过非抛补套利获得利润，见表 8-8。

表 8-8 【例 8-4】的套利相关计算

操　　作	现金流量
拥有 100 万元人民币	＋100 万元人民币
即期卖出人民币	－100 万人民币
将人民币兑换成美元(即期汇价 6.3)	＋15.873 万美元
美元存款一年的利息为(美元一年定期存款利率为 5.5%)	＋0.873 万美元
一年后卖出美元的本利之和	－16.746 万美元
若预期一年后美元即期汇价为 6.2，收回	＋103.825 万元人民币
将人民币存在中国的本利之和	＋103.5 万元人民币
套利净获利	＋0.325 万元人民币
若预期一年后美元即期汇价为 6.5，收回	＋108.849 万元人民币
套利净获利	＋5.349 万元人民币

然而若一年后美元即期汇价为 6，仅能收回 100.476 万元人民币，非抛补套利交易使投资者亏损 3.024 万元人民币。可见，非抛补套利交易的收益是不确定的。当然，套利交易者可以在到期日之前的任一时点进行清算，从而锁定收入和损失。

第四节　外汇期货套期保值

一、外汇风险

外汇风险，又称汇率风险，是指经济主体以外币计价的资产或负债，因汇率变动而引起的经济损失的可能性。外汇风险的种类很多，按其内容不同，大致可分为储备风险、经营风险、交易风险、会计风险。

（一）储备风险

储备风险是指国家、银行、公司等持有的储备性外汇资产因汇率变动而引起的实际价值减少的可能性。这种风险有时会因某些突发性因素而变得异常巨大，如战争、政府倒台等，会给资产持有者带来巨额损失。

（二）经营风险

经营风险是指汇率变动引起企业产品成本、销售价格、产销数量等发生变化，从而导致企业未来经营收益变化的不确定性。对外汇风险中经营风险的分析是企业从整体上进行预测、规划和经济分析的一个具体过程。公司对汇率的预测能力将直接影响该公司在融资、销售与生产等方面的战略决策。例如人民币升值而其他条件不变时，使用国内原材料进行生产的国内出口企业将面临国际竞争力下降的窘境，因为在人民币计价的商品币售价不变的情况下，商品进口方将因人民币升值而支付更多的本币，为了降低成本，商品进口方可能从其他国际市场寻求商品从而降低中国出口企业的出口数量。与之相反，国内企业的进口则将受益于人民币升值。

（三）交易风险

交易风险是指在约定以外币计价的交易中，由于结算时的汇率与交易发生时（即签订合同时）的汇率不同而引起亏损的可能性。例如某国内企业与欧洲客户签订一单总价200万欧元的服装出口合同，约定货到对方付汇，签约时欧元兑人民币汇率为8.789 7。该企业当时考虑该批服装生产周期较短，发货收汇周期不会太久。但实际交易过程中，该企业由于信用证迟迟未到使交货期一再推迟，结果3个月后才收汇，当日的欧元兑人民币汇率已经变为8.659 0，企业的人民币收入为1 731.8万元，与签约时相比，发生汇兑损失26.14（1 757.94－1 731.8＝26.14）万元人民币。

由此可见，交易风险是最常见而又最重要的一种外汇风险，其主要表现包括：①以即期或延期付款为支付条件的商品或服务的进出口，在装运货物或提供服务后而尚未收支货款或服务费用期间，汇率变化所造成的风险。②以外币计价的国际信贷活动，在债权债务未清偿前所存在的风险。③待交割的远期外汇合同的一方，在该合同到期时，由于汇率变化产生的汇兑风险。④国外筹资中的汇率风险，即筹资人借入一种外币而需要换成另一种外币使用，在借入货币与使用货币之间由于汇率变动而面临的风险。

（四）会计风险

会计风险，又称折算风险或转换风险，是指由于汇率的变动而引起的企业资产负债表中某些外汇资金项目金额变动的可能性。当公司将其以外币计量的资产负债、收入费用等折成以本币表示的有关项目时，汇率的变动很可能给公司造成账面损失，这种风险就是由货币转换带来的。例如，某中国企业年初进口了50万美元的设备，按照当时美元兑人民币汇率的6.824 0换算为341.2万元人民币，在该企业资产负债表上外汇资金项目的负债记录为341.2万元人民币。在会计期末对外币业务账户金额进行换算时，美元兑人民币汇率变为6.438 0。此时这笔负债经过重新换算，仅为321.9万元人民币。同样数额的负债经过不同汇率的折算，最终账面价值减少了19.3（341.2－321.9＝19.3）万元人民币，这就是会计风险。

综上所述，会计风险是对过去的、已发生的以外币计价交易因汇率变动而造成的资产或负债的变化，是账面价值的变化。交易风险和储备风险是当前交易或结算中因汇率变化而造成的实际的经济损失或经济收益。而经营风险是因汇率变化对未来的经营收益所产生的潜在的影响。20世纪70年代初，浮动汇率制实行后，各国的货币汇率大幅度、频繁地波动，这大大增加了涉外经济主体的外汇风险，市场对外汇风险的防范要求也日益强烈。为了规避日渐增大的外汇风险，基于外汇的各种衍生金融工具不断出现，而外汇期货则是其中应用最为广泛和有效的手段之一。

二、外汇期货套期保值的应用

外汇期货套期保值，是指交易者在外汇期货市场和现汇市场上做币种相同、数量相等、方向相反的交易，即在现汇市场上买进或卖出外汇的同时，又在外汇期货市场上卖出或买进金额大致相当的期货合约，通过在现汇市场和外汇期货市场上建立的盈亏冲抵机制来规避汇率风险。外汇期货套期保值大体可分为卖出套期保值、买入套期保值和交叉套期保值。

（一）卖出套期保值

外汇期货卖出套期保值，又称外汇期货空头套期保值，是指在现汇市场上拥有多头头寸交易者，为防止汇率下跌的风险，在外汇期货市场上卖出期货合约。适合做外汇期货卖出套期保值的情形主要包括以下两种。

（1）持有外汇资产者，担心未来货币贬值。

（2）出口商和从事国际业务的银行预计未来某一时间收到一笔外汇，为了避免外汇汇率下跌造成损失。

【例 8-5】 某国内企业从欧洲客户进口了一批机械设备，合同金额为 200 万欧元，欧元兑人民币即期汇率为 7.861 5，合同约定 3 个月后付款。此时企业面临的风险是人民币兑欧元的贬值风险。企业选择 CME 人民币兑欧元主力期货合约进行卖出套期保值，成交价为 0.127 34（表 8-9）。

表 8-9 【例 8-5】的卖出套期保值相关计算

项　　目	套期保值相关计算
期货合约面值	100 万元人民币
保证金比例	2%
需进行风险管理的头寸	2 000 000 欧元
卖出期货合约的手数	2 000 000 欧元/0.127 34/100 万元人民币＝15.71 手≈16 手
保证金	16 手×100 万元人民币×0.127 34×2%＝40 748.8 欧元

3 个月后，欧元兑人民币即期汇率变为 8.684 6，企业买入平仓人民币兑欧元期货合约 16 手，成交价为 0.115 02（表 8-10）。

表 8-10 【例 8-5】的套期保值效果评估

项　　目	损益计算（不考虑手续费）
期货市场损益	16 手×100 万元人民币×（0.127 34－0.115 02）＝197 120 欧元 利用 3 个月后欧元兑人民币即期汇率可计算对应的人民币损益为： 197 120 欧元×8.684 6＝1 711 908.35 元人民币
现货市场损益	2 000 000 欧元×（7.861 5－8.684 6）＝－1 646 200 元人民币
套期保值后总损益	1 711 908.35－1 646 200＝65 708.35 元人民币

可见,3 个月后人民币兑欧元贬值,若不采取风险规避措施,该企业将损失 1 646 200 元人民币,通过卖出人民币兑欧元期货合约进行套期保值,该企业在外汇期货市场上获得 1 711 908.35 元人民币的收益(不考虑手续费的情况下),弥补了该企业的损失,较好地实现了对冲欧元外汇风险敞口的目标。

(二)买入套期保值

外汇期货买入套期保值,又称外汇期货多头套期保值,是指交易者在现汇市场拥有空头头寸,为防止汇率上升带来的风险,在期货市场上买进相应的外汇期货合约,从而对冲现货市场中的价格风险。

适合做外汇期货买入套期保值的情形主要包括以下两种。

(1) 外汇短期负债者担心未来货币升值。

(2) 国际贸易中的进口商担心付汇时外汇汇率上升造成损失。

【例 8-6】 某国内企业与美国客户签订一份总价为 100 万美元的照明设备出口合同,约定 3 个月后收到货款,签约时美元兑人民币汇率为 6.797 9。

此时企业面临的风险是人民币兑美元的升值风险。由于目前人民币兑美元升值趋势明显,因此该企业选择 CME 人民币兑美元主力期货合约进行买入套期保值,成交价为 0.146 89(表 8-11)。

表 8-11 【例 8-6】的买入套期保值相关计算

项　　目	套期保值相关计算
期货合约面值	100 万元人民币
保证金比例	2%
需进行风险管理的头寸	100 万美元
买入期货合约的手数	100 万美元/0.146 89/100 万元人民币=6.81 手≈7 手
保证金	7 手×100 万元人民币×0.146 89×2%=20 564.6 美元

3 个月后,美元兑人民币即期汇率变为 6.649 0,该企业卖出平仓人民币兑美元期货合约 7 手,成交价为 0.151 37,套期保值效果如表 8-12 所示。

表 8-12 【例 8-6】的套期保值效果评估

项　　目	损益计算(不考虑手续费)
期货市场损益	7 手×100 万元人民币×(0.151 37−0.146 89)=31 360 美元 利用 3 个月后人民币即期汇率可计算对应的人民币损益为:31 360 美元×6.649 0=208 512.64 元人民币
现货市场损益	100 万美元×(6.649 0−6.797 9)=−148 900 元人民币
套期保值后总损益	208 512.64−148 900=59 612.64 元人民币

出口企业是天然的本币多头套期保值者,那么进口企业则是天然的本币空头套期保值者。这是因为,进口企业所面临的主要外汇风险是本币贬值(外币升值),一旦发生此类情形,则进口企业需要更多的本币以兑换数量不变的外币用以支付货款。因此进口企业的套期保值过程是在外汇市场上卖出本币外汇期货合约,以防范本币贬值(外币升值)带

来的风险。

（三）交叉套期保值

在国际外汇期货市场上，若需要回避两种非美元货币之间的汇率风险，就可以运用交叉套期保值。交叉套期保值是指利用相关的两种外汇期货合约为一种外汇保值。

进行交叉套期保值的关键包括以下两点。

（1）正确选择承担保值任务的另外一种外汇期货，只有相关程度高的品种，才是为手中持有的现汇进行保值的适当工具。

（2）正确调整期货合约的数量，使其与被保值对象相匹配。

【例 8-7】 5月1日，国内某服装生产商向澳大利亚出口价值15万澳元的服装，合同约定3个月后付款。该企业此时面临人民币兑澳元升值的风险，若利用期货市场规避风险，企业应买入人民币兑澳元期货合约，假设国际市场上暂时没有人民币兑澳元期货品种，因此该企业可以考虑利用其他较为活跃的期货品种，通过交叉套期保值来规避汇率风险。

该服装生产商可以买入人民币兑美元外汇期货，同时卖出相当头寸的澳元兑美元期货，以达到间接实现对人民币兑澳元进行多头期货套期保值的效果。

即期汇率：澳元兑人民币为6.412 5，美元兑人民币为6.826 0，澳元兑美元为0.939 42。

首先利用澳元兑美元即期汇率计算可得出，要规避15万澳元的汇率风险，需利用140 913美元头寸。买入CME主力人民币兑美元期货合约，成交价为0.146 47（表8-13）。

表 8-13　【例 8-7】的买入套期保值相关计算

项　　目	套期保值相关计算
期货合约面值	100万元人民币
保证金比例	2%
需进行风险管理的头寸	140 913美元
卖出期货合约的手数	140 913美元/0.146 47/100万元人民币＝0.96手≈1手
保证金	1手×100万元人民币×0.146 47×2%＝2 929.40美元

其次卖出CME主力澳元兑美元期货合约，成交价为0.939 38（表8-14）。

表 8-14　【例 8-7】的卖出套期保值相关计算

项　　目	套期保值相关计算
期货合约面值	10万澳元
保证金比例	2%
需进行风险管理的头寸	15万澳元
卖出期货合约的手数	15万澳元/10万澳元＝1.50手≈2手
保证金	2手×10万澳元×2%＝4 000美元

因此，要规避150 000澳元的风险头寸，我们需要买入1手人民币兑美元期货合约，同时卖出2手澳元兑美元期货合约，以近似达到买入人民币兑澳元期货合约的目的。

8 月 1 日即期汇率澳元兑人民币为 5.929 2，美元兑人民币为 6.771 8。该企业卖出平仓 1 手人民币兑美元期货合约，成交价格 0.147 64；买入平仓 2 手澳元兑美元期货合约，成交价格 0.875 59(表 8-15)。

表 8-15 【例 8-7】的套期保值效果评估

项　目	损益计算(不考虑手续费)
期货市场损益	卖出平仓 1 手人民币兑美元期货合约 1 手×100 万元人民币×(0.147 64－0.146 47)＝1 170 美元 利用 8 月 1 日人民币即期汇率可计算对应的人民币损益为：1 170 美元×6.771 8＝7 923 元人民币 买入平仓 2 手澳元兑美元期货合约 2 手×10 万澳元×(0.939 38－0.875 59)＝12 758 美元 利用 8 月 1 日人民币即期汇率可计算对应的人民币损益为：12 758 美元×6.771 8＝86 394.62 元人民币 期货市场总损益：7 923 元人民币＋86 394.62 元人民币＝94 317.62 元人民币
现货市场损益	15 万澳元×(5.929 2－6.412 5)＝－72 495 元人民币
套期保值后总损益	94 317.62 元人民币－72 495 元人民币＝21 822.62 元人民币

由此可见，至 8 月 1 日，人民币兑澳元汇率向着不利于该企业的方向变动，若不管理外汇风险，则企业要损失 72 495 元人民币。但通过买入人民币兑美元期货合约，同时卖出澳元兑美元期货合约进行套期保值，企业较好地规避了澳元汇率风险。

值得注意的是，利用期货合约进行套期保值时，由于大多数交易所的外汇期货品种只能进行整数手数的交易，则企业在利用期货套期保值时容易产生额外风险。如上述案例所示，在卖出澳元兑美元期货合约时，通过计算得出需要卖出 1.5 手期货合约，恰好可以匹配需对冲的澳元头寸，但由于只能卖出整数手的期货合约，因此企业卖出 2 手澳元兑美元期货合约。多出的 0.5 手澳元兑美元空头期货合约又给企业带来风险。一般而言，解决这种额外风险的方法有两种。一种是选取较小的期货合约进行交易，比如 CME 的迷你(E-micro)澳元兑美元期货合约的大小是每份 1 万澳元，是澳元兑美元期货合约的 1/10，CME 的迷你美元兑人民币期货合约的大小是每份 1 万美元，不到人民币兑美元期货合约大小的 1/10，利用迷你外汇期货合约可以很好地规避此类风险。另一种是对额外的风险头寸进行风险对冲。例如，可以对上述案例中多出的 0.5 手澳元兑美元空头期货合约，再利用外汇远期交易进行对冲。另外在案例中，该企业可以考虑利用远期外汇合约直接锁定澳元兑美元汇率，而不利用澳元兑美元期货，这样相当于通过人民币兑美元期货合约与澳元兑美元远期合约来实现交叉套期保值。

拓展阅读 8-2
外汇衍生工具在大宗商品产业链保值中的应用

第五节　外汇套利

外汇期货套利交易，是指交易者同时买进和卖出两种相关的外汇期货合约，此后一段时间如果价差朝着有利的方向变动，再将其手中合约同时对冲，从两种合约相对的价格变动中获利的交易行为。外汇期货套利形式与商品期货套利形式大致相同，可分为期现套利、跨市场套利、跨币种套利和跨期套利。

一、外汇的期现套利

在实际的市场环境中，交易成本和冲击成本因素的存在，会影响套利策略的实施。这类市场因素的存在，使得外汇期货和现货价格的价差波动中出现一个无套利区间，只有外汇期货价格超出区间范围才会真正出现无风险套利机会。

外汇期货的交易成本主要是指交易所和期货经纪商收取的佣金、中央结算公司收取的过户费等买卖期货产生的费用。由于交易所或期货经纪商会给予不同的优惠，不同的投资者的交易成本也有所不同。外汇现货的交易成本有不同的计算方式。一般在场内交易的交易成本也是支付给外汇交易商的佣金和其他一些费用。但是在做市商处交易的交易成本就是点差，即买卖价差。值得注意的是，在外汇期货中也有买卖价差的存在，但是一些主力合约（市场主要买卖的合约）价差往往比较小，因此并不是交易成本的主要构成部分。除此以外，部分现汇与期汇交易成本还包括了保证金成本。冲击成本，也称为流动性成本，主要是指规模大的套利资金进入市场后对市场价格的冲击，使交易未能按照预订价位成交，从而多付出的成本。例如当前欧元兑美元期货卖价为1.113 0，交易者试图以1.113 0的价位买入期货，但是在这价位的卖单数量不足，因此交易者不得不以高出1.113 0数个点位的方式买入期货，才能完成全部的买单操作。当冲击成本过高的时候，会影响套利的收益。在流动性不好的市场，冲击成本往往会比较大。因此，在计算无套利区间时，上限应该由期货的理论价格加上期货和现货的交易成本与冲击成本来得到；下限应由期货的理论价格减去期货和现货的交易成本与冲击成本来得到。

【例8-8】 假如在3月1日，交易者发现欧元兑美元的现货价格为1.309 3，而6月份的欧元兑美元的期货为1.315 3，期现价差为60个点。同时，交易者认为6月份的期货理论价格为1.312 3，无套利区间为1.311 3～1.313 3。交易者判断当前的期货价格超出了无套利区间，期现价差将会缩小。因此交易者卖出10手6月份的期货，并买入相应金额的现货。

到了4月1日，现货和期货价格分别变为1.310 2和1.314 2，价差缩小到40个点。交易者同时将现货和期货平仓，从而完成套利交易，交易结果如表8-16所示。

表8-16　外汇期现套利（不考虑手续费）

时　　间	现　　货	期　　货	价　　差
3月1日	买入与期货价格合约价值对应的现货，价格为1.309 3	卖出10手6月份欧元兑美元期货合约，价格为1.315 3	价差为60个点

续表

时　　间	现　　货	期　　货	价　　差
4月1日	卖出与期货价格合约价值对应的现货，价格为1.310 2	买入10手6月份欧元兑美元期货合约，价格为1.314 2	价差为40个点
各自盈亏情况	盈利9个点	盈利11个点	价差缩小20个点
最终结果	总盈利12.5×10×20＝2 500美元		

综上所述，外汇期货市场的存在为许多经济主体提供了一个规避汇率风险的场所。外汇期货交易虽然不可能完全消除进行各种贸易和金融交易的风险，但至少降低了大部分风险，增加了经济主体在经营上的稳定性。同时，外汇期货交易因合约条款的标准化而具有很好的市场流动性，交易手续简便，费用低廉，且只需付少量保证金即可达到规避风险的目的，节约了资金成本。

二、外汇期货的跨市场套利

跨市场套利，是指交易者根据对同一外汇期货合约在不同交易所的价格走势的预测，在一个交易所买入一种外汇期货合约，同时在另一个交易所卖出同种外汇期货合约，从而进行套利交易。

【例 8-9】 3月1日，芝加哥商业交易所的6月欧元兑美元期货价格为1.114 7，而纽交所伦敦国际金融期货交易所的6月欧元兑美元期货价格为1.124 5。交易者认为，当前二者价差98个点过高，两者价差将会缩小。因此，交易者决定卖出20手纽交所伦敦国际金融期货交易所的6月欧元兑美元期货合约，同时买入20手芝加哥商业交易所的6月欧元兑美元期货合约。

3月30日，芝加哥商业交易所和纽交所伦敦国际金融期货交易所的6月欧元兑美元期货价格分别变为1.113 5和1.121 5，交易者同时将两个方向的合约平仓，结果见表8-17。

表 8-17　外汇期货跨市场套利(不考虑手续费)

时　　间	纽交所期货合约	芝交所期货合约	价　　差
3月1日	卖出20手纽交所伦敦国际金融期货交易所的6月份欧元兑美元期货合约，价格为1.124 5	买入20手芝加哥商业交易所6月份欧元兑美元期货合约，价格为1.114 7	价差为98个点
3月30日	买入20手纽交所伦敦国际金融期货交易所的6月份欧元兑美元期货合约，价格为1.121 5	卖出20手芝加哥商业交易所6月份欧元兑美元期货合约，价格为1.113 5	价差为80个点
各自盈亏情况	盈利30个点	亏损12个点	盈利18个点
最终结果	总盈利12.5×20×18＝4 500美元		

值得注意的是，外汇市场是一个全球市场，在期货交易中，每个交易所都会因其所在时区的不同，导致开盘和收盘的时间不同。因此套利者在不同交易所间进行套利的时候，应该考虑到时差带来的影响，选择在交易时间重叠的时段进行交易。此外，交易者还需要留意不同交易所合约之间的交易单位和报价体系的不同。跨市套利虽然是在同一品种间进行的，但是由于合约交易大小和报价体系不同的原因，交易者应将不同交易所合约的价格按相同计量单位进行折算，才能进行价格比较。

三、外汇期货的跨币种套利

跨币种套利是交易者根据对交割月份相同而币种不同的期货合约在某一交易所的价格走势的预测，买进某一币种的期货合约，同时卖出另一币种相同交割月份的期货合约，从而进行套利交易。

【例 8-10】 1 月 20 日，中国金融期货交易所 2015 年 3 月到期的 EUR/USD 和 AUD/USD 仿真期货合约的价格分别为 111.55 和 81.92（以上两期货合约的标价方式分别为每 100 欧元的美元价格和每 100 澳元的美元价格）。某交易者预期 EUR/USD 和 AUD/USD 均会有一定程度下降，但后者较前者下降程度更大，因此决定对以上合约进行套利交易，买入 3 月 EUR/USD 期货合约，同时卖出 3 月 AUD/USD 期货合约。以上两期货合约的合约面值分别为 10 000 欧元和 10 000 澳元，由于欧元对澳元的套算汇率为 1 欧元＝1.361 7 澳元，为保证实际价值基本一致，该交易者决定买进 10 份 EUR/USD 期货合约，卖出 14 份 AUD/USD 期货合约。3 月 6 日，以上两合约的价格分别跌至 108.49 和 77.16，交易者将两合约对冲平仓，如表 8-18 所示。

表 8-18　外汇期货跨币种套利

时　间	欧元兑美元期货	澳元兑美元期货
1 月 20 日	买入 10 份 EUR/USD 期货合约（开仓） 价格：111.55 总价值：111 550 美元	卖出 14 份 AUD/USD 期货合约（开仓） 价格：81.92 总价值：114 688 美元
3 月 6 日	卖出 10 份 3 月期 EUR/USD 期货合约（平仓） 价格：108.49 总价值：108 490 美元	买入 14 份 3 月期 AUD/USD 期货合约（平仓） 价格：77.16 总价值：108 024 美元
损益	亏损 3 060 美元	盈利 6 664 美元

该交易者在 EUR/USD 期货交易中亏损 3 060 美元，在 AUD/USD 期货交易中盈利 6 664 美元，通过跨币种套利交易净盈利 3 604 美元。

近年来，随着大量交叉汇率期货合约的推出及其交易日渐活跃，不少投资者选择交叉汇率期货合约进行交易，使得外汇期货跨币种套利交易有所减少。

四、外汇期货的跨期套利

跨期套利，是指交易者根据对币种相同而交割月份不同的期货合约在某一交易所的价格走势的预测，买进某一交割月份的期货合约，同时卖出另一交割月份的同种期货合约，从而进行套利交易。外汇期货跨期套利可以分为牛市套利、熊市套利和蝶式套利。

买入近期月份的外汇期货合约、同时卖出远期月份的外汇期货合约进行套利盈利的模式为牛市套利。

【例 8-11】 1 月 15 日，交易者发现当年 3 月份的欧元兑美元期货价格为 1.113 8，6 月份的欧元兑美元期货价格为 1.122 6，二者价差为 88 个点。交易者估计欧元兑美元汇率将上涨，同时 3 月份和 6 月份的合约价差将会缩小。所以交易者买入 10 手 3 月份的欧元兑美元期货合约，同时卖出 10 手 6 月份的欧元兑美元期货合约。

到了 1 月 30 日，3 月份的欧元兑美元期货合约和 6 月份的欧元兑美元期货合约价格分别上涨到 1.118 1 和 1.123 6，二者价差缩小为 55 个点。交易者同时将两种合约平仓，从而完成套利交易，交易结果如表 8-19 所示。

表 8-19 外汇期货牛市套利（不考虑手续费，价格上涨）

时间	3 月期货合约	6 月期货合约	价差
1 月 15 日	买入 10 手 3 月份欧元兑美元期货合约，价格为 1.113 8	卖出 10 手 6 月份欧元兑美元期货合约，价格为 1.122 6	价差为 88 个点
1 月 30 日	卖出 10 手 3 月份欧元兑美元期货合约，价格为 1.118 1	买入 10 手 6 月份欧元兑美元期货合约，价格为 1.123 6	价差为 55 个点
各自盈亏情况	盈利 43 个点	亏损 10 个点	价差缩小 33 个点
最终结果	盈利 33 个点，总盈利 12.50×10×33=4 125 美元		

在上述的例子中，价格如交易者预计一样上涨，而最终的交易结果也使交易者获得盈利。如果在 1 月 30 日，3 月份和 6 月份的合约价格不涨反跌，价格分别下跌到 1.112 4 和 1.117 6，两者价差缩小到 52 点。交易者同时将两种合约平仓，从而完成套利交易。交易结果如表 8-20 所示。

表 8-20 外汇期货牛市套利（不考虑手续费，价格下跌）

时间	3 月期货合约	6 月合约	价差
1 月 15 日	买入 10 手 3 月份欧元兑美元期货合约，价格为 1.113 8	卖出 10 手 6 月份欧元兑美元期货合约，价格为 1.122 6	价差为 88 个点
1 月 30 日	卖出 10 手 3 月份欧元兑美元期货合约，价格为 1.112 4	买入 10 手 6 月份欧元兑美元期货合约，价格为 1.117 6	价差为 52 个点
各自盈亏情况	亏损 14 个点	盈利 50 个点	价差缩小 36 个点
最终结果	盈利 36 个点，总盈利 12.50×10×36=4 500 美元		

该例中，交易者预计外汇期货价格将上涨，但半个月后外汇期货价格不涨反跌。虽然外汇价格走势与交易者的判断相反，但最终交易结果仍使交易者获得了 4 500 美元的盈利。

因此，在牛市套利中，只要合约间的价差缩小，套利者就能获取盈利，而市场方向与套利者获利与否无关。

相对而言，卖出近期月份的外汇期货合约、同时买入远期月份的外汇期货合约进行套利盈利的模式为熊市套利。

【例 8-12】 1月15日，交易者发现当年3月份的英镑兑美元期货价格为1.501 7，6月份的英镑兑美元期货价格为1.509 4，二者价差相差77个点。交易者估计英镑兑美元汇率将上涨，同时3月份和6月份的合约价差将会扩大。所以交易者卖出50手3月份的英镑兑美元期货合约，同时买入50手6月份的英镑兑美元期货合约。

到了1月30日，3月份的英镑兑美元期货合约和6月份的英镑兑美元期货合约价格分别上涨到1.504 3和1.513 5，二者价差扩大至92个点。交易者同时将两种合约平仓，从而完成套利交易，交易结果如表8-21所示。

表 8-21 外汇期货熊市套利(不考虑手续费，价格上涨)

时　间	3月期货合约	6月期货合约	价　差
1月15日	卖出50手3月份英镑兑美元期货合约，价格为1.501 7	买入50手6月份英镑兑美元期货合约，价格为1.509 4	价差为77个点
1月30日	买入50手3月份欧元兑美元期货合约，价格为1.504 3	卖出50手6月份欧元兑美元期货合约，价格为1.513 5	价差为92个点
各自盈亏情况	亏损26个点	盈利41个点	价差扩大15个点
最终结果	盈利15个点，总盈利6.25×50×15=4 687.5美元		

与牛市套利类似，熊市套利的结果并不受交易者判断的市场方向和市场的实际走向影响，而是以价差是否扩大而决定。在熊市套利中，只要两个合约间的价差扩大，套利者就能获取盈利。例如在上例中，如果价格不升反降，套利者的获利情况如表8-22所示。

表 8-22 外汇期货熊市套利(不考虑手续费，价格下跌)

时　间	3月期货合约	6月合约	价　差
1月15日	卖出50手3月份英镑兑美元期货合约，价格为1.501 7	买入50手6月份英镑兑美元期货合约，价格为1.509 4	价差为77个点
1月30日	买入50手3月份欧元兑美元期货合约，价格为1.500 5	卖出50手6月份欧元兑美元期货合约，价格为1.508 8	价差为83个点
各自盈亏情况	盈利12个点	亏损6个点	价差扩大6个点
最终结果	盈利6个点，总盈利6.25×50×6=1 875美元		

外汇期货的蝶式套利是由共享居中交割月份的一个牛市套利和一个熊市套利的跨期套利组合。具体操作方法是：交易者买入(或卖出)近期月份合约，同时卖出(或买入)居中月份合约，并买入(或卖出)远期月份合约，其中，居中月份合约的数量等于近期月份和远期月份数量之和。

【例 8-13】 1月15日，交易者发现3月份、6月份和9月份的美元兑人民币期货价格分别为6.284 9、6.283 2、6.282 1。交易者认为3月和6月的价差会缩小而6月份和9月份的价差会扩大。所以交易者买入50手3月份的美元兑人民币期货合约、卖出100手6月份合约、同时买入50手9月份的合约。

到了1月30日,3个合约均出现不同程度的下跌,3月份、6月份和9月份的美元兑人民币期货价格分别为6.282 9、6.282 2、6.280 7。交易者同时将三个合约平仓,从而完成套利交易,交易结果如表8-23所示。

表8-23 外汇期货蝶式套利(不考虑手续费)

时　　间	3月期货合约	6月期货合约	9月期货合约
1月15日	买入50手3月份美元兑人民币期货合约,价格为6.284 9	卖出100手6月份美元兑人民币期货合约,价格为6.283 2	买入50手9月份美元兑人民币期货合约,价格为6.282 1
1月30日	卖出50手3月份美元兑人民币期货合约,价格为6.282 9	买入100手6月份美元兑人民币期货合约,价格为6.282 2	卖出50手9月份美元兑人民币期货合约,价格为6.280 7
各自盈亏情况	盈利20个点	亏损10个点	盈利14个点
最终结果	总盈利10×50×20−10×100×10+10×50×14=7 000美元		

由此可见,外汇期货蝶式套利是两个跨期套利的组合,与普通的跨期套利相比理论上风险和利润都较小。

与跨期套利不同的是,期现套利是在期货和现货间进行的套利活动,即通过卖出高估的期货合约或现货、同时买入被低估的期货合约或现货的方式来达到获利的目的。

由于外汇期货价格波动时,可能会偏离合理的价格区间,而在交割制度的保证下,最终一定会回到合理的价格区间,因此交易者就可以利用价格的不合理性进行套利。例如,当期货价格高于理论价格时,卖出期货、买入现货并持有到期,在到期日或到期日前出现有利情况下将期货和现货的头寸同时平仓了结,即正向套利;当期货价格低于理论价格时,买入期货并卖出现货,在到期日或到期日前出现有利情况下将期货和现货的头寸同时平仓了结,即反向套利。

五、外汇现货的套汇交易

正如同一外汇期货合约在不同交易所价格存在差异一样,在不同的外汇现货市场上,同种货币的汇率也存在差异,因此利用不同外汇市场(或外汇交易商)直接的价格差异来套利的行为称为套汇交易,即在汇率低的市场买进,在汇率高的市场卖出,利用低买高卖赚取差额利润。

套汇交易一般分为两种,第一种是直接套汇,即利用两个不同的外汇市场上某种货币汇率直接的差异,同时在两个市场低买高卖,从而赚取汇率的差额利润,也叫两点套汇或两地套汇。第二种是间接套汇,又称为三点套汇或三角套汇,是当三个首尾相连的汇率(如欧元兑美元,美元兑日元,日元兑欧元)发生差异时,利用同一时间的低买高卖,从而赚取差额利润。例如,假设公共币种为欧元,当前美元和英镑兑欧元的汇率分别为€0.878 8/＄和€1.437 3/£。那么美元兑英镑的交叉汇率则是1.437 3/0.878 8=＄1.635 5/£。如果当前美元兑英镑的直接报价为＄1.636 5/£,那么就出现直接报价的汇率和交叉汇率之间存在差异的情况。如果交易者利用这种差异，同时在三种外汇中进行买卖，那么这种差异就给交易者带来了三角套汇而使其获得无风险盈利的机会。在上述例子中，交易者可以通过把英镑换成美元，然后把美元换成欧元，最后把欧元换成英镑而得到无风险盈利，如图 8-5 所示。假设交易者拥有 1 000 000 英镑。交易者第 1 步把 1 000 000 英镑换成 1 000 000×1.636 5=1 636 500 美元；第 2 步，交易者把 1 636 500 美元换成 1 636 500×0.878 8=1 438 156 欧元；第 3 步，交易者把 1 438 156 欧元换成 1 438 156/1.437 3=1 000 596 英镑。与之前相比，交易者能赚取无风险利润 596 英镑。

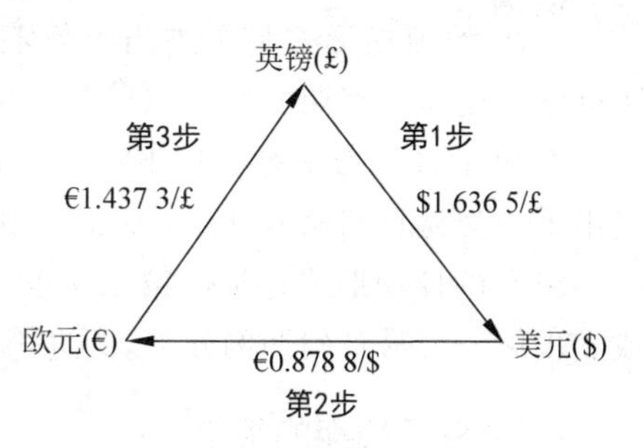

图 8-5　无买卖价差的三角套汇

第六节　其他汇率类衍生品

一、外汇掉期

（一）外汇掉期的形式

外汇掉期（FX swap）又称为汇率掉期，指交易双方约定在前后两个不同的起息日（value date，货币收款或付款执行生效日）以约定的汇率进行方向相反的两次货币交换。

图 8-6 表示外汇掉期简要示意图。甲与乙进行外汇掉期，欧元兑美元的即期汇率为 1.112 0，3 个月后远期汇率报价为 1.114 0。

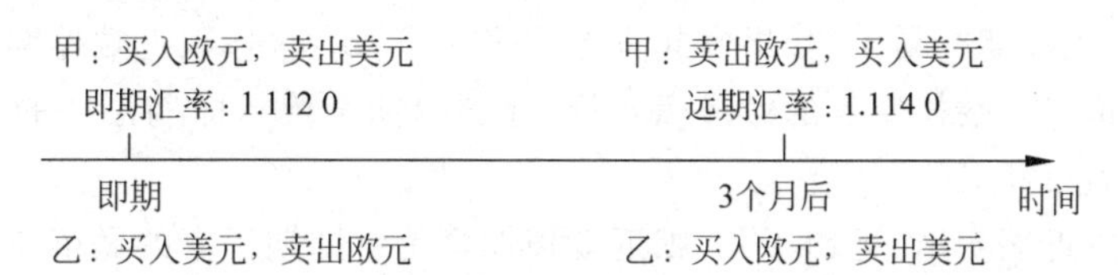

图 8-6　欧元兑美元外汇掉期简要示意图

在实务交易中，根据起息日不同，外汇掉期交易的形式包括即期对远期（spot-forward）的掉期交易、远期对远期（forward-forward）的掉期交易和隔夜掉期交易。

即期对远期的掉期是指交易者在向交易对手买进即期外汇的同时卖出金额和币种均相同的远期外汇；或在卖出即期外汇的同时买进金额和币种均相同的远期外汇。而交易对手的交易方向刚好相反。

远期对远期的掉期是指交易者向交易对手同时买进并卖出两笔金额相同但交割日不同的远期外汇，可在买进期限短的（如 3 个月到期）外汇的同时卖出期限长的（如 6 个月到期）外汇；也可以在卖出期限短的远期外汇的同时买进期限长的远期外汇。同样地，交易对手的交易方向刚好相反。

隔夜掉期交易包括 O/N（overnight）、T/N（tomorrow-next）和 S/N（spot-next）三种形式。

O/N 的掉期形式是买进当天外汇，卖出下一交易日到期的外汇；或卖出当天外汇，买进下一交易日到期的外汇。

T/N 的掉期形式是买进下一交易日到期的外汇，卖出第二个交易日到期的外汇；或卖出下一交易日到期的外汇，买进第二个交易日到期的外汇。

S/N 的掉期形式是买进第二个交易日到期的外汇，卖出第三个交易日到期的外汇；或卖出第二交易日到期的外汇，买进第三个交易日到期的外汇。

（二）外汇掉期的报价

根据起息日的远近，每笔外汇掉期交易包含一个近端起息日和一个远端起息日。这两个不同起息日所对应的汇率称为掉期汇率(swap rate)。因此，掉期汇率可分为近端汇率(第一次交换货币时适用的汇率)和远端汇率(第二次交换货币时适用的汇率)。而远端汇率和近端汇率的点差被称为"掉期点"(swap point)。

一般而言，在外汇掉期交易中交易双方分为发起方和报价方，双方会使用两个约定的汇价交换货币。而这两个约定的汇价被称为掉期全价(swap all-in rate)，由交易成交时报价方报出的即期汇率加相应期限的"掉期点"计算获得。因此，掉期全价包括近端掉期全价和远端掉期全价。

由于掉期交易中，发起方可以先买后卖，也可以先卖后买，所以发起方的掉期全价计算方法也有所不同。需要注意的是，一般掉期交易中汇率的报价方式为做市商式(bid/ask，即做市商买价/做市商卖价)报价。例如，美元兑人民币即期汇率报价为 6.234 0/43，表示报价方愿意以 1 美元兑 6.234 0 元人民币的价格买入，以 1 美元兑 6.234 3 元人民币的价格卖出。

因此，在外汇掉期交易中，如果发起方近端买入、远端卖出，则近端掉期全价＝即期汇率的做市商卖价＋近端掉期点的做市商卖价，远端掉期全价＝即期汇率的做市商卖价＋远端掉期点的做市商买价。

如果发起方近端卖出、远端买入，则近端掉期全价＝即期汇率的做市商买价＋近端掉期点的做市商买价，远端掉期全价＝即期汇率的做市商买价＋远端掉期点的做市商卖价。

【例 8-14】 一笔 1M/2M(M：月)的美元兑人民币掉期交易成交时，银行(报价方)报价如下。

美元兑人民币即期汇率为　6.234 0/6.234 3

(1M)近端掉期点为　40.01/45.23(bp)

(2M)远端掉期点为　55.15/60.15(bp)

作为发起方的某机构，如果交易方向是先买入、后卖出，则近端掉期全价为 6.234 3＋45.23bp＝6.238 823，远端掉期全价为 6.234 3＋55.15bp＝6.239 815，掉期点为 55.15bp－45.23bp＝9.92bp。

如果交易方向是先卖出、后买入，则近端掉期全价为 6.234 0＋40.01bp＝6.238 001，远端掉期全价为 6.234 0＋60.15bp＝6.240 015，掉期点为 60.15bp－40.01bp＝20.14bp。

（三）外汇掉期的应用

1. 适用情形

（1）对冲货币贬值风险：交易者持有货币 A，因为需要转换成另一种货币 B，而在远期又要将 B 换回成 A，通过掉期交易可避免 B 的贬值风险。例如，客户想借 B（假如是挪威克朗）6 个月，而银行难以从货币市场拆借到 B，但银行可以很容易借到 A（假如是美元），于是银行可以在货币市场和外汇市场上操作：先借 A 6 个月，即期卖 A 买 B，将 B 向客户贷放，银行为了防止贷放 6 个月期后 B 贬值换回较少 A 的风险，在贷出 B 的同时做一个 6 个月远期买 A 卖 B 的反向交易。银行即期卖 A 远期买 A 就构成掉期交易，使原先所借的 A 转换成 B 满足了客户要求，同时又防止了 B 的贬值风险。

（2）调整资金期限结构：所谓资金期限结构，是指支付外汇与收到外汇的期限分布。所谓调整，就是当外汇收付时间不匹配时，将所持有的即期外汇变成远期或将远期变成即期（或是比原来期限短的远期）使得外汇收付时间一致。

2. 应用

外汇掉期基本不改变整体资产的规模，因此，企业进行风险管理的重点主要是分析自身的资产结构。

【例 8-15】 某企业为德国一家贸易公司，在全球均有贸易往来，在 3 月，该企业与非洲某公司签订一份贸易合同，当月月底进口一份货物，但必须在 4 月底支付金额 80 万美元。同时，该企业在 3 月底将此货物转卖给亚洲一家公司，预期在 3 个月后获得收入 100 万美元。该企业认为目前欧元汇率不太稳定，因而准备采取风险管理来避免未来汇率风险可能带来的损失。

企业目前面对着一个月后支付 80 万美元、3 个月后获得 100 万美元的状况。为了避免汇率波动，企业可以用欧元兑美元的外汇掉期来转移风险，管理未来外汇收支见表 8-24。具体操作为在 4 月底时买入欧元兑美元外汇掉期。

表 8-24　某金融机构报价　　美元/欧元

汇率种类	买价/卖价
即期欧元兑美元汇率	1.407 0/1.413 0
3 个月后远期汇率	1.393 0/1.401 0

（1）按照即期欧元兑美元汇率，用欧元买入美元，即抛出欧元，买入 80 万美元。

（2）购入 3 个月远期汇率合约，用美元买入欧元，即抛出 80 万美元，买入欧元。

企业即期买入 80 万美元所需要的欧元为 80 万/1.407 0＝56.859 万欧元，即花费约 56.859 万欧元购入 80 万美元，用于 4 月底的支付。

3 个月后，该企业一方面能够获得 100 万美元的收入，另一方面按照约定的 3 个月远期汇率卖价 1.401 0 抛出美元买入欧元，所获得欧元金额为 80 万/1.401 0＝57.102 万欧元。

在此交易中，企业等于获得了 57.102－56.859＝0.243 万欧元的收益，见表 8-25。

表 8-25 外汇掉期交易

时　间	交　易	
即期	买入：100 万美元	卖出：56.859 万欧元
远期	卖出：100 万美元	买入：57.102 万欧元
最终结果		收入：0.243 万欧元

假设该企业并未进行外汇掉期的风险管理措施：

(1) 若未来 3 个月后的即期汇率为 1.371 0/1.378 0，则 80 万美元会兑换得到欧元金额为：80 万/1.378 0=58.055 万欧元。

(2) 若未来 3 个月后的即期汇率为 1.411 0/1.419 0，则 80 万美元会兑换得到欧元金额为：80 万/1.419 0=56.377 万美元。

从上述的假设情况来看，企业对于 80 万美元的风险管理做得比较到位，面对未来可能的汇率波动，此笔掉期业务将风险控制在适当的范围内。在这个例子中我们尤其需要关注的是，该企业的风险管理并没有对所有头寸都操作，留了 20 万美元的风险敞口。这显示出了企业基于整体风险考量的出发点，并且预留了自主的空间。若欧元兑美元方向对自身有利，可以继续等待；若汇率方向对自身不利，则可以继续使用其他工具进行风险规避。

二、货币互换

（一）货币互换的形式

货币互换(currency swap)，是指在约定期限内交换约定数量两种货币的本金，同时定期交换两种货币利息的交易。

其中，本金交换的形式包括：①在协议生效日双方按约定汇率交换两种货币本金，在协议到期日双方再以相同的汇率、相同金额进行一次本金的反向交换；②在协议生效日和到期日均不实际交换两种货币本金；③在协议生效日不实际交换两种货币本金，到期日实际交换本金；④主管部门规定的其他形式。

利息交换指交易双方定期向对方支付以换入货币计算的利息金额，交易双方可以按照固定利率计算利息，也可以按照浮动利率计算利息。货币互换的交易期限示意图如图 8-7 所示。

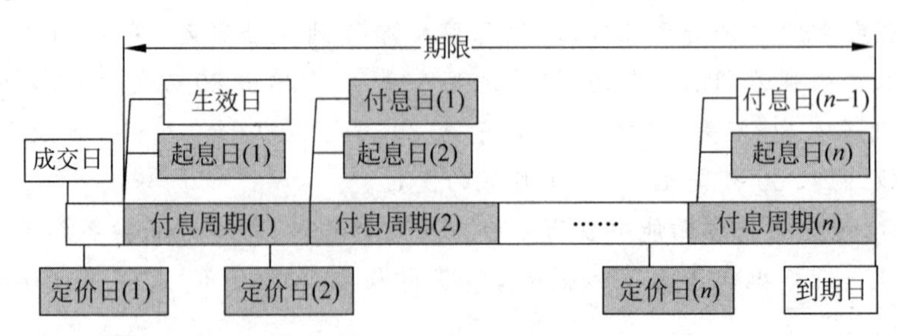

图 8-7 货币互换的交易期限示意图

（二）货币互换的应用

货币互换中双方交换利息的形式，可以是固定利率换浮动利率，也可以是浮动利率换浮动利率，还可以是固定利率换固定利率。货币互换中本金互换所约定的汇率，通常在期初与期末使用相同的汇率。

【例 8-16】　A 公司和 B 公司是分别可以获得美元贷款和欧元贷款的两家公司，各自贷款成本如表 8-26 所示。

表 8-26　双方借贷成本

贷款项目	A 公司	B 公司	利率差
美元贷款成本	4%	5%	1%
欧元贷款成本	7%	10%	3%

A 公司如果需要获得美元贷款，则需要付出 4%的贷款利率成本，而 B 公司如果要获得欧元贷款，则需要付出 10%的利率成本。A 公司为了降低其贷款成本，可以选择和 B 公司进行货币互换（B 公司如果也愿意，或者经第三方撮合），这样双方可以降低共约 2%的贷款成本。

假设当下欧元兑美元汇率为 1.350 0，那么 A 公司在市场获得 100 万欧元的贷款，利率为 7%，而 B 公司在市场获得 135 万美元的贷款，利率为 5%。根据双方协议，通过货币互换协议，A 公司以当下欧元兑美元汇率 1.350 0 交换 100 万欧元，获得 135 万美元，同时 A 公司支付给 B 公司美元利率 5.5%，B 公司支付给 A 公司欧元利率 9.5%。到期日之后，A 用 100 万欧元换回 135 万美元本金，而 B 则换回其 100 万欧元本金。

对于 A 公司而言，其利率成本为：7%－9.5%＋5.5%＝3%。比其能获得的美元贷款利率 4%低 1%。

对于 B 公司而言，其利率成本为：5%－5.5%＋9.5%＝9%。比其能够获得的欧元贷款利率 10%低 1%。

具体情况如图 8-8 所示。

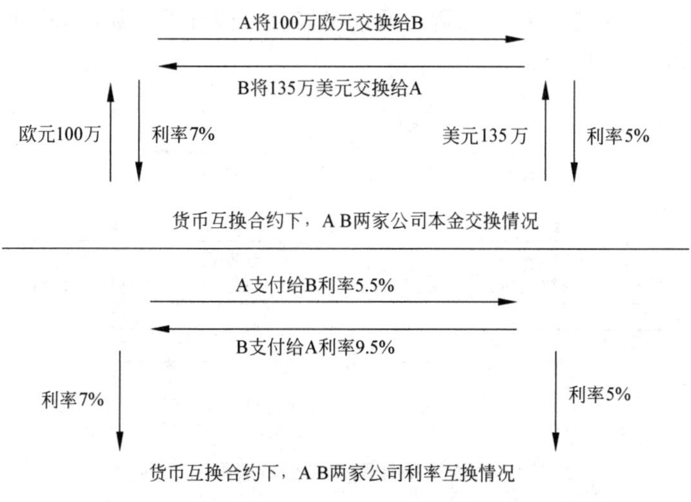

图 8-8　货币互换下两公司本金和利率互换情况

这样，通过货币互换，不仅双方成功锁定了原始本金（A公司为100万欧元，B公司为135万美元），而且还获得了比市场贷款利率低的利率，成功实现了降低外汇债务成本、锁定远期汇率的目的。

（三）外汇掉期与货币互换的区别

外汇掉期与货币互换的主要区别如表8-27所示。

表8-27 外汇掉期与货币互换的主要区别

比较项目	外汇掉期	货币互换
期限	一般为1年以内的交易，也有1年以上的交易（以中国外汇交易中心的人民币兑美元外汇掉期为例，期限一般分为O/N、T/N、S/N、1W、2W、3W、1M、2M、3M、4M、5M、6M、9M、1Y、18M、2Y、3Y等）	一般为1年以上的交易（以中国外汇交易中心的人民币兑美元货币互换为例，期限一般分为1Y、2Y、3Y、4Y、5Y、6Y、7Y、8Y、9Y、10Y等）
汇率	前后交换货币通常使用不同汇率	前后交换货币通常使用相同汇率
利息	不进行利息交换	通常进行利息交换，交易双方需向对方支付换进货币的利息。利息交换形式包括：固定利率换固定利率，固定利率换浮动利率，浮动利率换浮动利率
本金	通常前后交换的本金的金额不变，换算成相应的外汇金额不一致，由约定汇率决定	期初、期末各交换一次本金，金额不变

三、外汇期权

拓展阅读8-3 双边货币互换协议

（一）外汇期权分类及价格影响因素

外汇期权（FX options）指交易买方向卖方支付一定费用后，所获得的在未来约定日期或一定时间内，按照约定汇率可以买进或者卖出一定数量外汇资产的选择权。中国外汇交易中心人民币外汇期权交易期限示意图如图8-9所示。

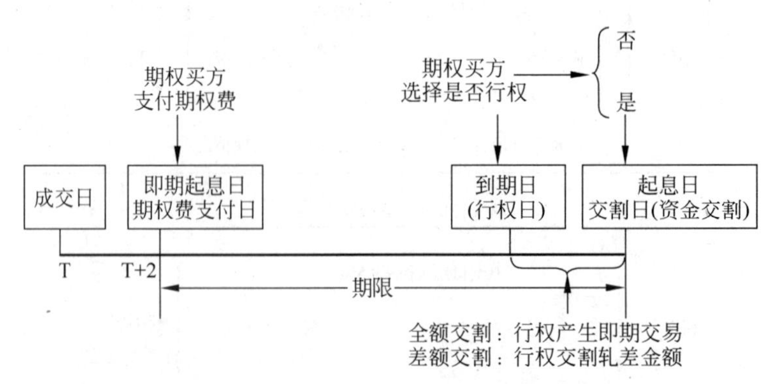

图8-9 人民币外汇期权交易期限示意图

外汇期权按不同标准可分为不同种类：①按期权持有者的交易目的，可分为买入期权（看涨期权）和卖出期权（看跌期权）。②按产生期权合约的原生金融产品，可分为现汇期权（又称为货币期权）和外汇期货期权。现汇期权是以外汇现货为期权合约的基础资产；外汇期货期权是以外汇期货合约为期权合约的基础资产。③按期权持有者可行使交割权利的时间，可分为欧式期权和美式期权。其中，欧式期权是指期权的持有者只能在期权到期日当天，决定执行或不执行期权合约；美式期权是指期权持有者可以在期权到期日以前的任何一个工作日，选择执行或不执行期权合约。因此，美式期权比欧式期权的灵活性更大，期权费也更高一些。

交易者更关心影响外汇期权价格的因素。一般而言，影响期权价格的因素包括：①期权的执行价格与市场即期汇率。对于看涨期权而言，执行价格越高，买方盈利的可能性越小，期权价格越低。对于看跌期权而言，执行价格越高，买方盈利的可能性越大，期权价格越高。即期汇率上升，看涨期权的内在价值上升，期权费升高，而看跌期权的内在价值却下跌，期权费变少。②到期期限（距到期日之间的天数）。到期期限越长，汇率变化的不确定性越大，增加了外汇期权的时间价值，期权的价格也随之增加。③预期汇率波动率大小。汇率的波动性越大，期权持有人获利的可能性越大，期权出售者承担的风险就越大，期权价格越高；相反，汇率的波动性越小，期权价格越低。④国内外利率水平。外汇期权合约中规定卖出的货币，其利率越高，期权持有者在执行期权合约前因持有该货币可获得越多的利息收入，期权价格也就越高。外汇期权合约中规定买入的货币，其利率越高，期权持有者在执行期权合约前因放弃该货币的利息收入越高，期权价格也就越低。

（二）外汇期权的应用

企业或交易者利用外汇期权的灵活性，通过锁定未来汇率，既可套期保值，也可在汇率变动向有利方向发展时从中获利。由于具有杠杆性和保险性的特征，外汇期权经常作为外汇资产保值和投资策略的工具。

【例 8-17】 某总部在国内的跨国公司在海外拥有多个分支机构，每年主要涉及的外汇有美元、欧元和日元。该公司整体经营时候多以美元为主，故其外汇储备大部分为美元。在年初，该公司在德国准备开发新的市场，预期费用约 20 万欧元。3 月底，该公司和德国一家制造业公司协商关于转让德国公司部分项目和专利技术事宜，两家企业在协商多日之后达成暂时的协议，约定在 9 月底完成相关的转让售卖操作，并完成支付 15 万欧元。在年初，欧元兑美元汇率随着欧元区经济逐渐好转，欧债危机显现曙光，欧元开始逐渐升值，从 1.30 附近运行至 1.40 附近。该公司认为欧元在年初已经见底，未来继续向上的概率比较大，因此为了预防 9 月底因欧元对美元升值而在汇兑方面多支付美元，该公司对这 15 万欧元进行了套保措施，买入 6 个月后到期的欧元兑美元远期合约，约定以 1.415 0 的价格买入 15 万欧元，支付对应的美元。

8 月初，德国公司突然告知该国内公司，3 月达成的暂时协议可能会被取消掉，另外一家美国企业可能出更高的价格购买其专利技术。该公司管理层采取应急措施，在公关团队和市场团队的联系沟通下，8 月底，德国公司给出回复，该国内公司和美国公司共同竞争该专利技术，9 月下旬前敲定该专利技术转卖给哪方，而之前该德国公司的部分项目仍然按照当初约定卖给该国内公司，价格为5万欧元。该跨国公司对这项专利技术可接受的价格不超过12万欧元。

面对这样的突发状况，国内公司并没有采取相应的风险管理措施，最终在9月下旬未能获得该项专利技术。面对之前买入的远期欧元兑美元外汇合约，该公司不得不买入15万欧元，而当期因市场再次担忧欧元区经济，欧元兑美元汇率下跌，至9月底时，跌至1.34附近。因为未能及时采取外汇风险管理措施，这笔外汇远期合约给公司造成一定汇兑损失。

该案例中，国内公司面临的风险点在于未来这笔15万欧元的金额是否需要支出。因该公司提前介入欧元兑美元的远期汇率，若公司无须支付这15万欧元，则很可能通过远期汇率锁定的欧元汇率给公司带来不必要的支出以及可能的汇兑损失。因此在该情况中，该国内公司是需要使用外汇工具进行风险管理的。公司需要一种解决方案，能够帮助公司在欧元兑美元汇率跌破1.415 0之时化解可能的汇兑损失以及必须付出美元获得15万欧元的境况。因而介入外汇期权或许是比较好的方法。

解决方案：买入看跌期权。

付出权利金买入执行价格为1.415 0的看跌期权，期限为一个月。

方案讨论：

首先，选择买入看跌期权是因为该公司可以规避在欧元兑美元汇率跌破1.415 0之后对于远期合约的头寸的汇率波动风险，这等于是规避了未来对15万欧元头寸买入不利的方向。而如果未来欧元兑美元汇率比1.415 0高，则该公司选择不行权，买入15万欧元即能获得额外的收益。

其次，买入看跌期权意味着到期日公司可以行权也可以不行权。若未来该专项技术无法买入，则将这笔付出的权利金视为风险管理的成本。具体状况如下。

1. 获得买入专项技术的资格

(1) 欧元兑美元汇率＞1.415 0，不行权，以约定的远期汇率买入15万欧元。减少欧元买入成本。

(2) 欧元兑美元汇率＜1.415 0，行权，在现汇市场中以即期价格买入15万欧元，并以执行价格1.415 0卖出15万欧元获得对应的美元，这其中的差额即为行权后的收益。然后按照之前外汇远期合约中约定的汇率1.415 0购入15万欧元。

2. 没有获得买入专项技术的资格

(1) 欧元兑美元汇率＞1.415 0，不行权，以约定的远期汇率买入15万欧元，用于公司外汇储备或直接在现汇市场卖出15万欧元获得对应的美元，由于即期汇率高于买入的汇率，因此公司从这笔外汇交易中获得额外的收益。

(2) 欧元兑美元汇率＜1.415 0，可行权或不行权。不行权的话在交割前卖出该笔看跌期权即可，获得收益可用来弥补以1.415 0汇率购入15万欧元所需要的美元成本。若行权，在看跌期权中获得的收益同样可以弥补购入15万欧元所需要的美元成本。

此方案虽然简单，却能充分体现出外汇期权这个工具在风险管理中的优势。期权本身的权利义务分离恰恰能够化解除了汇率波动风险以外的其他风险，尤其是这种未来面临不确定性的情况。而公司所需要付出的仅仅是买入期权的权利金。这笔费用可以看作未来对汇率和选择的不确定性的一份保险费用。若该跨国公司在当时按照这样的方案去操作,这笔汇兑损失也是可以避免的。

(三)外汇期货期权

外汇期货期权(options on foreign currency futures)与外汇期权的区别在于执行外汇期货期权时,买方获得或交付的标的资产是外汇期货合约,而不是货币本身。

大多数情况下,由于外汇期货合约要比标的资产的流动性好,价格更容易获得,人们更愿意使用外汇期货期权来避险、套利和投机。有时,人们会因为期货与期权在同一交易所中同时交易,并且期货期权比外汇期权的交易费用要低,认为外汇期货期权非常方便。外汇期货期权行权后的交割等同于外汇期货交割,而与外汇期权不同的是,外汇期货期权的行使有效期均为美国式,即可以在到期日前任何时候行使。

【例 8-18】 6 月 18 日,国内某石油公司收购美国一家油气田 6 亿美元股份的提案被当地政府批准,但由于该油气田股东结构调整及当地法律限制,收购无法即刻完成,双方约定当年 9 月 18 日由国内石油公司支付并购款。另外,9 月 18 日,该石油公司还需向俄罗斯一家石油公司支付 2 亿美元原油进口货款。6 月 18 日的即期汇率为 1 美元=6.847 9 元人民币,如表 8-28 所示。

表 8-28　企业的收支结构

时　　间	支付款项	
9 月 18 日	支付油气田并购款	支付原油进口货款
	6 亿美元	2 亿美元

由表 8-28 可知,该石油公司所面临的外汇风险敞口为:3 个月后 6 亿美元+2 亿美元=8 亿美元的应付账款。

若人民币兑美元升值,则该石油公司将从人民币升值中获得好处,而近期人民币兑美元确实处于升值趋势当中,该石油公司认为,人民币兑美元继续升值的可能性依然较大,因此不希望通过外汇期货或外汇远期进行套期保值,否则将无法获得机会收益。但同时由于外汇风险敞口较大,企业从稳定经营的角度出发,又希望进行外汇风险管理,以免遭受意外损失。在这种情况下,该石油公司考虑选择外汇期权这一权责分离工具来管理所面对的汇率风险。

该石油公司根据未来现金流时点,选择以当年 9 月交割 RMB/USD 期货合约为标的资产的期货期权合约(报价见表 8-29)进行套期保值,由于该石油公司担心人民币贬值,因此买入人民币兑美元期货的看跌期权。

表 8-29　期权报价　　人民币/美元

看涨期权	执行价格	看跌期权
0.004 09	0.143 00	0.000 41
0.003 32	0.144 00	0.000 63
0.002 62	0.145 00	0.000 93

续表

看涨期权	执行价格	看跌期权
0.002 03	0.146 00	0.001 30
0.001 51	0.147 00	0.001 79
0.001 10	0.148 00	0.002 37
0.000 77	0.149 00	0.003 03

6 月 18 日，CME RMB/USD 期货 9 月合约价格在 0.146 13 附近波动，因此，该企业买入执行价格为 0.146 00 的 RMB/USD 期货的看跌期权(表 8-30)。

表 8-30 买入看跌期权相关计算

项　　目	期权交易相关计算
期权合约面值	100 万元人民币
风险管理头寸	8 亿美元
买入看跌期权数量	80 000 万美元/0.146 13/100 万人民币＝5 474.58 手≈5 475 手
权利金	5 475 手×100 万元人民币×0.001 30＝711.75 万美元

9 月 17 日，人民币即期汇率变为 1 美元＝6.678 6 元人民币，CME RMB/USD 期货 9 月合约交割价为 0.149 74(9 月 17 日 RMB/USD 期货合约交割)，该石油公司放弃行权(表 8-31)。

表 8-31 套期保值效果评估

项　　目	损益计算
期权交易损益	－711.75 万美元(损失权利金) 利用 6 月 18 日人民币即期汇率可计算对应的人民币损益为：711.75 万美元×6.847 9＝4 873.99 万元人民币
现货市场损益	80 000 万美元×(6.847 9－6.678 6)＝13 544.00 万元人民币
总损益	13 544.00 万元人民币－4 873.99 万元人民币＝8 670.01 万元人民币(不考虑权利金的时间价值，下同)

由此可见，至 9 月 18 日，人民币兑美元汇率确实如同该石油公司预料的那样继续升值，该石油公司充分理解外汇期权权责分离的特点，利用外汇期货期权进行套期保值，获得了 8 670.01 万元人民币的收益。当然，如果该石油公司不进行套期保值，企业还可以节省 711.75 万美元的权利金支出。但企业进行风险管理的目的是稳定经营环境，本例中，如此大的风险敞口，若因为企业预期人民币将继续升值而不采取任何风险管理手段，则无异于在外汇现货市场中投机。该石油公司通过外汇期货期权进行套期保值，付出了相对较少的成本，对庞大的外汇风险敞口进行了风险管理，同时也获得了机会收益。

关键术语

外汇汇率直接标价法　外汇汇率间接标价法　远期汇率升贴水　绝对购买力平价　相对购买力平价　抛补利率平价　非抛补利率平价　人民币 NDF 外汇期货合约

外汇期货卖出套期保值　外汇期货买入套期保值　外汇期货交叉套期保值
外汇期货跨市场套利　外汇三角套汇　外汇期货跨币种套利　外汇期现套利
外汇期货跨期套利　外汇掉期货币互换　外汇期权　外汇期货期权

复习思考题

1. 直接标价法与间接标价法的区别和联系是什么？
2. 绝对购买力平价理论和相对购买力平价理论有何关系？
3. 非抛补利率平价理论和抛补利率平价理论有何关系？
4. 人民币 NDF 和一般外汇远期合约有何不同？
5. 企业如何利用外汇期货进行套期保值？
6. 交易者可以利用哪些形式进行外汇期货的套利交易？
7. 外汇掉期与货币互换的区别是什么？
8. 货币互换的本金和利息如何交换？
9. 企业如何利用外汇期权规避外汇风险？
10. 汇率类结构化产品都有哪些？

即测即练

第九章

期权交易基础

学习目标

1. 掌握期权、看涨期权、看跌期权的基本概念；
2. 理解期权价格影响因素，掌握期权定价公式；
3. 理解并掌握期权交易策略的应用；
4. 理解并掌握合成期权的含义和应用。

第一节 期权交易概述

一、期权的概念

期权，也称为选择权，是指以对一定标的物或其合约的选择性买卖权利为核心，赋予买方在将来一定时间内以事先商定的价格选择是否买入（或卖出）一定数量和规格的某种标的物或其合约的权利，而卖方有义务按规定满足买方未来买卖的要求。期权和期货一样也以合约形式存在。

二、期权的分类

由于期权的含义涉及众多要素，可以按不同的角度来将期权划分为不同的类型。

（一）欧式期权和美式期权

按期权的执行时间，期权可分为欧式期权和美式期权两类。欧式期权是指仅在期权合约到期后买方才能按行权价格行使其买或卖的权利的期权，期权买方在期权合约到期日之前不能行使权利。而美式期权则给买方以更大的灵活选择权利，期权买方既能在期权合约到期日行使权利，也能在期权到期日之前的任何一个交易日行使权利。因此，美式期权购买者一般无须支付更高的权利金（premium），欧式期权和美式期权的分类与地理概念毫无关系，纯粹只是命名的不同而已，在美国场外交易的外汇期权大都是欧式期权。

（二）看涨期权和看跌期权

按期权赋予的权利，期权可分为看涨期权和看跌期权。其中看涨期权又叫买权、认购期权（call options），是指期权的买方向卖方支付一定数额的权利金后，即拥有在期权合约的有效期内，按行权价格向期权卖方买入一定数量的标的物的权利，但不负有必须买进的义务。

看跌期权又叫卖权、认沽期权(put options)，是指期权的买方向卖方支付一定数额的权利金后，即拥有在期权合约的有效期内，按行权价格向期权卖方卖出一定数量标的物的权利，但不负有必须卖出的义务。

（三）交易所交易期权和柜台交易期权

按期权的交易场所，期权可分为交易所交易期权和柜台交易(OTC)期权。

交易所交易期权也叫场内期权，一般是在交易所的交易大厅内公开竞价，所交易的都是标准化期权合约，即由交易所预先制定每一份合约的交易规模(如股票期权为 100 股，与股票交易相对应)、行权价格、通知日、到期日、交易时间等，合约唯一变量是权利金。

交易所交易期权采用类似股票交易所的做市商制度，每种期权在交易厅都有具体位置，某一确定的期权由特定做市商负责，投资者的经纪人可向做市商询问买价和卖价。做市商可以增加场内期权的流动性，他本身从买卖差价中获利。

柜台交易期权也叫场外期权，是卖方为满足某一购买者特定需求而产生的。它并不在交易所大厅内进行交易，因此没有具体的交易地点。其成交额、行权价格、到期日等都由买卖双方自行协商。柜台交易期权合约不经过结算所结算，也没有担保，它的履约与否全看期权出售者是否履行合约。

与场内期权相比，场外期权具有如下特点。

第一，合约非标准化。场内期权合约是标准化的，场外期权合约是非标准化的。

第二，交易品种多样、形式灵活、规模巨大。由于场外交易双方可以直接商谈，期权品种、交易形式和交易规模等均可以按照交易者的需求进行定制，所以场外期权更能够满足投资者的个性化需求，场外期权交易也促进了新的复杂产品的诞生和交易。

第三，交易对手机构化。场外期权交易多在机构投资者之间进行，对于一般法人和机构投资者，其交易对手多为经验丰富的投资银行、商业银行等专业金融机构，期权合约的内容、交易方式等均由经验丰富的交易对手设计。

第四，流动性风险和信用风险大。场内期权随时可以转让，结算机构可以保证卖方履约，而场外期权交易以上两点都无法保证。所以，场外交易具有较高的流动性风险和信用风险。

现举例说明场外期权交易：某上市公司欲以每股 40 美元发行 500 万新股，由于担心新股发行不顺，为了使股票更加具有吸引力，该上市公司采取了期权策略，即每购 100 股新股，就送购买者一份卖权，使其在未来 2 年内有权按每股 30 美元的价格卖掉 100 股股票。这样购买者损失就限制在每股 10 美元以内；而一旦股价上涨，他们的获益潜力很大。

由以上例子可以看出，期权在场外交易很普遍，常用于发行新股，也用于债券交易、房产交易中。但本章目的是探讨更为规范和标准化的场内期权，因此以后章节若不另行指明，所说的期权交易都是指场内期权交易。

(四) 现货期权和期货期权

按照期权合约标的物的不同,期权可分为现货期权和期货期权。

标的物为现货的期权被称为现货期权。现货期权又有金融现货期权和商品现货期权之分。金融现货期权的标的物是金融现货资产;商品现货期权的标的物是实物现货资产。

标的物为期货合约的期权被称为期货期权。期货期权又有金融期货期权和商品期货期权之分。金融期货期权的标的物是金融期货合约;商品期货期权的标的物是实物商品期货合约。

三、期权的类、属、种

在任何给定的时间,对于任何给定的资产,可能有多个不同的期权合约同时在交易。如某一股票,如果具有 4 个到期日和 5 种行权价格的期权在同时交易,考虑到每一个到期日和每一个敲定期权都有看涨和看跌期权在进行交易,则共有 40 种不同的期权合约。按照惯例,同一标的物所有看涨期权属于同一大类,所有看跌期权属于同一大类。同一“类”中具有同一到期日的属于同一“属”。

例如,CBOE 美国长期国债期货的看跌期权是同一“类”,其中所有同时在 2020 年 9 月到期的,叫作同一“属”。在同一“属”的期权中,还可以按期权的行权价格分为不同的“种”。如在 2020 年 9 月到期的美国国债期货看跌期权,行权价格分别为 90,92、94、96、98 的,分别属于不同的“种”。

四、期权的基本要素

期权合约(option contracts)的买入者或持有者以支付保证金——期权费(option premium)的方式拥有权利;合约卖出者或立权者收取期权费,在买入者希望行权时,必须履行义务。

期权交易的买方通过付出一比较小的权利金费用,便得到一种权利,在期权的有效期内,若标的物价格朝有利于买方的方向变动,买方可以选择履约;在期权合约有效期内,期权也可以转让;超过规定期限,合约失效,买主的权利随之作废,卖主的义务也被解除。例如,某投资者在 2021 年 7 月买进一份 9 月份到期的上证 50ETF 认购期权,行权价为 3 元。这意味着,在该期权到期时,如果上证 50ETF 高于 3 元,该投资者仍然可以以 3 元的价格买入;如果价格低于 3 元,该投资者则放弃权利而不履约。

一般来说,期权合约的基本要素有以下几种。

(1) 期权的买方(taker):购买期权的一方,即支付权利金、获得权利的一方,也称为期权的多头方。

(2) 期权的卖方(grantor):出售权利的一方,获得权利金,因而具有接受买方选择的义务。期权的卖方也称为期权的空头方。

(3) 权利金:买方为获得权利而向卖方支付的费用,它是期权合约中的唯一变量,相当于期货合约的价格。其大小取决于期权合约的性质、到期月份及行权价格等各种因素。

(4) 行权价格：也称为协定价格或执行价格，即事先确定的标的资产或期货合约的交易价格。

在期权合约中，通常会列出行权价格的推出规则、行权价格间距等相关规定，或在交易规则中给出相关规定。不同交易所或同一交易所不同的期权合约，行权价格的推出方式和给出数量不同，同一期权合约不同的行权价格段，行权价格的间距也不相同。通常，标的物价格越高，其价格波动越大，期权的行权价格间距也越大。

拓展阅读 9-1 如何读懂期权报价单

(5) 通知日(declaration date)：当期权买方要求履行标的物(或期货合约)交货时，他必须在预先确定的交货和提运日之前的某一天通知卖方，以便让卖方做好准备，这一天就是“通知日”。

(6) 到期日(prompt date)：也称为“履行日”，在这一天，一个预先做了声明的期权合约必须履行交货。通常，对于期货期权而言，期权的到期日应先于其标的资产期货合约的最后交易日。

例如，以香港交易所的中国农业银行标准期权合约为例，报价行情如下：

5	ABC	DEC-13	4.0HKD	PUT	premium 0.59
合约份数	标的物名	期权到期日	行权价	卖权	权利金

其含义是：5 份中国农业银行(代码为 ABC)的行权价为每股 4.0 港元的 9 月 13 日到期的股票卖权，权利金为每股 0.59 港元。

拓展阅读 9-2 沪深 300 股指期权产品介绍

五、期货期权与期货的比较

(一) 相似之处

(1) 它们都是在有组织的场所(期货交易所或期权交易所)内进行，由交易所制定有关规则、合约内容，由交易所对交易时间、过程进行规范化管理。

(2) 在设计期货期权合约时，相关条款要考虑标的期货合约的条款。因此，期权合约条款与标的期货合约存在一定的关系。

(3) 由统一的结算机构负责结算，结算机构对交易起担保作用。结算所都是会员制，结算体系采用分级结算的方式，即结算所只负责对会员名下的交易进行结算，而由会员负责其客户的结算。

(4) 都具有杠杆作用。交易时只需交相当于合约总额的很小比例的资金(保证金或权利金)，使投资者能以小博大，从而成为投机和风险管理的有效工具。

(二) 主要区别

(1) 期权的标准化合约与期货标准化合约内容不同。

期货期权合约内容不涉及交割及相关内容，而期货合约中则必须列明交割等级、最后交割日等条款；期权合约中有行权及相关条款，期货合约中则没有。

在期限上，期货期权的到期日应先于其标的期货合约到期日，期货期权的最后交易日一般定在期货交割月的前一个月份。

(2) 履约保证金规定不同。期货交易的买卖双方都要交付保证金；期权的买方成交时支付了权利金，他最大的损失就是权利金，所以他不必交纳保证金；而期权的卖方收取权利金，出卖了权利，他的损失可能会很大，所以期权的卖方要支付保证金，且随价格的变化，有可能追加保证金。

(3) 买卖双方权利与义务不同。在期货交易中，期货合约的买卖双方都有相应的权利和义务，在期货合约到期时双方都有义务履行交割，且大多数交易所都是采用卖方申请交割的方式。而在期权交易中，买方有权决定是执行权利还是放弃权利；卖方只是有义务按买方的要求去履约，买方放弃此权利时卖方才不执行合约。

(4) 两种交易的风险有所不同。期货交易的买卖双方风险和收益结构对称，而期权交易的买卖双方风险和收益结构不对称。在期权交易中，买方最大亏损是权利金，而卖方风险很大，所以交易所只对卖方收取保证金，而不对买方收取保证金。

以上的分析启示投资者，在选择投资和保值工具时，需要注意期货交易策略最好在牛市和熊市中采用，在市场整理阶段则难以操作。而期权在任何市场条件下均可采用，例如熊市、牛市、持稳市场、略有上扬及略有下跌的市场等各种条件下都可以选择不同的期权投资方式。

另外，在现实交易中，稳健的投资者往往会将期货与期权交易策略组合起来，灵活运用。

六、期权的交易指令

期权交易指令中一般应明确如下内容：①开仓或平仓；②交易方向(买入或卖出)；③合约数量；④合约代码；⑤合约名称(含标的资产、合约月份及年份、行权价格、期权类型——看涨或看跌)；⑥报价——权利金；⑦指令种类(分为市价指令、限价指令等)。

如某客户某日在 CME 卖出 DEC12 原油期货看涨期权，通过交易系统下达了以 5.13 美元/桶的价格卖出行权价格为 88 美元/桶的看涨期权，交易指令为(标的期货价格为 90.05 美元/桶)：s10yc Z12 9000c493lmt。

指令各部分的意义见图 9-1 及注释。

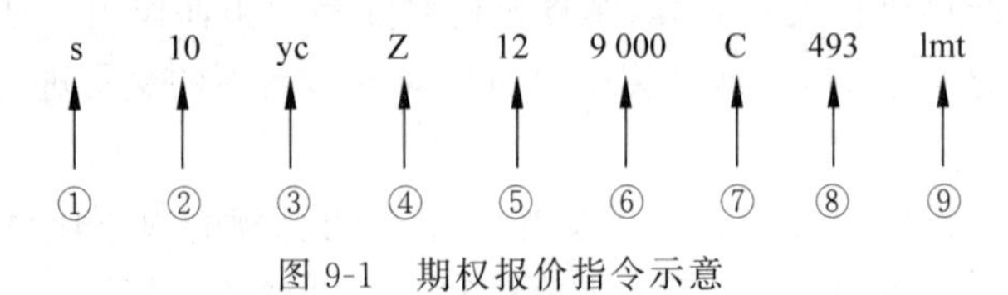

图 9-1 期权报价指令示意

注释：图 9-1 所表达的内容及申报规定如下。

① 申报交易方向。s 表示卖出；b 表示买入。

② 申报数量，以手数形式报出。

③ 标的物代码，yc 表示原油代码。

④ 合约月份代码，Z 为 12 月合约代码。

⑤ 合约到期年份,12 表示该期权合约 2012 年到期。

⑥ 行权价格,9 000 美分/桶。

⑦ 期权类型。C 表示看涨期权；P 表示看跌期权。

⑧ 权利金。493 表示该交易者愿意以 493 美分/桶出售该期权。

⑨ 指令种类。lmt 表示限价指令,mkt 表示市价指令。

七、期权头寸的了结

(一) 期权头寸的了结方式

期权具有一定的期限,过期后会变得没有任何价值,因此,交易者会在到期日或到期前了结持有的头寸。期权头寸的了结方式有对冲平仓、买方行权(卖方接受买方行权)了结、到期自动行权三种。

1. 对冲平仓

期权买方和卖方可选择对冲平仓的方式了结其期权头寸。即卖出(买进)相同的看涨期权或看跌期权。

例如,某交易者已经以 5.13 美元/桶的价格卖出了 15 手"12 月到期行权价格为 88 美元/桶的看涨期权",对冲平仓的方式是买进 15 手"12 月到期行权价格为 88 美元/桶的看涨期权"。若买进时成交的权利金为 3 美元/桶,则该交易者盈利 2.13 美元/桶。

2. 买方行权(卖方接受买方行权)了结

期权买方也可选择在到期之前以行权的方式了结其头寸,而卖方此时必须接受买方行权。看涨期权买方行权,按行权价格买入标的资产；看跌期权买方行权,按行权价格卖出标的资产。行权后,期货期权的交易双方则获得相应的期货头寸,如表 9-1 所示。

表 9-1 期货期权买方行权后期权买方、卖方获得的期货头寸

期权买卖方	看涨期权	看跌期权
期权买方	获得多头期货头寸	获得空头期货头寸
期权卖方	获得空头期货头寸	获得多头期货头寸

3. 到期自动行权

期权买卖方还可以选择持有期权合约至到期。如果此时期权为实值期权,交易所将自动执行期权；否则,期权将自动失效。

(二) 对三种方式的选择

实际上,大多数期权合约都以对冲平仓的方式了结。从理论上分析,期权行权的机会很小,因为行权只能得到内涵价值(intentional value),而平仓还可以得到时间价值。但对于深度实值期权而言,由于市场流动性差,多头方不得不通过行权了结头寸。此外,一些套期保值者也会要求行权。

八、期权交易的保证金

(一) 有保护的期权和无保护的期权

在期权交易中,买方最大的损失为交易时支付的权利金,所以没有额外的保证金要求。而卖方只有义务没有权利,承担的风险很大,结算机构会要求其交付保证金。

期权的卖方可分为两种情况——持有有保护的期权(covered option)或持有无保护的期权(naked option)。如果期权的卖方拥有可以用来抵偿期权风险的头寸,则其持有的期权就称为有保护的期权,否则,其期权就是无保护的期权。看涨期权的卖方在持有标的资产或标的期货合约多头时,是有保护的;看跌期权的卖方在下列情况下是有保护的:买进到期时间相同或更晚的同标的的看跌期权,其行权价格等于或高于卖出的期权的行权价格。

如果卖出的是有保护的期权,则可以考虑将保护期权的资产或期货合约充当保证金。例如,如果某投资者拥有200股IBM股票,他卖出2份12月到期、行权价格为120美元的IBM看涨期权,那么该投资者是有保护的,当买方选择执行合约时,他可以将拥有的股票交割。他不再被要求交纳额外的保证金。

通常情况下,交易所或结算公司会依据行权期限、交易品种、期权类型、期权所处状态、是出售无保护期权还是组合期权等的不同,决定计算和收取保证金的数值和方法。

(二) 卖出无保护期权的保证金要求

下面以美国有关的规定说明期权保证金的结算及交纳方式。

客户和会员的保证金分为初始保证金和维持保证金。期权交易者开仓卖出期权时,须按规定交纳保证金,此保证金称为初始保证金;客户持仓期间,其保证金账户的资金还必须维持在一定的水平上,此水平被称为维持保证金。当客户或会员保证金账户的资金达不到维持保证金水平时,会收到交易所或结算公司追加保证金的通知,如果客户或会员不能及时补足保证金,交易所或结算公司有权将其部分或全部持仓进行平仓,使其保证金账户可用资金达到规定额度。

初始保证金是按以下两种计算结果中选取金额较大的一个(以股票期权为例):

(1) 初始保证金=全部权利金收入+0.2×标的股票的市场价值-期权处于虚值状态的数额;

(2) 初始保证金=全部权利金收入+0.1×标的股票的市场价值。

对于股指期权,应将上列(1)中第二项的系数0.2替换为0.15,因为股指波动性较小。

【例9-1】 某投资者卖出4份无保护的某股票的看涨期权,权利金为5美元,行权价为40美元,成交时股票市价为38美元;这时处于虚值,对期权卖方有利,虚值为2美元,故按(1)式计算得:初始保证金=4×100×5+0.2×400×38-400×2=4 240(美元);按(2)式计算得:初始保证金=4×100×5+0.1×400×38=3 520(美元)。

初始保证金应取较大者,即4 240美元。交纳时权利金收入2 000美元可作为保证金账户中的一个部分。

【例 9-2】 其他情形和数据同上例，唯有卖出的是看跌期权。这时期权处于实值状态，对卖方不利，故(1)式中没有第三项。按(1)式算得初始保证金为 400×(5+0.2×38)=5 040 美元，比(2)式结果大。保证金为 5 040 美元。

需要指出，前例卖出看涨期权，若股票市价下跌到 27 美元，虚值达到 13 美元，则按(1)式计算的初始保证金 4×100×5+0.2×400×27−400×13=−1 040(美元)，这时按(2)计算的结果确定保证金为 2 000+0.1×400×27=3 080(美元)。

同样按逐日盯市原则，逐日重新计算初始保证金，保证金账户不足时仍要追加保证金。

第二节　期权价格

期权合约要素中唯一的变量是权利金，权利金就是期权的价格，因此，期权价格的确定就是对权利金的理论值进行确定。影响权利金的因素有很多，使期权定价成为一个很复杂的问题。一般来说，期权价格又称为权利金、期权费或保险费(premium)，是买进(或卖出)期权合约时所支付(或收取)的费用，更确切地说，是期权买方为取得期权合约所赋予的权利而支付给卖方的费用。

一、期权价格的构成

期权价格主要由内涵价值和时间价值(time value)组成。

(一) 内涵价值

1. 内涵价值的含义及计算

期权的内涵价值是指在不考虑交易费用和期权费的情况下，买方立即执行期权合约可获取的行权收益。它反映了期权合约行权价格与标的物市场价格之间的关系。

看涨期权的内涵价值＝标的物的市场价格－行权价格

看跌期权的内涵价值＝行权价格－标的物的市场价格

如果计算结果小于 0，则内涵价值等于 0。所以，期权的内涵价值总是大于等于 0。

2. 实值期权、虚值期权和平值期权

随着时间变化，标的物价格会不断变化，同一期权的状态也会不断变化，按照期权行权价格与标的物市场价格的关系的不同，可将期权分为实值期权(in-the-money option)、虚值期权(out-of-the-money option)和平值期权(at-the-money option)。三者的关系如表 9-2 所示。

表 9-2　实值期权、虚值期权与平值期权的关系

期　　权	看涨期权	看跌期权
实值期权	行权价格＜标的物的市场价格	行权价格＞标的物的市场价格
虚值期权	行权价格＞标的物的市场价格	行权价格＜标的物的市场价格
平值期权	行权价格＝标的物的市场价格	行权价格＝标的物的市场价格

实值期权，也称期权处于实值状态，是指行权价格低于标的物市场价格的看涨期权和行权价格高于标的物市场价格的看跌期权。在不考虑交易费用和期权权利金的情况下，买方立即履行期权合约能够获得行权收益。所以，实值期权具有内涵价值，其内涵价值大于0。

当看涨期权的行权价格远远低于标的物的市场价格，看跌期权的行权价格远远高于标的物的市场价格时，该期权称为深度或极度实值期权。

虚值期权，也称期权处于虚值状态，是指行权价格高于标的物市场价格的看涨期权和行权价格低于标的物市场价格的看跌期权。在不考虑交易费用和期权权利金的情况下，买方立即履行期权合约将产生亏损。所以，虚值期权不具有内涵价值，其内涵价值等于0。

当看涨期权的行权价格远远高于标的物的市场价格，看跌期权的行权价格远远低于标的物市场价格时，其称为深度或极度虚值期权。

平值期权，也称期权处于平值状态，是指行权价格等于标的物市场价格的期权。在不考虑交易费用和期权权利金的情况下，买方立即履行期权合约收益为0。平值期权也不具有内涵价值，其内涵价值等于0。

如果某个看涨期权处于实值状态，行权价格和标的物相同的看跌期权一定处于虚值状态。同样，如果某个看跌期权处于实值状态，则行权价格和标的物相同的看涨期权一定处于虚值状态。

值得注意的是，对于实值期权，在不考虑交易费用和期权费的情况下，买方的行权收益大于0，所以实值期权的内涵价值大于0；对于虚值期权和平值期权，由于买方立即执行期权不能获得行权收益，或行权收益小于等于0，所以虚值和平值期权不具有内涵价值，其内涵价值等于0。

【例 9-3】 行权价格为450元/克的黄金期货看涨和看跌期权，当标的黄金期货价格为400元/克时，看涨期权和看跌期权的内涵价值各为多少？

【解析】：

(1) 看涨期权的内涵价值，由于行权价格高于标的物市场价格，所以看涨期权为虚值期权，内涵价值＝0。

(2) 看跌期权的内涵价值＝450－400＝50(元/克)。

（二）时间价值

1. 时间价值的含义

期权的时间价值，又称外涵价值，是指权利金扣除内涵价值的剩余部分，它是期权有效期内标的物市场价格波动为期权持有者带来收益的可能性所隐含的价值。显然，标的物市场价格的波动率越高，期权的时间价值就越大；期权有效期越长，期权的时间价值就越大。如在2021年5月某日某时点，对于相同行权价、相同标的物的看涨期权来说，该年12月到期的期权比9月到期的期权权利金要高，但随着期权到期日的临近，其时间价值也逐渐变小；当该期权到期时，则不再具有时间价值。

2. 时间价值的计算

时间价值＝权利金－内涵价值

例如，若上证50ETF在2021年5月某日的价格为3.150元，该年6月看跌期权（行权价3元）的权利金为0.10元，则该期权内涵价值为0，时间价值为0.10元；若该年9月看跌期权（行权价3.5元）的权利金为1.2元，则该期权内涵价值为3.5－3.15＝0.35（元），时间价值为1.2－0.35＝0.85（元）。

从表9-3可看出，当其他条件相同时，距离到期日的时间越长，期权的时间价值越高，权利金也越高。

表9-3 期权时间价值实例

期权标的资产	行权价格	看涨期权收盘价			看跌期权收盘价		
		7月	8月	9月	7月	8月	9月
原油	92.00	3.67	4.74	5.08	1.39	2.29	3.21
铜	330.0	0.149	0.189	0.447 5	0.068 5	0.102 5	0.294 5
大豆	1 280.0	64′1	136′0	215′3	1′2	10′6	44′1
欧洲美元	9 950.0	20.5	21	21.25	0.5	1	1.25

3. 不同期权的时间价值

第一，平值期权和虚值期权的时间价值总是大于等于0。

由于平值期权和虚值期权的内涵价值等于0，而期权的价值不能为负，所以平值期权和虚值期权的时间价值总是大于等于0。

第二，美式期权的时间价值总是大于等于0。

对于实值美式期权，由于美式期权在有效期的正常交易时间内可以随时行权，如果期权的权利金低于其内涵价值，在不考虑交易费用的情况下，买方立即行权便可获利。因此，在不考虑交易费用的情况下，权利金与内涵价值的差总是大于0，或者说，处于实值状态的美式期权的时间价值总是大于等于0。

由于平值期权和虚值期权的时间价值也大于0，所以，美式期权的时间价值均大于等于0。

第三，实值欧式期权的时间价值可能小于0。

欧式期权由于只能在期权到期时行权，所以在有效期的正常交易时间内，当期权的权利金低于内涵价值，即处于实值状态的欧式期权具有负的时间价值时，买方并不能够立即行权。因此，处于实值状态的欧式期权的时间价值可能小于0，特别是处于深度实值状态的欧式看涨期权和看跌期权，由于标的物的市场价格与行权价格的差距过大，标的物市场价格的进一步上涨或下跌的难度较大，时间价值小于0的可能性更大。

拓展阅读9-3 50ETF期权价格的两个构成要素

二、影响期权价格的基本因素

影响期权价格的基本因素主要有五个：标的物市场价格（S）、行权价格（X）、标的物市场价格波动幅度(V)、距到期时剩余时间($T-t$)(其中 T 为期权到期时间,t 为当前时间)、无风险利率(r)等。

(一) 标的物市场价格和行权价格

期权的行权价格与标的物的市场价格是影响期权价格的重要因素。两种价格的相对差额不仅决定着内涵价值,而且影响着时间价值。

行权价格与市场价格的相对差额决定了内涵价值的有无及其大小。就看涨期权而言,市场价格较行权价格高时,期权具有内涵价值,高出越多,内涵价值越大;当市场价格等于或低于行权价格时,内涵价值为 0。就看跌期权而言,市场价格较行权价格低时,期权具有内涵价值,低得越多,内涵价值越大;当市场价格等于或高于行权价格时,内涵价值为 0。

在标的物市场价格一定且高于行权价格时,行权价格的大小决定着期权内涵价值的高低。对看涨期权来说,若行权价格提高,则期权的内涵价值减少;若行权价格降低,则内涵价值增加。对看跌期权来说,若行权价格提高,则期权的内涵价值增加;若行权价格降低,则期权的内涵价值减少,即当期权处于实值状态,行权价格与看涨期权的内涵价值呈负相关关系,与看跌期权的内涵价值呈正相关关系。同样,在行权价格一定且低于标的物市场价格时,标的物市场价格的上涨或下跌决定着期权内涵价值的大小,对于实值期权,标的物市场价格与看涨期权的内涵价值呈正相关关系,与看跌期权的内涵价值呈负相关关系。

由于虚值期权和平值期权的内涵价值总为 0,所以,当期权处于虚值或平值状态时,标的物市场价格的上涨或下跌及行权价格的高低不会使内涵价值发生变化。

此外,期权的价格虽然由内涵价值和时间价值组成,但由期权定价理论可以推得,内涵价值对期权价格高低起决定作用,期权的内涵价值越高,期权的价格也越高。

行权价格与标的物市场价格的相对差额也决定着时间价值的有无和大小。一般来说,行权价格与标的物市场价格的相对差额越大,则时间价值就越小;相反,相对差额越小,则时间价值就越大。

当期权处于深度实值或深度虚值状态时,其时间价值将趋于 0,特别是处于深度实值状态的欧式看涨和看跌期权,时间价值还可能小于 0;而当期权正好处于平值状态时,其时间价值却达到最大。因为时间价值是人们因预期市场价格的变动能使虚值期权变为实值期权,或使有内涵价值的期权变为内涵价值更大期权而付出的代价。所以,当期权处于深度实值状态时,市场价格变动使它继续增加内涵价值的可能性已极小,而使它减少内涵价值的可能性则极大,因而人们都不愿意为买入该期权并持有它而支付时间价值,或付出比当时的内涵价值更高的权利金;当期权处于深度虚值状态时,人们会认为变为实值期权的可能性十分渺茫,因而也不愿意为买入这种期权而支付时间价值或权利金。

在行权价格与市场价格相等或相近,即期权处于或接近于平值期权时,市场价格的变动才最有可能使期权增加内涵价值,人们也才最愿意为买入这种期权而付出代价,所以此时的时间价值应为最大,任何行权价格与标的物的市场价格的偏离都将减少这一价值。

无论是美式期权还是欧式期权，当标的物市场价格与行权价格相等或接近，即期权处于或接近平值状态时，时间价值最大；当期权处于深度实值和深度虚值状态时，时间价值最小。

（二）标的物价格波动幅度

标的物市场价格波动幅度，是影响期权价格水平的重要因素之一。

在其他因素不变的条件下，标的物市场价格波动幅度越高，标的物上涨很高或下跌很深的机会越多，标的物市场价格涨至损益平衡点之上或跌至损益平衡点之下的可能性和幅度也就越大，买方获取较高收益的可能性也越大，损失不会随之增加，但期权卖方的市场风险却会增大。所以，标的物市场价格的波动幅度越高，期权的价格也应该越高。

拓展阅读 9-4
50ETF 期权——波动率策略

（三）期权合约的有效期

期权合约的有效期是指距期权合约到期日剩余的时间。在其他因素不变的情况下，期权有效期延长，美式看涨期权和看跌期权的价值都会增加。这是因为对于美式期权来说，有效期长的期权不仅包含了有效期短的期权的所有的执行机会，而且有效期越长，标的物市场价格向买方所期望的方向变动的可能性就越大，买方行使期权的机会和获利的机会也就越多。所以，在其他条件相同的情况下，距最后交易日长的美式期权价值不应该低于距最后交易日短的美式期权的价值。

随着有效期的延长，欧式期权的价值并不必然增加。这是因为对于欧式期权来说，有效期长的期权并不包含有效期短的期权的所有执行机会。即便在有效期内标的物市场价格向买方所期望的方向变动，但由于不能行权，在到期时也存在再向不利方向变化的可能，所以随着期权有效期的延长，欧式期权的时间价值和权利金并不必然增加，即剩余期限长的欧式期权的时间价值和权利金可能低于剩余期限短的欧式期权的时间价值和权利金。

由于美式期权的行权机会多于相同标的和剩余期限的欧式期权，所以，在其他条件相同的情况下，剩余期限相同的美式期权的价值不应该低于欧式期权的价值。

（四）无风险利率

无风险利率水平会影响期权的时间价值，也可能会影响期权的内涵价值。

当利率提高时，期权买方收到的未来现金流的现值将减少，从而使期权的时间价值降低；相反，当利率下降时，期权的时间价值会增加。但是，利率水平对期权时间价值的整体影响是十分有限的。

此外，利率的提高或降低会影响标的物的市场价格，如果提高利率使标的物市场价格降低，如在经济过热时期，政府提高利率以抑制经济的过热增长，将导致股票价格下跌，股票看涨期权的内涵价值降低，股票看跌期权的内涵价值提高，此种情况下，看涨期权的价值必然降低，而看跌期权的价值有可能会提高。但是，如果在经济正常增长时期，当利率增加时，股票的预期增长率也倾向于增加，此种情况下得出的结论与前述结论可能相反。

所以，无风险利率对期权价格的影响，要视当时的经济环境以及利率变化对标的物的市场价格影响的方向，考虑对期权内涵价值的影响方向及程度，然后综合对时间价值的影响，得出最终的影响结果。

此外，像股票分红因素主要是对股票期权的价格有影响。随着股利支付日期的临近，股价趋于上升，股票看涨期权的内涵价值趋于升高，而看跌期权的内涵价值趋于减少。当红利支付日期过后，人们预期股票价格会降低，因此，看涨期权价格会降低，看跌期权价格会上涨。

三、权利金的取值范围

第一，期权的权利金不可能为负。

由于买方付出权利金后便取得了未来买入或卖出标的物的权利，除权利金外不会有任何损失或潜在风险，所以期权的价值不会小于0。

第二，看涨期权的权利金不应该高于标的物的市场价格。

如果交易者预期标的物市场价格将上涨，但又担心购买标的物后价格会大幅下跌，当标的物的市场价格跌至0时，其最大损失为标的物市场价格，通常情况下损失会小于标的物的市场价格。如果投资者既希望获得标的物市场价格上涨带来的收益，又希望价格下跌时风险可控，便可通过购买看涨期权的方式持有标的物。价格上涨时，投资者按照约定的行权价格取得标的物，成本为行权价格与权利金之和；而价格下跌时，投资者放弃行权，最大的损失为权利金。如果权利金高于标的物的市场价格，投资者的损失将超过直接购买标的物的损失，这便失去了期权投资的意义。投资者便不如直接从市场上购买标的物，损失更小而成本更低。所以权利金不应该高于标的物的市场价格，即通过期权方式取得标的物存在的潜在损失不应该高于直接从市场上购买标的物所产生的最大损失。

第三，美式看跌期权的权利金不应该高于行权价格，欧式看跌期权的权利金不应该高于将行权价格以无风险利率从期权到期贴现至交易初始时的现值。

四、期权的定价

（一）Black-Scholes 期权定价模型

1. Black-Scholes 和 Merton 对前人工作的改进

1997年的诺贝尔经济学奖被授予两位美国经济学家：美国哈佛大学教授 Robert C. Merton 和斯坦福大学教授 Myron S. Scholes，以表彰他们和已去世的 Fischer Black 在期权定价理论中所做的贡献。其主要贡献就是提出了 Black-Scholes 期权定价模型。

在这之前，期权定价模型可以分为两类：第一类是特定模型，即根据实际观测和曲线拟合程度来确定期权价格，这种模型的缺点在于无法反映经济均衡对期权价格的影响。第二类是均衡模型，即根据市场参与者效用最大化来确定期权价格，这方面最早进行研究的是法国数学家兼经济学家 Louis Bachelier。他在1900年的博士论文《投机的数学理论》中，给出了一个股票期权定价公式，首次提出了确定期权价格的均衡理论方法。但他的公式是建立在一些不现实的假设之上，如利率为零、股票价格可以为负等。遗憾的是其研究成果在随后50多年里一直未引起经济学家们的注意。进入20世纪60年代,期权定价理论的研究开始活跃起来,Case Sprenkle,James Boness等人先后发表文章试图改善Bachetier的公式。这些研究在本质上是一致的,即大多数都根据认股权证的思想方法对期权定价,将期权价格等同于期权期望收益的贴现值;但期权期望收益依赖于未来股票价格的概率分布,期望收益的贴现值依赖于贴现率,而实际中未来股票价格的概率分布和贴现率是无法确定的。1969年,Samuelson和Merton在其合作完成的文章中认识到了这一点,他们将期权价格看作股票价格的函数,并且认为贴现率依赖于投资者所持股票和期权的数量,但是他们导出的公式仍然依赖于特定投资者的效用函数,即投资者是风险厌恶、风险中性还是爱好风险,其程度怎样,这在现实中无法估算。20世纪70年代以前的期权定价公式所具有的共同不足之处,就是不同程度地依赖于股票未来价格的概率分布和投资者的风险偏好,而风险偏好和股票概率分布是无法预测或正确估计的,因而限制了这些公式在实际中的应用。

1973年,Fischer Black和Myron S. Scholes在美国《政治经济学》杂志上发表了一篇开创性论文《期权和公司债务的定价》,给出了欧式股票看涨期权的定价公式,即今天所称的Black-Scholes公式,它与以往期权定价公式最重要的差别就在于它的实际应用价值,即它只依赖于可观察到的或可估计出的变量。同年,Robert C. Merton在其《合理期权定价理论》一文中提出了支付红利股票的期权定价公式,进一步完善了Black-Scholes公式。Black,Scholes,Merton三人在改进前人工作的基础上完成了现代期权理论的奠基工作。

2. Black和Scholes的期权定价思想

如前所述,Black-Scholes模型奠定了现代期权定价理论的基础,具有重要意义。该模型避免了对未来股票价格概率分布和投资者风险偏好的依赖。这是因为Black和Scholes认识到,股票看涨期权可以用来回避股票的投资风险。通过一种投资策略,买入一种股票,同时卖出一定份额的该股票看涨期权,可以构成一个无风险的投资组合,即投资组合的收益完全独立于股票价格的变化。在资本市场均衡条件下,根据资本资产定价模型,这种投资组合的收益应等于短期利率。因此,期权的收益可以用标的股票和无风险资产构造的投资组合来复制,在无套利机会存在的情况下,期权价格应等于购买投资组合的成本,即期权价格仅依赖于股票价格波动量、无风险利率、期权到期时间、行权价格、股票时价。上述几个变量,除股票价格波动量外都是可以直接观察到的,而对股票价格波动量的估计也比对股票价格未来期望值的估计简单得多。这就是Black和Scholes的期权定价思想。

3. Black-Scholes微分方程的推导

首先,假定股票和期权市场的"理想条件"如下。

(1) 股票价格运动是一种"布朗运动",即在连续时间内股票价格遵循随机漫步,方差率(单位时间的方差)与股票价格的平方根成比例。因而在任何有限时间间隔末,可能的股票价格的分布是对数正态分布。股票收益率的方差率不变。

(2) 股票不付红利或其他收益。

(3) 期权为欧式期权,到期日才能履行。

(4) 买卖股票或期权没有交易成本。

(5) 无风险利率 r 为常数且对所有到期日都相同。

(6) 证券交易是连续的。

(7) 不存在无风险套利的机会。

根据第一个假设,股票价格遵循数学家 Ito 提出的 Ito 过程:

$$dS = \mu S dt + \sigma S dz \tag{9-1}$$

其中,μS 为价格瞬时期望漂移率;μ 为以年复利计的年预期收益率,可取为常数;σ 为股票价格年波动率,可取常数;$dz = \varepsilon\sqrt{dt}$ 为标准布朗运动(即维纳过程),ε 为标准正态分布(即均值为 0、标准差为 1 的正态分布)中取得一个随机值;t 为时间。

式(9-1)表示,股票价格 S 可用瞬时期望漂移率 μS 和瞬时方差率 $\sigma^2 S^2$ 的 ITO 过程来表达。

假设 f 是依赖于 S 的衍生证券的价格,则变量 f 一定是 S 和 t 的某一函数。由 ITO 定理得到 f 遵循的过程为

$$df = \left(\frac{\partial f}{\partial S}\mu S + \frac{\partial f}{\partial t} + \frac{1}{2}\frac{\partial^2 f}{\partial S^2}\sigma^2 S^2\right)dt + \frac{\partial f}{\partial S}\sigma S dz \tag{9-2}$$

得式(9-1)和式(9-2)的离散形式为

$$\frac{\Delta S}{S} = \mu\Delta t + \sigma\Delta z = \mu\Delta t + \sigma\varepsilon\sqrt{\Delta t} \tag{9-3}$$

$$\Delta f = \left(\frac{\partial f}{\partial S}\mu S + \frac{\partial f}{\partial t} + \frac{1}{2}\frac{\partial^2 f}{\partial S^2}\sigma^2 S^2\right)\Delta t + \frac{\partial f}{\partial S}\sigma S\Delta z \tag{9-4}$$

其中,方程(9-3)与方程(9-4)遵循的维纳过程相同,即 $\Delta z(=\varepsilon\sqrt{\Delta t})$ 相同。所以我们可以选择某种股票和衍生证券的组合来消除维纳过程。假设某投资者卖出一份衍生证券,同时买入$\frac{\partial f}{\partial S}$份股票,则该证券组合的价值为

$$\Pi = -f + \frac{\partial f}{\partial S}S \tag{9-5}$$

Δt 时间后,该证券组合的价值变化:

$$\Delta\Pi = -\Delta f + \frac{\partial f}{\partial S}\Delta S \tag{9-6}$$

将方程(9-3)和方程(9-4)代入式(9-6),得

$$\Delta\Pi = \left(-\frac{\partial f}{\partial t} - \frac{1}{2}\frac{\partial^2 f}{\partial S^2}\sigma^2 S^2\right)\Delta t \tag{9-7}$$

这个方程不含有 Δz,经过 Δt 时间后证券组合必定没有风险。因此,当 Δt 无限短时,该证券组合的瞬时收益率一定与其他短期无风险证券的收益率相同。否则的话,将存在无风险的套利机会。所以:

$$\Delta\Pi = r\Pi\Delta t \tag{9-8}$$

其中,r 为无风险利率。将方程(9-5)和方程(9-7)代入式(9-8)可得

$$\left(\frac{\partial f}{\partial t}+\frac{1}{2}\frac{\partial^2 f}{\partial S^2}\sigma^2 S^2\right)\Delta t=r\left(f-\frac{\partial f}{\partial S}S\right)\Delta t \tag{9-9}$$

化简得

$$\frac{\partial f}{\partial t}+rS\frac{\partial f}{\partial S}+\frac{1}{2}\sigma^2 S^2\frac{\partial^2 f}{\partial S^2}=rf \tag{9-10}$$

这就是著名的 Black-Scholes 微分方程。

对应于不同基础证券 S 定义的不同衍生证券，上式有不同的解。解方程时得到的特定的衍生证券取决于使用的边界条件。对于欧式看涨期权，关键的边界条件为

当 $t=T$ 时，　　　　$f=\max(S_T-X,0)$

对欧式看跌期权，边界条件为

当 $t=T$ 时，　　　　$f=\max(X-S_T,0)$

其中，X 均为行权价格。

一个非常重要的现象是，方程(9-10)不包含任何受投资者的风险偏好影响的变量，从而独立于风险偏好。因此，我们在对期权进行定价时可以使用任何一种风险偏好。为了简化分析，可以做一个非常简单的假设：所有的投资者都是风险中性的，这样所有证券的预期收益率都是无风险利率 r，且其衍生证券的目前价值可以用其期末价值的期望值以无风险利率 r 贴现来得到。在这种假设前提下的定价称为风险中性定价。

（二）Black-Scholes 风险中性定价计算公式

根据风险中性定价理论，欧式看涨期权到期日的期望值为

$$\hat{E}\left[\max(S_T-X,0)\right]$$

其中，$\hat{E}$ 表示风险中性定价下的期望值；T 为期权到期时间；S_T 为 T 时刻股票价格。

因此，欧式看涨期权的价格 C 是这个值以无风险利率 r 贴现的结果：

$$C=\mathrm{e}^{-r(T-t)}\hat{E}\left[\max(S_T-X,0)\right] \tag{9-11}$$

假设股票价格是几何布朗运动，运用数学上随机变量函数一些定理，可以得出股价的对数 $\ln S_T$ 服从正态分布。在风险中性的情况下，可将 μ 换成 r，即

$$\ln S_T \sim N\left[\ln S_0+\left(r-\frac{\sigma^2}{2}\right)T,\sigma\sqrt{T}\right] \tag{9-12}$$

记 $\mu_1=\ln S_0+\left(r-\frac{\sigma^2}{2}\right)T,\sigma_1=\sigma\sqrt{T}$

那么　　　　$\ln S_T \sim N(\mu_1,\sigma_1)$

也就是 S_T 服从对数正态分布。设 S_T 的概率密度为 $g_{s_T}(y)$，则

$$g_{s_T}(y)=\begin{cases}\dfrac{1}{\sqrt{2\pi}\sigma_1 y}\mathrm{e}^{-\frac{(\ln y-\mu_1)^2}{2\sigma_1^2}} & y>0\\ 0 & y\leqslant 0\end{cases}$$

$$\hat{E}[\max(S_T - X, 0)] = \int_X^{+\infty}(y - X)g_{s_T}(y)\mathrm{d}y$$

$$= \int_X^{\infty}(y - X)\frac{1}{\sqrt{2\pi}\sigma_1 y}\mathrm{e}^{-\frac{(\ln y-\mu_1)^2}{2\sigma_1^2}}\mathrm{d}y$$

令 $\ln y = t$，上式 $= \int_{\ln X}^{\infty}\frac{\mathrm{e}^t}{\sqrt{2\pi}\sigma_1}\cdot \mathrm{e}^{-\frac{(t-\mu_1)^2}{2\sigma_1^2}}\mathrm{d}t - \int_{\ln X}^{\infty}\frac{X}{\sqrt{2\pi}\sigma_1}\mathrm{e}^{-\frac{(t-\mu_1)^2}{2\sigma_1^2}}\mathrm{d}t$

上式中，右边第一项 $= \frac{1}{\sqrt{2\pi}\sigma_1}\int_{\ln X}^{\infty}\mathrm{e}^{-\frac{[t-(\mu_1+\sigma_1^2)]^2}{2\sigma_1^2}}\cdot \mathrm{e}^{\mu_1+\frac{\sigma_1^2}{2}}\mathrm{d}t$

$$= \mathrm{e}^{\mu_1+\frac{\sigma_1^2}{2}}\left\{1 - N\left[\frac{\ln X - (\mu_1 + \sigma_1^2)}{\sigma_1}\right]\right\}$$

$$= S_0\mathrm{e}^{rT}\cdot N\left[\frac{\ln\left(\frac{S}{X}\right) + (r + 0.5\sigma^2)T}{\sigma\sqrt{T}}\right]$$

$$= S\mathrm{e}^{rT}\cdot N(d_1)$$

第二项 $= X\left[1 - N\left(\frac{\ln X - \mu_1}{\sigma_1}\right)\right]$

$$= X\cdot N\left(-\frac{\ln X - \mu_1}{\sigma_1}\right)$$

$$= X\cdot N\left[\frac{\ln\left(\frac{S}{X}\right) + (r - 0.5\sigma^2)T}{\sigma\sqrt{T}}\right]$$

$$= X\cdot N(d_2)$$

其中：$d_1 = \dfrac{\ln\left(\frac{S}{X}\right) + (r + 0.5\sigma^2)T}{\sigma\sqrt{T}}$

$$d_2 = \frac{\ln\left(\frac{S}{X}\right) + (r - 0.5\sigma^2)T}{\sigma\sqrt{T}} = d_1 - \sigma\sqrt{T}$$

所以

$$C = \mathrm{e}^{-rT}\cdot\hat{E}[\max(S_T - X, 0)]$$
$$= \mathrm{e}^{-rT}[S\mathrm{e}^{rT}N(d_1) - XN(d_2)]$$
$$= SN(d_1) - X\mathrm{e}^{-rT}N(d_2) \tag{9-13}$$

其中，N 为标准正态分布的累计概率分布函数（即这一变量小于 X 的概率）。式(9-13)就是著名的 Black-Scholes 公式。在其包含变量中，股价波动率 σ 可以通过历史数据估算，$N(d_1)$和 $N(d_2)$概率分布值可以通过查表求得，这样我们就可以算出无风险利率 r 时不支付红利股票欧式看涨期权的价格。根据欧式看涨期权 C 与看跌期权 P 之间的平价关

系，有

$$C+Xe^{-rT}=P+S$$

欧式看跌期权的价格 P 可用欧式看涨期权类似的方法求出。因此，欧式看跌期权的价值为

$$P=C-X+Xe^{-rT}=Xe^{-rT}\cdot N(-d_2)-S\cdot N(-d_1) \tag{9-14}$$

【例 9-4】 一种还有 6 个月的有效期的期权，股票的现价为 \$42，期权的行权价格为 \$40，无风险利率为每年 10%，波动率为 20%，即

$$S=42,X=40,r=0.1,\sigma=0.2,T=0.5$$

所以：

$$d_1=\frac{\ln\left(\frac{42}{40}\right)+(0.1+0.5\times0.2^2)\times0.5}{0.2\times\sqrt{0.5}}=0.7693$$

$$d_2=\frac{\ln\left(\frac{42}{40}\right)+(0.1-0.5\times0.2^2)\times0.5}{0.2\times\sqrt{0.5}}=0.6278$$

$$Xe^{-rT}=40e^{-0.05}=38.049$$

又查表，得

$$N(0.7693)=0.7791,\quad N(-0.7693)=0.2209$$

$$N(0.6278)=0.7349,\quad N(-0.6278)=0.2651$$

将上述数据代入公式计算，得

$$C=S\cdot N(d_1)-Xe^{-rT}\cdot N(d_2)=4.76$$

$$P=Xe^{-rT}\cdot N(-d_2)-S\cdot N(-d_1)=0.81$$

五、看涨-看跌期权的平价关系

（一）欧式看涨期权-看跌股票期权之间的平价关系

设 P 和 C 分别是欧式看跌、看涨期权的价格，考虑以下两个因素。

组合 A：一个欧式股票看涨期权加上金额为 $Xe^{-r(T-t)}$ 的现金。

组合 B：一个欧式股票看跌期权加一股股票。

在期权到期时，组合 A 的价值为

$$\max(S_T-X,0)+X=\max(S_T,X)$$

组合 B 的价值为

$$\max(X-S_T,0)+S_T=\max(X,S_T)$$

因此期权到期日，两个组合的价值相等。由于是欧式期权，只有在到期日 T 才能执行，所以现在组合必然具有相等的价值，即有

$$C+Xe^{-rT}=P+S$$

这个关系式就是欧式看涨期权-看跌股票期权的平价关系。

（二）欧式看涨期权-看跌期货期权之间的平价关系

设 C、P 分别为欧式看涨期权、看跌期货期权的价格，F_T 是到期日的期货价格，考虑

以下两个组合。

组合 A：一个欧式看涨期货期权加上金额为 $Xe^{-r(T-t)}$ 的现金。

组合 B：一笔数额为 $Fe^{-r(T-t)}$ 的现金加上一份期货合约，再加上一份欧式看跌期货期权。

在期权到期时，组合 A 的价值为

$$\max(F_T - X, 0) + X = \max(F_T, X)$$

组合 B 的价值为

$$F + (F_T - F) + \max(X - F_T, 0) = \max(F_T, X)$$

从以上可以看出，期权到期时，两个组合的价值相等。因为欧式期权不能提前行权，所以现在的价值也相等，现在期货合约的价值为 0，所以有

$$C + Xe^{-r(T-t)} = P + Fe^{-r(T-t)}$$

上式就是欧式看涨期权-看跌期货期权之间的平价关系。

第三节　期权交易策略

期权具有不对称的风险收益结构。作为投资工具，其选择具有多样性，因而也能以各种不同形式规避风险，满足投资者的不同需要。

一、期权交易的四种基本策略

（一）期权基本策略分析

期权交易有四种基本策略，包括买进看涨期权（long call）、卖出看涨期权、买进看跌期权、卖出看跌期权。

1. 买进看涨期权

买进看涨期权策略风险有限，而收益潜力却很大。交易者支付权利金后，有权按约定的行权价格买入标的物，但不负有必须买进的义务，从而锁定了标的物价格上涨可能存在的潜在损失。一旦标的物价格上涨，便可行权，以低于标的物市场价格的价格（行权价）获得标的物。买方也可在期权价格上涨或下跌时卖出期权平仓，获得价差收益或避免遭受损失全部权利金的风险。

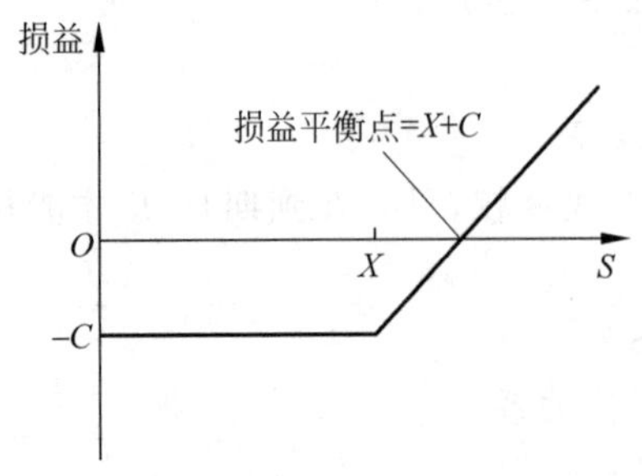

图 9-2　买进看涨期权损益状态

注：C 为看涨期权的市场价格，X 为期权的行权价格，S 为标的物的市场价格。

该策略颇受保值者青睐。当保值者预计价格上涨会给手中的资产或期货合约带来损失时，就可买进看涨期权，而规避风险的最大代价就是支付权利金。随着标的物上涨，期权的内涵价值也增加，保值者可通过对冲期权合约获得权利金增值，也可以选择履行合约获得标的资产（或期货合约）的增值。

买进看涨期权损益状态如图 9-2 所示。

标的物市场价格越高，对看涨期权的买方越有利。如果预期标的物的市场价格上涨，可通过买进看涨期权获利。

买进看涨期权分析如表 9-4 所示。

表 9-4 买进看涨期权分析

分析项目	具体内容
运用场合	(1) 预期后市上涨； (2) 市场波动率正在扩大； (3) 愿意利用买进期权的优势，即有限风险的杠杆作用； (4) 牛市，隐含价格波动率低(隐含价格波动率低是指期权价格反映的波动率小于理论计算的波动率)
收益	平仓收益＝权利金卖出价－权利金买入价
最大风险	损失全部权利金
损益平衡点	行权价格＋权利金

2. 卖出看涨期权

卖出看涨期权策略收益有限，而潜在风险却很大。卖出看涨期权的目的是赚取权利金，其最大收益是权利金，因此卖出看涨期权的人(卖方)必定预测标的物价格持稳或下跌的可能性很大。当价格低于行权价时，买方不会履行合约，卖方将稳赚权利金；当价格在行权价与平衡点之间时，因买方可能行权，故卖方只能赚部分权利金；当价格涨至平衡点以上时，理论上，卖方面临的风险是无限的。

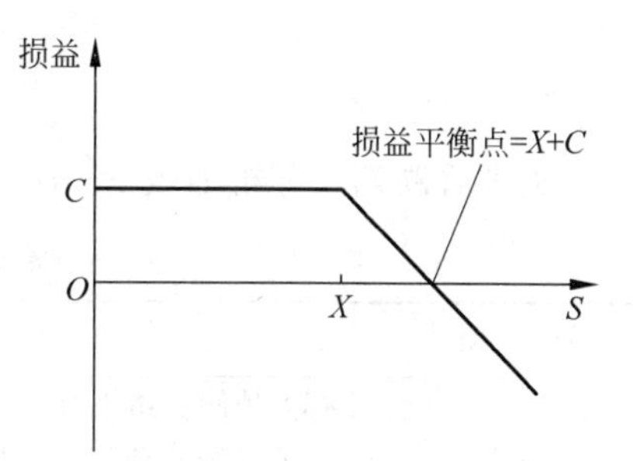

图 9-3 卖出看涨期权损益状态

看涨期权卖方损益与买方损益正好相反，卖出看涨期权损益状态如图 9-3 所示。

卖出看涨期权分析如表 9-5 所示。

表 9-5 卖出看涨期权分析

分析项目	具体内容
运用场合	(1) 熊市或横盘，市场波动率收窄； (2) 熊市或横盘，隐含价格波动率高； (3) 预测后市下跌或见顶
最大收益	所收取的全部权利金
风险	卖出看涨期权是看空后市，若市价不跌反升，将导致损失 损失＝权利金卖出价－权利金斩仓买入价(买入价＞卖出价) 期权被要求行权，损失＝行权价格－标的物价格＋权利金 当标的物价格持续上涨时，卖方损失不断扩大，理论上，损失可能达到无限大
损益平衡点	行权价格＋权利金

3. 买进看跌期权

买进看跌期权是风险有限而收益潜力却很大的策略。买方在支付权利金后，拥有按约定的行权价格卖出相关标的物的权利，但不负有必须卖出的义务，从而锁定了标的物价格下跌可能存在的潜在损失。一旦标的物价格下跌，便可执行期权，以较高的价格(行权价格)出售标的物,或者在期权价格上涨时卖出期权平仓。

看跌期权的买方预测标的物价格将下跌,那么他将获取多于所付权利金的收益;当标的物价格与预测的价格相反时,他的最大损失也就是权利金。该策略也颇受保值者青睐。

买进看跌期权损益状态如图 9-4 所示。

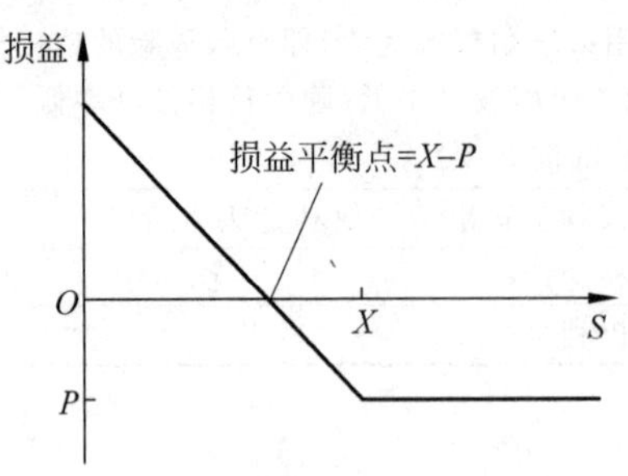

图 9-4 买进看跌期权损益状态

注:P 为看跌期权的权利金。

买进看跌期权分析如表 9-6 所示。

表 9-6 买进看跌期权分析

分析项目	具体内容
运用场合	(1) 预测后市下跌; (2) 市场波动率正在扩大; (3) 熊市,隐含价格波动率低
收益	平仓收益=权利金卖出平仓价-权利金买入价 行权收益=行权价格-标的物价格-权利金 当标的物价格持续下跌时,买方收益不断增加,最大收益=行权价格-权利金
最大风险	损失全部权利金
损益平衡点	行权价格-权利金

4. 卖出看跌期权

卖出看跌期权是收益有限却风险很大的策略。当标的物价格上涨或基本持平时,买方不会行权,卖方可获得全部权利金收入,或者在期权价格上涨时卖出期权平仓,获得价差收益。但是,一旦标的物价格下跌至行权价格以下,买方执行期权,卖方只能行权,以高于标的物的价格(行权价格)从买方处购入标的物,发生的损失将开始抵销所收权利金,当标的物价格下跌至平衡点以下,卖方将开始出现净损失,标的物价格下跌越多,亏损越大。

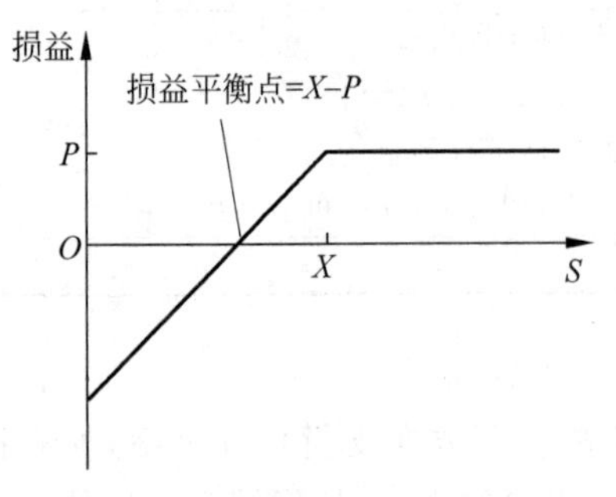

图 9-5 卖出看跌期权损益状态

看跌期权卖方损益与买方损益正好相反,卖出看跌期权损益状态如图 9-5 所示。

卖出看跌期权分析如表 9-7 所示。

表 9-7　卖出看跌期权分析

分析项目	具体内容
运用场合	(1) 预测后市上升或已见底； (2) 牛市或横盘,市场波动率收窄； (3) 牛市或横盘,隐含价格波动率高
最大收益	所收取的全部权利金
风险	卖出看跌期权是看好后市,若市价不升反跌,将导致损失 损失＝权利金卖出价－权利金买入价(买入价>卖出价) 期权被要求行权,损失＝标的物价格－行权价格＋权利金 当标的物价格持续下跌时,卖方损失不断扩大,最大损失＝行权价格－权利金
损益平衡点	行权价格－权利金

通过以上四种基本策略的分析我们可以看出,交易者采取何种交易方式是基于他们对标的物价格变动趋势的判断,总结如表 9-8 所示。

表 9-8　期权基本策略

期权交易者	看涨期权	看跌期权
多头	看涨	看跌
空头	价格持稳或略跌	价格持稳或略涨

由此可见,投资者应根据自身情况以及市场价格变化灵活选用期权基本策略。多头策略(买入看涨期权或买入看跌期权)具有风险有限、盈利很大的特点,很受保值者的欢迎,被广泛用来保值。而空头策略的目的是赚取权利金,主要用来投机,且只有很有经验的交易者才会采取无保护空头期权策略。

下面举例说明这四种策略的运用。

(二) 期权基本策略的运用

1. 买入看涨期权保值

选择这种策略的投资者打算在市场上投资某种资产(股票、债券、外汇、期货等),但由于资金尚未到位,在未来某时间才会有足够资金用以购买。由于投资者对资产价格看涨,但又担心价格下降,于是决定买入看涨期权。一般交易者选择的行权价为期望达到的目标价格,期权到期日则在未来现金流入期之后。

【例 9-5】 7 月 1 日,某投资者预计 9 月将会收到一笔款项,准备用来购买某公司股票。由于预期该股票价格看涨,于是买入该公司股票看涨期权,行权价为 25 美元,权利金为 3 美元。至 9 月 1 日,股票价格果然上涨为 30 美元,期权的价格也上涨了,投资者对冲期权,分析如表 9-9 所示。

表 9-9　买入看涨期权保值策略

股票价格	期　　权
7 月 1 日 25 美元	买进 9 月到期、行权价为 25 美元的看涨期权合约,权利金为 3 美元/股
9 月 1 日 30 美元	卖出 9 月到期、行权价为 25 美元的看涨期权合约,权利金为 6 美元/股

结果：通过买入看涨期权保值，股票实际购买成本为 30－3＝27 美元/股。

2. 买入看跌期权保值

当投资者已经拥有某种资产，为了防止行情波动使资产贬值，可以采用买入看跌期权保值策略。

【例 9-6】 某大豆榨油厂一个月后将有一批豆油出售，由于预测在加工期内豆油价格下跌，于是买入看跌期权进行保值。其分析如表 9-10 所示。

表 9-10 买入看跌期权保值策略

豆油价格	期 权
3 月 1 日 10 美元/蒲式耳	买入 5 月到期、行权价为 9.8 美元/蒲式耳的豆油看跌期权，权利金为 0.8 美元/蒲式耳
4 月 1 日 8 美元/蒲式耳	卖出 5 月到期、行权价为 9.8 美元/蒲式耳的豆油看跌期权，权利金为 2.8 美元/蒲式耳
结果	盈利 2 美元/蒲式耳

结果：通过买入看跌期权保值，保值者最终的豆油销售收入为 8＋2＝10 美元/蒲式耳。

3. 卖出看涨期权和看跌期权，赚取权利金

(1) 卖出看跌期权，赚取权利金。

【例 9-7】 9 月份玉米价为 4 美元/蒲式耳，某期权投资者预测，随着 12 月份圣诞节的来临，玉米价格将持稳或略有上涨，于是卖出了 3 个月后到期、行权价为 4 美元/蒲式耳的看跌期权，赚取权利金 0.50 美元/蒲式耳。

最终可能有以下情况出现：

① 若期权到期前为虚值期权，则没有内涵价值，且时间价值随到期日临近加速衰减，此时权利金会很低，该投资者可以乘机低价对冲，赚取权利金差价。

② 若期权到期时玉米的价格在 4 美元/蒲式耳以上，此时买方将放弃权利，那么该投资者得以保留其赚取的全部权利金收益，即 0.50 美元/蒲式耳。

③ 若到期时玉米价在 3.5～4 美元/蒲式耳，买方可能行使权利，使该投资者损失 0～0.5 美元/蒲式耳，这将部分抵销先前收取的权利金。

④ 若到期时价格在 3.5 美元/蒲式耳以下，该投资者将会损失全部的权利金，并且面临风险。

(2) 卖出有保护的看涨期权，赚取权利金。

【例 9-8】 某投资机构预计今后 3 个月某股票价格会持稳或在 50 美元上下略有波动，于是卖出 3 个月后到期、行权价为 50 美元的看涨期权合约，收取权利金 1.5 美元。

最终可能有以下情况出现：

① 期权到期前若是虚值期权(即股票价格在 50 美元以下)，且时间价值已减小，权利金会很低，此时对冲，可获取权利金差价。

② 期权到期时股票的价格为 50 美元以下，此时买方将会放弃权利，该投资机构得以保留其赚取的全部权利金收益，即 1.5 美元。

③ 期权到期时若股票价格在 50～51.50 美元，买方将会行使以 50 美元的价格买入的权利，该投资机构的损失为 0～1.5 美元，将部分或全部抵销先前收取的权利金。

④ 期权到期时若股票价格高于 51.50 美元，则该投资机构有潜在损失。

二、期权的其他交易策略

在实际中，随着市场行情的变化与不同，交易者将会运用更复杂的策略。例如，可以将期权与期货组合起来运用，也可以将不同的期权结合起来运用。这里主要介绍合成后为期权与合成后为期货的交易策略、价差交易策略、组合期权。

（一）合成后为期权与合成后为期货的交易策略

合成后为期权是指由期权与期货组合而成的期权，简称合成期权，它具有期权的风险收益特征。而合成后为期货是指由两个期权组合而成的期货，简称合成期货，它具有期货的特性。具体分析如下。

在图 9-6 和图 9-7 中，X'为期货成交价，X 为期权行权价，P 为期权权利金。

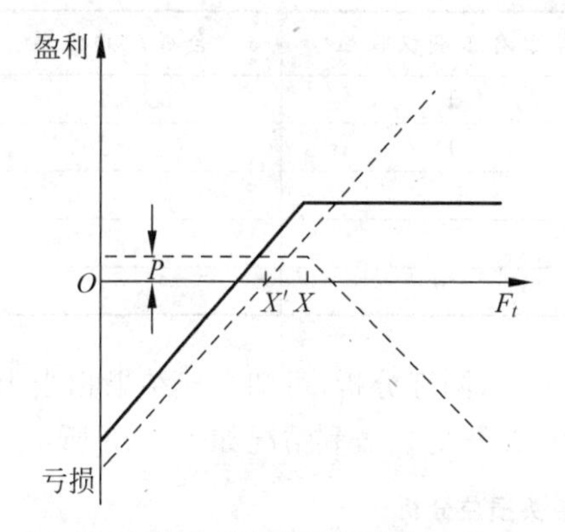

图 9-6　合成后为看跌期权空头

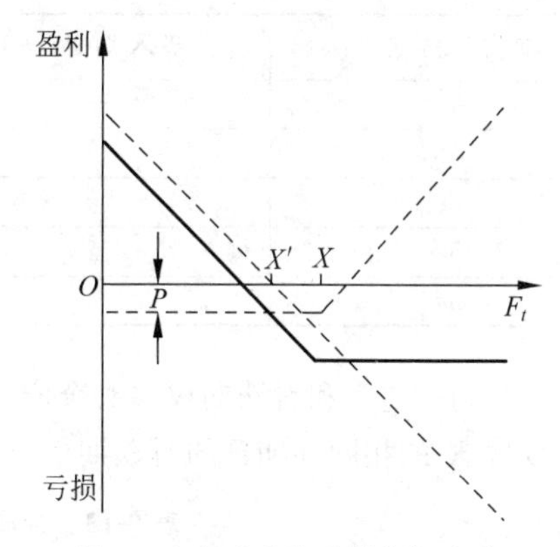

图 9-7　合成后为看跌期权多头

1. 合成期权

一个基本期权和一个期货的合成（基本期权与其他标的资产的合成也与此类似，不再另做分析）具有以下四种形式。

（1）期货多头和看涨期权空头的合成。如图 9-6 所示，这种合成期权有如下收益特征。

当期货价格低于 X 时，看涨期权的买方将放弃行权，合成后收益为 F_t-X'；当期货价格高于 X 时，看涨期权买方将行权，则期权空头的收益为 $-(F_t-X)$，买入期货的收益为 F_t-X'，合成后的收益为 $F_t-X'-(F_t-X)=X-X'$，而 $X-X'$是一个固定值，所以两者合成后的结果相当于卖出一个行权价为 X 的同一到期日的看跌期权，这样权利金就会与原期权不同。很显然，若原期权为实值期权，则合成期权必定是虚值期权，这样必须从原期权权利金中减去内涵价值，以得到合成期权的价格；若原期权是平值期权，则合成期权也是平值期权，两者权利金就会相同；若原期权是虚值期权，则合成期权必定是实值期权，原期权虚值额就是合成期权的实值额，因此应将原期权权利金加上虚值数额，以得到合成期权的权利金额。所以，合成后的看跌期权空头的权利金为 $P+X-X'$，盈利情况如表 9-11 所示。

表 9-11 合成后的看跌期权空头损益分析

期货价格范围	卖出看涨期权收益	买入期货收益	合成后收益
$F_t \geqslant X$	$X-F_t$	F_t-X'	$X-X'$
$F_t < X$	0	F_t-X'	F_t-X'

下面，我们用实际例子来验证这一结论。

【例 9-9】 买入某股票，成交价 X' 为 50 美元，同时卖出该股票看涨期权，行权价 $X=$ 52 美元，权利金为 0.50 美元。

合成后的结果为：形成一个卖出看跌期权，行权价为 52 美元，权利金为 $P+X-X'=0.50+52-50=2.5$（美元）。

验证如表 9-12 所示。

表 9-12 合成后为看跌期权空头验证 美元

期货价格范围	买入期货收益	卖出看涨期权收益	合成后的收益
46	−4	0	−4
48	−2	0	−2
50	0	0	0
52	2	0	2
54	4	−2	2

(2) 期货空头和看涨期权多头合成。如图 9-7 所示，同理分析，可知合成结果相当于买进行权价 X 的相同到期日的看跌期权，权利金为 $P+X-X'$。盈利情况如表 9-13 所示。

表 9-13 合成看跌期权多头损益分析

期货价格范围	买进看涨期权收益	卖出期货收益	合成后的收益
$F_t \geqslant X$	F_t-X	$-X'-F_t$	$X'-X$
$F_t < X$	0	$X'-F_t$	$X'-F_t$

【例 9-10】 卖出一长期国债期货合约，价格 90.00，同时买进一行权价为 88.00 的相同到期月份的长期国债看涨期权合约，权利金为 3。其合成结果为：买进行权价为 88.00 的长期国债期货看跌期权，权利金为 $P+X-X'=3+88-90=1$。验证如表 9-14 所示。

表 9-14 合成后为看跌期权多头验证

期货到期价格	卖出期货收益	买进看涨期权收益	合成后的收益
84.00	6	0	6
86.00	4	0	4
88.00	2	0	2
90.00	0	2	2
92.00	−2	4	2

(3) 期货多头和看跌期权多头的合成。由图 9-8 的分析可知，合成结果是相同到期日的看涨期权多头，行权价为 X，权利金为 $P-(X-X')$，损益分析如表 9-15 所示。

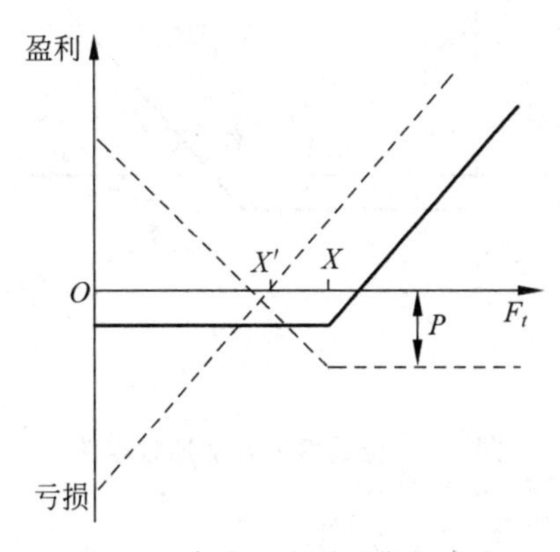

图 9-8　合成后为看涨期权多头

表 9-15　合成后看涨期权多头损益分析

期货价格范围	买进看跌期权收益	买进期货收益	总收益
$F_t \geqslant X$	0	F_t-X'	F_t-X'
$F_t < X$	$X-F_t$	F_t-X'	$X-X'$

【例 9-11】 买进豆粕期货合约，价格为 150 美元/吨，同时买进行权价为 148 美元/吨的豆粕看跌期权，权利金为 0.8 美元/吨。合成结果是：买进行权价为 148 美元/吨的豆粕看涨期权，权利金为 $P-(X-X')=0.8-(148-150)=2.8$ 美元/吨。验证如表 9-16 所示。

表 9-16　合成后为看涨期权多头验证　　美元/吨

期货到期价格	买入期货收益	买进看跌期权收益	合成后的收益
144	−6	4	−2
146	−4	2	−2
148	−2	0	−2
150	0	0	0
152	2	0	2
154	4	0	4

(4) 期货空头和看跌期权空头的合成。期货空头和看跌期权空头的合成情形如图 9-9 所示，合成后为看涨期权空头，损益分析如表 9-17 所示。

表 9-17　合成后为看涨期权空头损益分析

期货价格范围	卖出看跌期权盈利	卖出期货盈利	合成后的收益
$F_t \geqslant X$	0	$X'-F_t$	$X'-F_t$
$F_t < X$	F_t-X'	$X'-F_t$	$X'-X$

从以上分析可知，合成结果相当于一个看涨期权空头（相同到期日、同一行权价），权

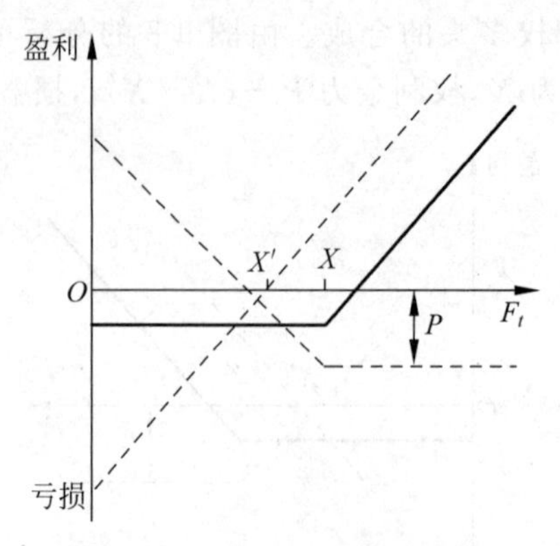

图 9-9　合成后为看涨期权空头

利金为 $P-(X-X')$。

【例 9-12】 卖出一手铜期货，价格为 2 000 美元/吨。同时卖出一手行权价为 2 010 美元/吨的看跌期权，权利金为 64 美元/吨；合成结果相当于卖出一个行权价为 2 010 美元/吨的看涨期权，权利金为 $P-(X-X')=64-(2\,010-2\,000)=54$ 美元/吨。验证如表 9-18 所示。

表 9-18　合成看涨期权空头验证　　美元/吨

期货到期价格	卖出期货收益	卖出看跌期权收益	合成后的收益
1 990	10	−20	−10
2 000	0	−10	−10
2 005	−5	−5	−10
2 010	−10	0	−10
2 020	−20	0	−20

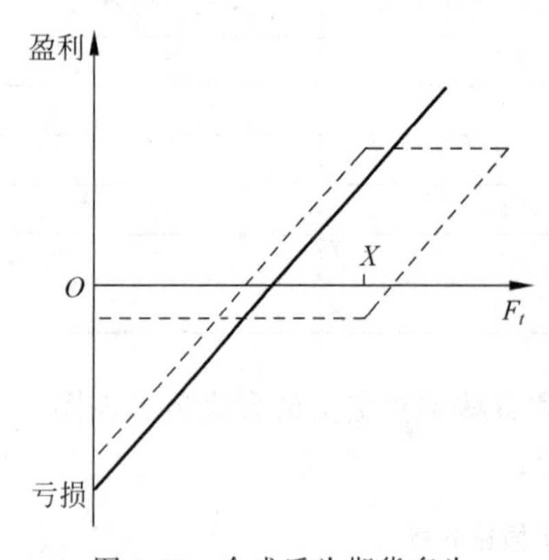

图 9-10　合成后为期货多头

2. 合成期货

某投资者买进一看涨期权，同时卖出一看跌期权，如图 9-10 所示。其中，看涨期权多头与看跌期权空头到期日相同，行权价相同，均为 X'，权利金分别为 C、P。当期货价 $F_t \geqslant X$ 时，看涨期权会被行权，同时看跌期权会放弃行权，组合部分的收益应为 $F_t-X+0=F_t-X$；当期货价 $F_t<X$ 时，看涨期权多头收益为 0，看跌期权空头收益为 $-(X-F_t)$，合成后的收益为 F_t-X（另有权利金收益 $P-C$）。可见，合成结果构成了期货多头。因为权利金的收入会降低购买期货的成本，而权利金支出会增加购买期货的成本，所以合成期货的成交价为 $X-(P-C)$。

【例 9-13】 当玉米期货价为 268 美分/蒲式耳时，某投资者买入行权价为 260 美分/蒲式耳的看涨期权，权利金为 16.5 美分/蒲式耳。同时卖出到期日相同的同一行权价的看跌期权，权利金为3.25美分/蒲式耳。这样构成了一个合成玉米期货多头，成交价为 $X-(P-C)=260-(3.25-16.5)=273.25$ 美分/蒲式耳。验证如表9-19所示。

表 9-19　合成后为多头期货验证　　美分/蒲式耳

期货到期价格	看涨期权多头收益	看跌期权空头收益	合成后收益
256	0	−4	−4
258	0	−2	−2
260	0	0	0
262	2	0	2
264	4	0	4

某投资者卖出一看涨期权，同时买进一看跌期权，如图9-11所示。其中，看涨期权空头与看跌期权多头组合到期日相同，行权价相同，均为 X，权利金分别为 C、P。当期货价 $F_t \geqslant X$ 时，合成后的收益为 $X-F_t$；$F_t < X$ 时，合成后的收益亦为 $X-F_t$；另有权利金收益为 $C-P$。所以，合成结果为期货空头。又因为权利金收入会增加期货卖出的收入，而权利金支出会减少卖出期货的收入，所以合成期货成交价为 $X+C-P$。

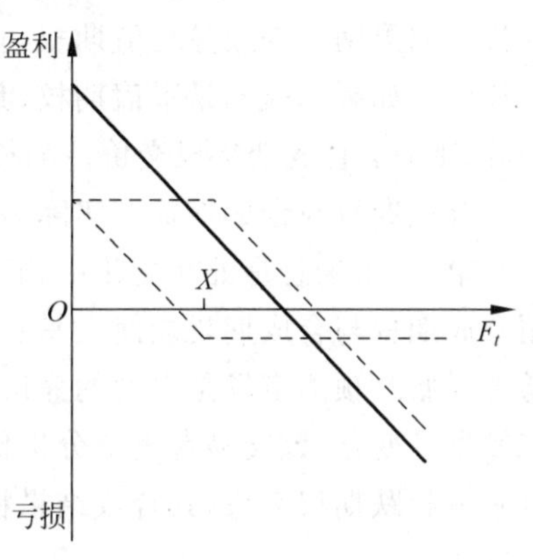

图 9-11　合成后为期货空头

【例 9-14】　当玉米期货价为274美分/蒲式耳时，某投资者卖出行权价270美分/蒲式耳的玉米看涨期权，权利金为10.5美分/蒲式耳。同时买进同一行权价、相同到期日的玉米看跌期权，权利金为7美分/蒲式耳。这样构成了一个合成玉米期货空头，成交价为 $X+C-P=270+10.5-7=273.5$ 美分/蒲式耳。验证如表9-20所示。

表 9-20　合成后为空头期货验证　　美分/蒲式耳

期货到期价格	看涨期权空头收益	看跌期权多头收益	合成后的收益
260	0	10	10
265	0	5	5
270	0	0	0
275	−5	0	−5
280	−10	0	−10

3. 关于合成期权与合成期货的结论

综合上文分析，我们可以得出如表9-21所示的结论。

表 9-21　合成期权与合成期货的形成

合成期权	合成期货
买入期货＋买入看跌期权＝买入看涨期权	买入看涨期权＋卖出看跌期权＝买入期货
买入期货＋卖出看涨期权＝卖出看跌期权	

续表

合 成 期 权	合 成 期 货
卖出期货＋卖出看跌期权＝卖出看涨期权	买入看跌期权＋卖出看涨期权＝卖出期货
卖出期货＋买入看涨期权＝买入看跌期权	

其中,合成期权的权利金与状态均决定于原期权。如果原期权是实值期权,则合成期权是虚值期权,且有：合成期权权利金＝原期权权利金－原期权内涵价值。如果原期权是平值期权,则合成期权也是平值期权,且有：合成期权权利金＝原期权权利金。如果原期权是虚值期权,则合成期权是实值期权,且有：合成期权权利金＝原期权权利金＋原期权虚值部分的数额(取绝对值)。其中,合成期货的成交价取决于买卖两个期权的权利金差价。如果两个期权是平值期权,它们的权利金正好相等,则有：合成期货成交价＝期权行权价。如果期权不是平值期权,其中一个是实值期权,另一个为虚值期权,权利金必不相等,则有：合成期货成交价＝期权行权价＋看涨期权权利金－看跌期权权利金。

合成期权与合成期货在实际运用中具有如下特点。

第一,市场总是处在变化中,而交易者对市场的预测也会因市场变动而发生改变,运用合成期权与合成期货能使交易者迅速有效地重新调整其在市场中所处的地位。如某交易者开始时预测市场是强劲的熊市,因此卖出了期货,但后来某些因素的出现致使市场情况发生了变化,该交易者重新分析价格趋势,判断市场将变为温和的熊市。这时,他便可以做一看跌期权空头,其合成结果将会构成一个看涨期权空头,而这正是温和熊市的交易策略。

第二,需注意的是,在直接期权交易中,权利金是真实的,若投资者进行的是有保护的期权交易,其权利金收入可以另行投资。而在合成期权中,权利金是虚拟的,仅相当于某个数量,而实际发生的权利金数额还是原期权的权利金数额。

(二) 价差交易策略

价差交易策略是买入某一类期权中的一种期权,同时卖出同类期权中的另一种期权。该策略常被专业交易商采用。如前所述,一类期权是指同一标的物的看涨期权(或看跌期权),而每一类期权中包含了若干种期权。例如,铜的看涨期权是一类,由于到期日和行权价不同,铜的看涨期权就有很多种。买进铜看涨期权中的一种,同时卖出另一种,就构成了价差交易策略。

价差交易策略可分为三种形式：第一种是同时买卖相同行权价、不同到期月份的期权,称为时间价差交易；第二种是同时买卖相同到期日而行权价不同的期权,称为价格价差交易；第三种是同时买卖到期日不同、行权价不同的期权,称为对角价差交易。

在期权行情表上,期权的月份往往是水平排列的,而行权价是垂直排列的。因此,时间价差交易也称水平价差交易,价格价差交易也叫垂直价差交易,而对角价差交易所买卖的期权处在对角线上。

1. 价格价差策略(垂直价差策略)

最常见的价格价差策略有三种形式：牛市价差策略、熊市价差策略和蝶式价差策略。

它们适用的市场状况各不相同，其中牛市价差策略是牛市中应用的策略，而熊市价差策略是在熊市中采用的策略，蝶式价差策略则是交易者同时持有三种不同期权。

下面分别对价格价差期权的各种策略进行分析。

(1) 牛市价格价差策略。这是最普遍的价差期权策略。其构造方式有两种。

① 买入一个较低行权价的看涨期权，同时卖出一个同品种、同到期日的较高行权价的看涨期权。

② 买入一个较低行权价的看跌期权，同时卖出一个同品种、同到期日的较高行权价的看跌期权。

两种构造方式如图 9-12 和图 9-13 所示。

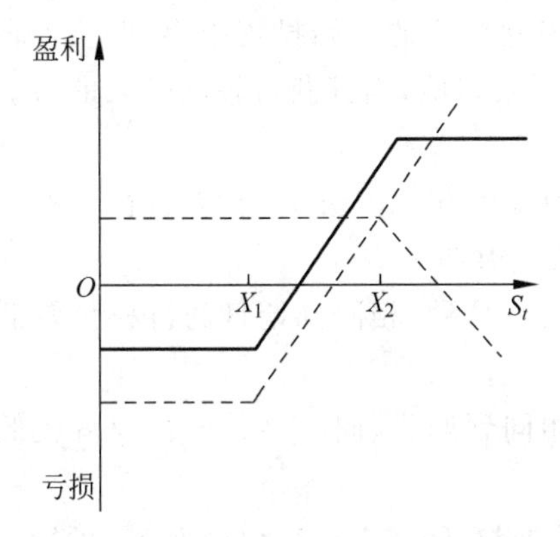

图 9-12 看涨期权构造牛市价差

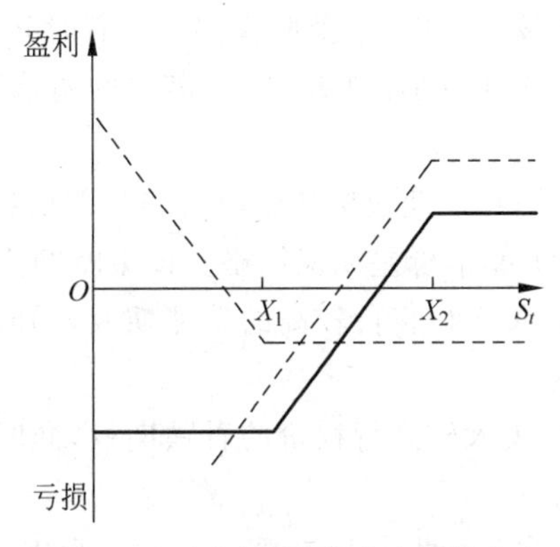

图 9-13 看跌期权构造牛市价差

可对其盈亏结果做如下讨论(以下的分析均不考虑权利金的初始投资)，以股票期权为例。

设某交易者买入到期日为 t、行权价为 X_1 的某股票的看涨期权，同时卖出到期日为 t、行权价为 X_2 的同一股票的看涨期权，其中 $X_1 < X_2$。当股市股票价格 $S_t \leqslant X_1$ 时，两个期权都不会行权，组合后总盈利为 0；当 $X_1 < S_t < X_2$ 时，低行权价的期权会被行权，盈利为 $S_t - X_1$，高行权价的期权会被放弃行权，收益为 0；当 $S_t \geqslant X_2$ 时，两个期权均会被行权，其中低行权价期权盈利为 $S_t - X_1$，高行权价期权盈利为 $X_2 - S_t$，总盈利为 $S_t - X_1 + X_2 - S_t = X_2 - X_1$，如表 9-22 所示。

表 9-22 牛市价格价差期权的损益

股票价格范围	买入看涨期权盈利	卖出看涨期权盈利	总盈利
$S_t \geqslant X_2$	$S_t - X_1$	$X_2 - S_t$	$X_2 - X_1$
$X_1 < S_t < X_2$	$S_t - X_1$	0	$S_t - X_1$
$S_t \leqslant X_1$	0	0	0

由以上分析可知，交易者在预期价格上升时可采用牛市价差策略，其特点是同时限定了最高盈利额和最大亏损额。采用该策略需要有一笔初始投资，因为买进期权的行权价更低，它多半会具有更多内涵价值。考虑权利金，该策略的最大收益为 $X_2 - X_1$ − 初始权利金投资，最大亏损即初始权利金投资。

【例 9-15】 买进 1 份 11 月份到期、行权价为 110 美元的某股票看涨期权，权利金为 6 美元；卖出 1 份 11 月份到期、行权价为 115 美元的某股票看涨期权，权利金为 4 美元。该投资者需要初始权利金投资 2 美元，当市场股价 $S_t \leqslant 110$ 时，上述牛市价差策略收益为 0；当 $S_t \geqslant X_2$ 时，该策略将总收益限定为 $X_2 - X_1 = 5$ 美元；当 $110 < S_t < 115$ 时，总收益为 $S_t - 110$。

有三种不同类型的牛市价差期权策略。

① 两个原看涨期权均为虚值期权。

② 两个原看涨期权中，一个为实值，另一个为虚值。

③ 两个原看涨期权均为实值期权。

在策略①中，两个期权都只具有时间价值，因此需要的初始投资很小，但获得较高收益的可能性也小；策略②、③需要的初始投资相对要多些，而其获得较高收入的可能性也大些。

利用看跌期权构造牛市价格价差期权的情况如图 9-13 所示，请读者自行分析。

（2）熊市价差期权策略。该策略的构造方式也有两个。

① 买入行权价较高的看涨期权，同时卖出同一品种、相同到期日的行权价较低的看涨期权。

② 买入较高行权价的看跌期权，同时卖出相同到期日、同一品种的行权价较低的看跌期权。

在构造方式①中，设买入行权价为 X_2 的看涨期权，同时卖出行权价为 X_1 的同一股票相同到期日的看涨期权，其中 $X_1 < X_2$。当 $S_t \leqslant X_1$ 时，两个期权都不会被执行，总收益为 0；当 $X_1 < S_t < X_2$ 时，只有后一期权被行权，收益为 $X_1 - S_t$。当 $S_t \geqslant X_2$ 时，两个期权均会被行权，前者盈利 $S_t - X_2$，后者盈利 $X_1 - S_t$，总盈利 $X_1 - X_2$。如表 9-23 与图 9-14 所示。

表 9-23 熊市价差期权的损益

股票价格范围	买入看涨期权盈利	卖出看涨期权盈利	总盈利
$S_t \geqslant X_2$	$S_t - X_2$	$X_1 - S_t$	$-(X_2 - X_1)$
$X_1 < S_t < X_2$	0	$X_1 - S_t$	$X_1 - S_t$
$S_t \leqslant X_1$	0	0	0

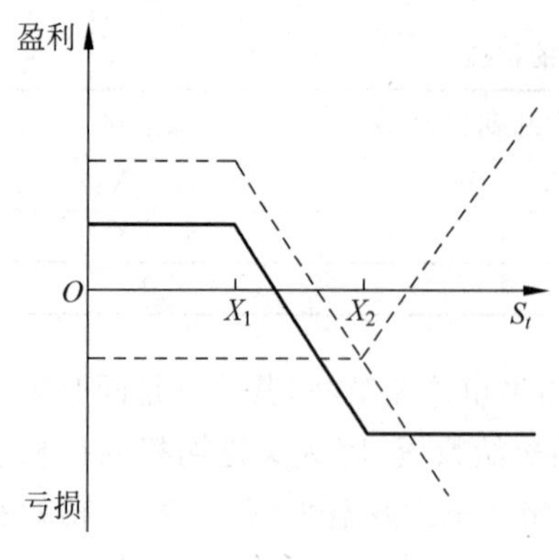

图 9-14 熊市价差期权

可以看出，熊市价差期权策略是预期价格下跌时采用，同时限定了最大盈利和最大亏损。由于买入的期权的内涵价值通常较卖出的期权要低，所以该策略具有初始权利金收入。考虑权利金收入，该策略的最大盈利（$S_t \leqslant X_1$ 时）就是初始权利金收入；最大亏损为初始权利金收入$-(X_2 - X_1)$。

【例 9-16】 买入 11 月到期、行权价为 120 美元的某股票看涨期权，权利金为 1 美元，同时卖出 11 月到期、行权价为 110 美元的某股票看涨期权，权利金为 6 美元，该策略有初始权利金收益 5 美元。当

$S_t \leqslant 110$ 时，收益为 0；当 $S_t \geqslant 120$ 时，收益为 -10 美元；当 $110 < S_t < 120$ 时，收益为 $110 - S_t$（即若考虑权利金，当 $S_t > 115$ 时，出现亏损）。

（3）蝶式价差期权策略。蝶式价差期权策略由三种不同行权价的期权所组成，有买空蝶式价差期权和卖空蝶式价差期权之分。这样的期权在形式上可分解成一个牛市价差期权和一个熊市价差期权。

买空蝶式价差期权的构造方式有两种。

设 $X_1 < X_2 < X_3$，其中 X_2 为 X_1 与 X_3 的中间值。有：

① 行权价为 X_1 的看跌期权多头 1 个＋行权价为 X_3 的看跌期权多头 1 个＋行权价为 X_2 的看跌期权空头 2 个；

② 行权价为 X_1 的看涨期权多头 1 个＋行权价为 X_3 的看涨期权多头 1 个＋行权价为 X_2 的看涨期权空头 2 个。

下面我们对构造方式①进行分析，如表 9-24 与图 9-15 所示。

表 9-24　蝶式价差期权盈亏分析

股票价格范围	第一个看跌期权多头损益	第二个看跌期权多头损益	看跌期权空头损益	组合的损益
$S_t \leqslant X_1$	$X_1 - S_t$	$X_3 - S_t$	$-2(X_2 - S_t)$	0
$X_1 < S_t \leqslant X_2$	0	$X_3 - S_t$	$-2(X_2 - S_t)$	$S_t - X_1$
$X_2 < S_t \leqslant X_3$	0	$X_3 - S_t$	0	$X_3 - S_t$
$S_t > X_3$	0	0	0	0

注：以上运算中运用了关系式 $X_2 = (X_1 + X_3)/2$。

这一期权策略需要少量的初始权利金投资。当价格波动范围较小时可盈利，但最大盈利受到限制。而价格波动范围较大时，则会出现少量亏损，其最大损失就是初始权利金投资。

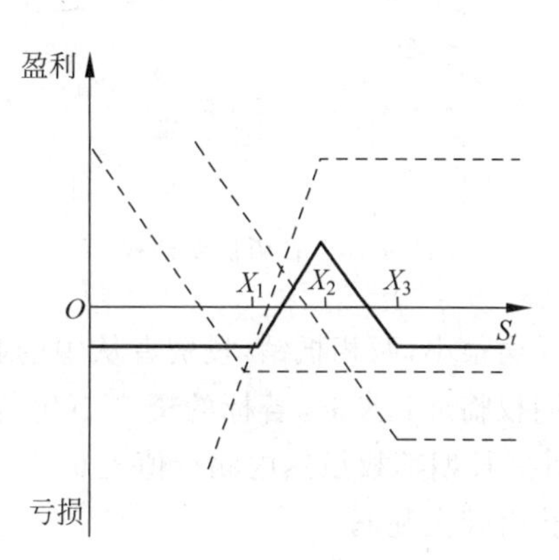

图 9-15　蝶式价差期权

【例 9-17】　某投资者买进 11 月到期的行权价为 110 美元和行权价为 120 美元的某股票看跌期权各一份，同时卖出 11 月到期的行权价为 115 美元的某股票看跌期权两份，权利金分别为 2 美元、11 美元、5 美元，构成了买空蝶式价差期权。所需初始投资为 $2 + 11 - 2 \times 5 = 3$（美元）。当 $110 < S_t \leqslant 115$ 时，组合部分盈利 $S_t - 110$；当 $115 < S_t \leqslant 120$ 时，组合部分盈利 $120 - S_t$，当 $S_t \leqslant 110$ 或 $S_t > 120$ 时，组合部分收益均为 0。

构造方式②构造的牛市价差期权，请读者自行分析。此外，还可以把构造方式②看成一个牛市价差期权与一个熊市价差期权的组合。如“行权价为 X_1 的看涨期权多头 1 个＋行权价为 X_2 的看涨期权空头 1 个”（牛市价差期权）＋“行权价为 X_2 的看涨期权空头 1 个＋行权价为 X_3 的看涨期权多头 1 个”（熊市价差期权）。

卖空蝶式价差期权的构造方式如下。

① 行权价为 X_1 的看跌期权空头 1 个＋行权价为 X_3 的看跌期权空头 1 个＋行权价为 X_2 的看跌期权多头 2 个。

② 行权价为 X_1 的看涨期权空头 1 个＋行权价为 X_3 的看涨期权空头 1 个＋行权价为 X_2 的看涨期权多头 2 个。

与买空蝶式价差期权的情形相反，卖空蝶式价差期权的交易者具有少量初始权利金收入，在价格大幅度波动时有利可图，而价格小幅度波动时则略有亏损。

卖空蝶式价差期权的实例如下：

假定某投资者选择 6 个月到期的债券期货期权投资，卖出行权价为 86.00 的债券看涨期货期权合约 5 张，买进行权价为 88.00 的债券看涨期货期权合约 10 张，同时卖出行权价为 90.00 的债券看涨期货期权合约 5 张。

2. 时间价差期权

(1) 日历价差期权。日历价差期权是将相同品种、相同行权价，但不同到期日的期权进行组合。其构造方式如下。

① 期限为 T_1 的看涨期权空头＋期限为 T_2 的看涨期权多头(其中 $T_1<T_2$)。

② 期限为 T_1 的看跌期权空头＋期限为 T_2 的看跌期权多头(其中 $T_1<T_2$)。

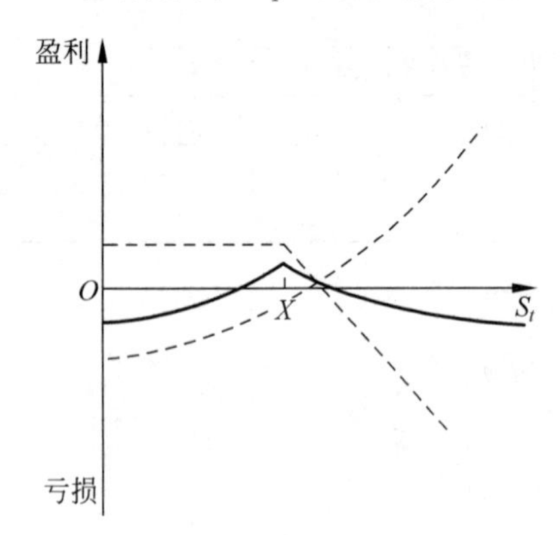

图 9-16　日历价差期权

情形①的构造方式如图 9-16 所示。由于两期权行权价相同，内涵价值也相同，而到期日长的期权时间价值会更大，因此，该组合需要一初始投资，相当于两期权的时间价值之差。通常情况下，短期期权的时间价值衰减会更快，投资者可以从中对冲获利。当短期期权临近到期时，若标的资产市价远低于行权价，则两期权都只剩时间价值，短期期权价值为 0，而长期期权价值接近于 0，投资者从中获取的收益微乎其微，只能略微抵销初始权利金投资；当短期期权临近到期时，若标的资产市价远高于行权价，则两期权包含了很多内涵价值，其时间价值的差异会很小，两相抵销，投资者从中的收益也微乎其微，也只能略微抵销初始投资；当短期期权临近到期时，若标的资产市价与行权价相近，则短期期权内涵价值与时间价值均很小；长期期权虽然内涵价值也很小，但时间价值会很大，这时若对冲两个期权，投资者会获得较大利润。

【例 9-18】 某投资者预测 9 月中旬，某股票市价将在 110 美元左右，于是卖出 1 份 9 月到期、行权价为 110 美元的某股票看涨期权，权利金为 3 美元，同时买进 1 份 10 月到期、行权价为 110 美元的该股票看涨期权，权利金为 5 美元，构成了日历价差期权，需要初始权利金投资为 2 美元。如果在 9 月中旬果真如投资者所料，股价为 110 美元，则由于短期期权已到期，价格为 0。而长期期权成为还有 1 个月到期的平值期权，权利金为 4 美元。将两个期权对冲，可获利 3＋(4－5)＝2(美元)。

情形②是由看跌期权构造的日历价差期权，其损益状态与情形①类似，读者可自行分析。需注意的是，这里分析时用到了以前学过的知识，即平值期权的时间价值最大，而虚值或实值很大的期权时间价值小，甚至为0。而且随着期权到期日的临近，期权时间价值是加速衰减的。

(2) 逆日历价差期权的构造方式。

① 期限为 T_1 的看涨期权多头＋期限为 T_2 的看涨期权空头。

② 期限为 T_1 的看跌期权多头＋期限为 T_2 的看跌期权空头。

其中 $T_1 < T_2$。

【例 9-19】 某投资者投资于行权价为88.00的债券期货期权，他可以卖出期限为6个月的看涨期权，同时买进期限为3个月的看涨期权。

逆日历价差期权的损益状态与日历价差期权的损益状态正好相反。当短期期权到期时，如果标的资产市价远高于或远低于行权价，可获少量利润；当标的资产市价与行权价相近时，会有一定的损失。当然，这种策略可获得少量权利金收入。

3. 对角价差期权

对角价差期权有许多不同种类，在此不再具体分析，仅举一例加以说明。其构造如：一个"9月到期、行权价为30的A股票看涨期权多头"＋一个"12月到期、行权价为32的A股票看涨期权空头"。

4. 运用期权价差交易策略的注意事项

(1) 期权价差交易策略的实质是对两期权的权利金价差进行投机，利用价差的变化来获利。其风险比单向买卖的风险小得多，但也因此而放弃了单向买卖的高额潜在利润，因而是相对保守的期权投机策略。

(2) 价差交易策略实际上分为三大类，各种策略适用于不同的市场状况，交易者应根据对市场的判断灵活地运用。其中垂直价差期权是市场比较强势时采用的策略(如较强的牛市或较强的熊市)，对角价差期权是市场比较温和时的交易策略，而水平价差期权则是市场趋于中性时采用的策略。

(3) 交易者若想利用价差交易盈利，还必须对组成价差期权的原期权的权利金价差的变化进行较正确的预期。权利金包含内涵价值与时间价值两部分，对于水平价差套利者来说，其组成的各原期权的行权价相同，因而内涵价值也相同，所以预期的重点就在于各期权时间价值的变化。对于垂直价差期权而言，其组成的各原期权的到期日相同但行权价不同，因而预期的重点是各期权内涵价值的变化。而对于对角价差期权来说，由于各原期权的到期日、行权价均不同，则对内涵价值和时间价值的变化都要关注。

(4) 使时间价值的衰减于己有利，必须注意以下几点。

第一，短期期权时间价值的衰减速度要快于长期期权的。

第二，平值期权、虚值期权、实值期权的时间价值衰减率不一样，一般而言，平值期权或近似平值期权的时间价值的衰减是加速的，而虚值期权和实值期权时间价值基本上呈线性衰减，如图9-17和图9-18所示。

第三，虚值很大或实值很大的期权，时间价值几乎为0。

所以，一般来说，交易者应卖出期限短的期权，买进期限长的期权；应卖出平值期权，买进实值或虚值期权。这样可以使时间价值的衰减于己有利。

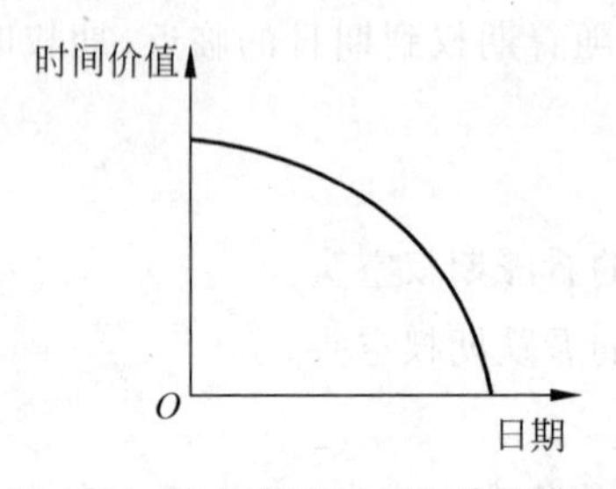

图 9-17 平值期权时间价值衰减图

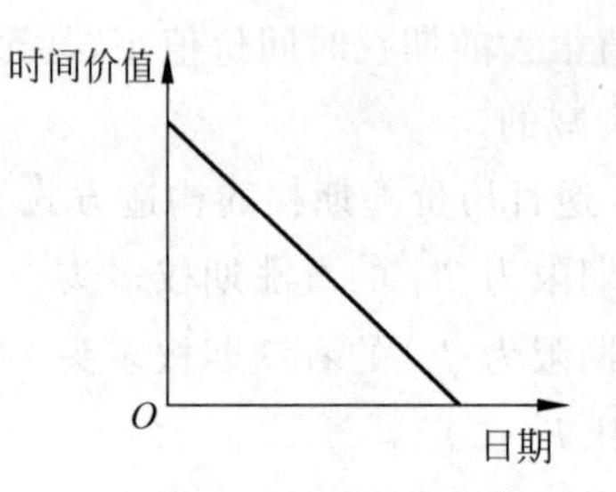

图 9-18 虚值、实值期权时间价值衰减图

（5）恰当地构造各种不同的风险-收益结构。每种策略的风险-收益结构均会有所不同，有的策略将有较小的可能性获得较大的收益，有较大的可能性遭受较小的损失。而有的策略将有较大的可能性获得较小的收益，而以较小的可能性遭受较大的损失。交易者必须对各种策略的风险-收益进行研究，以便构造令自己满意的组合。同时，在交易中较好地把握对冲机会，使预期利润得以实现。

（三）组合期权

前述价差交易策略包含买卖相对的交易行为，而组合期权的交易行为则是同向的。组合期权的构造策略中包括同一标的资产的不同类型的期权，即同时买进（或卖出）看涨期权和看跌期权。组合期权有许多种类，这里主要介绍常见的几种。

1. 跨式期权

跨式期权的构造方式有两种。

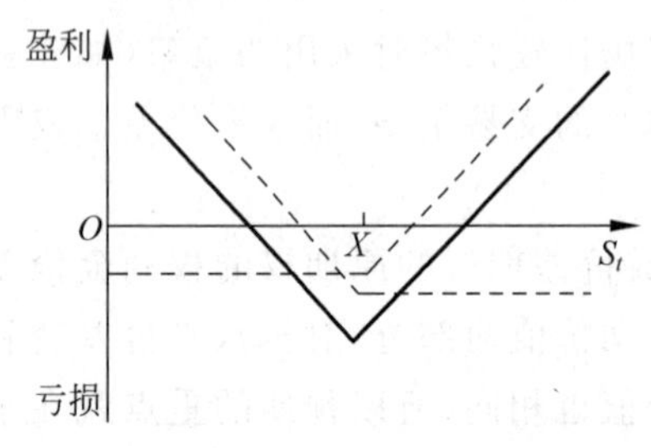

图 9-19 买入跨式期权的损益状况

（1）同时买入相同行权价、相同到期日、同种标的资产的看涨期权和看跌期权，也称为买入跨式期权或底部跨式期权。

（2）同时卖出相同行权价、相同到期日、同种标的资产的看涨期权和看跌期权，也称为卖出跨式期权或顶部跨式期权。

图 9-19 所示为买入跨式期权的损益状况。

当标的物市价 S_t 大于期权行权价时，该组合的盈利为 S_t-X；当标的物市价 S_t 小于或等于期权行权价时，该组合盈利为 $X-S_t$，分析如表 9-25 所示。

表 9-25 买入跨式期权损益状况

标的物价格范围	看涨期权的损益	看跌期权的损益	组合期权的损益
$S_t \leqslant X$	0	$X-S_t$	$X-S_t$
$S_t > X$	S_t-X	0	S_t-X

该策略的特点是要付出初始投资，即买入两个期权的权利金。若标的物价格波动很小，投资者就会亏损，最大亏损就是权利金。而标的物价格大幅度波动时，其盈利潜力很大。

【例 9-20】 8 月份，某公司股价为 112，该公司 3 个月后将被并购，因此投资者预测该股票价格 3 个月后将有重大变化。若并购成功，股价将大幅上涨；若并购失败，股价将大幅下降。投资者决定利用该机会，于是同时买入 11 月到期、行权价为 110 看涨期权、看跌期权各一份，权利金分别为 6.5 和 2，初始投资为 8.5。若届时 $S_t \leqslant 110$，组合部分收益为 $110-S_t$；若 $S_t > 110$，组合部分收益为 S_t-110。考虑到回收权利金投资问题，当 $S_t>118.5$ 或 $S_t<101.5$ 时，投资者可获利。

卖出跨式期权的策略与上述情况相反，可获得两个期权的初始权利金收入。当标的物价格小幅波动时，会有一定的盈利。而价格大幅度波动时，其损失的可能性很大。

2. 宽跨式期权

宽跨式期权也叫底部垂直价差组合，是指投资者购买相同到期日但行权价不同的一个看跌期权和一个看涨期权，其中看涨期权的行权价高于看跌期权的行权价。该策略需要初始投资，即购买两个期权的权利金投资。

如图 9-20 所示，设看跌期权、看涨期权的行权价分别为 X_1、X_2，其中 $X_1<X_2$。当 $S_t \leqslant X_1$ 时，看跌期权会被行权，而看涨期权会被弃权，组合部分收益为 X_1-S_t；当 $X_1<S_t<X_2$ 时，两个期权都会被弃权，收益为 0；当 $S_t \geqslant X_2$ 时，只有看涨期权被行权，收益为 S_t-X_2。分析如表 9-26 所示。

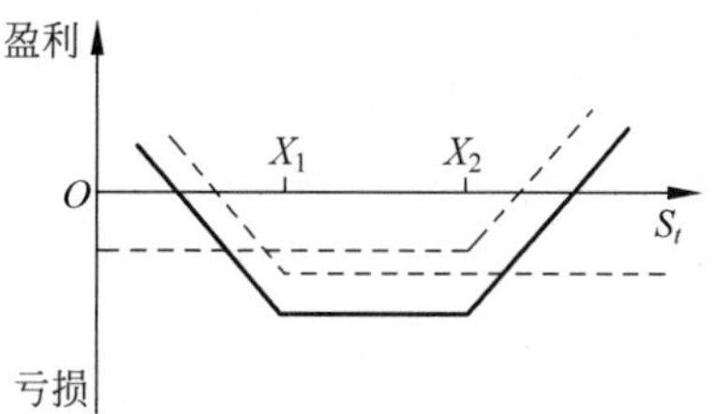

图 9-20 宽跨式期权

表 9-26 宽跨式期权的损益

标的物价格范围	看涨期权的损益	看跌期权的损益	组合期权的损益
$S_t \leqslant X_1$	0	X_1-S_t	X_1-S_t
$X_1<S_t<X_2$	0	0	0
$S_t \geqslant X_2$	S_t-X_2	0	S_t-X_2

由此可知，该宽跨式期权策略与跨式期权策略类似，是预测价格会大幅度波动，但不知波动方向时采用的一种策略。该策略最大亏损是买入两个期权的权利金，而盈利潜力很大。

卖出宽跨式期权策略也叫顶部垂直价差组合，与上述情况相反，在投资者预测标的物价格波动不大时采用。其最大盈利即卖出两份期权的权利金，而其潜在损失是无限的。

关键术语

期权 看涨期权 看跌期权 美式期权 欧式期权 执行价格 权利金
期权的内涵价值 期权的时间价值 实值期权 虚值期权 平值期权

复习思考题

1. 什么是看涨期权？什么是看跌期权？
2. 什么是期权费？期权费受到哪些因素的影响？
3. 期权的多头方和空头方在权利义务上有哪些不同？

4. 期权的标的资产可以有哪些类型？
5. 期权交易所场内交易的标准化期权合约一般包括哪些标准化条款？
6. 期权费和期权行权价格、期货价格之间的区别是什么？是否有什么联系？
7. 期权的到期日一般有些什么样的特点？
8. 期权合约和期权交易的特点有哪些？
9. 场内交易期权和场外交易期权有哪些异同？
10. 期权场内交易的流动性如何得到保障？

即测即练

参 考 文 献

[1] 夏普,亚历山大,贝利.投资学[M].赵锡军,等,译.5版.北京:中国人民大学出版社,2013.
[2] 吴晓求.证券投资学[M].5版.北京:中国人民大学出版社,2020.
[3] 高鸿业.西方经济学[M].7版.北京:中国人民大学出版社,2018.
[4] 中国期货业协会.期货投资分析[M].3版.北京:中国财政经济出版社,2016.
[5] 中国期货业协会.期货市场教程[M].8版.北京:中国财政经济出版社,2014.
[6] 中国期货业协会.期货及衍生品分析与应用[M].北京:中国财政经济出版社,2018.
[7] 李强.期货交易实务[M].北京:中央广播电视大学出版社,2011.
[8] 杨艳军.期货与期权投资学[M].北京:清华大学出版社,2013.
[9] 中国期货业协会.期货及衍生品基础[M].北京:中国财政经济出版社,2015.
[10] 李一智,罗孝玲,杨艳军.期货与期权教程[M].3版.北京:清华大学出版社,2007.
[11] 陈晓红,杨艳军,王宗润.金融期货投资学[M].北京:清华大学出版社,2007.
[12] HUL J C.期权、期货和其他衍生品[M].4版.北京:清华大学出版社,2001.
[13] 许可,李强.期货与期权基础教程[M].北京:高等教育出版社,2016.

教师服务

感谢您选用清华大学出版社的教材！为了更好地服务教学，我们为授课教师提供本书的教学辅助资源，以及本学科重点教材信息。请您扫码获取。

教辅获取

本书教辅资源授课教师扫码获取

样书赠送

财政与金融类重点教材，教师扫码获取样书

清华大学出版社

E-mail: tupfuwu@163.com

电话：010-83470332 / 83470142

地址：北京市海淀区双清路学研大厦 B 座 509

网址：http://www.tup.com.cn/

传真：8610-83470107

邮编：100084